Sicherheit und Risiko

in Fels und Eis

Pit Schubert

Sicherheit und Risiko in Fels und Eis

Erlebnisse und Ergebnisse
aus 25 Jahren Sicherheitsforschung des
Deutschen Alpenvereins

herausgegeben
anläßlich des 25jährigen Bestehens
des DAV-Sicherheitskreises

Titelbild: Am Südgrat der Dent Blanche,
im Hintergrund die Dent d'Hérens (Wallis).
Foto: Sepp Brandl.

Seite 2: Le Tour Noire in der Montblanc-
Gruppe.
Foto: Jürgen Winkler.

3. aktualisierte Auflage 1995
© Bergverlag Rudolf Rother GmbH,
München

ISBN 3-7633-6006-9

Herausgeber: Deutscher Alpenverein e.V.,
von-Kahr-Straße 2-4, D-80997 München

Für den Inhalt verantwortlich: Dipl.-Ing. (FH)
Pit Schubert, Sicherheitskreis des
Deutschen Alpenvereins, Praterinsel 5,
D-80538 München

Gestaltung (nach Vorgaben von
Pit Schubert) und Lektorat: Anette Köhler

Reproduktionen: Fotolitho Stampfer, Bozen
Druck und Bindung: Rother Druck GmbH,
München

(2447/51109)

Printed in Germany

25 Jahre DAV-Sicherheitskreis

Der Deutsche Alpenverein, dessen Mitglieder bei ihren vielfältigen Freizeitaktivitäten immer dann besonderen Gefahren ausgesetzt sind, wenn sie unvorbereitet in die Berge gehen, trägt besondere Verantwortung. Er ist dieser Verantwortung auf vielfältige Weise weitgehend gerecht geworden.

Eine Schlüsselstellung nimmt dabei der DAV-Sicherheitskreis ein, denn er hat sich zu dem Medium entwickelt, das die Gefahren der Berge bewußt und damit besser kalkulierbar macht. Mit seiner Gründung wurde das Zeitalter der gezielten und wissenschaftlichen Untersuchung der Gefahren beim Bergsteigen eingeleitet. Die dabei gewonnenen Erkenntnisse sind heutzutage Basis für die Entwicklung von geeigneten Ausrüstungsgegenständen, angefangen bei der Bekleidung über Rucksäcke und Helme bis hin zu den technischen Hilfsmitteln wie Steigeisen, Eisgeräte, Haken, Anseilgurte und vielem mehr. Neben der Produktentwicklung fließen die Ergebnisse direkt in die Ausbildungsarbeit des DAV und in die der Sektionen.

In 25 Jahren Sicherheitskreis wurden aus Mitgliedsbeiträgen weit mehr als drei Millionen D-Mark in die Sicherheitsforschung investiert. Eine Investition, die vielen Mitgliedern schwere Verletzungen erspart oder vor dem Tod bewahrt hat. Besser können Mitgliedsbeiträge kaum angelegt werden.

Es kann keine Statistik über verhinderte Bergunfälle geben. Aufschluß kann aber sehr wohl die Tendenz der Unfallhäufigkeit geben. Die Tendenz der Unfallentwicklung der letzten 25 Jahre zeigt klar anhaltend abnehmende Unfallhäufigkeit für die Alpenvereinsmitglieder, ein Indiz dafür, daß trotz steigender Mitgliederzahl die Sicherheit permanent zugenommen hat.

Die Sicherheitsforschung, wie sie der Deutsche Alpenverein durch den Sicherheitskreis betreibt, ist einmalig in der Welt. Von ihr profitieren neben den Mitgliedern vor allem die anderen Alpenvereine, die UIAA und die Europäische Normung (CEN).

Nach 25 Jahren intensiver Arbeit bleibt kein Raum für Beschaulichkeit und Ruhe, denn das Bergsteigen in all seinen vielfältigen Erscheinungsformen unterliegt dem stetigen Wandel. Dies erfordert eine unmittelbare wissenschaftliche Begleitung. Die Unfallprophylaxe bleibt auch zukünftig eine der vornehmsten Aufgaben des Deutschen Alpenvereins.

Dank gilt den Initiatoren des Sicherheitskreises genauso wie allen jenen, die danach durch engagierte Arbeit sich in den Dienst der Allgemeinheit gestellt haben.

Josef Klenner   Gerhard Friedl
1. Vorsitzender   2. Vorsitzender

Inhaltsverzeichnis

Wie konnte das passieren?
Aus Unfällen lernen

25 Jahre Sicherheitsforschung des Deutschen Alpenvereins – 25 Jahre Sicherheitskreis – brachten eine Vielzahl neuer Erkenntnisse auf dem Ausrüstungssektor ebenso wie für die Anwendung der Ausrüstung in der Praxis. Wir haben heute weit mehr Überlebenschancen am Berg als noch in den sechziger Jahren. Dies zeigt sich insbesondere auch an den Unfallzahlen: Sie sind im Abnehmen.

Die Ergebnisse der Sicherheitsforschung wurden in der Mehrzahl in unterschiedlichen Publikationen veröffentlicht. Übersetzungen erfolgten in mehr als ein Dutzend Sprachen. Eine Zusammenfassung gab es bisher nicht. Der Interessierte mußte sich bisher stunden-, wenn nicht gar tagelanger Recherchierarbeit unterziehen. So war es naheliegend, anläßlich des 25jährigen Bestehens des Sicherheitskreises die bisherigen Ergebnisse der Sicherheitsforschung als Kompendium herauszugeben.

Da erst die Unfallfolgen das Ausmaß einer Gefahr erkennen lassen, wurden die Ergebnisse der Sicherheitsforschung als Folgerungen aus Unfällen zusammengetragen. Unfälle wurden sozusagen als Aufhänger benutzt. So ist es auch historisch zu sehen: Bestimmte Unfälle häuften sich, der Sicherheitskreis ging diesen nach, analysierte die Ursachen, sann auf Abhilfe und unterbreitete Verbesserungsvorschläge. Die Industrie ging dankenswerterweise immer darauf ein und brachte verbesserte Ausrüstung auf den Markt. Und das Lehrteam des DAV setzte die praxisbezogenen Erkenntnisse in die praktische Anwendung um.

Die unfallbezogene Zusammenstellung der Sicherheitserkenntnisse scheint uns auch insbesondere aus folgenden zwei Gründen angebracht:

■ Zum einen, weil sich der Leser nicht durch technisch-wissenschaftliche Abhandlungen durchkämpfen muß, sondern nur das konzentriert erfährt, was er zur Vermeidung des geschilderten Unfalls wissen muß.

■ Zum anderen, weil sich Unfälle zwar nicht mehr ungeschehen machen lassen, man aber gerade aus Unfällen am ehesten lernen kann. Hat man beispielsweise am eigenen Leib einen Unfall erfahren, wird man alles tun, um dergleichen künftig zu vermeiden. Doch – warum nur man selbst? Wenn Unfälle und deren Ursachen publik gemacht werden, können auch andere daraus lernen. Nur eine bekannte Unfallursache kann vermieden werden.

Die meistgestellte Frage nach einem Unfall ist immer die gleiche: »Wie konnte das passieren?« Der Leser wird immer wieder auf diese Frage stoßen. Es wird versucht, diese Frage zu beantworten. Dabei wird gelegentlich auch auf die Entwicklung der Lehrmeinung eingegangen. Jede Lehrmeinung ist nichts anderes als die Summe von Erfahrungen. Und das Sammeln von Erfahrungen ist in der Regel ein langwieriger, für den alpinistischen Bereich oft auch ein schmerzhafter Prozeß. Damit nicht jeder Bergsteiger, Fels- und Eiskletterer den schmerzhaften Lernprozeß aufs neue durchstehen muß – deshalb das vorliegende Kompendium. Unfälle müssen sich nicht ständig wiederholen.

Winter 1993/94   Pit Schubert

Ergänzung zur 3. Auflage, Seite 171:
Während der ersten beiden Auflagen ereigneten sich zwei Unfälle mit Zeugen, die zufällig beobachteten, wie sich der Bandknoten aufzog: ein Unfall im Frankenjura und ein Unfall am Battert (bei Baden-Baden), beide beim Abseilen. Im Frankenjura konnte der Zeuge nicht mehr eingreifen, »... es ging alles blitzschnell«. Am Battert griff der Ausbilder reflexbedingt zu, um das völlige Aufziehen des Knotens zu verhindern, leider ohne Erfolg. Der Ausbilder wurde mit in die Tiefe gerissen und konnte den Sturz nur schwerverletzt überleben. Die Abseilenden beider Unfälle zogen sich weniger ernste Verletzungen zu.

Gefahren durch Wettersturz

Im alpinen Gelände sind Wasserstürze zu Recht gefürchtet. Sie machen den Bergsteigern und Kletterern in Fels und Eis in mindestens zweierlei Hinsicht zu schaffen: Zum einen wird das Gelände, ob Wanderweg oder Kletterroute, schlagartig schwieriger. Bei Nässe wird aus einem Zweier (II) schnell ein Dreier (III); kommen noch Schnee oder gar Vereisung hinzu, kann aus dem Zweier (II) leicht ein Vierer (IV) werden. Dies gilt analog für schwierigere Routen. Sie können so schwierig werden, daß sie nur noch mittels künstlicher Kletterei zu bewältigen sind oder daß ein Rückzug notwendig werden kann. Zum anderen sind es Unterkühlung durch Wind- und Feuchtigkeitseinfluß und der mit Wasserstürzen immer verbundene Temperaturabfall, die den Bergsteigern und Kletterern stark zusetzen. Die körperlichen Reserven werden schneller verbraucht als bei einer Schönwettertour. Im Wettersturz treten Unterkühlung und Erschöpfung praktisch immer gleichzeitig auf.

Einmal ist keinmal

Anfang der sechziger Jahre waren zwei Kletterer im Wilden Kaiser. Der eine ein Sachse, ein guter Rißkletterer, der andere aus dem Rheinland, beim Klettern immer etwas langsam. Da sie erst am späten Vormittag auf dem Stripsenjochhaus angekommen waren, erreichten sie den Einstieg der Schüle/Diem-Führe an der Predigtstuhl-Westwand nicht vor Mittag. Die Kletterei lief nicht so recht, und die Beschreibung war zu allem Überfluß auch noch mehrdeutig. Topos gab es noch nicht. Um das Maß vollzumachen, kam am späten Nachmittag ein Mordsgewitter auf, das die beiden zu einem feuchten Biwak in einer winzigen Nische knapp unterhalb des Gipfels zwang. Die beiden nannten sich gegenseitig so etwa alles, was auf sie paßte, vom dümmsten Esel bis zum größten Rindvieh aller Zeiten. Ein Biwak im Kaiser! Das sollte ihnen nie mehr passieren. Sie schworen sich's gegenseitig mit drei heiligen Eiden – und fuhren am nächsten Wochenende wieder in den Kaiser. Dieses Mal

kamen sie nicht zu spät auf die Hütte, dafür war die folgende Nacht aus geselligen Gründen etwas zu kurz und der durchschlafene Morgen etwas zu lang geworden. Wohin mit einem Brummschädel am späten Vormittag noch aufbrechen? Am besten die Fiechtl/Weinberger am Predigtstuhl. Die ist ja nicht so schwierig und ziemlich kurz ist sie auch. Wieder waren die beiden Freunde erst gegen Mittag am Einstieg. Die Kletterei lief wieder nicht so recht. Zu allem Überfluß kam am späten Nachmittag wieder ein Mordsgewitter auf. Wieder wollte der Spezl nicht recht weiter. Alles war so ähnlich wie eine Woche zuvor. Sie kamen gerade noch bis knapp unter den Gipfel. Es folgte ein bis auf Nuancen gleiches Biwak in der gleichen Biwaknische. Was sich die beiden in dieser Nacht gegenseitig nannten, wage ich nicht wiederzugeben.

Noch mal gutgegangen

Am Sonntag, den 24. Juli 1988, herrschte morgens bestes Wetter: blauer Himmel, keine Wolke, Tau auf Auto und Gras. So gab es im Wilden Kaiser bald Hochbetrieb. Gegen Nachmittag zog es zu und fing an zu regnen. Später waren Hilferufe aus dem oberen Teil der Predigtstuhl-Nordkante zu hören. Es klang dringend. Bald regnete es in Strömen. Im Westen zuckten die ersten Blitze, der Donner krachte nur wenige Sekunden später. Es mußte ernst sein für die, die um Hilfe riefen.

Auf dem Stripsenjochhaus waren zufällig Bergrettungsmänner. Sie brachen bald auf. In der Steinernen Rinne herrschte inzwischen ein Inferno. Sturzbäche und Steine krachten herab. Die Bergrettungsmänner mußten umkehren, nachdem sie während einer kurzen Regenpause in den brüchigen Einstiegsseillängen einen Versuch unternommen hatten. Es goß wieder wie aus Kübeln. Nachts um zwei Uhr ließ der Regen etwas nach. Es wurde ein weiterer Versuch unternommen. Man wußte noch nicht, daß den beiden Hilferufenden außer dem Wettersturz nichts weiter zugestoßen war. Als die Retter im Morgengrauen bei den

Beliebt: Die Predigstuhl-Nordkante.

Hilfsbedürftigen eintrafen, schlotterten diese nur mächtig und waren unterkühlt. Glücklicherweise hatte sich das Wetter inzwischen vollends gebessert. Von der abziehenden Schlechtwetterfront blieben nur noch ein paar Wolken übrig. So konnte der Hubschrauber die Hilfsbedürftigen bald mit der Winde bergen. Auf dem Stripsenjochhaus erholten sie sich schnell. Bald war dann auch die Rettungsmannschaft zurückgebracht. Wenig später erinnerte nichts mehr an die Rettungsaktion. Nur die Touristen auf dem Stripsenjochhaus hatten Gesprächsstoff. »Das hat ja gegossen!« Freilich, das hatten die beiden Geretteten auch gemerkt. »Wie konnten die nur!« Freilich, das haben sich die beiden Geretteten später auch gedacht. Dabei hätte es intensiveren Gesprächsstoff genug gegeben. War der Wettersturz vorhersehbar? Hätte sich die unangenehme Biwaknacht und damit die gewiß nicht risikolose Rettungsaktion vermeiden lassen? Wie sah die Wetterprognose am Abend zuvor aus? Sie lautete: »*Morgen Nachmittag Durch-*

zug einer Gewitterstörung aus West. Luftdruck: Tendenz fallend.«

Das war eindeutig. Strahlendblauer Himmel am Morgen mit Tau auf Auto und Gras sind nicht in jedem Fall sichere Anzeichen für gutes Wetter den ganzen Tag über.

Wetterstürze am Wochenende

Jährlich kommt es in der zweiten Augusthälfte – sozusagen mitten im Sommer – zu einem großräumigen Wettersturz in den Alpen. Für viele völlig überraschend. Eine Kaltfront trifft auf sonnenerwärmte Warmluft, schiebt sich unter letztere und treibt diese in die Höhe. Das kann nicht gut ausgehen. Die Warmluft kühlt sich mit zunehmender Höhe ab, es kommt zu Niederschlägen, die, verbunden mit dem Temperaturabfall, zu einem ausgewachsenen Wettersturz werden. Diese Wetterstürze in der zweiten Augusthälfte sind so regelmäßig, daß man meinen könnte, sie kämen nach dem Kalender. Und diese Wetterstürze fordern jährlich Todesopfer. Der Wettersturz 1986 war in dieser Hinsicht besonders auffallend, da er sich an einem Wochenende, und zwar am 23./24. August, ereignete und so mehr Bergsteiger und Kletterer davon betroffen wurden, als wenn er unter der Woche aufgetreten wäre. Am späten Vormittag schlug das Wetter innerhalb weniger Stunden von warm und sonnig um in Kälte mit Hagel und Schneeschauern. Der Wettersturz dauerte zwei volle Tage. Viele gerieten in Bergnot:

■ In der Watzmann-Ostwand rutschte ein Kletterer vom vereisten Fels, stürzte ins Seil und brach sich das Fersenbein. Seine Begleiterin und er konnten sich – auch durch die Hilfe einer befreundeten zweiten Seilschaft – noch in die Biwakschachtel retten. Das alles aber kostete wertvolle Zeit. Die Seilpartnerin der zweiten Seilschaft, die währenddessen wartete, kühlte in der Zwischenzeit so stark aus, daß sie wenig später an Unterkühlung starb. Später stellte sich dann heraus, daß die beiden Seilschaften, als sie am späten Vormittag vom Wettersturz überrascht worden sind, nicht umkehren wollten. Sie waren über das Wochenende aus dem Schwäbischen angereist und hatten die Zeit nutzen wollen, wörtlich: »Der Sommer ging ja schon zu Ende.«

Watzmann-Ostwand: Die höchste Wand der Ostalpen.

■ Am gleichen Tag durchstiegen zwei Kletterer die wesentlich kürzere Ostwand an der Watzmann-Mittelspitze. Sie erreichten den Gipfel, doch im Abstieg mußte einer der beiden wegen Erschöpfung und Unterkühlung – »er hatte keine Kraft mehr« – zurückgelassen werden, während der andere zur Wimbachgrieshütte abstieg, um Hilfe zu holen. Die Bergwacht konnte den Zurückgebliebenen wegen der widrigen Wetterverhältnisse nicht mehr rechtzeitig erreichen. Er starb an Ort und Stelle.

■ In den gleichen Wettersturz gerieten drei Bergsteiger bei der Überschreitung des Piz Boval in der Bernina. Alle drei litten bald an Erschöpfung und Unterkühlung. Einer der drei, der sich noch am stärksten fühlte, versuchte Hilfe zu holen. Der Versuch scheiterte aber schon nach 100 Metern. Die drei mußten biwakieren. Einer starb noch am Abend. Die anderen konnten tags darauf mit Erfrierungen gerettet werden.

■ Eine neunköpfige Wandergruppe geriet auf dem »Pinzgauer Spaziergang«, einem Höhenwanderweg um die 2000-Meter-Grenze in den östlichen Kitzbühler Alpen, in das Unwetter. Obwohl schon am späten Vormittag Schneefall einsetzte und ein schneller, gefahrloser Abstieg ins Tal möglich gewesen wäre, blieb die Gruppe auf dem wetterausgesetzten Höhen-

weg. Und sie blieb nicht beisammen. Die etwas Schnelleren ließen die Langsameren zurück. Fünf der neun Wanderer erreichten das Ziel, die Bürglhütte, völlig erschöpft am Spätnachmittag. Einer erreichte die Hütte am nächsten Morgen. Trotz einer großangelegten Rettungsaktion mit 170(!) Bergrettungsmännern und elf Suchhunden konnten die drei bis dahin Vermißten nur mehr tot, eine halbe Gehstunde von der Bürglhütte entfernt, aufgefunden werden.

■ Auf dem Weg zur Kasseler Hütte in den Zillertaler Alpen rutschte eine Bergwanderin auf dem bald schneebedeckten Weg aus und stürzte etwa 100 Meter über den verschneiten Hang hinab. Beim Versuch, ihr zu helfen, stürzte ihr Begleiter ebenfalls ab. Als beide dann gemeinsam versuchten, den Weg über ihnen wieder zu erreichen, stürzten sie noch mal hinab, etwa 400 Meter. Für beide kam jede Hilfe zu spät.

■ Beim Abstieg vom Kleinmaderer im Verwall stürzte ein Bergsteiger über eine kleine verschneite Wandstufe. Beim Anblick seiner Verletzungen lief seine Frau in Panik davon und stürzte tödlich ab.

Diesem Wettersturz fielen im gesamten Alpenraum 14(!) Bergsteiger und Kletterer zum Opfer. Die Bergwacht/Bergrettung mußte nahezu in allen Teilen der Alpen Einsatz leisten. Das alles hätte nicht sein müssen. Der Wettersturz war angekündigt worden. Der Wetterbericht am Tag zuvor lautete: *22. August 1986, 18.30 Uhr: »... ein Tiefausläufer hat Süddeutschland erreicht ... morgen wechselnde, meist starke Bewölkung und zeitweise Regen sowie Gewitter ... im Tagesverlauf fortschreitende Abkühlung.«*

Besonders ungünstig machte sich das Eintreffen des Wettersturzes am späten Samstag Vormittag bemerkbar. So waren die meisten Bergsteiger und Kletterer schon unterwegs. Wäre der Wettersturz in der Nacht eingetroffen, hätten wohl noch viele auf die Tour verzichtet. Wer beginnt schon eine Bergtour bei Regen oder Schneefall? Viel schwieriger fällt es dagegen, nach anfänglich schönem Wetter, dann, bei beginnendem Schlechtwetter, umzukehren. Und wer den Wetterbericht nicht gehört hat, die Großwetterlage also nicht kennt, nimmt in der Regel ja sowieso an, daß es sich im Augenblick nur um eine kurzzeitige Wetterverschlechterung handelt. Schließlich sind die Bergsteiger und Kletterer allesamt Optimisten.

Es bedarf keiner besonderen Mühe, sich vor Antritt einer Bergtour nach dem Wetter zu erkundigen. Man muß dazu nicht die Nachrichten im Radio oder die Wetterkarte im Fernsehen abwarten und so vielleicht kostbare Zeit verlieren. Am Telefon kann der Wetterbericht jederzeit gehört, im Kabelfernsehen jederzeit »herangeholt« werden. Etwa alle drei Stunden erscheint die aktuelle Wetterprognose neu, beginnend gegen sechs Uhr und endend gegen 18 Uhr. Leichter kann man an den Wetterbericht nicht mehr herankommen.

Die Trefferquote der Meteorologen hat sich durch die Auswertung von Satellitenbildern, die EDV und die besseren Kommunikationssysteme im letzten Jahrzehnt erheblich verbessert. Sie liegt inzwischen bei 86 %. Das scheint noch nicht sehr hoch. Doch der Schein trügt insofern, als dabei alle Details der Wetterprognosen mitgezählt werden. So können die Meteorologen höchstens noch in Details danebenliegen, beispielsweise in der Sonnenschein- oder Regendauer. Daß sie mal etwas mehr Regen vorhersagen, und die Sonne scheint dann doch etwas länger oder umge-

Wetterbericht: Am Telefon jederzeit abrufbar.

Typische Wolkenspirale: Ein Wettersturz in den Alpen bahnt sich an; je nach Stärke der Höhenströmung trifft der Kaltwettereinbruch 24 bis 36 Stunden später auf die Alpen.

kehrt. Oder, daß sie ein sich lokal bildendes Schlechtwetter nicht 36 oder 24 Stunden vorhersagen, sondern nur kurzfristig. Bei großräumigen Wetterverschlechterungen wie im August 1986 langt kein Meteorologe mehr daneben. Wetterverschlechterungen dieses Ausmaßes sind auf den Satellitenbildern schon Tage zuvor zu erkennen. So war schon 36 Stunden vor dem Kaltwettereinbruch, als bei uns noch strahlender Sonnenschein herrschte, abzusehen, daß ein ausgewachsener Wettersturz die Alpen am Wochenende erreichen wird. Das obige Satellitenbild zeigt die für einsetzendes Schlechtwetter typische Wolkenspirale, ein Tiefdruckgebiet über Irland mit einer Kaltfront zur Biskaya. Die Alpen sind noch wolkenfrei. Dies erklärt das schöne, hochsommerliche Wetter an den Tagen vor einem Wettersturz im Hochsommer.

Ich erinnere mich noch genau jenes Tages vor dem 23. August. Es war ein Freitag, und die Frage tauchte auf: Wohin am Wochenende? Ich hatte gegen Mittag den Wetterbericht gehört, der schon das Schlechtwetter ankündigte. Als ich zum Fenster hinaussah, wunderte ich mich nur über den blauen Himmel und den strahlenden Sonnenschein. Gegen 16 Uhr hörte ich die nächste Ausgabe des Wetterberichtes. Wieder die Vorhersage auf eine großräumige Wetterverschlechterung. Da bestand für mich kein Zweifel mehr, daß es verlorene Zeit sei, an diesem Wochenende ins Gebirge zu fahren – und ich sortierte meine Dias, die schon lange darauf warteten.

Ähnlich katastrophale Folgen hatte ein Wettersturz im angehenden Sommer, fünf Jahre zuvor. Es war ein verlängertes Wochenende über den 17. Juni. Viele Bergsteiger und Kletterer nutzten die vier freien Tage. Am Samstag, dem vorletzten der vier Tage, herrschte morgens noch bestes Wetter. Strahlend blauer Himmel verhieß dem, der nicht den Wetterbericht gehört hatte, einen schönen Frühsommertag. Gegen Mittag brach dann innerhalb kurzer Zeit über den gesamten Alpenraum ein in höheren Lagen fürchterlicher Wettersturz herein mit Schneefall bis auf 1700 Meter. Dies kostete 14 Bergsteigern und Kletterern das Leben. Auch dieser Wettersturz war von den Meteorologen vorhergesagt worden.

Ein Wetterbericht reicht nicht immer

Auch beim heutigen Wissensstand der Meteorologen bleiben letztlich doch noch gewisse Unsicherheiten in der Vorhersage. Schließlich sind auch die Meteorologen nicht unfehlbar. Wie gesagt, Trefferquote 86 %. Das sind wohlgemerkt nicht 100 %.

Ein in der Wettervorhersage nicht so frühzeitig wie gewöhnlich prognostizierter Wettersturz am 3./4. September 1983 wurde zwei Zweierseilschaften im Gesäuse zum Verhängnis. Sie stiegen am 3. September gegen acht Uhr in die alte Dachl-Nordwandroute ein, eine Route im V. und VI. Schwierigkeitsgrad. Laut Unfallbericht sind die beiden Zweierseilschaften nach Aussage von Augenzeugen »nur langsam vorangekommen«. Gegen Nachmittag kamen heftiger Regen und Sturm auf. Laut Zentralanstalt für Meteorologie und Geodynamik in Wien fielen im Gesäuse zwischen 10 und 40 Liter Niederschlag pro Quadratmeter. Nach Aufkommen des Wettersturzes bestand keine Sichtverbindung mehr von der Haindlkarhütte zu den beiden Seilschaften. Hilferufe waren nicht zu hören.

Als die vier am anderen Morgen noch nicht zurück waren, wurde die Bergrettung alar-

miert. Eine Hubschrauberbesatzung entdeckte die beiden abgängigen Seilschaften. Eine fand man im Ausstiegsriß der Kasparekführe, die andere an der Dachlkante etwa 250 Meter über dem Einstieg. Alle vier reglos. Als die Retter noch am gleichen Tag bei den Vermißten eintrafen, konnten sie nur noch deren Tod feststellen.

Die eine Seilschaft hatte offensichtlich die Flucht nach oben gesucht, die andere die zurück. Der Seilerste der oberen Seilschaft hatte das Seil an einem Haken 10 Meter oberhalb eines Standplatzes fixiert und war, mit einem Klemmknoten am Seil gesichert, zu seiner vermutlich erschöpften Seilpartnerin zurückgeklettert. Man fand beide am Standplatz. Die andere Seilschaft hatte nach mehrmaligem Abseilen das Seil schon mittels Karabiner (zum leichteren Abziehen) am nächsten Abseilhaken befestigt und für das weitere Abseilen vorbereitet. Abgeseilt hat die Seilschaft nicht mehr. Man fand sie an diesem Haken.

Nach dem tragischen Tod der beiden Seilschaften wurden Stimmen laut, die dem Wetterbericht die Schuld am Tod der vier jungen Menschen gaben. Der Vater eines der Opfer schrieb in den Oberösterreichischen Nachrichten vom »tödlichen Wetterbericht«,

Die Dachl-Nordwand mit den Stellen, wo man die Vermißten fand.

wörtlich: »Daß sie der amtlichen Wetterprognose vertraut hatten, das war ihr tödlicher 'Leichtsinn', dafür mußten sie sterben.« Von anderen wurde der pauschale Vorwurf erhoben, daß der Wetterbericht in Österreich an Wochenenden »getürkt« werde. Dies gipfelte in der Begründung, die Gastwirte brauchten eine gute Wetterprognose, damit die Ausflügler sich auf die Beine machen und nicht etwa zu Hause bleiben.

Bleibt uns nur der Versuch, die Gründe sachlich zu erörtern, die zum Tod dieser vier jungen Menschen geführt haben dürften. Betrachten wir die Wetterprognosen in diesem Zeitraum für die Ennstaler Alpen.

Tags zuvor, Freitag, 2. September 1983, 14 Uhr (für den darauffolgenden Unfalltag): *»Anfangs regional noch Störungsreste, später weitgehend sonnig. Westliche Winde ... Tageshöchsttemperatur 18 bis 25 Grad. Vorschau auf Sonnntag (Tag nach dem Unfall): Von Westen her erneut Störungseinfluß, mäßig warm.«*

Dito, 21 Uhr: *»Nach Auflösung einzelner Störungsreste zunächst meist sonnig. In der Folge von Westen Bewölkungszunahme und Aufkommen von Niederschlägen. Örtlich auch Gewitterbildung ...«*

Am anderen Morgen (Unfalltag), 3. September 1983, 4 Uhr 30: *»Im Osten und Süden anfangs noch Störungsreste, sonst meist sonnig. In der Folge von Westen her erneut Bewölkungszunahme und Aufkommen von Regenschauern und Gewittern ...«*

Es muß festgestellt werden, daß der Wettersturz vorausgesagt war, für den Unfalltag allerdings nicht 24 Stunden, sondern nur 18 Stunden vorher. Offensichtlich hatten die vier nur den Wetterbericht am Nachmittag des vorhergehenden Tages (14 Uhr) gehört und sich darauf verlassen. Bei allem Verständnis für die Hinterbliebenen ist ein »getürkter« Wetterbericht nicht vorstellbar, nicht einmal ein »etwas gefärbter«. Es sind schlicht die 14% Fehlerquote, die sich in Form einer etwas verspäteten Wetterprognose besonders tragisch ausgewirkt haben. Der für den Tag nach dem Unfall prognostizierte »Störungseinfluß« kam schneller als zu diesem Zeitpunkt erwartet. Bleibt die Erkenntnis, daß die Wahrscheinlichkeit einer Fehlprognose mit der jeweils nächstfolgenden Wetterprognose erheblich abnimmt.

Laut Unfallbericht waren die vier nur mit »leichtem Hemd (Pulli) und Trainingshose bekleidet. Sie hatten weder Rucksäcke, noch Zusatzbekleidung, noch einen Biwaksack bei sich.« Weiter vermerkt der Unfallbericht, daß zwei der Verunglückten »nach Aussage der Angehörigen« bis dahin »noch keine so schweren Touren unternommen hatten und der Tour auch konditionell nicht gewachsen waren.« So dürften neben dem nur 18 Stunden vorher prognostizierten Wettersturz und dem Mißgeschick, daß sich die vier Kletterer auf die 24-Stunden-Prognose vom Nachmittag zuvor verlassen hatten, auch folgende Gründe mit für den tragischen Ausgang dieser Kletterfahrt verantwortlich gewesen sein:

■ der für einen Septembertag erheblich zu späte Einstieg in eine Wand wie die Dachl-Nordwand,

■ das langsame Vorankommen der beiden Seilschaften und

■ das Fehlen von Regenschutz- und Zusatzbekleidung sowie des Biwaksackes.

Das alles wurde nach dem Unglück leise und laut gedacht, in den Medien durchgehächelt, als Kritik anerkannt und von anderen verworfen. Gleich welche Meinung man sich von den Ursachen dieser Tragödie auch bilden mag – versuchen wir daraus zu lernen.

Auch Extreme

Es wäre ein Irrtum zu glauben, daß nur Anfängern oder weniger erfahrenen Alpinisten das Wetter zum Verhängnis werden kann. Auch alte Hasen bleiben nicht immer vor einer falschen Wettereinschätzung verschont. Anders ist der Tod so manch eines Spitzenbergsteigers im Wettersturz nicht zu erklären. Vielleicht ist es aber auch gerade die Erfahrung, die manchen Extremen bei unsicherem Wetter in eine schwierige Route einsteigen läßt. Die Erfahrung nämlich, etliche Wetterstürze schon sicher überstanden zu haben.

Ein solches Beispiel ist der tragische Tod des Tiroler Himalayabergsteigers und Spitzenkletterers Rolf Walter und seiner Frau am Peutereygrat im Jahre 1985. Sie waren bei –

aus lokaler Sicht – nicht ganz sicherem Wetter in diesen langen Grat am Montblanc eingestiegen, eine der längsten Gratüberschreitungen in den Alpen. Beim Aufstieg über den letzten Teil des Peutereygrates, wenig unterhalb des Montblanc-Gipfels, müssen die beiden in ein infernalisches Unwetter geraten sein. Die Wetterwarten gaben später für den Montblanc-Gipfel Windgeschwindigkeiten von 140 km/h mit Spitzen bis zu 200 km/h an, bei Temperaturen um 15 Grad unter Null. Was sich zugetragen hat, wie die beiden ums Überleben gekämpft haben und dann doch umgekommen sind, wird für immer ein Geheimnis bleiben. Erst etliche Tage später fand man beide etwa 70 Meter unter dem Gipfel erfroren auf.

Die Badile-Tragödie

Im Sommer 1972 mußten Sigi Hupfauer und Alois Ritter am Piz Badile einen fürchterlichen Wettersturz durchleben. Hupfauer berichtete darüber in der Zeitschrift »Alpinismus«[1]. Beide stiegen Anfang September in die Cassinführe ein. Hupfauer hatte ein ungutes Gefühl. Ihm gefiel das Wetter nicht recht. Es war ein leicht zu übersehendes Schlechtwetterzeichen, da die Sonne vom strahlenden Himmel lachte. Nur ein paar kleine Wolken zogen verdächtig von Süden herauf, lösten sich aber bald auf. Etwas unschlüssig stiegen sie dann doch weiter. Jeder führte einen Rucksack mit Biwakausrüstung und Ersatzwäsche mit. Im unteren Teil der Wand trafen sie unerwartet auf Freunde, Karl Golikow und Otto Uhl. Die beiden waren von der Nordkante hereingequert und hatten nur einen kleinen Rucksack dabei, nach dem Motto »leicht und schnell«.

Golikow und Uhl stiegen voran und leisteten sich einen Verhauer. Hupfauer und Ritter überholten auf der richtigen Route. Zwei Seillängen nach dem bekannten Firnfleck begann es zu schneien. Es waren dicke Schneeflocken, und die Temperatur lag um die Null-Grad-Grenze. Bei Berührung mit dem Fels schmolz der Schnee. Im Nu sammelten sich gewaltige Wassermengen in den Rissen, Rinnen und Kaminen des oberen Wandteils. Bald schossen eiskalte Sturzbäche über die vier

Die Nordostwand des Piz Badile nach einem Wettersturz wie dem im Sommer 1972.

Kletterer herab. Wer dergleichen nicht erlebt hat, kann sich nicht vorstellen, in welch kurzer Zeit ein kleines Rinnsal zu einem fürchterlichen Sturzbach werden kann. Es sind in der Tat nur Minuten.

Die vier waren in kurzer Zeit patschnaß. Um immer an wenigstens drei verschiedenen Punkten gesichert zu sein, bildeten sie eine Viererseilschaft. An Rückzug war nicht zu denken. Lawinen, Wasserfälle und Steinschlag aus dem oberen Wandteil ließen keine Zweifel daran aufkommen, daß es nur eine Flucht nach oben gab. Unter großen Schwierigkeiten kletterten sie das Kamincouloir direkt hinauf in Richtung Nordkante. Der Tag nahm ab, es wurde kälter. Bald war alles vereist. Als es dunkel wurde, biwakierten Hupfauer und Ritter zwei Seillängen unter der Nordkante. Golikow war der Platz zu schlecht. So stieg er noch etwas höher. Sein Biwakplatz war tatsächlich besser. So wollte auch sein Seilpartner Uhl noch hinauf zu ihm. Es schneite unvermindert weiter. Uhl wollte hinaufprusiken, besaß aber keine Prusikschlingen. Hupfauer und Ritter gaben ihm, was sie an Schlingen entbehren konnten. Uhl prusikte hoch. Es ging recht langsam. Er war inzwischen

1) *Alpinismus, Heft 2/73, Seite 26 und 40.*

sehr erschöpft. Hupfauer und Ritter richteten sich inzwischen zum Biwakieren her. Sie wechselten die Unterwäsche (Angora), zogen trockenes Überzeug an, die nasse Kleidung über die trockene und verkrochen sich unter dem Biwaksack, nachdem sie ein Seilgeländer gespannt und sich selbstgesichert hatten. Währenddessen hörten sie immer wieder die Rufe von Uhl: »Charly, hol ein!« Von oben kam keine Antwort. Hupfauer und Ritter waren sich nicht klar, ob Golikow im Unwetter nichts hörte oder ob er schlief. Später hörten auch die Rufe von Uhl auf.

Plötzlich bekam Hupfauer einen schweren Schlag ins Genick. Im ersten Augenblick wußte er nicht, was passiert war. Er war völlig benommen. Er und Ritter rissen den Biwaksack herunter, schalteten die Stirnlampe ein und sahen ein Bündel unter sich hängen. Es war Uhl. Auf Rufe gab er nur noch schwache Laute von sich. Er hing mit dem Kopf nach unten. Das Seil hatte sich während des Sturzes um sein Bein gewickelt, so daß er kopfabwärts hing. Seine Unterarme waren starr abgewinkelt. Uhl war wie Golikow nicht richtig angeseilt. Sie trugen nur einen Sitzgurt und eine Reepschnur über den Schultern. Ritter legte Uhl ein richtiges Brustgeschirr an, zog ihn gemeinsam mit Hupfauer zum Biwakplatz herauf und band ihn an einem der Haken fest. Uhls Arme waren schon steif gefroren, sein Oberkörper schon starr. Hupfauer und Ritter konnten ihm nicht mehr helfen. Uhl starb noch vor Mitternacht.

Für die Überlebenden wurde es eine schlimme Nacht. Immer wieder kamen Schneerutscher, die sie förmlich vom Biwakplatz drückten, da sich der feuchte Schnee mit Wucht zwischen Wand und Biwaksack quetschte. Aus dem Wandtrichter donnerten die Lawinen. Temperatur unter Null Grad. Als der Morgen kam, war die Wand völlig weiß. Hupfauer und Ritter mußten den toten Freund zurücklassen. Es galt, sich zum Gipfel durchzuschlagen. Dort steht eine Biwakschachtel.

Ritter erreichte als erster Golikow und überbrachte ihm notwendigerweise die Nachricht vom Tod seines Seilkameraden. Golikow war schockiert und niedergeschlagen. Es sah schlimm um ihn aus. Er trug nur leichte Kletterschuhe und meinte, seine Füße seien erfroren, er habe keinerlei Gefühl mehr, er könne nicht mehr klettern. Ritter führte die zwei Seillängen bis zur Nordkante. Weil alles vereist war, stürzte er dabei mehrmals. Golikow war durch die Biwaknacht stark geschwächt. Hupfauer und Ritter mußten ihn mit enormem Energieaufwand immer wieder hinaufziehen. Er stammelte Worte von der Freney-Tragödie, bei der im Wettersturz vier von sieben Kletterern an Erschöpfung und Unterkühlung gestorben sind. Möglicherweise ahnte er sein Ende. Auch Ritter war durch die Bewältigung der zwei Seillängen im Vorstieg inzwischen entkräftet. Neben Golikow begann nun auch Ritter zu fantasieren. Beide sahen immer wieder Retter, wo weit und breit niemand zu sehen war. So mußte Hupfauer nun die Führung übernehmen. Sie hatten nur noch zwei Seile. Eines war bei Uhl geblieben, das zweite hatte Golikow hängenlassen. Hupfauer baute jeweils zwei Sicherungspunkte, da unter diesen Umständen auch im leichteren Gelände jederzeit ein Sturz möglich gewesen wäre.

Der Zustand von Golikow verschlechterte sich zusehends. Er taumelte nur noch. Ritter brachte ihn nur noch mit allergrößter Mühe weiter. Auch den führenden Hupfauer erfaßte bald bleierne Müdigkeit. Dann brach die zweite Nacht herein. An ein zweites Biwak aber war nicht zu denken. Sie mußten weiter,

Am Badile überlebt: Sigi Hupfauer (hier 1988 auf dem Gipfel des Nanga Parbat, 8125 m).

sollte Schlimmeres verhindert werden. Zu allem Unglück stürzte Golikow im Nachstieg und riß Ritter in die Selbstsicherung. Dabei wurde Ritter so gegen einen Block gerissen, daß sein Arm eingeklemmt wurde. Ohne Entlastung des Seiles, an dem Golikow hing, war Ritter sozusagen gefesselt. Da Hupfauer und Ritter nicht mehr die Kraft besaßen, Golikow heraufzuziehen, mußten sie ihn bis zu einem Standplatz hinablassen. Golikow gab keine Lebenszeichen mehr von sich. So fixierten Hupfauer und Ritter sein Seil.

Der Zustand von Ritter verschlechterte sich nun auch zusehends. Ein zweites Biwak hätte er nicht mehr überstanden. Unter Aufbietung letzter Kräfte, wie es nur im Kampf ums nackte Überleben möglich ist, erreichten Hupfauer und Ritter die Biwakschachtel gegen zehn Uhr nachts. Ritter stürzte die letzten Meter hinunter auf das Dach, da die Biwakschachtel etwas tiefer liegt. In der Schachtel waren Bergsteiger, die sich ihrer annahmen. Andertags stiegen drei zu Golikow hinunter. Sie konnten ihn nur noch tot bergen.

Hupfauer fügte seinem Bericht in »Alpinismus« abschließend hinzu: »Wir haben Fehler gemacht. Der Einstieg in die Wand bei Schlechtwetteranzeichen war der Beginn der Katastrophe. Warnung an alle, die einen kühnen Klettergartenstil aufs Hochgebirge übertragen... Gewiß, es mag eine feine Sache sein, in leichten Kletterpatschen, Cordhose sowie mit spartanisch gefülltem Rucksack zu klettern. Schon oft genug aber hat es sich gezeigt, daß eine Modetour schnell ein sehr ernstes Gesicht annehmen kann. ... Mahnung an alle, es besser zu machen. Der Tod unserer Freunde soll nicht umsonst gewesen sein ...«

Sachlich betrachtet, haben Hupfauer und Ritter noch die geringsten Fehler gemacht, nämlich nur den, daß sie die Schlechtwetterboten nicht ernstgenommen hatten. Gut ausgerüstet waren sie, auch für den Wettersturz. So sprechen die Worte Hupfauers für ihn, wenn er schreibt »wir haben Fehler gemacht«. Die Wetterprognose tags zuvor um 17 Uhr lautete: »Dunstig ... Schauer ... besonders im Tessin, Null-Grad-Grenze auf 2500 Meter sinkend.«

Das war eindeutig. Der Gipfel des Piz Badile ist 3308 Meter hoch. Der Einstieg in die Wand liegt auf einer Höhe von 2500 Meter, genau in Höhe der vorausgesagten Null-Grad-Grenze. Hupfauer und Ritter waren am Spätabend zuvor mit dem Auto angereist und hatten den Talort erst um Mitternacht erreicht. Gegen fünf Uhr morgens begannen sie mit dem Aufstieg durch das Bondascatal zum Wandfuß. So hatten sie keine Gelegenheit, den letzten Wetterbericht zu hören. Von Golikow und Uhl weiß man diesbezüglich nichts.

Eine Frau und drei Männer

Anni, Hans, Paul und Ernst aus München, alles erfahrene Kletterer und Westalpengeher, planten eine Besteigung der Jungfrau im Berner Oberland. Sie hatten sich den Südwestgrat (auch »Innerer Rottalgrat«) ausgesucht, der wohl der schönste Aufstieg an diesem Berg ist. Bei guten Verhältnissen nicht mehr als ein mittelschwieriges (III), kombiniertes Unternehmen. Zudem wird die Kletterei an drei Stellen durch Fixseile erleichtert. Im Führer ist folgender Zusatz zu lesen: »... kann sich sehr schwierig gestalten, wenn man vereiste Felsen antrifft, wobei die angegebene Zeit (etwa 6 Stunden von der Hütte) erheblich überschritten werden kann.« Ausgangspunkt für den Grat ist die 2755 Meter hoch gelegene, unbewirtschaftete Rottalhütte.

Es war an einem Augusttag, als Anni, Hans, Paul und Ernst bei schönem Wetter zur Hütte aufstiegen. Der Nachmittag brachte Bewölkung, am Abend schneite es etwas. Das ist in dieser Höhe im Berner Oberland noch nichts Außergewöhnliches. Am anderen Morgen war alles weiß, der Himmel grau und verhangen. Gegen Mittag klarte es auf. Um die Zeit zu nutzen, erkundeten die vier den Einstieg. Gern hätten sie eine Wettermeldung gehört, doch dazu gab es auf der Hütte keine Möglichkeit.

Die folgende Nacht war kalt und klar, so daß die vier die Wetterentwicklung optimistisch einschätzten. Sie verließen die Hütte um vier Uhr früh. Hans und Anni bildeten die erste Seilschaft, Paul und Ernst die zweite. Aufgrund der schlechten Verhältnisse und der umfangreichen Rucksäcke kamen sie recht langsam voran. Am späten Nachmittag zogen Wolken auf, bald begann es zu schneien und zu stürmen. So beratschlagten sie, was zu tun sei.

Rückzug oder Weitergehen? Sie entschlossen sich für den weiteren Aufstieg, für den Weg über den Gipfel.

An diesem Tag erreichten sie nicht einmal den »Hochfirn«, jene kleine Gletscherfläche unterhalb des Gipfels, die ihnen eine bessere Biwakmöglichkeit geboten hätte. So verbrachten sie die Nacht auf einem äußerst unbequemen Platz, noch etwa 300 Meter unterhalb des Gipfels. Mit etwas Flüssigkeit und Gebäck überstanden sie die Nacht leidlich. Nur Ernst schien bereits psychisch angegriffen zu sein.

Bei Tagesanbruch stiegen sie weiter auf. Sie wühlten sich durch tiefen Schnee, kämpften sich unter Aufbietung aller Kräfte höher, erreichten aber auch an diesem Tag noch nicht den Gipfel. Die folgende Nacht wurde fürchterlich. Sie versuchten, eine Schneehöhle zu graben, mußten den Versuch aber bald aufgeben, weil der Altschnee zu hart war und sie keine Schaufel mitführten. So konnten sie wieder nur in ihre beiden Biwaksäcke kriechen. Das Wetter verschlechterte sich zusehends. Der Sturm begann zu wüten und führte das bißchen Körperwärme, das sie noch hatten, schnell ab. Ernst, der starke Anzeichen fortschreitender Erschöpfung zeigte, wurde von Anni so lange überredet, bis er wenigstens etwas Traubenzucker einnahm. So begann die zweite Biwaknacht.

Mitten in der Nacht kroch Ernst aus dem Biwaksack, rutschte weg und stürzte etwa 20 Meter den steilen Hang hinab. Hans und Anni bekamen dies unter ihrem Biwaksack erst mit, als Paul ihnen das Mißgeschick zuschrie. Hans seilte sich in der Dunkelheit ab, um Ernst zu helfen. Doch er konnte ihn nicht mehr hinauf zum Biwakplatz bringen. Ernst war verletzt, außerdem bereits zu sehr erschöpft und durch den Sturz auch psychisch noch stärker mitgenommen, als er es bis dahin schon gewesen war. So ließ sich Hans einen Biwaksack herunterkommen und blieb bei dem Gestürzten, der noch in dieser Nacht starb.

Während der ganzen Nacht tobte der Sturm. Dafür war am nächsten Morgen der Himmel blankgefegt. Bei anfangs eisigen Temperaturen waren wenigstens wärmende Sonnenstrahlen zu erwarten. Um so schnell wie möglich den Gipfel zu erreichen und über den Rottalsattel

Die Jungfrau im Berner Oberland mit dem Südwest-Grat in Bildmitte.

abzusteigen, ließen die drei Überlebenden ihre Rucksäcke zurück. Doch schon nach kurzer Zeit begannen Hans und Paul zu schwanken. Erst der eine, dann auch der andere. Sie schienen bald wie geistesabwesend zu sein. Paul äußerte, daß er nichts mehr sehen könne und kroch auf allen vieren. Anni bemühte sich um das Vorwärtskommen beider. Doch es war vergeblich. Die beiden waren nicht mehr fähig, weiter aufzusteigen. So sicherte Anni die beiden, versorgte sie in einem Biwaksack und machte sich allein auf in Richtung Gipfel, um Hilfe zu holen. Als sie später hinabschaute, sah sie, daß sich Paul von Hans gelöst hatte, aus dem Biwaksack gekrochen war und wie der Wind den Biwaksack hinwegfegte.

Anni vollbrachte eine schier unvorstellbare Leistung. Sie erreichte den Gipfel und später den Rottalsattel. Dort wurde sie gesehen und wenig später gerettet. Noch am selben Tag erreichte ein Hubschrauber die beiden Zurückgebliebenen. Für Paul kam die Hilfe zu spät. Er war bereits tot. Hans lebte noch und wurde ins Kantonsspital von Interlaken geflogen. Seine Unterkühlung war aber bereits so weit fortgeschritten, daß auch er kurz nach der Einlieferung starb.

Es ist eine bekannte Tatsache, daß Frauen in der Regel widerstandsfähiger sind als Männer und länger durchhalten. Letzteres mag auch

Im Wettersturz wird der harmloseste Weg zum unkalkulierbaren Risiko.

damit zusammenhängen, daß sich Männer in kräftezehrenden Situationen, weil sie sich verantwortlich fühlen, eher verausgaben, während sich Frauen meist etwas zurückhalten und so noch Kräfte sparen können, wie dies auch im vorliegenden Fall gewesen sein dürfte.

Weitere Unfälle

Die Zahl derer, die in einen Wettersturz gerieten und ihr Leben ließen, ist beeindruckend. Nachfolgend noch einige Beispiele in Kurzform.

■ Wetterstürze treten auch im Mai auf. Sie sind besonders gefährlich, da das allgemeine Temperaturniveau noch niedriger ist als im Sommer. In der Gimpel-Südwand in den Tannheimer Bergen gerieten 1960 mehrere Seilschaften in einen solchen Wettersturz. Vier Kletterer fanden den Tod durch Unterkühlung.

■ Wetterstürze im September können einen ähnlich starken Temperatursturz mit sich bringen wie die im Frühjahr. Hinzu kommt, daß die Tage schon recht kurz sind. Am Schinkopfeiler am Torstein im Dachsteingebiet zwang Ende September 1964 ein Wettersturz zwei Zweierseilschaften zum Rückzug. Als das Wetter am späten Nachmittag umschlug,

waren die vier bereits in zwei Drittel Wandhöhe und hatten die Schwierigkeiten praktisch bereits hinter sich. Sie bezogen das geplante Biwak. Nachts wurde der Wetterumschwung zum Wettersturz. Es schneite ununterbrochen. Am nächsten Tag kämpften sich die vier abseilend zurück. Eine Mannschaft des Bergrettungsdienstes mußte im Wettertosen ihren Versuch Hilfe zu bringen aufgeben. Es schneite auch noch die folgende Nacht hindurch. Als sich die Rettungsmannschaft am darauffolgenden Tag durch den Schnee zum Wandfuß wühlte, fand sie zwei der Kletterer am Einstieg. Einer hatte eine Kopfverletzung, beide waren tot. Auf dem Weg zur Südwandhütte fanden sie, einige 100 Meter vom Einstieg, den dritten und abermals etwas weiter den vierten Kletterer. Ebenfalls beide tot.

■ Wetterstürze treten auch in südlichen Gefilden auf, wo wir nur Sonne und Wärme erwarten. In den Bergen Korsikas gerieten im Sommer 1980 sechs deutsche Urlauber in einen Wettersturz. Vom warmen Strand verwöhnt, waren sie nicht für nächtliche Temperaturen um die Null-Grad-Grenze ausgerüstet. Keiner der sechs konnte den Wettersturz überleben.

■ Besonders tragisch ist der Tod von acht russischen Spitzenalpinistinnen 1980 am Pik Lenin im Pamir. Sie hatten den Gipfel erreicht und eine Nacht im Unwetter überstanden. Anderntags konnten sie im Höhensturm nur bis auf 6900 Meter absteigen und mußten ihre Zelte wieder aufschlagen. In der Nacht zerfetzte der Orkan die Zelte, so daß alle acht den Wetterunbilden schutzlos ausgesetzt wa-

Pik Lenin im Pamir.

ren. Eine Alpinistin nach der anderen starb an Unterkühlung und Erschöpfung. Die Leiterin des Frauenteams, Elvira Schatajewa, war die letzte. Kurz vor ihrem Tod nahm sie noch einmal Funkkontakt mit dem Basislager auf.

Ihre letzten Worte werden allen, die um die Frauen damals gebangt haben, unvergessen bleiben: »Ich bin nur noch allein. Ich habe noch ein paar Minuten zu leben. Auf Wiedersehen in der Ewigkeit.«

Rückzug am Großvenediger

Der Wetterbericht war für das Wochenende nicht sonderlich verheißend. Trotzdem fuhren wir. Anderntags, beim Aufbruch von der Hütte, versprach das Wetter nichts Gutes. Trotzdem gingen wir. Schon am Felsgrat («Niederer Zaun») schlug uns der Föhnsturm entgegen, daß wir Mühe hatten, uns auf den Beinen zu halten. Das Seil hing waagrecht in der Luft. Trotzdem gingen wir weiter. Später war die Spur vom Tag zuvor verweht, nicht mehr zu erkennen. Sicht keine drei Meter. Trotzdem gingen wir immer noch weiter.

Als wir dann die Richtung verloren, machten wir dumme Gesichter und waren unentschlossen. Wir krochen unter den Biwaksack.

Als der Sturm immer stärker und die Sicht nicht besser wurde und wir zu frieren begannen – dann endlich fiel die Entscheidung für den Rückzug. Gerade noch rechtzeitig.

Die Freney-Tragödie

Die dramatischste Wetterkatastrophe der letzten 30 Jahre, der namhafte Extrembergsteiger zum Opfer fielen, ereignete sich im Sommer 1961 am Montblanc. Der 700 Meter hohe Freney-Zentralpfeiler an der Südwand war noch undurchstiegen. Er galt damals als das letzte große Problem am höchsten Berg der Alpen. Die damals besten französischen und italienischen Bergsteiger bemühten sich in den Sommern 1959 und 1960 darum. Doch ohne Erfolg.

Ein Jahr später, 1961, waren die Franzosen Pierre Mazeaud, Pierre Kohlmann, Robert Guillaume und Antoine Vieille am 8. Juli in der Biwakschachtel am Col de la Fourche. Der Versuch, am nächsten Tag den Pfeilerfuß über den Col de Peuterey zu erreichen, mußte wegen Schlechtwetter abgebrochen werden. In der folgenden Nacht trafen die Italiener Walter Bonatti, Roberto Gallieni und Andrea Oggioni mit dem gleichen Ziel ein. Man einigte sich, den Pfeiler gemeinsam anzugehen. Am nächsten Tag wurde der Zustieg über den Col de Peuterey bewältigt und noch in den Pfeiler

eingestiegen. Das erste Biwak erfolgte in etwa ein Drittel Pfeilerhöhe. Am nächsten Tag erreichten sie nachmittags den letzten, 80 Meter hohen Pfeileraufschwung. Mauzeaud führte und wollte vor dem zweiten Biwak noch möglichst hoch hinaufkommen. So glaubten sie, den Gipfel am nächsten Tag spielend erreichen und sogar noch einen Teil oder gar den ganzen Abstieg bewältigen zu können. Den Pfeilerausstieg, den Gipfel und damit die erste Durchsteigung des Freneypfeilers schon nahezu in den Händen, begann für die vier Franzosen und die drei Italiener ein fünf Tage und fünf Nächte lang andauernder, infernalischer Wettersturz.

Mazeaud hatte gerade einen Haken geschlagen, da vernahm er ein leichtes Summen, eine Art Klingeln, dem des Telefons nicht unähnlich. Er spürte leichte Schmerzen in den Fingern und entdeckte kleine Flammenzünglein an seinem Hammer. Bonatti warnte ihn. Es mußte gleich ein Gewitter hereinbrechen. Mazeaud ließ Hammer, Haken und Karabiner am höchsten erreichten Punkt zurück und seilte sich zu den Kameraden ab.

Der Montblanc von Süden mit dem Freney-Zentralpfeiler (der Kreis markiert die Umkehrstelle).

Während er noch abseilte, kam innerhalb weniger Sekunden heftiger Wind auf, und es begann zu graupeln. Als Mazeaud seinen ihn sichernden Seilpartner, Kohlmann, erreichte, traf diesen ein greller Blitz ins Gesicht, direkt in sein Ohr, wo er einen kleinen Hörapparat trug. Kohlmann fiel völlig benommen, ohne Reaktion, in die Arme von Mauzeaud. Erst Minuten später kam er wieder zu sich. Der Hörapparat war verkohlt. Es folgte Blitz auf Blitz. Die Temperatur sank zusehends. Mazeaud blieb bei Kohlmann, die anderen waren noch weiter unten. Alle waren vom Gewitter überrascht worden, dessen Entwicklung sie nicht hatten erkennen können, da es von Nordwesten aufgezogen war, von einer Richtung also, die sie von der Südseite nicht hatten einsehen können.

Blitze und Donner wollten auch nach Hereinbrechen der Nacht nicht enden. Immer wieder wurden sie von Blitzen getroffen und hochgeschleudert. Mazeaud verabreichte Kohlmann die erste Coramin-Spritze,[2] da dieser von allen am härtesten betroffen war. Der Wettersturz hielt die ganze Nacht unvermindert an. Die Blitze schlugen in unmittelbarer Nähe ein. Alle hatten den Eindruck, der Freneypfeiler wirke wie ein riesiger Blitzableiter. Zeitweilig wurden sie gegeneinander geschleudert, dann wieder gegen den Fels. Die Überlebenden trugen Brandspuren an den Knöcheln davon. Kohlmann wurde noch einmal vom Blitz gestreift, vom Standplatz geschleudert und hing in der zu langen Selbstsicherung. Mazeaud zog ihn wieder zu sich herauf und redete ihm gut zu. Doch Kohlmann verstand ohne seinen Hörapparat nichts mehr. Bald nahmen alle Coramin-Tabletten.

Nach Mitternacht hörte das Gewitter auf. Es begann zu schneien, in Unmengen. Trotz Kälte und Nässe brachten die Ruhe und das Ende der Blitzgefahr für alle eine gewisse Erleichterung. Gegen zehn Uhr andertags lichtete sich der Himmel. Große Freude bei allen. Sie beschlossen einstimmig zu warten und richteten sich für das nächste Biwak her. Dazu veranlaßte sie ihre gute Ausrüstung und schließlich die

Am Tag vor dem infernalen Wettersturz.

Pfeilerhöhe, die sie erreicht hatten. So kurz vor dem Ausstieg wollten sie nicht aufgeben. Und einen Rückzug aus dieser Höhe schätzten sie nicht weniger riskant ein als das Weitersteigen. Nach ihren Erfahrungen sollte ein Wettersturz am Montblanc auch nicht länger als 24 Stunden dauern. Was sie nicht wissen konnten, war, daß ganz Mitteleuropa, von der Küste des Ärmelkanals bis zu den Ostalpen, vom Unwetter heimgesucht wurde. Die Stürme auf See waren so stark, daß etliche Schiffe in der Biskaya und im Mittelmeer untergingen.

Ohne dieses Wissen waren sie voller Hoffnung und verbrachten den Tag leidlich. Beim Blick nach oben kamen ihnen allerdings erste Zweifel, ob sie den Durchstieg noch schaffen werden. Die Seile waren vollkommen vereist und steif. Das letzte bißchen Hoffnung zerrann, als gegen sechs Uhr abends das nächste Gewitter aufzog. So mußten sie eine zweite Nacht mit Blitz und Donner durchstehen, nur um einiges schlimmer. Die Kälte und die Blitzeinschläge während der vorangegangenen Nacht hatten ihre Spuren zurückgelassen. So waren alle inzwischen physisch und psychisch mehr oder weniger angeschlagen.

---

2) kreislaufunterstützend

Sie überstanden auch diese Nacht. Nach Mitternacht wieder ringsum starker Schneefall, der nach den Blitzeinschlägen abermals wenigstens Ruhe brachte. Wie in der Nacht zuvor. In den letzten Nachtstunden riß es dann auf. Die Lichter von Courmayeur waren zu sehen. Wieder ein Hoffnungsschimmer. Aber es wurde sehr kalt. Die nasse Kleidung gefror zusehends und wurde steif wie eine Ritterrüstung. Alle aber waren guter Dinge, am nächsten Tag den Gipfel erreichen zu können. Mit dieser Hoffnung ließ sich der Rest der Nacht leichter überstehen.

Gegen zehn Uhr am anderen Tag wieder Wetterverschlechterung. Wieder Blitz und Donner. Es schneite und stürmte gleichzeitig. Die Böen zerrissen die inzwischen schon beschädigten Biwaksäcke. Tiefe Resignation machte sich bei allen breit. Trotzdem beschlossen sie, noch diesen Tag zu warten. Am nächsten Morgen wollten sie dann gemeinsam eine Entscheidung fällen.

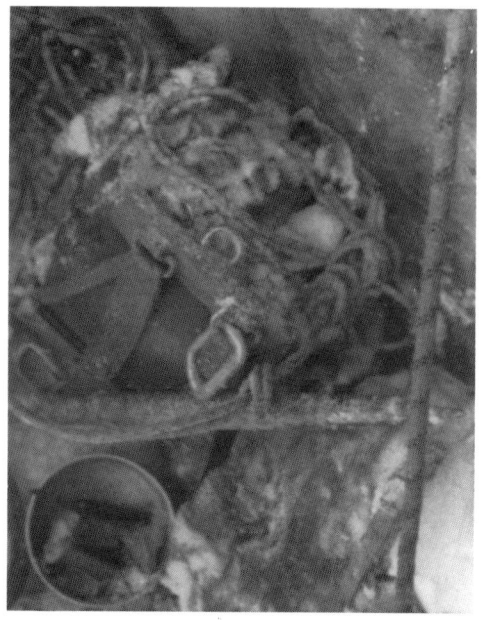

Warten auf Wetterbesserung.

In solchen Situationen ist jede Entscheidung schwer. Auch die für den Rückzug. Denn jede Bewegung fällt schwer. Nur wenn man sich nicht bewegt, kann man ein kleines Wärmepolster zwischen Körper und der steifgefrorenen Kleidung schaffen. Mit jeder Bewegung wird dieses Wärmepolster verdrängt. So kommt in solchen Situationen zur Lethargie noch der Wunsch hinzu, sich möglichst nicht bewegen, möglichst nichts tun zu müssen.

In dieser vierten Biwaknacht – die dritte im Wettersturz – blieben sie wenigstens vor Blitzen verschont. So waren sie wieder guter Hoffnung, wenn auch um Nuancen geringer. Der Mensch gibt, wenn es ums Überleben geht, so schnell nicht auf. Mauzeaud plante, am nächsten Tag die 80 Meter bis zum Pfeilerausstieg zu führen, Bonatti sollte sie dann bis zum Gipfel bringen.

Doch als Mazeaud am anderen Morgen mit dem Aufstieg an den hängengelassenen Seilen begann und die anderen die übrigen Seile herrichteten, mußten sie alle sehr bald erkennen, daß ein Durchkommen nach oben nicht möglich war. Die Seile, der Fels, alles war vereist. Es gab nur einen Ausweg, den Rückzug. So ließen sie alles Entbehrliche zurück und begannen mit dem Abseilen.

Bonatti seilte als erster ab und richtete die Abseilstellen ein. Oggioni ging als letzter. Wieder begann der Sturm, wieder begann es zu schneien. Sichtweite: keinen Meter. Allen war klar, daß die Entscheidung zum Rückzug jetzt richtig war. Es folgte Abseilstelle auf Abseilstelle. Bald mußten sie sich alle sichern, da sie nicht mehr ganz Herr ihrer Bewegungen waren. Das kostete Zeit. Das Tempo verlangsamte sich. Ein 80-Meter-Seil mußte geopfert werden, da es sich nicht mehr abziehen ließ. Die ersten Anzeichen von Erfrierungen tauchten auf. Kohlmann hatte schwarze Finger, Mazeaud spürte seine Füße nicht mehr, nachdem er, zwei Stunden im Schnee sitzend, die Kameraden gesichert hatte.

Als sie den Pfeilerfuß erreichten, sanken sie bis zum Bauch in den frischgefallenen Schnee ein. So mußten sie einen Graben durch den Schnee des Freneyplateaus ziehen. Die vorangegangenen Biwaks am Freneypfeiler hatten die sieben mächtig mitgenommen. So erreichten sie an diesem Tag nur noch den Col de

Von den Strapazen gezeichnet: Pierre Mazeaud.

Peuterey, wo sie in einer Spalte, vor dem Sturm etwas geschützt, biwakierten. Es wurde eine

In 4000 Meter Höhe einen Graben in den Schnee ziehen

Man muß es einmal im grundlosen Schnee gemacht haben, um die Strapazen nachempfinden zu können. Es ist nicht nur entsetzlich kraftraubend, es ist frustrierend, weil man kaum vorankommt. Und es ist nicht vorstellbar, welche Anstrengung das kostet. Wir haben es einmal im Himalaya erlebt, in 5000 Meter Höhe. Im Herbst, hinsichtlich des Wetters die sicherste Jahreszeit, gerieten wir kurz vor dem Trashi Labtsa, einem 5755 Meter hohen Paß zwischen Rolwaling Himal und Solo Khumbu, in einen furchtbaren Wettersturz, wie er sich auch im Himalaya nur etwa alle fünf bis acht Jahre ereignet. Es schneite einen Tag und zwei Nächte ununterbrochen. Zurück konnten wir wegen der Lawinengefahr nicht mehr. Wir mußten über den Paß. So galt es, einen Graben durch den tiefen Schnee zu ziehen. Wir hatten die Nächte im Hochlager gut überstanden, so daß wir voller Kräfte waren. Trotzdem nahm auch uns das Grabenziehen mit. Da wir zu vierzehnt waren, konnten wir uns abwechseln. Der Spurende mußte mit Brust und Bauch den Schnee vor sich eindrücken, dann mit jedem Bein den Schnee verfestigen, um überhaupt einen Schritt machen zu können. Nach fünf Schritten ließ er sich seitlich in den Schnee fallen, schloß später hinten auf, und der nächste übernahm die Spurarbeit. Die Sherpas und Träger hinter uns. Der Graben war kilometerweit zu sehen. Wir schafften den Paß, kamen jenseits auch hinunter, mußten noch einmal biwakieren und erreichten am nächsten Abend Thame Og, das erste Sherpadorf im Solo-Khumbu-Gebiet. Die Dorfbewohner wollten nicht glauben, daß wir bei diesem Schneefall über den Trashi Labtsa gekommen seien. Sie meinten, bei dem Neuschnee könnte das nur noch der Yeti schaffen.

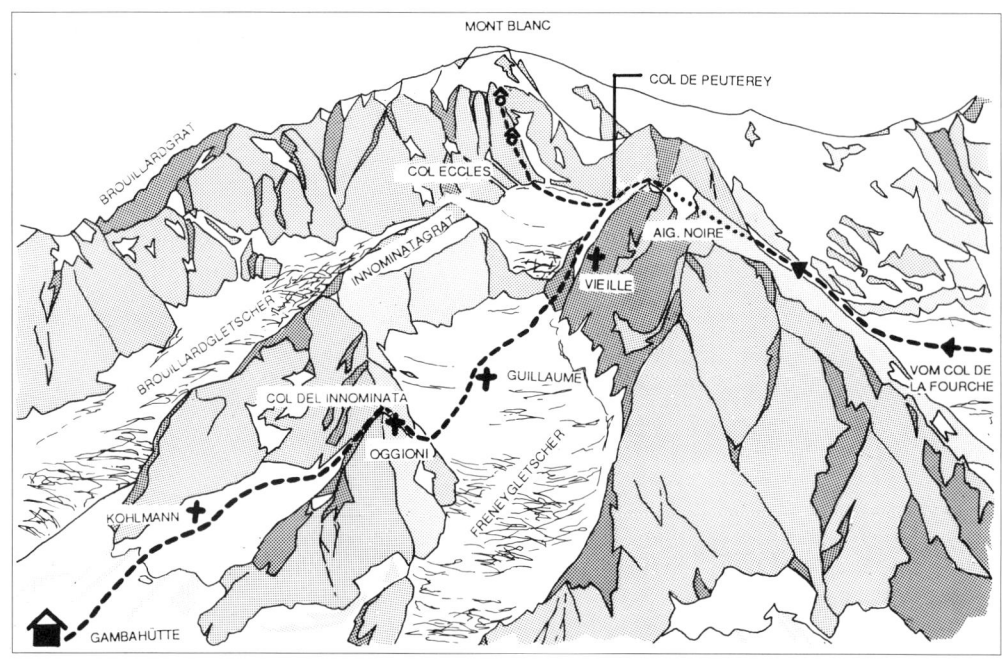

Der Kreuzweg am Montblanc.

ruhige Nacht. Kein Blitz, kein Donner. Aber auch keine Gespräche mehr. Sie waren zu erschöpft. Mazeaud verabreichte die letzten Coramin-Spritzen. Am nächsten Morgen wütete der Sturm immer noch. Alle sieben banden sich an ein Seil. Bonatti führte. Sie mußten hinüber zum Beginn der Gruberfelsen queren, der einzigen Abstiegsmöglichkeit vom oberen Freneyplateau, will man nicht zum Col Eccles hinauf. Und diesen Aufstieg trauten sie sich nicht mehr zu. Schon gar nicht bei diesem Wetter. Bonatti mußte wieder einen Graben durch den Schnee ziehen.

Als er die Felsen erreicht hatte, begann er sogleich mit dem Abseilen und ließ die ersten Kameraden nachkommen. Mazeaud, Guillaume und Vieille waren noch oben, im Schneegraben. Sie querten die letzten Meter. Vieille sprach plötzlich mehr als in solchen Situationen üblich. Wenig später verlor er die Herrschaft über seine Worte. Er setzte sich hin. Schüttelfrost peinigte ihn. Er war durch Worte nicht mehr zu bewegen weiterzugehen. Bald reagierte er gar nicht mehr. Mazeaud und Kohlmann blieb nichts anderes übrig, als ihn am Seil herüberzuziehen. Vieille war bereits tot. Als

Bonatti dies am Ende der Abseilstelle mitbekam, hangelte er am Seil wieder hinauf. Er und Mazeaud wickelten Vieille in einen Biwaksack und sicherten ihn an einem Haken. Der Tod des Kameraden nahm alle mit. Die Niedergeschlagenheit nahm zu. Kohlmann wollte bei Vieille bleiben. Doch Bonatti und Mazeaud nötigten ihn weiterzugehen. So seilten sie weiter über die Gruberfelsen ab. Bonatti sorgte dafür, daß alle jederzeit gesichert waren. Ohne ihn, so berichtete Mazeaud später, hätten sie sich wohl schon alle aufgegeben. Ihr Überlebenswille war nur noch gering.

Als sie den unteren Freneygletscher erreichten, waren ihre Kräfte derart aufgezehrt, daß ihr Gehen nur mehr ein Torkeln war. Nur Bonatti hatte immer noch Kraftreserven. Allen war klar, daß allein Bonatti sie noch retten konnte. So ließen sie alles Material zurück. Nur ein paar Haken und Karabiner nahmen sie mit, und das auch nur, weil sie die an einer Reepschnur über der Schulter trugen und das Ablegen noch zusätzlich Kraft gekostet hätte. Es ging nur noch darum, das nackte Leben zu retten. Sie hofften, daß wenigstens einer von ihnen, Bonatti, die Gambahütte erreichen könne, um die Retter zu alarmieren. Gegen vier Uhr nachmittags hörten sie im Nebel Stimmen vom Innominatagrat. Sie antworteten. Doch der Sturm, der Wind und der Schnee verschluckten die Antwort. Die Retter hatten die Vermißten am Innominatagrat vermutet. Dazu hätten sie vorher zum Col Eccles aufsteigen müssen. Das aber hatten sie sich nicht mehr zugetraut. Die Retter waren also falsch, sie waren zu hoch. Doch immerhin wußten die sechs Überlebenden, daß man nach ihnen suchte. Das gab wieder Hoffnung, und die brauchten sie wahrlich. So hofften sie, weiter unten auf die Retter zu treffen.

Sie kämpften sich weiter. Im Nebel glaubten sie, bald am Col de l'Innominata zu sein. Vielleicht war es auch nur die Wunschvorstellung, die Gegensteigung schon hinter sich zu haben. Als sie erkannten, daß sie noch weit davon entfernt waren, war auch der letzte Hoffnungsfunke erloschen. Den Lebenswillen zwar noch in sich, der Kraft zum Überleben aber nahezu beraubt, waren sie dem Wahnsinn nahe, wie Mazeaud später berichtete. Sie kamen nur noch sehr, sehr langsam vorwärts. Für einen Schritt brauchten sie oft die Zeit von fünf(!) Minuten.

Im Schnee sackten sie immer wieder bis zur Schulter ein. Wieder mußten sie einen Graben durch den Schnee ziehen. Fiel einer um, brauchte er die Hilfe eines Kameraden, um wieder auf die Beine zu kommen. Nur noch meterweise kamen sie vorwärts. Gegenseitig versuchten sie sich am Sitzenbleiben zu hindern. Denn Sitzenbleiben hätte den sicheren Tod bedeutet. Bald setzten wieder Sturm und Schneefall ein, so daß ihnen das Sterben bei der Aussichtslosigkeit ihrer Lage bald leichter schien als das Weitergehen.

Da auch die Kräfte von Bonatti nachließen, bat er später Mazeaud, die Führung und die Spurarbeit zu übernehmen. Doch auch Mazeaud war am Ende seiner Kräfte, so daß er mit Bonatti schon nach kurzer Zeit wieder wechseln mußte. Endlich erreichten sie den Fuß des Aufstiegs zum Col de l'Innominata. Nur noch 100 Meter Gegenanstieg waren zu bewältigen. Doch diese 100 Meter waren für sie ein schier unüberwindliches Hindernis. Bonatti stieg hakenschlagend voran. Ohne Sicherung und

Seilhilfe war der Aufstieg von keinem mehr zu bewältigen. Mazeaud schloß zu Bonatti auf, erkannte, daß dieser den Aufstieg schaffen werde, und versuchte deshalb wieder zu Oggioni und Guillaume zurückzusteigen, die am Fuß zurückgeblieben waren. Oggioni kam ihm entgegen. Er schrie mit letzter Kraft: »Robert! Robert!«. Mazeaud stieg zu der Stelle, wo er beide verlassen hatte und wo Robert Guillaume sein mußte. Doch er fand ihn nicht. Später stellte sich heraus, daß Guillaume in eine Spalte gestürzt war.

Mazeaud schloß wieder zu Oggioni auf und sicherte ihn. Bonatti versuchte, beide durch Seilzug vom Col aus zu unterstützen. Doch auch die Kräfte von Bonatti schwanden zusehends. So mußte er Mazeaud und Oggioni 40 Meter unter dem Col zurücklassen. Mit Kohlmann und Gallieni, die den Col inzwischen erreicht hatten, versuchte er, im tiefen Schnee den Weg hinab zur Gambahütte zu finden. Vom Col geht der Weg nur noch bergab, keine Gegensteigung mehr. Doch inzwischen war es wieder Nacht geworden, und das Wühlen durch den nahezu grundlosen Schnee kostete allen dreien die letzte Kraft. Keiner wußte, ob er die Gambahütte erreichen

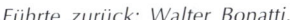

Führte zurück: Walter Bonatti.

In letzter Minute gerettet...

würde. Mazeaud und Oggioni, noch im Aufstieg zum Col, war klar, daß sie aus eigener Kraft den Col nicht mehr erreichen können. Sie konnten nur noch Hilfe von der Gambahütte erhoffen, sollten die Freunde die Hütte erreichen. Kohlmann erreichte die Hütte nicht mehr. Er starb kurz vor der Hütte an Erschöpfung.

Mazeaud und Oggioni versuchten bei weiterhin anhaltendem Sturm, doch noch zum Col aufzusteigen. Doch sie schafften nur wenige Meter, für die sie eine Stunde brauchten. Dann waren ihre Kräfte zu Ende. Oggioni lehnte sich an Mazeaud, schloß erschöpft die Augen und starb nach Mitternacht in Mazeauds Armen.

Später versuchte Mazeaud noch einmal an den von Bonatti zurückgelassenen Seilen zum Col hinaufzusteigen. Ein letzter verzweifelter Wille zum Überleben. Wie er später berichtete, eher nur noch Reste des Überlebensreflexes »... weil es sich so schnell halt doch nicht stirbt«. Mazeaud kam nur einen Meter höher, dann verließen ihn die Kräfte. Er stürzte zurück bis zum Haken, an dem der tote Oggioni hing. Dabei brach der Haken aus – und beide stürzten hinunter. Mazeaud schloß mit dem Leben ab, »... es fiel gar nicht schwer«. Doch sein Sturz wurde durch einen Knoten im Seil aufgefangen, der nicht durch den eingehängten Karabiner ging. Der tote Oggioni stürzte hinab bis auf den Gletscher. Durch den Ruck des Seiles und die Schmerzen, die durch den Seildruck beim Hängen entstanden, wurde Mazeaud, nachdem er sich bereits aufgegeben hatte, förmlich wieder ins Leben zurückgeris-

sen. Doch er hing nun völlig hilf- und kraftlos am Seil. Zweifel bemächtigten sich seiner, ob Bonatti die Gambahütte erreicht haben könnte. Wenn nicht – und er hatte nur noch wenig Hoffnung – dann war Hilfe nicht mehr zu erwarten. Langsam schloß Mazeaud ein zweites Mal mit dem Leben ab. Dieses Mal ganz langsam, so, wie die Kälte immer mehr in seinem Körper Platz ergriff. Seine Füße hatte er schon abgeschrieben, er spürte die Zehen längst nicht mehr. Später, viel später, erst am anderen Morgen, erblickte Mazeaud Männer am Col. Es waren die Retter. Mazeaud rief, sie sollten sich beeilen, denn lange könnte er das nicht mehr überstehen. Als sie bei ihm waren, fiel er in Ohnmacht. Eine Coramin-Spritze brachte ihn wieder zu Bewußtsein. Er war gerettet. Bonatti und Gallieni hatten die Gambahütte erreicht.

Mazeaud hat den Leidensweg am Freneypfeiler in der Zeitschrift Alpinismus[3] geschildert. Man muß diesen ergreifenden Bericht lesen oder ähnliches erlebt haben, um diesen Leidensweg nachempfinden zu können.

...Pierre Mazeaud.

3) *Alpinismus, Heft 1/63, Seite 30–38.*

... der hebe den ersten Stein

Wenn hier versucht wird, die Fehler zu analysieren, die zur Freney-Tragödie geführt haben, dann auch wiederum nur, um daraus zu lernen. Betrachten wir die Situation nach dem ersten Biwak im Wettersturz: Es wäre besser gewesen, den Rückzug anzutreten. So hätten alle noch genügend körperliche Reserven gehabt, um den langen Rückweg zu überstehen. Und der Schnee im Gletscherbereich wäre noch nicht so tief gewesen, so daß die Spurarbeit und das Vorwärtskommen noch nicht derart kraftraubend gewesen wären. Wahrscheinlich hätten alle diesen Rückzug überstehen können.

Doch – nur der hebe den ersten Stein, der frei ist von Fehlentscheidungen am Berg. Ich bin nicht frei davon. Ich habe in einer ähnlichen, zum Glück nicht derart ernsten Situation auch fürs »Weitergehen« entschieden, nicht für den Rückzug plädiert. Auch wir waren gut ausgerüstet eingestiegen, in die Eiger-Nordwand, und vertrauten darauf wie auch auf unser Durchhaltevermögen. Ich erinnere mich noch gut an diese Entscheidung, obwohl alle Anzeichen auf eine Wetterverschlechterung hindeuteten. Wir waren für »Weitergehen«, da wir schon einmal unverrichteter Dinge aus Grindelwald nach Hause fahren mußten. So gingen wir weiter.

Wir mußten einen 42 Stunden dauernden Wettersturz mit zwei zusätzlichen Biwaks in der Wand über uns ergehen lassen. Zum Glück ohne Gewitter. Die Rampe, der Götterquergang und die Ausstiegsrisse waren völlig vereist. Erst am vierten Tag erreichten wir am späten Nachmittag den Gipfel. So mußten wir im Abstieg ein viertes Biwak beziehen. Alles in allem hatten wir am Eiger nur Glück gehabt. Kohlmann, Oggioni, Guillaume und Vieille hatten am Freneypfeiler kein Glück.

Die Unfallstatistik zeigt, daß jüngere Menschen risikobereiter sind als ältere. Ich sehe dies auch an mir selbst. Noch vor zehn Jahren war ich kaum zu einem Rückzug zu bewegen. Erst dann, wenn wirklich alle Zeichen auf Sturm standen. Heute, im Alter von Ende fünfzig, fällt mir ein Rückzug so leicht wie das Weitersteigen. Die Entscheidung für einen Rückzug ist auch eine Sache des Ehrgeizes, und der Ehrgeiz ist eine Sache des Alters. Mit dem Alter nimmt der Ehrgeiz ab. Hier scheint die Natur ein sinnvolles Regulativ geschaffen zu haben, denn die Leistungsfähigkeit läßt mit dem Alter ganz beachtlich nach.

Nachholbedarf

Das Jahr 1990 brachte uns Deutschen die Wiedervereinigung und den Bergsteigern in der ehemaligen DDR sowie in den übrigen Ostblockstaaten die Freiheit. Endlich konnten sie wieder dorthin fahren, wohin sie Lust verspürten. So begann beinahe ein Run auf die Alpen. Der Nachholbedarf war verständlich. Doch leider ging dies nicht ohne eine bemerkenswerte Zahl an Unfällen ab. Es war vor allem der Großglockner, der wie ein Magnet auf die Bergsteiger aus den Ostblockstaaten wirkte.

■ Mitte August wollten drei Ostberliner, eine Frau und zwei Männer, über den Stüdlgrat den Gipfel erreichen. Das Wetter war denkbar ungünstig. Bereits am Einstieg setzten Graupelschauer ein, die später in Schnee übergingen. Die drei kamen nur langsam voran und verloren bald den Sichtkontakt zu vorauskletternden Seilschaften. Rund 150 Meter unterhalb des Gipfels entschlossen sie sich zur Umkehr. Im Abstieg mußten sie biwakieren. Sie hatten keinerlei Biwakausrüstung bei sich. Die Frau und einer der beiden Männer starben noch in der Nacht an Unterkühlung. Der Überlebende konnte am anderen Morgen gerettet werden.

■ Mitte Juli brachen drei Bergsteiger aus Prag, ebenfalls zwei Männer und eine Frau, von der Adlersruhe in Richtung Gipfel auf. Trotz Warnung vor bevorstehendem Schlechtwetter. Ob die drei den Gipfel je erreicht haben, wird wohl nie mehr geklärt werden können. Als die drei abends nicht zur Adlersruhe zurückkehrten, wurde die Bergrettung alarmiert. Infolge der schlechten Wetterbedingungen – es schneite den ganzen Nachmittag bis auf 2000 Meter herab – war an einen Sucheinsatz noch am selben Tag nicht zu denken. Am anderen Morgen konnte von einem Hubschrauber ein aus dem Schnee ragendes Bein gesichtet werden. Die drei Vermißten hatten am Rand einer Gletscherspalte Schutz gesucht und wurden zugeschneit. In ihrer dürftigen Bekleidung und ohne Biwakausrüstung hatten die beiden Männer die Frau in die Mitte genommen und so versucht, sie etwas vor der Kälte zu schützen. Bei Eintreffen der Retter konnte die Frau noch lebend geborgen werden, während ihre beiden Kameraden schon in der Nacht an Unterkühlung gestorben waren. Doch die Unterkühlung der Frau war bereits so weit fortgeschritten, daß auch sie nach Einlieferung ins Spital noch am selben Tag verstarb.

Das Breithorn (4164 m), gesehen von der Seilbahnstation am Kleinen Matterhorn (3820 m). Bei schönem Wetter nahezu harmlos...

Am Breithorn

Besonders tragisch endete 1991 der Besteigungsversuch einer aus 21 Personen bestehenden thüringischen Bergsteigergruppe am Breithorn im Wallis. Am 2. Oktober brach die Gruppe, vom Kleinen Matterhorn kommend, das sie mit der Seilbahn erreicht hatte, in mehreren Seilschaften in Richtung Breithorn-Gipfel auf. Auf einer Höhe von etwa 4050 Metern begegnete die Gruppe einem entgegenkommenden Skifahrer, der ihr mitteilte, daß auf dem Gipfel starker Sturm herrscht. Nachdem ein Seilschaftsführer sich durch Vorauseilen zum Grat davon überzeugt hatte, kehrte die Gruppe um. Bald herrschte auch auf dem Firnplateau zwischen Breithorn und Kleinem Matterhorn starker Sturm, der sich innerhalb kürzester Zeit zu einem ausgewachsenen Orkan steigerte. Einer der Gruppe berichtete später von Windgeschwindigkeiten in der Größenordnung von 130–170 km/h. Ein Gruppenmitglied brach bald an Erschöpfung zusammen, eine Teilnehmerin blieb bei ihm. Beim Herrichten eines Biwakplatzes riß der Orkan den Biwaksack davon. Die Rettungssäcke (aus Aluminiumfolie) gingen schon beim Auseinanderfalten in Fetzen. Der Orkan wirbelte Schneefahnen auf, so daß sich die Gruppe bei strahlend blauem Himmel in einem regelrechten Schneesturm befand. Weitere vier der Gruppe, zwei Männer und zwei Frauen, befanden sich wenig später in ähnlich bedenklichem Erschöpfungszustand. Die beiden Männer wankten den inzwischen von anderen Teilnehmern der Gruppe alarmierten Rettern entgegen, während für die beiden zurückgebliebenen Frauen jede Hilfe zu spät kam. Sie waren wie die beiden weiter oben Zurückgebliebenen an Unterkühlung gestorben.

Hubschrauber konnten wegen des Orkans zunächst nicht eingesetzt werden; laut Presseberichten herrschten dort oben Spitzengeschwindigkeiten bis zu 120 km/h, die in dieser Größenordnung auch von der Schweizerischen Meteorologischen Anstalt auf spätere Anfrage bestätigt wurden. Blieb nur die terrestrische Rettung, und die bedarf immer ein Vielfaches mehr an Zeit. So kam es, daß die vier Teilnehmer in dem unerwarteten, kaum vorstellbar starken Orkan nicht mehr gerettet werden konnten.

Und dieser Orkan war in diesem Ausmaß in der Tat für die Gruppe nicht vorhersehbar. Die Gruppe hatte den Wetterbericht zuvor gehört. Der prognostizierte Wind in den Bergen, der zu einem Orkan wurde, ist auch für die

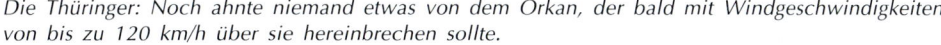

Die Thüringer: Noch ahnte niemand etwas von dem Orkan, der bald mit Windgeschwindigkeiten von bis zu 120 km/h über sie hereinbrechen sollte.

Zermatter Bergführer in dieser Stärke unerwartet hereingebrochen. Die Wetterprognosen in der Schweiz lauteten:

1. Oktober 1991 (Tag vor dem Unfall), 16.40 Uhr u. 21.30 Uhr:» ... Wallis ... Null-Grad-Grenze bei 3500 Meter, in den Bergen mäßiger bis starker Nordwestwind ...«

2. Oktober 1991 (Unfalltag), 5.10 Uhr u. 8.30 Uhr: »... Wallis ... Null-Grad-Grenze etwa 3000 Meter, mäßiger, in den Bergen zum Teil auch starker Nordwestwind ...«

Neuland

Da den Bergsteigern aus der ehemaligen DDR und den übrigen Ostblockstaaten nicht nur die Alpen, sondern meist auch andere außeralpine Gebirge jahrzehntelang verwehrt geblieben waren, entsprach ihre alpine Erfahrung bei Maueröffnung häufig nicht den Anforderungen des Hochgebirges. Ein Wettersturz mit Schneefall mitten im Hochsommer war für sie unbekannt und deshalb kaum vorstellbar.

Hochalpines Gelände war für die allermeisten Neuland. So fehlte ihnen häufig die Biwakerfahrung und das Wissen um eine zweckmäßige Biwakausrüstung. Auch die Dimensionen der Alpen im Gegensatz zu denen der Mittelgebirge dürften den meisten fremd gewesen sein. Das Klettern im Elbsandsteingebirge – sowohl im sächsischen wie im böhmischen – ist zwar eine hervorragende Schule – vielleicht die beste Kletterschule der Welt – doch nur für das Klettern an Mittelgebirgsfelsen. Nicht für das hochalpine Bergsteigen und Klettern. So sind die Kletterer aus dem Elbsandstein sehr oft recht langsam. Dies hat eine Seilalterungsuntersuchung schon Jahre früher ans Tageslicht gebracht. Der Sicherheitskreis gab Seile an alpine Kletterer und an Kletterer in der ehemaligen DDR zur Benutzung im Sandstein aus, mit der Auflage, ein genaues Seiltagebuch zu führen. Ergebnis (unter anderem): Die alpinen Kletterer kletterten 60 bis 90 Meter pro Stunde – die Kletterer im Elbsandstein

---

Kein Frosch

Die Menschheit muß derzeit noch mit einer Fehlerquote der Wetterämter von etwa 14% rechnen. Das hört sich recht negativ an. Aber so schlecht lebt es sich als Bergsteiger und Kletterer damit nicht. Die Mehrzahl der Wetterprognosen ist richtig. Nur hier und da wird man einmal anhand einer nicht ganz zutreffenden Wettervorhersage eine falsche Entscheidung treffen. Damit müssen wir leben. Im Wilden Kaiser ist es mir zweimal widerfahren. Ich wollte eine Anfängerin über den Kopftörlgrat führen und ihr Gewitter und Wettersturz ersparen. Deshalb kehrten wir am Einstieg um, als das Wetter nicht ganz sicher schien und Gewitter angesagt waren. Zur Gaudeamushütte zurückgekehrt, mußten wir feststellen, daß bestes Wetter herrschte, wir uns am Beginn des Kopftörlgrates nur in Wolken befunden hatten und weit und breit kein Gewitter im Anzug war. Weder am Nachmittag, noch am Abend. Eine Woche später waren wir wieder am Kopftörlgrat. Gewitter waren erst für den späten Nachmittag und Abend angesagt. Zu diesem Zeitpunkt wollten wir längst schon auf der Gaudeamushütte sein. Also stiegen wir ein. Kurz vor Mittag waren wir auf dem Leuchsturm in Wolken. Kurze Zeit später steckten wir in einem ausgewachsenen Gewitter. Das sind halt die 14% Fehlprognosen, trösteten wir uns. Und trotz dieser Fehlprognose möchte ich nicht auf den Wetterbericht verzichten müssen. Diese kleine Unsicherheit in der Wettervorhersage macht sicher auch etwas vom Reiz des Bergsteigens und Kletterns in den Alpen aus. Wer sichergehen will, interpretiert den Wetterbericht nicht zu optimistisch. Ein Verzicht auf den Gipfel oder die Bergtour muß kein Verzicht für alle Zeit sein. Man kann ja wiederkommen. Hubert Asch, der langjährige Hüttenwirt der Haindlkarhütte, hat einmal treffend gesagt: »Der Berg ist kein Frosch – der hupft Dir nicht davon.«

Wetterdienste der Alpenvereine

Um die Wetterprognosen transparenter zu machen, haben die Alpenvereine – DAV und OeAV – gemeinsam mit der Österreichischen Zentralanstalt für Meteorologie und Geodynamik seit Sommer 1988 einen »Alpinen Wetterdienst« in Innsbruck unter der Leitung von Dr. Karl Gabl eingerichtet. Dieser Wetterdienst bietet eine Tonbandansage und eine persönliche(!) Beratung am Telefon. Beides ist eine wesentliche Bereicherung für den Bergsteiger und Kletterer, vor allem dann, wenn man sich in fremdsprachigen Gebieten der Alpen aufhält und vom örtlichen Wetterbericht soviel wie nichts versteht, weil einem die Kenntnis der Landessprache fehlt. Vom »Alpinen Wetterdienst« erfährt man, wie das Wetter voraussichtlich dort wird, wo man sich gerade befindet, ob am Montblanc, in den Julischen Alpen oder in den Dolomiten. Telefonnummern wie folgt (Stand Herbst '94):

■ Alpenverein-Wetterdienst (DAV-Tonbandansage), Telefon 089/295070. Die Bandansage enthält Angaben vom Wetteramt Innsbruck über die zu erwartende Großwetterlage des Alpenraumes (aufgeteilt in Ost- und Westalpen) sowie Wettermeldungen ausgewählter Wetterstationen im Alpenraum und in den südlichen Sportklettergebieten um Marseille, Nizza, Genua und Verona.

■ Alpenverein-Wetterdienst (OeAV-Tonbandansage), Telefon (anwählbar nur in Österreich) 0450 199 0000 11. Alpenverein-Wetterdienst (DAV-Tonbandansage), Telefon (anwählbar nur in Deutschland) 0190 1160 11; statt der Endziffer 11 kann für das Montblanc-Gebiet 16, für die Schweiz 17 und für die Ostalpen 18 gewählt werden.

■ Individuelle Auskunft des »Alpinen Wetterdienstes« Innsbruck, Telefon in Österreich 0512/291600, von Deutschland 0043/512/291600. Im Merkblatt der Alpenvereine hierzu heißt es: »Unter dieser Nummer sagt man Ihnen, was Sie machen sollen: bleiben, das Gebiet wechseln oder zum Baden ans Meer fahren.« Diese Auskunft wird täglich (außer Sonntag) von 13 bis 18 Uhr erteilt.

■ Achtung! Die Telefonnummern können sich ändern.

16,5 Meter(!). Inzwischen ist alles anders. Die Kletterer aus den neuen Bundesländern und den Ostblockstaaten haben schnell gelernt, sich in den Alpen sicher zu bewegen.

Es läßt sich überstehen

So wie jährlich Bergsteiger im Wettersturz umkommen, so überleben andere im gleichen Wettersturz tage- und nächtelang, wenn sie wissen, wie man sich richtig verhält.

■ Drei Linzer Bergsteiger überlebten 1979 in einer Schneehöhle am Kleinen Pyhrgas (Enns- taler Alpen) im winterlichen Schneesturm einen Tag und zwei Biwaknächte.

■ Im Mai 1980 haben drei Bergrettungsmänner bei einer Skitour in den Ötztaler Alpen während eines Wettersturzes zwei Tage und drei Nächte in Schneehöhlen überlebt.

■ Mitte Oktober 1987 versuchten eine Dreier- und eine Zweierseilschaft den Großglockner über den Stüdlgrat zu besteigen. Die Wetter- verhältnisse versprachen nichts Gutes. Wie später berichtet wurde, »herrschte bereits am Einstieg Schlechtwetter«. Die beiden Seilschaf- ten erreichten gemeinsam gegen Nachmittag den Gipfel. Die auch im Abstieg schnellere Dreierseilschaft fand später wegen Nebel und Schneetreiben den Abstieg zur Adlersruhe (Schutzhütte) nicht. Sie verirrte sich im Bereich des sogenannten »Bahnhofs«. Als sie Blinkzei- chen der nachfolgenden Zweierseilschaft noch weiter oben, am Glocknerleitl, sah, kehrte sie um und half der Zweierseilschaft herab. Als die Nacht hereinbrach, gruben sich beide Seil- schaften in Schneelöcher ein. Am nächsten Morgen waren die Wetterverhältnisse nicht besser, die Sicht genauso schlecht. Beide Seilschaften machten sich auf und suchten gemeinsam nach der Adlersruhe, die sie aber im tobenden Schneesturm nicht finden konnten. Während die Dreierseilschaft bald zurückging und wieder Unterschlupf in ihrem Schneeloch suchte, irrte die Zweierseilschaft weiter im Schneesturm herum. Gegen Nachmittag kam einer der beiden zu den Schneelöchern zurück und berichtete verzweifelt, daß sein Seilpartner bereits tot sei. Vermutlich an Erschöpfung und Unterkühlung gestorben. Statt nun auch im Schneeloch Schutz zu suchen, versuchte er weiter, den Abstieg zur Adlersruhe zu finden. Dabei ist auch er – wohl aufgrund von Erschöpfung – liegengeblieben und wenig

später erfroren. Beide waren Mitglieder der Bergrettung, der eine sogar Flugretter, Einsatzleiter und Arzt. Die Dreierseilschaft dagegen verbrachte eine weitere Nacht in ihrem Schneeloch. Erst am darauffolgenden Tag konnte ein Hubschrauber eingesetzt werden, der die Dreierseilschaft fand und – mit Erfrierungen zwar, aber doch lebend – zu Tal brachte.

Im Wettersturz ist primär wichtig, daß man die Kraftreserven schont, um zu überleben. Sollte man sich Erfrierungen zuziehen, sind die Zehen, da als erste schlecht mit Frischblut versorgt, zuerst dran. Dies ist augenblicklich nicht weiter schmerzhaft, da man das Gefühl mit fortschreitender Unterkühlung verliert. Später, wenn die Zehen sozusagen wieder auftauen, sind die

Und wenn doch einmal...

Wie schon an anderer Stelle erwähnt, sind Bergsteiger und Kletterer ausgesprochene Optimisten. Sollte durch allzu optimistische Auslegung der Wetterprognose doch einmal ein Wettersturz »unerwartet« hereinbrechen, dann nicht den Kopf verlieren. Wer sich aufgibt, stirbt schneller. Es wurden schon viele Biwaks in Wetterstürzen ohne allzu arge Blessuren überstanden. Auch mehrere hintereinander. Man muß es den Tieren nachmachen: weg von der Oberfläche, in die Tiefe! Man muß sich in Schnee und Firn eingraben. Wie die Tiere es machen. Das geht auch mit einem Pickel. In einer kleinen Schneehöhle bleibt die Temperatur annähernd um den Gefrierpunkt konstant. Und man ist nicht mehr dem Sturm ausgeliefert, der meist mit einem Wettersturz in größeren Höhen einhergeht und der die Körperwärme um ein Vielfaches schneller abführt als es stehende Luft in einer Schneehöhle tun kann. In solchen Schneehöhlen kann man tagelang ohne ernste Gefahr überleben. Das Einstiegsloch wird mit Schneebrocken oder mit dem Biwaksack verschlossen. Achtung! Ein Loch für die Frischluftzufuhr muß bleiben, andernfalls besteht Erstickungsgefahr. Ein seitlicher Kältegraben, unterhalb der Sitzfläche rundherum, mit einem Abfluß etwas tiefer, macht jede Schneehöhle zum Komfortbiwak – gemessen an Sturm und Kälte außerhalb.

Schmerzen fürchterlich. Doch auch das läßt sich überstehen. Auch eine Zehenamputation ist letzten Endes nicht weiter tragisch. Der Autor weiß, wovon er redet. Es läßt sich auch ohne Zehen bergsteigen und klettern, nahezu genauso gut wie mit.

Bildgeschichte zweier Haxen
(ohne Worte)

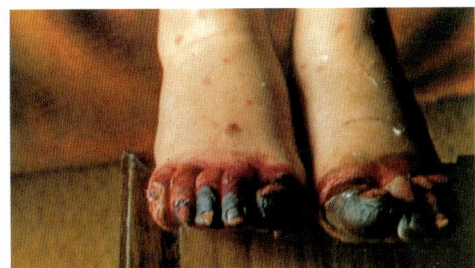
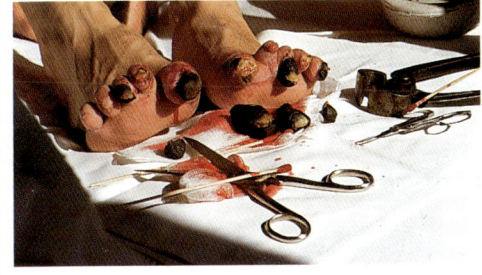
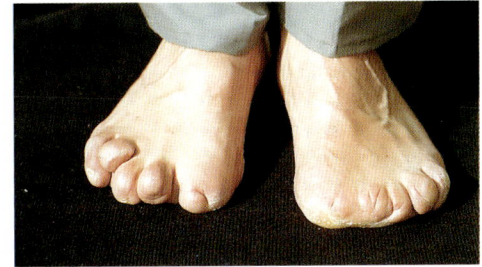

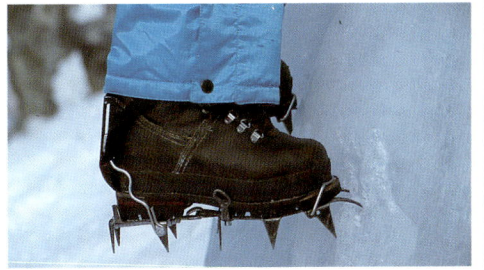

Gefahren durch Blitzschlag

Gewitter treten in Bergregionen häufiger auf als im flachen Land, insbesondere entlang des Alpennord- und des Alpensüdrandes. Bergsteiger sind deshalb stärker gefährdet als der Mann auf der Straße, am Arbeitsplatz im Freien oder wo auch immer. Verständliches Anliegen eines jeden Bergsteigers ist es, vom Blitz möglichst unbehelligt zu bleiben. Mit ein paar Vorsichtsmaßnahmen kann sich der Bergsteiger vor Blitzschlag relativ gut schützen, zumindest solche Stellen aufsuchen, wo er nicht förmlich als Blitzableiter dienen muß.

Will man den Sinn dieser Vorsichtsmaßnahmen verstehen, ist etwas Wissen über die Entstehung des Blitzes, dessen Ausbreitung und Wirkung angebracht.

Im Gegensatz zum Kugelblitz, der nur äußerst selten auftritt, gilt die Entstehung des »normalen« Blitzes, also des vielfach gezackten und verästelten Linienblitzes, im großen und ganzen als geklärt. Der Linienblitz – im folgenden kurz Blitz genannt – wird heute als eine Entladung zwischen elektrisch unterschiedlich geladenen Wolken oder zwischen Wolken und Erde erklärt. Etwa 75 % aller Blitze entladen sich zwischen den Wolken und nur etwa 25 % zwischen Wolken und Erde. Obwohl die Luft ein relativ guter elektrischer Isolator ist, wird sie doch elektrisch leitend – sie wird ionisiert –, wenn sie einem starken elektrischen Feld, der Fachmann spricht von einem hohen Potentialgefälle, ausgesetzt wird (Ionisierung = Leitfähigmachung).

Die elektrische Ladung ist von der Wetterlage abhängig. Am Boden herrscht eine negative Ladungsverteilung vor, in der Atmosphäre dagegen eine positive. Entstehen labil geschichtete Luftmassen und werden diese bei Anhebung abgekühlt, kommt es zur Gewitterbildung. Die Kondensation feuchter Luft in der Höhe verstärkt die aufwärtsgerichteten Luftmassenströme und so den Ladungsunterschied. Die Spannung nimmt mehr und mehr zu. Die aufwärtsgerichteten Luftmassenströme sind die typischen Gewitterwolken, die man vor allem an ihrer oben auffallend abgeflachten Form erkennen kann. Die Meteorologen sprechen deshalb auch von Amboßwolken. Sie reichen in unseren Breiten bis in Höhen von 10.000 bis 12.000 Meter hinauf. Beim Aufsteigen kühlt sich die feuchtwarme Luft ab. Wird die Null-Grad-Grenze erreicht, werden aus den Wassertröpfchen Eispartikel. Diese sind von einer winzigen Wasserschicht umschlossen. Die Eispartikel selbst sind negativ geladen, das sie umgebende Wasser positiv. Durch Beschleunigung und Verzögerung der Eispartikel in plötzlichen Auf- und Abwinden wird der Wassermantel von den Eispartikeln gerissen, wobei die unterschiedliche elektrische Ladung erhalten bleibt. Die meist leichteren Wassertröpfchen werden mit ihrer positiven Ladung nach oben gerissen. So spielt sich in einer Gewitterwolke das ab, was in einem Generator vor sich geht. Es wird elektrische Spannung erzeugt. Soweit die Meinung namhafter Gewitterforscher.

Die genauen Vorgänge in der Gewitterwolke sind noch nicht bis ins Detail erforscht. Alle

Entstehung eines Gewitters.

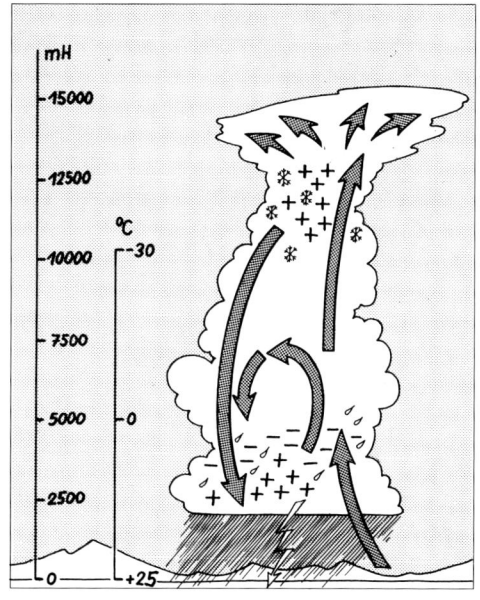

Gewitterforscher sind sich aber einig, daß die aufwärtsgerichteten feuchtwarmen Luftmassenströme zur elektrischen Aufladung (elektrische Spannung) führen. Dabei werden die Gewitterwolken oben und unten positiv geladen, dazwischen befindet sich – eher im unteren Teil – eine negativ geladene Schicht. Die Luft hat dabei die Eigenschaft eines Isolators. Wird die Spannung größer als die Luftisolation dies verkraftet, kommt es zur Entladung – zum Blitz. Für äußerst kurze Zeit fließt ein elektrischer Strom, der den Ladungsunterschied ausgleicht. Die Spannung wird abgebaut.

Gewitterwolken können nur bei labiler Schichtung der Atmosphäre entstehen. Eine Labilisierung tritt ein durch:

■ Sonneneinstrahlung: Sie bewirkt eine starke Erwärmung der bodennahen Schichten und so die Ausbildung von Wärmegewittern.

■ Frontale Hebung: Sie bewirkt beim Durchzug von Fronten, insbesondere von Kaltfronten (weniger von Warmfronten), eine Abkühlung und so die Ausbildung von Frontgewittern.

■ Abkühlung durch Ausstrahlung in der Höhe oder durch Zufuhr kälterer Luft in der Höhe: Beides bewirkt eine Abkühlung und so die Ausbildung von Ausstrahlungs- und Advektionsgewittern.

■ Hebung feuchtwarmer Luftmassen an Gebirgshindernissen: Auch dies bewirkt eine Abkühlung in der Höhe und so die Ausbildung sogenannter orographischer Gewitter.

Ausmaß von Blitzen

Bei Blitzentladungen können für winzige Bruchteile von Sekunden – etwa für eine zehntausendstel Sekunde – Spannungen bis zu 100 Millionen Volt mit Stromstärken bis zu mehreren 100.000 Ampere auftreten. Im Mittel liegen die Stromstärken in der Größenordnung von 20.000 Ampere. Die Blitztemperatur im Kernkanal wird für ebenso winzige Bruchteile von Sekunden mit 10.000 bis 30.000 Grad Celsius angegeben. Verglaster Fels an besonders ausgesetzten Punkten zeugt von häufigen Blitzeinschlägen. Die ungeheure Hitze des Blitzes läßt den Fels millimeterdick schmelzen, der anschließend sofort verglast. Die Blitzgeschwindigkeit wird mit 10.000 bis 100.000

Vielfache Ursachen von Gewittern im Hochsommer: Eine herannahende Kaltfront.

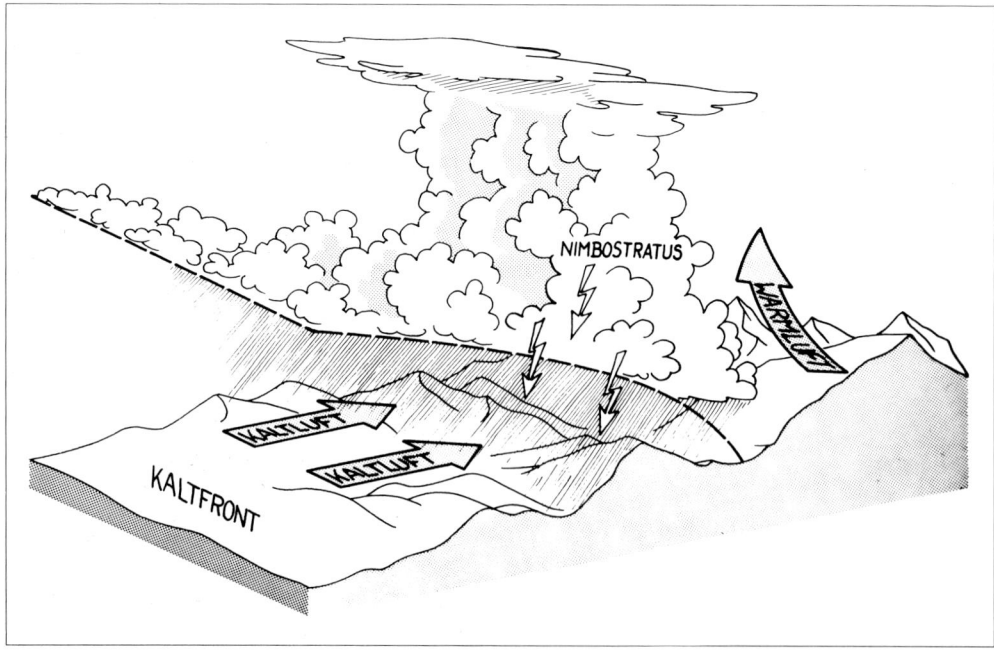

km/s(!) angegeben. Damit es zur Gewitterbildung kommen kann, müssen Feuchtigkeit und Wärme in tieferen Luftschichten und Kälte in höheren auftreten. Wo eine dieser Voraussetzungen fehlt, kommt es selten oder praktisch nie zur Gewitterbildung, zum Beispiel in Wüsten- und in Polargebieten. In den feuchten Tropen sind Gewitter dagegen am häufigsten. In Mitteleuropa kommt es jährlich im Durchschnitt an etwa 30 Tagen zu Gewitterbildung. Dabei treten in Norddeutschland weniger häufig Gewitter auf als im Süden des Landes, da Berge eher zum Entstehen von Aufwinden und Regenwolken beitragen, die zu Wärmegewittern führen. Österreich zählt zu den blitzreichsten Ländern Europas. Vor allem in Regionen, die im Übergangsbereich von den höheren Bergen ins Voralpenland liegen, kommt es häufig zu Gewittern. Nach einer Statistik sind in Oberösterreich und in der Steiermark im Durchschnitt jährlich 8.000 bis 15.000 Blitze zu beobachten. Dagegen blitzt es in vergleichbaren Gebieten Finnlands und Schwedens im gleichen Zeitraum nur etwa 500 bis 1000 mal.

Auf der gesamten Erde gehen jährlich etwa 15 Millionen Gewitter nieder mit rund 30 Milliarden Blitzen. Eine unvorstellbare Menge elektrischer Energie. Mathematiker haben anhand dieser Angaben errechnet, daß die Wahrscheinlichkeit von einem Blitz getroffen zu werden immerhin dreimal so groß ist wie die Chance eines größeren Lottogewinns.

Donner

Aufgrund der unterschiedlich schnellen Ausbreitung von Licht- und Schallwellen (Licht 300.000 km/s, Schall 0,33 km/s) ist die Wahrnehmung weit entfernt auftretender Blitze durch das Auge eher möglich als die des Donners durch das Gehör. Dies ermöglicht eine einfache Abschätzung der Entfernung zwischen Blitz und Beobachter. Für die zeitliche Differenz zwischen optischer und akustischer Wahrnehmung rechnet man pro drei Sekunden – »einundzwanzig, zweiundzwanzig, dreiundzwanzig« – einen Kilometer Entfernung. Der Donner entsteht durch die explosionsartige Ausdehnung der Luft im und um den Blitzkanal aufgrund der kurzzeitig auftretenden hohen Temperatur. Diese führt zu wellenartiger Ausdehnung und Verdichtung der Luft, die sich radial vom Blitzkanal ausbreiten. Das menschliche Gehör nimmt dies als Donner wahr, in unmittelbarer Nähe als ohrenbetäubendes Krachen, aus größerer Entfernung als dumpfes Grollen. Selten ist Donner weiter als 20 Kilometer hörbar. Die Luft dämpft die Schallwellen. Deshalb das Wetterleuchten, ein Gewitter, das sich vom Beobachter so weit entfernt abspielt, daß der Donner nicht mehr zu hören ist.

Feldströme

Nicht allein der vom Himmel herabstreichende Blitz ist für Bergsteiger gefährlich, es sind auch die dem sichtbaren Blitz folgenden Feldströme auf der Erde. Denn der Blitz endet nicht damit, daß er den Boden berührt und für das menschliche Auge unsichtbar wird. Die elektrische Entladung zwischen Wolke und Erdboden folgt auf letzterem genauso dem Weg des geringsten Widerstandes, im allgemeinen der Erdoberfläche. Da der elektrische Widerstand des Erdbodens weit größer ist als der ionisierter Luft, wird das Potentialgefälle vom Erdboden eher begrenzt als von der Luft. Wasser hat einen geringeren elektrischen Widerstand als der Erdboden. Deshalb folgt die Entladung der feuchten Erdoberfläche, besonders den Feuchtigkeitsadern wie nassen, lehmigen Rissen, Rinnen, Wasserrinnsalen, Bächen usw. Die Entladungsströme sind auf dem Erdboden zwar weit kürzer als in der Luft, doch sie sind vorhanden. Dies erklärt Blitzverletzungen ohne direkten Einschlag.

Wie der Griff in die Steckdose

In den sechziger Jahren galt die Buhlführe an der Westwand der Maukspitze als die schwierigste Klettertour im Ostkaiser. Ein guter Freund und ich hatten den großen Quergang bereits geschafft. Wir freuten uns, daß nur noch Seillängen im IV. Grad folgten. Da holte uns ein Gewitter ein. Wir hatten es schon von Westen kommen sehen und uns beeilt. Ich stand gerade halbwegs sicher, da traf mich von der rechten Hand her ein elektrischer Schlag, als hätte ich in eine Steckdose gegriffen. Unwillkürlich riß ich reflexartig meine Hand zurück, wie man es tut, wenn man mit einem unter Strom stehenden elektrischen Leiter in Berührung kommt. Mein Seilpartner am Standplatz, sicher 20 Meter tiefer, spürte den gleichen Schlag. Aha – dachten wir – das war ein Blitz. Zum Glück blieb es bei diesem Schreck. Erst viele Jahre später, als ich mich beruflich mit der Blitzgefahr befassen mußte, erkannte ich, daß es an der Maukspitze nur ein geringer Feldstrom gewesen sein dürfte.

Eine belgische Dreierseilschaft befand sich 1984 im Aufstieg zum Schrankogel in den Stubaier Alpen. Als sich die Seilschaft etwa eine Seillänge unterhalb des Gipfels befand, spürten der Seilerste und der Seilletzte einen starken elektrischen Schlag, so als hätten sie in eine Steckdose gegriffen. Sie hörten gleichzeitig einen Knall und spürten anschließend ein leichtes Kribbeln in den Händen. Ihr Mittelmann war lautlos zusammengebrochen und ein kleines Stück abgerutscht, bevor der Seilerste ihn halten konnte. Wiederbelebungsversuche blieben erfolglos. Offensichtlich war der Tod sofort eingetreten, denn die Obduktion ergab einen sogenannten Sekundenherztod. Brandspuren konnte der untersuchende Arzt nicht feststellen.

Elmsfeuer

Der elektrischen Entladung, also dem Blitz, geht häufig eine sogenannte »stille« Entladung voraus. Dies ist eine Glimmentladung der einem starken Potentialgefälle ausgesetzten Luft an freistehenden Gegenständen oder Personen. Diese Glimmentladung macht sich bemerkbar

■ durch leises Knistern oder Summen, bei abgeschwächtem Tageslicht durch ein bläuliches Schimmern – auch Elmsfeuer genannt – an besonders exponierten Gegenständen wie Gipfelkreuzen, Stangen in Gipfelsteinmännern und insbesondere an Metallgegenständen oder

■ durch ähnliches, jedoch etwas leiseres Knistern sowie dem Sträuben der Kopf- und Körperhaare, die von einem schwächeren Elmsfeuer umgeben sein können.

«Stille» Entladungen gelten allgemein als Vorzeichen der Blitzgefahr. Ist die »stille« Entladung jedoch groß genug, um das noch

Gipfelbereiche sind besonders gefährdet.

nicht zu hohe Potentialgefälle abbauen zu können, dann kommt es zu keiner plötzlichen Entladung, also zu keinem Blitz. Es bleibt bei der Glimmentladung. Ich konnte einmal an den Vajolettürmen im Rosengarten eine solche »stille« Entladung beobachten. Uns sträubten sich die Haare – damals gab es noch keine Helme – und kleine bläuliche Flämmchen waren an den Haarenden zu erkennen, ohne daß es zu einer Blitzentladung gekommen wäre. Auch ein Donnern war nicht zu hören. Wahrscheinlich befanden wir uns am Rand eines weiter entfernten Gewitters, und die »stille« Entladung reichte aus, das Potentialgefälle abzubauen. Doch es gibt keine verläßlichen Anzeichen dafür. Deshalb sollte man »stille« Entladungen immer als Vorzeichen der Blitzgefahr ernstnehmen.

Blitzschlag ins Zelt

Der Mensch hat das Bedürfnis, sich vor Regen zu schützen. Steht ihm ein Zelt zur Verfügung, wird er in der Regel darin Schutz suchen. Doch das kann gefährlich werden.

■ Unterm Triglav verkrochen sich zwei Kletterer bei Gewitter im Zelt. Es war ein Hauszelt mit zwei stabilen Zeltstäben. Die beiden Kletterer hatten noch ihre Helme auf, als sie vom Blitz getroffen wurden. Sie kamen noch einmal mit dem Schrecken davon. Sie trugen »nur« Verbrennungen am Hals davon, da der Blitz offensichtlich den Abstand zwischen Helmrand und Hals übersprungen hatte.

■ In der Nähe der Gardecciahütte im Rosengarten zelteten im Juni 1978 zwei Kletterer. Auch sie besaßen ein Hauszelt mit

Gefährlich: Haus- und Pyramidenzelte.

Auch wenn's ihm ähnelt: Kein Faradayscher Käfig.

zwei Zeltstäben. In der Nacht brach ein starkes Gewitter mit Hagelschlag herein. Die beiden Kletterer waren nicht weiter beunruhigt, da zu dieser Jahreszeit Gewitter keine Seltenheit sind. Gegen Mitternacht schlug ein Blitz mit einem »kurzen, trockenen Schlag wie bei einer Explosion« direkt am Zelteingang, zu Füßen der beiden, ein. Einer der beiden Kletterer kam sofort wieder zu sich, fand auch die Taschenlampe und bemühte sich um seinen Kameraden. Der lag mit offenem Mund und offenen Augen reglos neben ihm. Bart- und Kopfhaare waren etwas »angesengt«. Sofortige Mund-zu-Mund-Beatmung führte nicht zum erhofften Erfolg. Der noch in der Nacht herbeigerufene Arzt konnte nur noch den Tod durch Blitzeinwirkung feststellen. Wie sich später herausstellte, war der Boden am Zelteingang durch Hagel und Regen sehr naß und vom Blitz aufgerissen worden.

Im Jahre 1980 zeigte ein Test des ADAC an der Technischen Universität München, daß Zelte bei Gewitter recht gefährlich sind. Die im elektrischen Labor künstlich erzeugten Blitze schlugen immer in die oberste Zeltstange ein und sprangen dann stets auf die Versuchspuppe im Zeltinnern über. Schuld daran seien – so äußerten sich die Tester – die heute üblichen Plastikfüße der Zeltstangen, die verhindern, daß der Blitz in die Erde abgeleitet werden kann. Es fehlt der Blitzableiter. Nur wenn die Zeltstangen ohne Isolation tief im Boden stecken, bestünde die Chance »daß der Blitz ohne Gefahr für die Zeltinsassen abgeleitet wird«. Das Zeltgestänge heutiger Kuppelzelte gleicht rein optisch einem Faradayschen Käfig. Doch es ist keiner, da es nicht »engmaschig«

Bei geschlossenen Fenstern

...absolut sicher.

genug ist. Und schon gar nicht, wenn das Gestänge aus Kunststoff ist. Dem Test des ADAC wurden damals auch Wohnwagen und Wohnmobile unterzogen. In diesen ist der Mensch recht sicher. Durch ihre Metallaußenhaut bilden sie einen Faradayschen Käfig, über den der Blitz abgeleitet wird. Allerdings müssen alle Fenster und aufklappbaren Dächer geschlossen sein, was man bei Gewitter in der Regel sowieso tut. Antennen müssen eingezogen und der Stromanschluß des Campingplatzes muß mit genügender Distanz unterbrochen sein. Auch Seilbahnkabinen sind vor Blitzschlag sicher, da auch ihre Metallhaut einen Faradayschen Käfig bildet. Das gleiche gilt für Flugzeuge. Wenn Piloten trotzdem Gewitterfronten meiden, dann wegen der starken Turbulenzen in den Gewitterwolken und wegen der Beeinträchtigung der Elektronik.

Was ist ein Faradayscher Käfig?

Umgibt man einen begrenzten Raum mit einem genügend engmaschigen Metallgitter (Faradayscher Käfig nach Michael Faraday, 1836), so wird der Raum von elektrischen Feldern abgeschirmt. Elektrische Ladungen verteilen sich auf der äußeren Oberfläche des Metallgitters. Eingeleitete Blitze können den Innenraum nicht erreichen. Dieses Phänomen ist für den technisch weniger Versierten nicht ganz leicht zu verstehen. So fühlen sich viele Menschen bei Gewittern in Autos, Wohnmobilen, Seilbahnkabinen, Flugzeugen usw. unsicher, obwohl sie in der Schule schon mal etwas vom Faradayschen Käfig gehört haben dürften. Im Deutschen Museum in München kann man das Phänomen der Blitzableitung

durch den Faradayschen Käfig bewundern. Wer die Vorführung im Deutschen Museum (siehe Kasten) einmal gesehen hat, dem fällt es leichter, daran zu glauben, daß ihm bei Gewitter in Autos, Wohnmobilen, Seilbahnen, Flugzeugen usw. aufgrund des Faradayschen Käfigs nichts passieren kann. Auch hat man in verschiedenen Hochspannungslaboratorien an Autos und umschlossenen Kleintransportern wie VW-Bussen nachgewiesen, daß bei einem Blitzeinschlag höchstens die Reifen schmoren, den Insassen aber nichts passiert.

Einzelnstehende Bäume

Wenn eine über die übrige Umgebung herausragende Erhebung einer positiv geladenen Wolke gegenübersteht, wird das elektrische Feld um diese Erhebung verstärkt. Eine solche Erhebung begünstigt so die Ionisierung der Luft und kann auf diese Weise zur Entladung, zum Blitzeinschlag, führen. Der Volksmund hat recht, der Blitz wird förmlich angezogen. Dies ist nichts anderes als das

Alles, was über seine Umgebung herausragt...

Im Deutschen Museum

Dreimal täglich findet im Starkstromsaal eine Vorführung statt. Ein Angestellter des Museums setzt sich in einen kugelförmigen Käfig aus engmaschigem Metallgitter – in einen sogenannten Faradayschen Käfig – der einige Meter über dem Boden aufgehängt ist. Der Käfig wird einer hohen elektrischen Spannung ausgesetzt. Um diese Spannung sichtbar zu machen, ist der elektrische Leiter oberhalb des Käfigs unterbrochen. Die elektrische Spannung wird so lange gesteigert, bis die isolierende Luft zwischen den beiden Polen soweit ionisiert ist, daß der Funke – nichts anderes als ein Blitz – überspringt. Da die Spannung, im Gegensatz zum Blitz am Himmel, durch entsprechende Generatorleistung aufrechterhalten werden kann, züngelt der Blitz zwischen den beiden Polen so lange, bis der Stromkreis wieder unterbrochen wird. Der Blitz bleibt längere Zeit erhalten, er bleibt sozusagen stehen. Der Blitzverlauf ist nicht ständig gleichmäßig. Je nach Ionisierung der Luft nimmt der Blitz mal diesen verschlungenen Weg zwischen den beiden Polen, mal jenen (mittleres Bild). Die Spannung, die bei dieser Vorführung in den Metallgitterkäfig eingeleitet wird, beträgt 220.000 Volt. Würde diese Spannung einen Menschen treffen, fiele er nicht nur auf der Stelle tot um, er wäre in Bruchteilen von Sekunden zu einem Häufchen Asche zusammengeschmort. Noch immer aber ist der Museumsangestellte nach der Vorführung ohne jede Verletzung aus dem Metallgitterkäfig wieder herausgestiegen. Und dies dreimal täglich, an sechs Tagen in der Woche (Montag geschlossen), seit -zig Jahren.

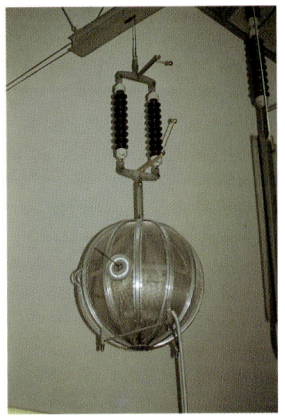  

Prinzip des Blitzableiters. In der Technik besteht der Blitzableiter nur noch aus Material mit guter elektrischer Leitfähigkeit. Ist ein genügend großes Potentialgefälle – also eine genügend große Spannung – vorhanden, kann praktisch alles zum Blitzableiter werden, was über seine nähere Umgebung herausragt.

Da Regen im Gebirge immer mit Kälte einhergeht, ist der Bergsteiger versucht, sich irgendwo unterzustellen. Obwohl die Blitzge-fahr für einzelnstehende Bäume hinlänglich bekannt ist, suchen viele Menschen zunächst einmal darunter Schutz vor dem Regen. Sprichwörter wie »Eichen sollst Du weichen – Buchen sollst Du suchen« sind in ihrer Aussage grundsätzlich falsch. Jeder einzelnstehende Baum ist unabhängig von der Baumgattung blitzgefährdet.

■ In der Nähe von Klagenfurt wurden zwei Männer und eine Frau auf einer Wanderung

vom Gewitter überrascht. Sie suchten Schutz unter einer einzelnstehenden Buche. Wenig später schlug ein Blitz ein, der die beiden Wanderer schwer verletzte. Lediglich die Frau blieb nahezu unverletzt. Nur ihr Kleid war teilweise zerfetzt.

■ Im Mai 1983 ereignete sich in Neckenmarkt im Burgenland ein schwerer Blitzunfall. Im Rahmen eines Wandertages suchten bei Regen acht Wanderer Schutz unter einer einzelnstehenden Eiche. Durch Blitzschlag wurden vier auf der Stelle tödlich getroffen, die übrigen vier erlagen ihren schweren Verletzungen teils auf dem Transport ins Krankenhaus, teils auf der Intensivstation.

Doch auch nicht jeder einzelnstehende, markante Baum muß blitzschlaggefährdet sein. Der Blitz kann statt dessen in einen abseits in einer Senke stehenden, weit weniger hohen Baum einschlagen oder auch mitten ins Krüppelholz, wenn dort eine Wasserader verläuft. Nässe setzt den elektrischen Widerstand herab, unter Umständen bis auf ein Hundertstel des Wertes im trockenen Zustand, so daß es leichter zur Entladung kommt. Der Blitz sucht den Weg des geringsten elektrischen Widerstandes. So wird die Wasserader zum Blitzableiter. Da aber Wasseradern nicht erkennbar sind, kann man solchen Stellen nicht ausweichen. Man kann in Senken nur Wasseradern vermuten und diese deshalb meiden.

Der Mensch als Blitzableiter

Ist der Mensch in seiner näheren Umgebung der höchste Punkt, so kann er direkt vom Blitz getroffen werden. Er wird in diesem Fall zum Blitzableiter. Der Blitz nimmt auch beim Menschen den Weg des geringsten Widerstandes. Nach Prof. Flora und Dr. Phleps (Innsbruck) folgt der Blitz überwiegend der Hautoberfläche, da sie meist feucht, im Gebirge vielfach mit Schweiß bedeckt ist. Der Blitzverlauf läßt sich später an versengten Körperhaaren, an Brandmalen und an versengten oder zerrissenen Kleidungsstücken erkennen. Doch auch das Innere des menschlichen Körpers mit seinen lebenswichtigen Organen wird von einem Teil des Blitzes durchflossen. An den Eintrittsstellen hinterlassen Blitze weit seltener Zeichen als an den Austrittsstellen.

Neben den Brandmalen können als Folge eines mehr oder weniger direkten Einschlags weitere Verletzungen auftreten: Bewußtlosigkeit, Ausfälle des zentralen Nervensystems, Herzrhythmusstörungen, Krämpfe, Lähmungen und andere neurologische Störungen. Der Tod bei Blitzschlag tritt durch Lähmung des Atemzentrums und durch Herzstillstand ein. Sofort eingeleitete Wiederbelebungsmaßnahmen – äußere Herzmassage und Mund-zu-Mund-Beatmung – können Erfolg haben. Abgesehen von den primären Verletzungen kann es zu sekundären Verletzungen kommen, beispielsweise durch Absturz. Nachfolgend die Aufzählung einiger Blitzunfälle:

■ Blitzschlag am Theodulpaß (Wallis): Platzwunde am Kopf, Schuhsohlen vom Oberleder gerissen, leichte Brandwunden unter dem Metallreißverschluß; Wiederbelebungsversuche positiv.

■ Blitzschlag beim Abstieg vom Jalovec (Julische Alpen): Blechbüchse im Rucksack in zwei Stücke gerissen, Metallschnallen des Rucksacks teilweise pulverisiert; der Träger des Rucksacks blieb nahezu unverletzt.

■ Blitzschlag in der Schiara-Gruppe (Dolomiten): Schuhsohle vom Oberleder und Kleider teilweise vom Körper gerissen; bewußtlos, überlebt, zwei Wochen danach noch taub.

■ Blitzschlag am Breithorn (Wallis): Blitzeintritt am Kopf, der Hut wies ein faustgroßes Brandloch auf, Blitzaustritt am rechten Fuß, Schuhsohle vom Oberleder gerissen, Brandwunden am ganzen Körper; eine halbe Stunde bewußtlos, zur Verwunderung der Ärzte überlebt.

■ Blitzschlag auf dem Normalweg an der Westlichen Zinne (Dolomiten): Eine Seilschaft wurde hinabgeschleudert, blieb aber auf einem kleinen Schneefeld wenig unterhalb liegen; linkes Hosenbein eines der Hinabgeschleuderten teilweise »eingeäschert« und linken Schuh vom Fuß gerissen; überlebt.

■ Blitzschlag im Abstieg von der Schiara (Dolomiten): Ein Kletterer wurde nahezu direkt getroffen, sein Seilpartner, 50 Meter entfernt, noch umgeworfen. Blitzeintritt in Nase (Narbe) und Ohr (Loch im Trommelfell), Blitzaustritt an

Blitzaustritt am Schuh: Überlebt.

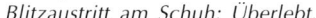

beiden Füßen, T-Shirt total zerfetzt und teilweise zusammengeschmolzen, Trainingshose an beiden Beinen von unten bis oben aufgeschlitzt, Unterwäsche in die Haut eingebrannt, Oberleder des rechten Schuhs von der Sohle getrennt, Schuh vom linken Fuß gerissen und fünf Meter weggeschleudert, Ösen ausgerissen, schwarzes Loch von Zweimarkstückgröße in eine der beiden großen Zehen eingebrannt; besinnungslos, wie durch ein Wunder überlebt, vier Wochen Gleichgewichtsstörungen.

■ Blitzschlag unterm Triglav (Julische Alpen): Ein Bergsteiger trank aus einer Metallflasche und muß in diesem Augenblick vom Blitz getroffen worden sein; starke Brandwunden im und auf der Rückseite des Halses; Wiederbelebungsversuche erfolglos.

■ Blitzschlag am Col de la Brenva (Montblanc-Gruppe): Vier deutsche Studenten wurden 1967 in unmittelbarer Nähe ihres Zeltes tot, teilweise verstreut und verkohlt aufgefunden.

■ Blitzschlag am Doppyo (Japan): Von einer 46köpfigen Bergsteigergruppe wurden elf tödlich getroffen und 13 schwer verletzt.

Auch über dem Gewitter

In den Westalpen kann man erleben, daß man sich nicht nur in, sondern gelegentlich auch über einem Gewitter befindet. Man kann von einer höheren Warte aus das Gewitter im Tal bewundern. Solange man zum Gewitter keinen größeren Abstand hat, kann dies gefährlich sein.

Zwei junge Bergsteiger machten auf dem Weg zur Goûterhütte etwa 50 Meter unter dieser eine kurze Rast. Sie wollten das Schauspiel eines unter ihnen hindurchziehenden Gewitters bewundern. Durch einen völlig unerwartet auftretenden Blitz wurde einer der beiden aus dem Stand gerissen und 600 Meter in die Tiefe geschleudert. Er konnte nur noch tot geborgen werden.

Die Kurzschlußbrücke

Der Blitz sucht sich den Weg des geringsten elektrischen Widerstandes. Wenn ein Bergsteiger in einer Felsnische Schutz vor einem Gewitter sucht, so ist dies ähnlich gefährlich wie unter einem einzelnstehenden Baum. Der Blitz, der in der Nähe einschlägt, nimmt seinen Weg im allgemeinen der nassen Felsoberfläche folgend. An der Nische aber ist dieser Weg unterbrochen. Der Blitz müßte den längeren Umweg rechts oder links oder am Grund der Nische nehmen. Befindet sich ein Mensch am Nischeneingang, dient er dem Blitz als Brücke. Der Fachmann spricht von einer Kurzschlußbrücke, die der Blitz benutzt, um dem Weg des geringsten elektrischen Widerstandes, hier also dem kürzesten Weg, zu folgen. Deshalb sollte man sich bei Gewittern nicht an Nischen- oder Höhleneingängen aufhalten und auch in einer Höhle möglichst viel Abstand nach oben haben, wenigstens eine halbe Körperlänge. Bei kleineren Nischen und Höhlen muß man sich notfalls hinkauern.

■ Drei Wanderer auf dem Weg zum Teufelsstättkopf bei Unterammergau suchten Schutz unter einem Überhang. Plötzlich muß ein Blitz eingeschlagen haben. Einer der drei Wanderer war auf der Stelle tot. Die anderen beiden berichteten, daß sie plötzlich eine enorme »Hitzewelle« gespürt hätten. Weder zuvor noch danach hätte es irgendwelche Anzeichen für einen Blitz oder Donner gegeben.

■ Zwei Südtiroler unternahmen eine Klettertour an der Santnerspitze im Rosengarten. Als sie nach einem Gewitter am Spätnachmittag noch immer nicht zurück waren, wurde die Bergrettung benachrichtigt. Diese fand den einen tot in einer Felsnische liegend, in der die beiden offensichtlich Schutz vor dem Regen gesucht hatten. Die Schuhe waren ihm von den Füßen gerissen, sein Körper wies Brandmale auf. Seinen Kameraden fand man ebenfalls tot, abseits in einem Latschenfeld liegend. Seine Körperstellung deutete darauf hin, daß er dorthin geschleudert wurde.

Auch in Eingängen von Unterstandshütten und Biwakschachteln kann der Mensch – ähnlich wie unter Überhängen und in Felsnischen – dem Blitz als Kurzschlußbrücke dienen. Zwei junge Kletterer hatten eine der schwierigeren NW-Wandrouten an der Civetta (Dolomiten) durchstiegen. Sie wollten die Nacht in der kleinen Torrani-Schutzhütte, etwa 250 Meter unterhalb des Civetta-Hauptgipfels, verbringen. Am Abend zog ein Gewitter auf. Später wollte einer der beiden nach dem Wetter sehen. Als er unter die geöffnete Tür

Naheliegend, aber gefährlich.

Mindestabstände, um nicht als Kurzschlußbrücke zu dienen.

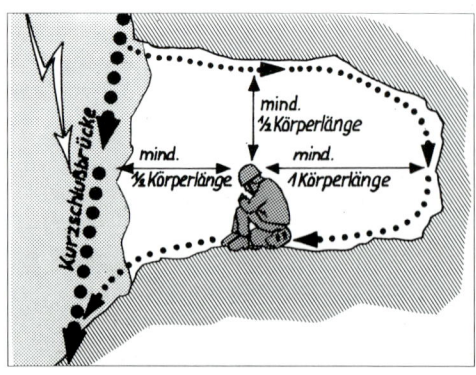

Am Eingang von Biwakschachteln: Gefahr der Kurzschlußbrücke.

trat, traf ihn ein Blitz. Er fiel reglos rücklings in die Hütte und dürfte auf der Stelle tot gewesen sein. Der Überlebende trug, obwohl er sich nur wenige Meter vom Türeingang entfernt aufhielt, keinerlei Verletzungen davon.

Neben den Eingängen von Hütten, Biwakschachteln usw. ist auch der Bereich offener Fenster gefährdet. Auch hier kann der Mensch dem Blitz als Kurzschlußbrücke dienen. Im Sommer 1974 wollte die Tochter der Hüttenwirtin auf der Hofpürglhütte (Dachsteingebiet) während eines Gewitters ein Fenster schließen. In diesem Augenblick wurde sie vom Blitz getroffen. Sie mußte mit Lähmungserscheinungen ins Krankenhaus gebracht werden. Aufgrund dieser Gefahr müssen bei Gewitter – wie bereits erwähnt – auch alle Fenster von Autos und Wohnwagen geschlossen werden. Erst dann ist man in ihnen sicher. Wie unberechenbar Blitzeinschläge sein können, zeigt ein weiterer Unfall auf der Hofpürglhütte. Ein Blitz schlug nicht ins Hauptgebäude ein, das einen Blitzableiter aufwies, sondern in ein nicht blitzgeschütztes Nebengebäude. Dabei wurde ein Bergsteiger im Matratzenlager getötet.

Völlig unerwartet

Bei direktem oder annähernd direktem Einschlag treten Spannungskräfte auf, die sich nur der vorstellen kann, der sie unmittelbar erlebt

hat. Personen werden in die Luft geschleudert als seien sie ein Spielzeug.

Am 9. August 1981 bestiegen der Bergführer Arnold Larcher mit seinen Gästen Maria, Elisabeth, Walter und Andreas den Olperer in den Zillertaler Alpen. Im Laufe des Aufstiegs hatte es leicht zugezogen. Da Larcher sich gut auskannte und man sich am Südostgrat auch nicht versteigen kann, bestand kein Grund zu besonderer Eile. Trotzdem machte sich die Gruppe schon nach kurzer Gipfelrast an den Abstieg. Nach etwa 100 Metern sagte Walter zu Andreas, daß er ein leichtes Zischen in seinem Rucksack höre. Andreas aber meinte, daß das wohl nur eine undichte Fanta-Dose sein könnte. Wenig später waren sie von Wolken eingehüllt. Es wurde richtig dunkel. Da erfolgte für alle völlig unerwartet ein ohrenbetäubender Knall, Andreas erhielt einen mächtigen Schlag in den Rücken bis in den Kopf hinein, Larcher wurde – horizontal wie ein Torpedo – vom Grat geschleudert, Maria wirbelte fünf Meter hoch durch die Luft und Elisabeth wurde niedergeschleudert. Sekunden später erfolgte ein zweiter Blitzeinschlag. Elisabeth wurde – starr wie eine Puppe – waagrecht einen Meter in die Höhe gehoben. Sekunden später der dritte Blitzeinschlag. Während aller drei Einschläge war das Bewußtsein der Überlebenden für Sekunden ausgeschaltet. Nach ihren Aussagen »stand ihr Denken sozusagen still«. So weiß Maria heute noch nicht, daß sie hoch in die Luft gewirbelt wurde, und Elisabeth weiß nicht, daß sie beim

zweiten Einschlag für Bruchteile von Sekunden waagrecht starr in der Luft schwebte.

Schon beim ersten Blitzeinschlag, als Larcher vom Grat geschleudert wurde, ist das Seil zwischen ihm und Maria gerissen. Larcher stürzte 200 Meter in die Tiefe. Er konnte später nur noch tot geborgen werden. Maria, angeseilt zwischen Larcher und Elisabeth, hing wenig unter dem Grat in der Steilwand, das zwischen ihr und Larcher gerissene Seil pendelte unter ihr. Wäre Elisabeth in diesem Augenblick nicht an einem Block gesichert gewesen, hätte der Unfall sicher ein noch weit schlimmeres Ausmaß angenommen.

Alle vier von Larcher geführten Gäste konnten überleben. Sie haben die Einschläge als »hart, aber nicht als schmerzhaft« empfunden. Die Schraubverschlüsse der Karabiner ließen sich später nicht mehr lösen, auch nicht mit Hilfe einer Zange. Marias Gletscherbrille war deformiert, die Steigeisen waren verbogen.

Sieht man vom »Zischen der Dose im Rucksack« kurz vor dem ersten Blitzeinschlag ab, hatte es keinerlei erkennbare Anzeichen für ein bevorstehendes Gewitter gegeben.[4]

Einen ebenso völlig unerwarteten Blitzeinschlag erlebten zwei Kletterer an der Großen Fermeda in den Dolomiten. Sie gerieten auf dem Normalweg in schlechtes Wetter. Ohne jedes erkennbare Vorzeichen müssen die beiden von einem Blitz getroffen worden sein. Einer der beiden konnte nur noch tot geborgen werden. Der andere war kurze Zeit besinnungslos und konnte keinerlei Angaben zum Unfall machen. Er hatte weder einen Blitz gesehen noch irgendein Donnern gehört. Auch der bereits geschilderte Blitzunfall am Teufelsstättkopf hatte sich ohne irgendein Vorzeichen wie Blitz und Donner ereignet.

Riesengroße Blitzableiter

Der Blitz sucht sich den Weg des geringsten elektrischen Widerstandes. Dies gilt auch für den Blitz auf dem Erdboden, in Form des sogenannten Feldstroms. Fels, Geröll und Erdreich haben einen größeren elektrischen

4) Inhaltlich entnommen aus: Andreas Block »Menschen und Berge dieser Welt«, Grüne Druck und Verlag, Dortmund, 1982.

Widerstand als metallische Leiter. So pflanzt sich der Blitz in Drahtseilen und Eisenleitern von Klettersteigen weit besser fort als auf der Fels- und der Erdoberfläche. Der Blitz wird weiter abgeleitet und sein Einflußbereich dadurch vergrößert. So sind Bergsteiger auf Klettersteigen stärker gefährdet als im übrigen Fels. Auf Erdreich kann ein Bergsteiger einen relativ nahen Blitzeinschlag durchaus überstehen. Auf einem Klettersteig mit seinen elektrisch gut leitenden Stahlseilen und Eisenleitern dagegen kann die gleiche Entfernung zwischen Einschlag und Bergsteiger tödlich sein. Die Eisensicherungen sind nichts anderes als ein überdimensionaler Blitzableiter. Durch die Blitzableiterfunktion solcher Sicherungen werden Bergsteiger, die sich in einiger Entfernung von den Sicherungen aufhalten, weniger gefährdet als ohne diese. Der Blitz wird ja abgeleitet.

■ Auf dem Castiglioni-Steig zwischen der Agostini- und der Dodici-Apostoli-Hütte in der Brenta geriet eine Gruppe von Klettersteiggehern mit ihrem Bergführer in ein Gewitter.

Ein riesengroßer Blitzableiter.

Dies kündigte sich als solches nicht an. Es hatte nur zugezogen und sah insgesamt nicht »sonderlich einladend« aus. Urplötzlich wurde die Gruppe von einem Blitz getroffen, ohne daß einer zuvor einen Blitz gesehen oder irgendwelche Gewitteranzeichen vernommen hätte. Alle wurden aus dem Stand geschleudert und hingen in ihrer Selbstsicherung. Einige waren nur kurz besinnungslos, andere bis zu zehn Minuten. Leicht auszumalen, was passiert wäre, hätten nicht alle eine einwandfreie Selbstsicherung mit Brust- und Sitzgurt benutzt.

■ Anders auf dem Mindelheimer Klettersteig. Eine nicht selbstgesicherte Bergsteigerin wurde vom Blitz getroffen und stürzte ohne jede Reaktion vor den Augen ihres Mannes in die Tiefe.

■ Ein besonders tragischer Unfall durch Blitzschlag ereignete sich am 22. Juli 1990 zwischen elf und zwölf Uhr vormittags auf dem Klettersteig an der Knappenkarspitze im Arlberggebiet. Besonders tragisch deshalb, weil jeder der fünf Personen starken Gruppe – zwei Männer und drei Frauen – eine Selbstsicherung benutzte. Als eine der Frauen von einem Blitz getroffen wurde, bewegungsunfähig am Drahtseil hing und schrie, eilte ihr einer der beiden Kameraden zu Hilfe. Um schneller voranzukommen, hing er seine Selbstsicherung aus. Als er die vom Blitz Getroffene vom Drahtseil lösen wollte, wurde er selbst vom Blitz getroffen und in die Tiefe geschleudert. Er konnte später nur noch tot geborgen werden. Im Unfallbericht heißt es, daß die Gruppe »von einem plötzlichen Blitzschlag und von Hagelunwetter überrascht« wurde. Dies ist in der Tat so gewesen. Sowohl der Wetterbericht von Innsbruck wie auch der von München hatten am 21. Juli abends und am 22. morgens zwar Gewitterneigung vorhergesagt, aber erst für den Nachmittag (Wetterdienst Innsbruck) beziehungsweise für den Abend (Wetterdienst München). Am Nachmittag, erst recht am Abend, so hatte die Gruppe geglaubt, würde sie den Klettersteig schon lange hinter sich haben. Das Gewitter kam schneller als angekündigt. Die Meteorologen sind mit ihren Aussagen noch nicht hellseherisch. Wer wollte dies auch von ihnen verlangen? Eine heranziehende Gewitterfront erkennen sie heutzutage

Wollte man einen Berg mit einem Blitzableiter versehen, würde man ihn so installieren wie diesen Klettersteig.

in jedem Fall. Nur wie schnell sich das Gewitter dann einstellen wird, kann noch nicht in jedem Fall lokal exakt vorhergesagt werden. Es gibt eben immer noch 14 % Fehlprognosen. Deshalb ist bei angesagter Gewitterneigung immer Vorsicht anzuraten.

■ Im Juli 1982 gab es an der Zugspitze durch Blitzeinwirkung gleich drei Tote und mehrere Verletzte. Eine achtköpfige Gruppe war mit etwa 30 anderen Bergsteigern auf dem Weg durchs Höllental. Sie befand sich oberhalb der Irmerscharte, als von Westen, von der Gruppe nicht einzusehen, ein Gewitter aufzog. Einer der Bergsteiger berichtete, daß urplötzlich ein riesiger Feuerball am Drahtseil entlanggerast sei. Eine Bergsteigerin war auf der Stelle tot, zwei ihrer Gruppe wurden in die Tiefe geschleudert. Sie konnten erst Tage später von der Bergwacht auf dem Höllentalferner gefunden werden. Fünf weitere Bergsteiger erlitten teils schwere Verletzungen. Die Tagespresse berichtete groß aufgemacht über den Unfall und zitierte die Überlebenden: »... der Wetter-

Die Zugspitze, Kreis = Blitzeinschlag.

bericht ist gut gewesen, kein Hinweis auf ein Gewitter«. Das aber ist nicht richtig. Zufällig kann ich mich sehr genau an diesen Samstag im Juli erinnern. Ein Freund und ich wollten den Rebitschpfeiler am Öfelekopf, ebenfalls im Wetterstein und von der Zugspitze gar nicht so weit entfernt, begehen. Wir hatten den Wetterbericht am Abend zuvor gehört, und der war in der Tat gut. Am anderen Morgen hörten wir den Wetterbericht um sechs Uhr, bevor wir aufbrechen wollten, nochmal – und siehe da, ein Gewitter wurde für den Nachmittag vorhergesagt. Wir betrachteten den Himmel und konnten keine Anzeichen feststellen. Aus Erfahrungen inzwischen etwas klüger geworden, sagten wir uns, daß die Wetterprognose ja wohl nicht ohne Gründe so lautet. Schließlich haben die Meteorologen einen größeren Horizont als wir im engen Leutaschtal. Wir lachten über dieses Wortspiel, disponierten um und machten nur eine leichte Wanderung. Wie vom Wetterbericht angekündigt, traf uns das Gewitter am Nachmittag auf dem Heimweg. Hätte die Gruppe am Morgen, vor ihrem Aufbruch in Grainau, den Wetterbericht gehört, wäre sie informiert gewesen. Es reicht oft nicht aus, den Wetterbericht nur am Abend vor einer Bergtour zur Kenntnis zu nehmen.

■ Auf dem Bocchetteweg in der Brenta kam es 1973 zu einem schweren Unfall durch Blitzschlag. Eine fünfköpfige italienische Bergsteigergruppe geriet am Mittag in ein Gewitter. Alle fünf wurden durch einen einzigen Blitzeinschlag getötet.

Gipfel sind besonders gefährdet

Alle über ihre Umgebung herausragenden Punkte sind blitzgefährdet, insbesondere Gipfel, größere Felsblöcke, Graterhebungen usw. In einem Umkreis von 15 Metern um einen herausragenden Punkt ist die Blitzgefahr rund zehnmal größer als in 100 Meter Entfernung. Gipfel, auch runde Kuppen, sollten deshalb bei Blitzgefahr gemieden werden.

■ Im Sommer 1981 brach auf der Bürglalm im Pongau unter 50 Menschen, die sich zu einer Bergmesse zusammengefunden hatten, urplötzlich eine Panik aus, als ein Blitz in die Menschenmenge fuhr. Dabei wurde ein Mann getötet.

■ Schnee isoliert nicht, wie vielfach irrigerweise angenommen wird. Im Sommer 1981 schlugen an einem Wochenendtag während eines Gewitters etwa zehn bis zwölf Blitze auf dem Gipfel des Similaun in den Ötztaler Alpen ein, wo – laut Unfallmeldung – mehrere Seilschaften »von einem Schlechtwetter überrascht worden sind«. Zwei Bergsteiger waren auf der Stelle tot, zwei andere mußten mit Verletzungen ins Krankenhaus gebracht werden.

■ Zwei Innsbrucker Kletterer hatten im Sommer 1977 die Glückverschneidung am Zweiten Sellaturm in den Dolomiten durchstiegen und während eines herannahenden Gewit-

Nur bei sicherem Wetter ungefährlich.

ters gerade den Gipfel erreicht. Da muß sie, beide waren noch angeseilt, ein Blitz getroffen haben. Beide wurden, wie Augenzeugen berichteten, vom Gipfel geschleudert und stürzten in die Schlucht zwischen Erstem und Zweitem Sellaturm, wo sie später nur noch tot geborgen werden konnten.

■ Ein ähnlicher Unfall, der aber noch einmal glimpflich ausgehen sollte, ereignete sich neun Jahre später ebenfalls am Zweiten Sellaturm. Eine Kletterin wurde durch einen Blitz vom Gipfelringband rund 30 Meter hinabgeschleudert und war vorübergehend gelähmt. Dank ihrer Ausrüstung – sie trug einen Helm sowie Brust- und Sitzgurt – konnte sie ohne ernste Verletzungen überleben. Die Seilschaft hatte insofern mächtiges Glück, als sie sich gerade ausseilen wollte und keine Selbstsicherung mehr besaß – das Seil verfing sich hinter einem Block.

■ Ein im Prinzip gleicher Unfall ereignete sich im Juli 1976 am Gipfel der Kingspitze im Berner Oberland. Ein Kletterer wurde durch einen Blitz vom Gipfel geschleudert, fiel die volle Seillänge hinab und hing zwei Stunden, teilweise besinnungslos, unter Überhängen frei im Seil. Von einem Rettungshubschrauber aus konnte der Verletzte in einem kühnen Flugmanöver geborgen werden. Da er Brust- und Sitzgurt trug, konnte er überleben. Über diesen Unfall wurde später ein Film gedreht mit dem Titel »Heli Fox Fox auf Rettungsflug«. Die Unfallbeteiligten und die Leute vom Bergrettungsdienst waren selbst die Darsteller. Nur für den 40-Meter-Sturz behalf man sich mit einer Puppe. Der Film wurde 1978 beim Filmfestival in Trient mit dem »Goldenen Enzian« ausgezeichnet.

Ein Blitzunfall Mitte der achtziger Jahre am Zahnkofel in den Dolomiten zeigt, wie notwendig ein Brustgurt neben einem Sitzgurt bei unkontrollierten Stürzen ist. Und nach allen bisher bekannten Unfallschilderungen dürfte jeder durch Blitzschlag ausgelöste Sturz unkontrollierbar sein. Sei es nun, weil der Betroffene sekundenlang nicht fähig ist zu reagieren, oder sei es, daß er für längere Zeit besinnungslos ist. Auch die Aussagen vom Blitz Getroffener, daß sie sich an gar nichts erinnern können, deutet auf Unkontrollierbar-

keit zumindest während einiger Sekunden hin.

■ Am Gipfel des Zahnkofels wurde eine englische Zweierseilschaft, angeseilt nur mit Hüftgurt, vom Blitz getroffen. Einer der beiden wurde in die überhängende NO-Wand geschleudert und konnte später nur noch tot geborgen werden. Die Schilderung der Bergrettungsmänner: »Es hat schrecklich ausgesehen – der Körper war im Bereich des Hüftgurtes nach hinten abgeknickt wie ein zusammengeklapptes Taschenmesser, Schultern in Höhe der Fersen. Brandmale wies der Tote nicht auf.«

■ Blitzeinschlag kann auch zu Wächtenbruch führen. Im Juli 1988 standen drei polnische Bergsteiger auf dem Gipfel des Dych-Tau im Kaukasus. Völlig unerwartet brach in dem Augenblick, in dem ein Blitz einschlug, ein Teil der Gipfelwächte ab und riß einen der drei mit in die Tiefe. Die drei waren nicht angeseilt. Nach Aussage der Überlebenden wären sie sonst mit in die Tiefe gerissen worden. So kann ein fehlendes Seil in entsprechender Situation auch einmal richtig sein.

Nebenfolgen

Nicht allein mit der Gefahr, vom Blitz oder den ihm folgenden Feldströmen getroffen zu werden, muß sich der Bergsteiger und Kletterer auseinandersetzen. Blitzeinschlag kann auch Steinschlag auslösen. Ein Beispiel zeigt ein Unfall im Sommer 1990 im Wilden Kaiser.

Zwei junge Kletterer, ein Student und seine Freundin, seilten gegen 19 Uhr im Botzong-Kamin ab, nachdem sie die Predigtstuhl-Nordkante durchstiegen hatten. Um diese Zeit ging ein starkes Gewitter über dem Kaiser nieder. Als die beiden in der letzten Abseillänge waren, schlug der Blitz am Gipfelgrat ein und löste mächtigen Steinschlag aus. Der Student befand sich schon im Botzong-Kessel, am Ende der Abseilpiste, seine Freundin vier Meter über ihm. Wie durch ein Wunder wurden sie vom Steinschlag nur gestreift, trotzdem erlitten beide ernste Verletzungen. Er brach sich den Fuß, sie zog sich Wirbelverletzungen zu.

Es begann eine schwere Nacht für beide. Der Student versorgte seine Freundin notdürftig und schleppte sich dann in die Steinerne Rinne, um die dort seit einigen Jahren befindliche Notfunksäule zu erreichen, von wo Verbindung zur Rettungsleitstelle im Tal besteht. Erst spät in der Nacht erreichte er die Steinerne Rinne, erst am anderen Morgen konnten beide geborgen werden. Neben der Hochachtung, die dieses Durchhalten des Verletzten verdient, sei doch angemerkt, daß ein Abseilen vom Predigtstuhl gegen 19 Uhr darauf hindeutet, daß die beiden entweder zu

Die Rettungssäule in der Steinernen Rinne.

spät in die Nordkante eingestiegen sind (die Zeitungen berichteten von 11 Uhr) oder während der Kletterei zu langsam waren. Erfahrungsgemäß treten Gewitter im Sommer insbesondere am Nachmittag und am Abend auf. Der Wetterbericht lautete am Abend zuvor für den Unfalltag: *»Nachts ... noch etwas Regen, sonst von Westen her auflockernde Bewölkung, später wieder meist stark bewölkt und einzelne Schauer.«* Die Zeitungen berichteten auch davon, daß die Verletzte eine angehende Meteorologin gewesen sei(?).

Zunächst rätselhaft

Im April 1977 unternahmen vier Allgäuer unter der Führung eines Hochtourenführers und Bergwachtmannes eine Skitour aufs Breithorn im Wallis. Als sie, in zwei Gruppen aufgeteilt, am Plateau Rosa ankamen, war der Himmel bedeckt. Da der Führer der Gruppe das Gelände gut kannte – er hatte diese Tour bereits zehnmal unternommen – bestand kein offensichtlicher Grund zur Umkehr. Eine der beiden Gruppen war etwas langsamer. Eine fremde dritte Gruppe war noch unterwegs, die mit der etwas schnelleren Gruppe im Abstieg am Skidepot gemeinsam eintraf. Die fremde Gruppe fuhr inzwischen ab, da die Allgäuer Gruppe noch auf ihre etwas langsameren Kameraden warten wollte, die nur wenig später am Skidepot eingetroffen sein mußten. Das waren die letzten Angaben über die beiden Allgäuer Gruppen. Von da an fehlte zwei Tage lang jede Spur.

Am Nachmittag hatte sich das Wetter in Minutenschnelle verschlechtert. Der Himmel hatte sich verdunkelt, und Schneestürme peitschten mit über 100 km/h über das Breithornmassiv. An der in 3779 Meter Höhe befindlichen Liftstation wurde eine Temperatur von minus 25 Grad Celsius gemessen. Sowohl von der schweizerischen wie von der italienischen Seite versuchten die Rettungsmannschaften, den Vermißten Hilfe zu bringen, aus Wettergründen vergeblich. So konnten erst zwei Tage später Hubschrauber eingesetzt werden. Man fand die fünf Allgäuer erfroren, etwa 2500 Meter von der Liftstation entfernt. Da alle fünf einwandfrei ausgerüstet waren, war der Tod zunächst rätselhaft. Das Bild, das

»...wie von einer Riesenfaust niedergeschmettert...« (nach einem Unfallfoto).

sich der Rettungsmannschaft bot, wurde so geschildert: »Die fünf lagen herum, als ob man sie irgendwo hinausgeworfen hätte.« Da man ihre Pickel und Steigeisen wesentlich weiter oben fand, blieb nur die Vermutung, daß sie von einem Blitz getroffen worden sind. Offensichtlich hatten sie die Blitzgefahr erkannt und sich ihrer Pickel und Steigeisen entledigt. Sollte einer den Blitzschlag überlebt haben, so dürfte die starke Unterkühlung sicher zum raschen Tod geführt haben.

Ein nahezu bis in Einzelheiten gleicher Unfall ereignete sich im September, sieben Jahre später, am Gran Paradiso. Eine aus fünf Mann bestehende Gruppe deutscher Bergsteiger verließ die Vittorio-Emanuele-Hütte gegen drei Uhr morgens. Es herrschte gutes Wetter. Die Fünfergruppe wurde am Vormittag noch im Aufstieg kurz unterhalb des Gipfels von einer italienischen, bereits zurückkehrenden Seilschaft gesehen. Die Italiener erreichten die Hütte, bevor es gegen 13 Uhr zuzog und zu schneien begann. Am späteren Nachmittag wurde aus dem Wetterumschwung ein infernalischer Wettersturz. In der Nacht sank die Temperatur auf minus 15 Grad.

Der tobende Schneesturm verhinderte auch am nächsten Tag jede Rettungsaktion. Erst am darauffolgenden Tag konnten die Vermißten durch einen Hubschrauber in 4000 Meter Höhe gefunden werden. Der Rettungsmannschaft muß sich ein ähnliches Bild geboten haben wie der am Breithorn. Alle fünf lagen »verstreut herum«, drei hatten keine Handschuhe an. Um die Gruppe herum war Proviant im Schnee verteilt. Schokolade, Kekse und Dörrobst. Einige Meter neben ihnen lagen Rucksäcke und Biwaksack. Nur einer hatte einen Biwaksack von unten her über die Füße gezogen. Ihre Gesichter waren entspannt. Auch diese Rettungsmannschaft stand zunächst vor einem Rätsel. Alles deutete auf eine plötzliche Gewalteinwirkung hin. »Sie lagen da, wie von einer Riesenfaust niedergeschmettert.«

Wie eine der lokalen Wetterwarten später berichtete, ging während des Unwetters ein schweres Gewitter über dem Gran Paradiso nieder. Aller Wahrscheinlichkeit nach ist auch diese Gruppe von einem Blitz getroffen worden. Alles deutete darauf hin, daß dies wohl während einer Rast geschah. Vielleicht war die Gruppe auch gerade dabei, sich im Unwetter zum Biwak herzurichten. Dies läßt jedenfalls der eine angelegte Biwaksack vermuten. Bei einem der fünf konnte der Bergrettungsarzt noch schwache Lebenszeichen feststellen. Doch bevor der Unterkühlte ins Krankenhaus eingeliefert werden konnte, war auch er tot.

Da braut sich was zusammen.

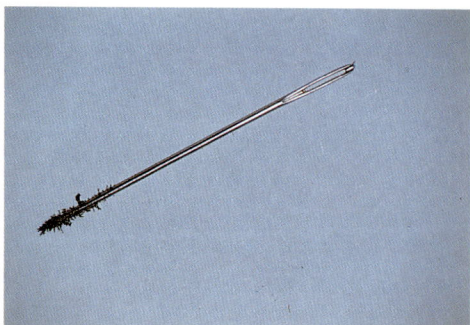

Das Indiz: Eine magnetisierte Nadel.

Ein Verbrechen?

Wie schwierig es sein kann, einen Blitzunfall nachzuweisen, zeigt der Unfall einer jungen slowenischen Bergsteigerin. Prof. Avcin aus Ljubljana berichtete, daß sie in den Julischen Alpen ohne sichtbare Verletzungen tot aufgefunden worden war. Keine Spuren waren zu finden, die irgendeinen Hinweis auf die Todesursache hätten bieten können. Ihr Begleiter war und blieb verschwunden. So tauchte der naheliegende Verdacht auf ein Verbrechen auf. Die Tote wurde im gerichtsmedizinischen Institut in Ljubljana untersucht. Doch auch da fand man keinen Hinweis auf die Todesursache. Man stand vor einem Rätsel. Also wurden die Kriminalbeamten abermals bemüht. Doch auch sie konnten wieder nichts finden, was auf die Todesursache hätte schließen lassen. So blieb nur übrig, noch einmal von vorne zu beginnen. Jeder Kleinigkeit ging man nach, auch jeder unscheinbaren.

Die Bekleidung wurde noch einmal gründlich untersucht, alles sozusagen noch einmal umgedreht. Da bot sich auf einmal doch noch ein Hinweis: Eine Nadel, die die Tote bei sich trug, war magnetisiert. Magnetisierte Nadeln sind nicht üblich. Der erste Hinweis auf einen Blitzunfall. Erst eineinhalb Jahre später sollte Gewißheit herrschen, als die Leiche des Begleiters gefunden wurde. Die gerichtsmedizinische Untersuchung deutete auf einen etwa zeitgleichen Tod hin. Der Begleiter muß weiter abgestiegen und kurz darauf ebenfalls von einem Blitz getroffen worden sein.

Phänomen Kugelblitz

Über die Entstehung und Ausbreitung von Kugelblitzen herrscht noch völlige Unklarheit, da ihr Auftreten äußerst selten ist. Kugelblitze konnten, im Gegensatz zu Linienblitzen, noch nicht im Labor erzeugt werden. Deshalb beruhen alle Angaben auf den seltenen Beobachtungen.

Die meisten Kugelblitze haben einen Durchmesser von weniger als einem Meter. Der am häufigsten angegebene Durchmesser beträgt 20 Zentimeter. Die beobachteten Farben reichen von orange über rot und gelb bis blau. Die geschätzte Geschwindigkeit, mit der ein Kugelblitz seinen Weg nimmt, wird mit etwa 2–3 m/s angegeben. Sie ist also auffallend geringer als die der Linienblitze. Der Kugelblitz schwebt sozusagen dahin. Die Zeit, während der ein Kugelblitz beobachtet werden kann, also sozusagen dessen »Lebensdauer«, wird meist als sehr kurz bezeichnet, wenige Sekunden bis maximal eine halbe Minute. Die meisten beobachteten Kugelblitze endeten sehr plötzlich, entweder durch geräuschloses Erlöschen oder mit explosivem Knall. Die Auswirkungen reichen von Kontakten mit

Personen oder Gegenständen, bei denen der Kugelblitz keinerlei Spuren hinterließ, bis zu explosionsartigen Kontakten mit Zerstörung von Gegenständen und Gebäuden oder tödlichen Verletzungen von Mensch und Tier. Da Kugelblitze äußerst selten auftreten, ist auch nicht bekannt, ob es überhaupt irgendeine Aufnahme gibt. In der Alpinliteratur konnte nur die Beschreibung eines einzigen Kugelblitzunfalls gefunden werden.

Im Frühjahr 1979 trug sich das seltene Phänomen in einem Alpengasthaus in der Nähe von Hohenems zu. Etwa 40 Personen hatten vor einem plötzlichen Gewitter Schutz in dem Gasthaus gesucht. Der Kugelblitz riß zunächst ein Loch von etwa einem halben Meter Durchmesser in das Mauerwerk unterhalb des Dachstuhls. Danach suchte er sich den Weg durch drei durch offene Türen verbundene Räume im Obergeschoß des Hauses und durchschlug schließlich die Decke eines der beiden Gasträume. Durch die herabstürzenden Trümmer wurden elf Personen verletzt.

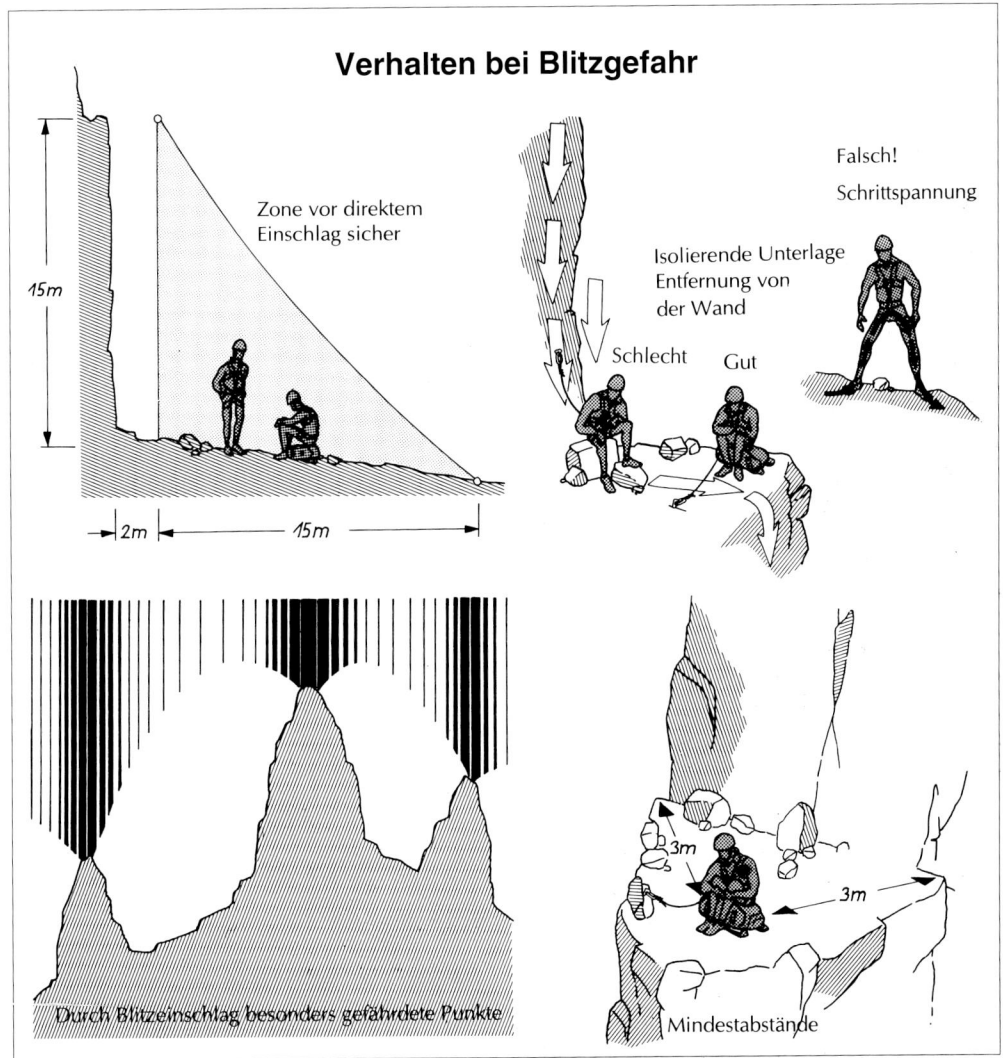

Verhalten bei Blitzgefahr

Zone vor direktem Einschlag sicher

15m

2m — 15m

Falsch!
Schrittspannung

Isolierende Unterlage
Entfernung von
der Wand

Schlecht   Gut

Durch Blitzeinschlag besonders gefährdete Punkte

3m

3m

Mindestabstände

Können Seile noch reißen?

Die Menschheit kann mit Überschallgeschwindigkeit um die Erde und bis zum Mond fliegen, wir können aber immer noch keine Seile herstellen, die jeder Sturzbelastung gewachsen wären. Kommt ein Seil bei Sturz über eine Felskante zu liegen, kann es reißen. Es wird abgeschert. Dies gilt auch für nagelneue Seile. Die Felskante muß nur etwas schärfer oder die Sturzhöhe etwas größer sein. Zur reinen Zugbelastung (Fangstoß) kommen an der Seilauflagestelle noch Biege-, Druck- und Scherbelastung hinzu, die das Seil reißen lassen. Diese Erkenntnis ist – gemessen am Stand der allgemeinen Technik, den die Menschheit inzwischen nun mal zustande gebracht hat – recht deprimierend.

Schon besser

Wesentlich besser klingt, daß sich in der Praxis gar nicht so viele Seilrisse ereignen, wie man vielleicht vermuten würde. Man muß die Seilrisse förmlich suchen. Geht man den Seilrissen der letzten drei Jahrzehnte nach, muß man feststellen, daß es sehr wenige sind, gemessen an der Anzahl der Stürze, die Jahr für Jahr, insbesondere seit Beginn des Sportkletterns, absolviert werden. Im deutschen Sprachraum ereignete sich bis Anfang der achtziger Jahre jährlich nur ein Seilriß, allerhöchstens zwei. In manchen Jahren auch keiner. In der Regel endete der Seilriß für den Gestürzten tödlich; nur einmal konnte ein deutscher

Bergführeranwärter an den Sellatürmen (Dolomiten) zufällig überleben. Seit Anfang der achtziger Jahre ereignete sich – mit wenigen Ausnahmen (siehe Seite 59, 60) – kein Seilriß mehr. Dies dürfte auf die vermehrte Verwendung von Zwillingsseilen zurückzuführen sein. Denn bei Zwillingsseilen besteht Redundanz, das heißt: reißt ein Seil, ist ein zweites vorhanden, das die Restfallenergie aufnehmen kann. Daß beide Seile bei Sturzbelastung über die gleiche scharfe Kante zu liegen kommen, ist recht unwahrscheinlich. Selbst wenn dies auftreten sollte, hat ein Zwillingsseil eine weit höhere Festigkeit (richtig: Kantenarbeitsvermögen) als ein Einfachseil. Noch ist kein kompletter Seilriß mit Zwillingsseil bekanntgeworden.

Und auch das folgende klingt wesentlich beruhigender: Ein Seil kann heute nicht mehr im Karabiner der Zwischensicherung reißen, ebenso nicht mehr im Anseilknoten und auch nicht mehr im Bereich der Kameradensicherung, gleich welche verwendet wird (HMS, Achter) und wie hoch der Sturz auch immer sein mag. Alle Seilrisse, die der Sicherheitskreis untersucht hat, haben sich aufgrund von Felskanteneinfluß ereignet. Dies läßt sich unterm Mikroskop nachweisen (siehe Kasten).

Einige Seilrisse

Von den bis Anfang der achtziger Jahre bekanntgewordenen Seilrissen sind nachfol-

Zwei Seilrisse durch Felskanteneinfluß ...

...beide mit tödlichen Folgen.

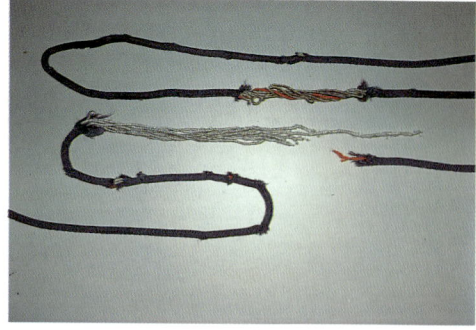

Mikroskopische Seilrißuntersuchung

Die Rißstellen der einzelnen Perlonfäden, die etwa halb so dick sind wie ein menschliches Haar, haben bei Felskanteneinfluß eine ganz andere Form als in dem Fall, wenn das Seil im Karabiner reißt, was auf der Fallprüfanlage durch statische Sicherung, Fallgewicht aus Eisen und hohen Sturzfaktor sowie eine Mehrzahl von Stürzen möglich ist. Bei Felskanteneinfluß brennen sich auch winzige Felspartikel in die Perlonfäden ein, die nur unterm Mikroskop zu erkennen sind. Ein Seilriß durch Felskanteneinfluß sieht aber auch ganz anders aus als eine Schnittstelle, die durch den Einfluß eines Messers verursacht wird. Würde tatsächlich jemand der Idee verfallen, sich von seiner Lebensgefährtin trennen zu wollen, müßte er sich etwas anderes einfallen lassen. Ein Messer kann man ihm leicht nachweisen.

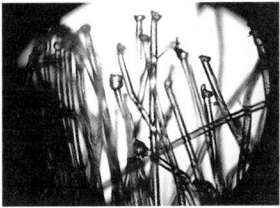  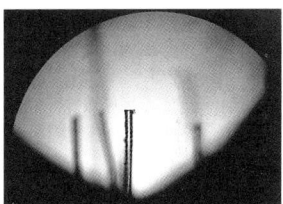

Riß im Karabiner der Fallprüfanlage *Seilriß an einer Felskante* *Mit einem Messer durchtrenntes Seil*

gend einige aufgeführt. In allen Fällen fand der Gestürzte den Tod. Bei den Seilrissen, die näher untersucht werden konnten, ist das Ergebnis in Form der ermittelten Restanzahl an Normstürzen aufgeführt (wieviele Normstürze hielt das Seil noch?), um einen Hinweis auf die Restfestigkeit (richtig: Restkantenarbeitsvermögen) zu geben.

▪ 1963, Petit Dru (Montblanc-Gruppe): Riß eines Seiles beim Abstieg über die Normalroute, nähere Angaben nicht bekannt.

▪ 1967, Blechmauer (Rax): Es wurde Doppelseil verwendet (einzeln eingehängt); dabei kam es zur Verkettung ungünstiger Umstände, so daß sich bei Fangstoßeinwirkung beide Seile gegenseitig beschädigten, was schließlich zum Riß beider Seile führte.[5]

▪ 1969, Unterer Berggeistturm (Oberreintal), »Gelbes U«: Riß eines Einfachseiles bei

Sturzbelastung, nähere Angaben nicht bekannt.

▪ 1974, Fluchthorn (Silvretta), Überschreitung: Riß eines Einfachseiles, nähere Angaben nicht bekannt.

▪ 1977, Seilriß im Gesäuse, keine näheren Angaben über den Unfallhergang bekannt (Seilalter ca. ein Jahr); ein untersuchter Restseilabschnitt erbrachte noch vier Normstürze.

▪ 1978, Grundschartner (Zillertaler Alpen), Nordkante: Riß eines Einfachseiles, nähere Angaben nicht bekannt.

▪ 1979, Geislerspitzen (Dolomiten): Riß eines Einfachseiles (Seilalter maximal acht Monate, zuvor nur während 20 bis 30 Stunden benutzt), nähere Angaben nicht bekannt.

▪ 1979, Westliche Zinne (Dolomiten), »Demuthkante«: »Deutlicher Ruck an der Kameradensicherung«, danach Riß des Einfachseiles (Seilalter nicht bekannt); die drei untersuchten Restseilabschnitte erbrachten noch drei bis vier Normstürze.

▪ 1981, Dritter Sellaturm (Dolomiten), NW-Grat: Sturz des Seilersten etwa zwölf Meter

---

5) Untersuchung und Begutachtung des Unfallseiles durch Dr. Kosmath (Wien), veröffentlicht in der Zeitschrift »Der Bergkamerad«, Heft 12/67.

Bei Sturz: Felskantenbelastung.

oberhalb des Standplatzes, eine Zwischensicherung (hielt), deutlicher Ruck an der Kameradensicherung (HMS), danach Riß des Einfachseiles (Seilalter nicht bekannt); die acht untersuchten Restseilabschnitte erbrachten noch acht und mehr Normstürze (zwei Proben wurden nicht bis zum Bruch belastet).[6]

■ 1981, Laserzwand (Lienzer Dolomiten), SW-Kamin: Sturz etwa 20 Meter oberhalb des Standplatzes, keine Zwischensicherung (da zu brüchig), Sturzhöhe gut 40 Meter, starker Ruck an der Kameradensicherung, das Seil lief dem Sichernden durch die Hände (Verbrennungen), Riß des Einfachseiles etwa drei Meter unterhalb des Standplatzes an einer Felskante (Seilalter zwei Monate, davon nur zehn Stunden zuvor auf zwei kürzeren Eistouren in Gebrauch); die acht untersuchten Restseilabschnitte erbrachten noch vier (eine Probe), fünf und sechs Normstürze.[7]

■ 1982, Hörndlwand (Chiemgauer Alpen), Schmidkunz/Merkl-Riß: Sturz in einen seit Jahren wackeligen Zwischenhaken (Sturzhöhe etwa 18 Meter), starker Ruck an der Kameradensicherung, danach Zwischenhaken ausgebrochen, dadurch Verlängerung der Sturzstrecke und Pendelsturz, abermaliger Ruck an der Kameradensicherung, danach Riß des Einfachseiles (Seilalter ein halbes Jahr); die drei untersuchten Restseilabschnitte erbrachten noch fünf und sechs Normstürze.[8]

Mit der Aussage über die Restfestigkeit (richtig: Restkantenarbeitsvermögen) der gerissenen Seile hat diese Aufstellung einen Sinn. Es läßt sich nachfolgendes Resümee ziehen.

Noch verdammt gut

Die niedrigste ermittelte Restanzahl an Normstürzen der untersuchten Seilabschnitte beträgt zwar nur drei, der Mittelwert immerhin 5,25. Die Normen verlangen eine Mindestanzahl von fünf Normstürzen im Neuzustand. Das heißt also, daß die Unfallseile, obwohl gebraucht und teilweise durch den Unfallsturz belastet, immer noch im Mittel den Normwert überschritten. Da Seile erst ab einer Normsturzanzahl unter zwei als nicht mehr sicher gelten, waren alle untersuchten Unfallseile noch durchaus gebrauchstüchtig, ja »noch verdammt gut«, wie ein Mitarbeiter des Sicherheitskreises erstaunt meinte.

Unzureichende Norm

Die obigen Angaben zeigen, daß die Unfallseile gemäß den Normen noch durchaus als sicher einzustufen waren. Und trotzdem sind sie gerissen. Die Normen – und das ist ihr Manko – sehen nur eine Sturzbelastung über eine Karabinerkante vor, nicht über eine wesentlich schärfere Kante. Der Sicherheitskreis hat schon mehrfach entsprechende Initiativen in den Normengremien unternommen, eine Scharfkantenprüfung für Seile einzuführen (inzwischen auch im Rahmen der europäischen Normung), doch leider ohne Erfolg. Der erbittertste Widerstand kommt von den Herstellern mit Ausnahme des österreichischen Seilherstellers, der besonders kantenfeste Seile herstellt (EDELWEISS-Seile). Würde man eine entsprechend scharfe Kantenprüfung einführen, würde kein einziges Seil einen Normsturz halten (Normsturz = ca. 5 Meter Fallhöhe bei Sturzfaktor etwa 1,75; siehe Seite 68). Auf diese Weise wäre die Seilrißgefahr an scharfen Kanten für jedermann erkennbar. Die jetzige Normprüfung dagegen vertuscht dies. Deshalb hat der Sicherheitskreis Belastungsver-

---

6–8) Untersuchung und Begutachtung der Unfallseile durch den DAV-Sicherheitskreis.

Seildaten

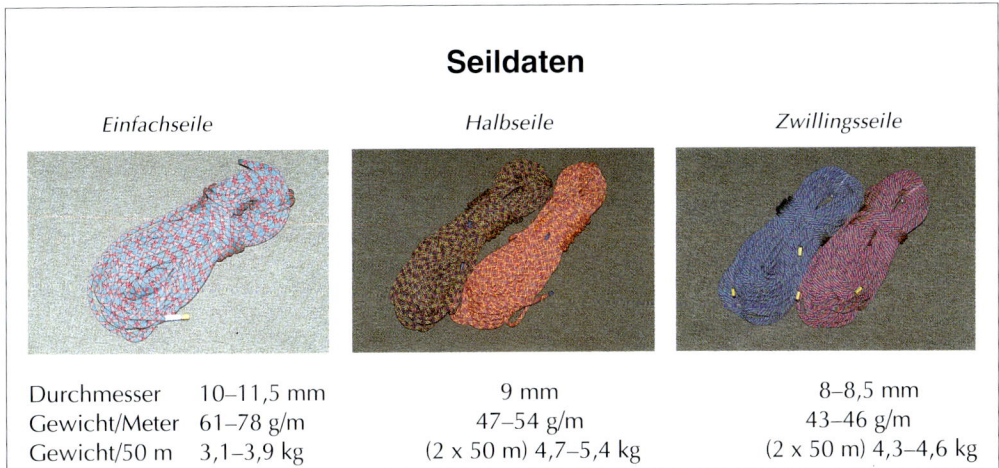

Einfachseile	*Halbseile*	*Zwillingsseile*
Durchmesser 10–11,5 mm	9 mm	8–8,5 mm
Gewicht/Meter 61–78 g/m	47–54 g/m	43–46 g/m
Gewicht/50 m 3,1–3,9 kg	(2 x 50 m) 4,7–5,4 kg	(2 x 50 m) 4,3–4,6 kg

suche über scharfe Kanten unternommen und darüber publiziert.[9] Das ist das Resümee.

Sogar beim Abseilen

Ein bis dahin kaum für möglich gehaltener Seilriß ereignete sich 1983 beim Abseilen. An einem Felsen in der Nähe der Rudolfshütte (Hohe Tauern) wurde das Abseilen geübt. Es wurde ein zwei Jahre altes Einfachseil im Einzelstrang benutzt. Der Abseilende pendelte beim Überschreiten einer Felskante etwa eineinhalb Meter, was zum Abscheren des Seiles an der Felskante führte (an der Kante wurden Seilfasern auf einer Länge von etwa 1,5 Metern gefunden). Der Gestürzte zog sich schwere Verletzungen zu (Schädel-Hirn-Trauma, Beckenbruch) und verstarb drei Tage später an einem frischen Herzinfarkt.[10]

Immer nur ein Kompromiß

Gewicht ist am Berg nicht gefragt. Deshalb stellt die Bergsteigerausrüstung immer nur einen Kompromiß dar zwischen Gewicht einerseits und Sicherheit, insbesondere Festigkeit, andererseits. Um eine sicherheitstechnisch vertretbare Ausgewogenheit zwischen beiden Kriterien zu errei-

chen, wurden Normen für die Ausrüstung geschaffen. Die erste Norm war die für Seile, die auf Prof. Dodero (Frankreich) und Prof. Avcin (Ljubljana) zurückgeht. Aus dieser internationalen UIAA-Norm wurden später nationale Normen (DIN, ÖNORM usw.). Inzwischen arbeitet man an einer Europäischen Norm (EN). In allen Normen ist festgelegt, daß nur Einfachseile im Einzelstrang zu verwenden sind, schwächere Seile (Halbseile, Zwillingsseile) nur im Doppelstrang. Die Verlockung, leichtere und damit schwächere Seile im Einzelstrang zu verwenden, ist groß. Auf Seite 56 war von wenigen Ausnahmen bei den Seilrissen die Rede: Seit Anfang der achtziger Jahre ereigneten sich noch zwei Seilrisse[11], und zwar jeweils mit einem Halbseil (9 mm Durchmesser), verwendet im Einzelstrang(!). In beiden Fällen ist das Seil durch

Halbseil (9 mm) im Einzelstrang verwendet...

---

9) »Tätigkeitsbericht 1974–79«, DAV-Sicherheitskreis, Seite 43–70, und DAV-Mitteilungen, Heft 5/92, Seite 465f.
10) lt. Gutachten Dr. Berghold (Kaprun).
11) Untersuchung und Begutachtung der Unfallseile durch den DAV-Sicherheitskreis.

Felskanteneinfluß abgeschert worden. Im einen Fall (1986, Rimpfischhorn, Wallis) war es nur eine Belastung im Nachstieg (!), ein Pendelsturz allerdings. Der Gestürzte konnte mit schwersten Verletzungen überleben. Im anderen Fall (1992, Zinalrothorn, Wallis) ein Sturz im Vorstieg; der Gestürzte fand den Tod. Mit Einfachseil hätte es in beiden Fällen, wie die Untersuchung der Rißstellen zeigte, nicht unbedingt zum Seilriß kommen müssen.

Verwechslungsgefahr

Die Verwechslung von Halb- und Einfachseil führte 1973 zu einem tödlichen Seilriß, und zwar am Schreckhorn (Berner Oberland). Damals besaßen die Seile noch keine diesbezügliche Banderolen-Kennzeichnung. Man konnte Halb- und Einfachseil nur durch Ansehen, Befühlen und durch das Etikett unterscheiden, das nach dem Kauf normalerweise sofort im Müllkübel landet. Da gebrauchte Seile durch den mit der Zeit entstehenden Seilpelz immer etwas stärker aussehen, war eine Verwechslung praktisch vorprogrammiert. Der Unfall am Schreckhorn war der Anlaß, auf Antrag des Sicherheitskreises (Vorschlag Dieter Hasse) die Banderolen-Kennzeichnung an den Seilenden einzuführen, und zwar »1/2« für Halbseil und »1« für Einfachseil; später kam dann noch die Kennzeichnung für Zwillingsseile hinzu.

Im April 1972 kam es zu einem ähnlichen Unfall wie dem am Schreckhorn. Ein Bergführer wollte fünf Touristen auf den Mönch (Berner Oberland) führen. Beim Abstieg verlor einer der Geführten das Gleichgewicht und drohte alle anderen mitzureißen. Geistesgegenwärtig sprang der Bergführer auf die andere Seite des Firngrates,

um so den Sturz halten zu können. Dabei riß das Seil. Die fünf Geführten stürzten über die Südflanke 300 Meter hinab bis in flacheres Gelände. Zwei Geführte (ein Ehepaar) konnten, wenn auch schwer verletzt, überleben, ebenso der Bergführer; die drei anderen Geführten fanden den Tod. Die Untersuchung erbrachte, daß das Seil kein Seil war, sondern eine Acht(!)-Millimeter-Reepschnur, die im Einzelstrang verwendet wurde.[12]

Wie stark altern Seile?

Die technischen Angaben über die Restfestigkeit (richtig: Restkantenarbeitsvermögen) von Unfallseilen sind oft unvollständig oder sie lassen sich nicht mehr beschaffen bzw. nicht mehr nachvollziehen. Aufgrund dieses Mankos und weil die Seilrisse – zum Glück – doch recht selten sind und damit der Stichprobenumfang für halbwegs gültige Aussagen zu klein ist, hat der Sicherheitskreis eine sehr kostenaufwendige Seilalterungsuntersuchung[13] mit Be-

Seilaussonderung: Nur noch eine Frage des Sicherheitsempfindens und des Geldbeutels. Der unterste Strick sollte in jedem Fall beiseite gelegt werden.

Seilkennzeichnung nach Norm.

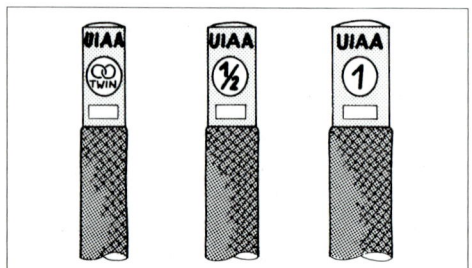

Seilalterungsuntersuchung

Es wurden 25 gebrauchte Zwillingsseile untersucht; mit einigen war geklettert und abgeseilt worden, mit anderen nur geklettert und mit anderen wieder nur abgeseilt worden. Ergebnis: Nach etwa 5000 Gebrauchsmetern (= Klettermeter plus Abseilmeter) ist die Kantenfestigkeit (richtig: Kantenarbeitsvermögen) auf die Hälfte (50 %) abgesunken. Und 5000 Gebrauchsmeter sind beispielsweise gerade achtmal die Fleischbank-Ostwand (Dülferführe, Wilder Kaiser) und achtmal abseilen über die drei Abseilstellen des Herrweges. Nach 10.000 Gebrauchsmetern ist die Kantenfestigkeit bereits auf ein Drittel(!) des Neuwertes geschrumpft.

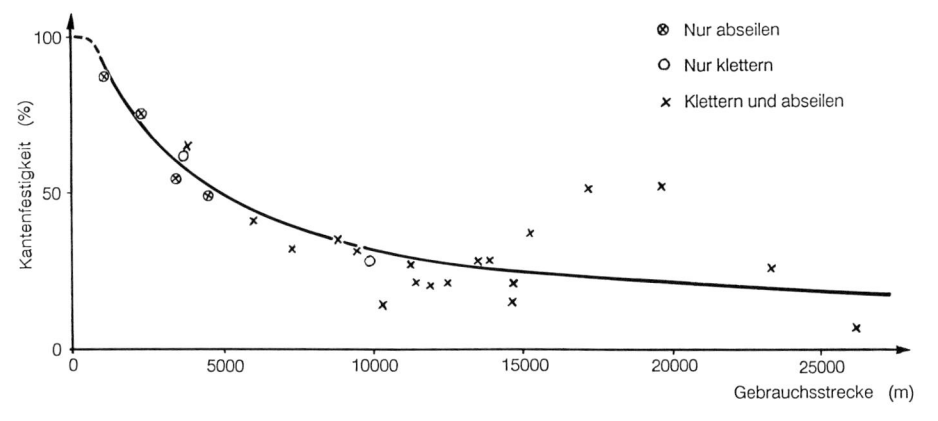

lastung über unterschiedlich scharfe Kanten (Radius 1 bis 5 mm, je 1 mm steigend) durchgeführt. Das Ergebnis ist zunächst wieder erschreckend (siehe Kasten).

Entsetzlich

Man muß die auffallend hohe Abnahme der Kantenfestigkeit (Kasten) noch unter der Prämisse betrachten, daß nicht einmal ein nagelneues Seil einen Sturz über eine scharfe Felskante hält. Der Gedanke daran ist entsetzlich.

Doch diese Aussage muß – siehe Seite 56 – relativiert werden: Seilrisse ereignen sich relativ selten, bis Anfang der achtziger Jahre im deutschen Sprachraum jährlich nur ein Seilriß, maximal zwei, seitdem keine mehr. Diese

12) Alpinismus, Heft 7/72.
13) DAV-Mitteilungen, Heft 1/92, Seite 73f;
Heft 2/92, Seite 225f, und Heft 3/92, Seite 313f.

Relativierung ist notwendig. Andernfalls könnte man als Kletterer nicht mehr ruhig schlafen. Die Sportkletterer geht das alles praktisch nichts an. Beim Sportklettern ist der Fels in der Regel derart überhängend und grifflos, daß kaum Felskanten auftreten, über die ein Seil belastet werden könnte. Meist führt das Seil am senkrechten oder überhängenden Fels von Karabiner zu Karabiner »durch die Luft«. Die Luft hat bekanntlich keine scharfen Kanten und im Karabiner kann ein Seil sowieso nicht reißen (siehe Seite 56). Vorsicht jedoch vor scharfkantigem Fels im weniger schwierigen Gelände des Ausstiegsbereichs!

Nur eine Hausnummer

Für die Kletterer, deren Seil bei Sturz über Felskanten belastet werden kann, bleibt die Frage offen, wann sie ihren Strick aussondern sollen. Dies läßt sich heute nicht mehr konkret beantworten, es sei denn so: nach jeder

Bergtour oder – im Klettergarten – nach spätestens jedem Wochenende! Auf diese Weise hätte man optimale Überlebenschancen – aber nur optimale, nicht einmal 100prozentige. Denn auch das neueste Seil kann bei Sturzbelastung über eine etwas schärfere Felskante reißen. Siehe oben.

Eine solche Empfehlung dürfte den Seilherstellern recht gut in den Kram passen. Doch dergleichen könnte sich wohl nicht einmal ein Krösus leisten. Bleibt die Frage nach einer realistischen Zeitspanne offen, nach deren Ablauf man ein Seil aussondern sollte. Und diese Frage kann man guten Gewissens heute nicht mehr beantworten. Die empfehlenswerte Gebrauchszeit hängt nur noch vom persönlichen Sicherheitsempfinden und vom Umfang der Geldbörse ab. Was traue ich dem Strick noch zu und was kann ich investieren? Mit diesen beiden Kriterien muß man die Entscheidung treffen. Jede andere Angabe ist nur eine »Hausnummer«, genau wie die, die sich häufig in der Literatur findet: nach Belastung mit Sturzfaktor 1.

Damit dürfte die Entscheidung zur Seilaussonderung niemandem leichter fallen. Die Trägheit, wenn es ums liebe Geld geht, wird manchen Kletterer dazu verleiten, die Seile eher länger zu verwenden als bisher. Hat der Betreffende Glück und kommt es zu keiner Scharfkantenbelastung, wird er überleben. Hat

er Pech, kann das Seil an der nächsten scharfen Felskante reißen.

Die Bundeswehr verwendet für die Aussonderung ihrer Seile, die bei den Gebirgstruppen in Gebrauch sind, auch eine »Hausnummer«. Einfach deshalb, weil schließlich irgendeine Zeitspanne für das Aussondern festgelegt sein muß. Denn ohne klare Dienstanweisung geht beim Militär überhaupt nichts. Also Aussonderung der Seile nach 200 Gebrauchsstunden, ob im Fels oder Eis benutzt, bleibt gleich. Dies kann so richtig sein, wie es falsch sein kann. Auch ein Seil der Bundeswehr kann schon bei der ersten Klettertour über eine Felskante belastet werden und reißen; der Seilriß an der Laserzwand (siehe S. 58) ereignete sich mit einem praktisch neuen Seil der Bundeswehr, der Abgestürzte war ein Bundeswehrangehöriger. Andererseits kann ein Seil, das – sagen wir – die zweifache von der Bundeswehr zugelassene Gebrauchsdauer, also 400 Stunden, in Verwendung war, noch jeden Sturz halten, sofern es nicht einer Belastung über eine Felskante ausgesetzt wird. Dies zeigt die Problematik der Seilaussonderung. Jede Angabe ist in der Tat nur eine »Hausnummer«.

Auch das Abseilen

Nicht nur das Klettern und das Stürzen schädigen ein Seil. Auch das Abseilen tut einem Seil nicht gut. Schließlich ist das Abseilen nichts

Aushängen des heißen Abseilachters, ohne ihn berühren zu müssen.

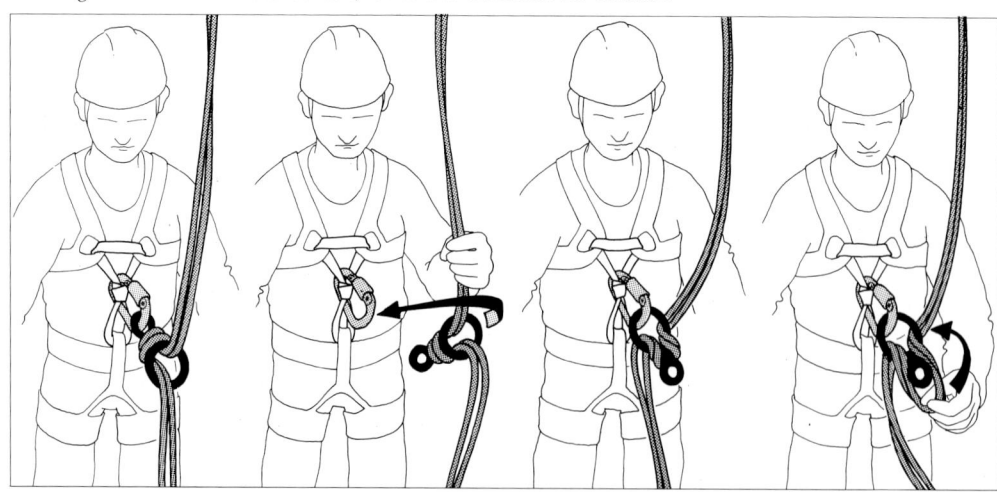

anderes als ein von Anfang an gebremster Sturz ins Doppelseil ohne freie Fallhöhe, also mit Sturzfaktor Null. Und das schädigt ein Seil, insbesondere bei schnellem Abseilen. Der Abseilachter kann so heiß werden, daß man ihn nicht mehr in Händen halten kann. Und Perlon, aus dem die Seile bestehen, ist nun einmal wärmeempfindlich. Kommt hinzu, daß man den heißen Achter am Seilende häufig nicht sofort aus dem Seil nehmen kann, sei es, daß man zunächst eine Selbstsicherung schaffen muß, sei es, daß der Achter so heiß ist, daß man sich die Finger daran verbrennt.

Eine Untersuchung[14] des Sicherheitskreises brachte das Ausmaß der Seilschädigung an den Tag. Man kann die Seilschädigung durch langsames Abseilen und schnelles Seilaushängen reduzieren. Eine Methode, bei der man den heißen Achter nicht mehr anzufassen braucht, zeigt die Zeichnung links.

Und Toprope-Stürze?

Die Seilalterung beim Toprope-Klettern ist ganz anders zu bewerten. Zunächst einmal treten beim Topropen nur derart geringe Belastungskräfte auf, daß ein Seilriß nicht vorstellbar ist. Nicht einmal ein Seil könnte reißen, dessen Mantel schon zur Gänze durchgerissen wäre. Es würde noch immer jeden Toprope-Sturz halten.

Doch das Topropen strapaziert ein Seil wesentlich stärker als jedes andere Klettern und Sichern. Nach Erkenntnissen des deutschen Bergseilherstellers EDELRID ist die Alterung durch Toprope-Gebrauch bis zu zehnmal(!) so stark wie beim normalen Klettern im Vor- und Nachstieg. Dies ist erschreckend. Es ist aber auch erklärlich. Über jeden mit Toprope gekletterten Meter wird anschließend am einfachen(!) Seilstrang abgelassen, das heißt abgeseilt. Abseilen schädigt ein Seil (siehe oben), das Abseilen an einem einzelnen Seilstrang (wie beim Topropen) schädigt ein Seil mindestens doppelt so stark wie das normale Abseilen (an zwei Seilsträngen). Kommt hinzu, daß beim Ablassen jeder gekletterte Seilmeter und damit jeder Ablaß-

Topropen schadet den Seilen am meisten.

meter im Umlenkkarabiner unter der Belastung in der Größenordnung des Körpergewichtes abgewinkelt und wieder geradegerichtet wird. Das heißt, das Seil wird unter dieser Belastung gewalkt. Kommt weiter hinzu, daß das Seil vielfach im Bereich des Umlenkpunktes zusätzliche Seilreibung erfährt. All dies schädigt ein Seil enorm (siehe auch Seite 121).

Deswegen kann ein solches Seil zwar beim Topropen nie reißen – aber derart geschädigte Seile halten natürlich bei Sturzbelastung über eine Felskante viel weniger als Seile, die nicht derart vorgeschädigt sind. Das heißt im Klartext:

Seile, die vielfach zum Toprope-Klettern verwendet wurden, dürfen nicht mehr für den freien Vorstieg mit Gefahr einer Scharfkantenbelastung verwendet werden. Zum Topropen dagegen kann man sie benutzen, bis der Mantel reißt. Dann muß man auch sie aussondern, weil sie sich nicht mehr handhaben lassen.

14) DAV-Mitteilungen, Heft 4/91, Seite 293f.

Und Sportkletterstürze?

Auch sie schädigen ein Seil. Doch die Schädigung ist auffallend gering. Die Schädigung durch einen einzelnen Sturz wäre gar nicht meßbar, sie ginge in der Meßtoleranz unter. Der Sicherheitskreis hat einen Sportklettersturz kreiert (Sturzfaktor 0,35–0,45) und ein Seil, das gerade die Mindestanforderungen mit fünf Normstürzen erfüllt, immer und immer wieder mit einem 80 Kilogramm schweren Fallgewicht belastet. Nach zwei(!) Tagen Arbeit am Fallprüfstand wurden die Mitarbeiter ungeduldig, denn es hatte den Anschein, »daß der Strick überhaupt nicht kaputtzukriegen sei«.

Dann endlich riß das Seil doch noch, nach 220(!) Stürzen. Und dabei war das Seil an der Umlenkstelle (im Karabiner) schon nach 80 Stürzen beinahe steif wie ein Stock, plattgedrückt, vom Abrieb des Aluminiums gedunkelt und der Mantel ausgefranst. Jeder, der dieses Seil nach diesen 80 Sturzbelastungen in die Finger bekommen hätte, der hätte den Strick sicher entsetzt beiseite gelegt. Und trotzdem hätte das Seil noch weitere 140 Stürze dieser Art ausgehalten. Dabei muß noch hervorgehoben werden, daß die von uns gewählte Prüfanordnung, obwohl bei weitem kein Normsturz, immer noch wesentlich härter ist als die Praxis. Statt eines Kletterers – wir fanden

niemanden, der uns so oft ins Seil gesprungen wäre – verwendeten wir ein Fallgewicht aus Eisen. Wir verwendeten keine dynamische Sicherung und schon gar keine am Körper, sondern wir befestigten das Seil mittels Knoten am Fixpunkt, um reproduzierbare Versuchsbedingungen zu haben. Dies alles belastet ein Seil wesentlich stärker als ein Sturz in der Praxis. Hätten wir das Seil praxisgerecht belastet – es hätte sicher die doppelte Anzahl an Stürzen ausgehalten.

Ein durch 80 solche Sportkletterstürze vorgeschädigtes Seil wird bei Belastung über eine Felskante natürlich viel eher reißen als ein Seil, das zuvor nicht derart vielen Sturzbelastungen ausgesetzt worden ist. Das heißt im Klartext:

> Durch viele Stürze vorgeschädigte Seile dürfen nicht mehr für alpines Klettern mit der Gefahr einer Scharfkantenbelastung verwendet werden.

Man muß heute zwischen einzelnen Kletter- bzw. Sicherungssituationen differenzieren. Mit einem Strick kommt man heute nicht mehr aus. Der aktive Kletterer braucht mehrere Seile für unterschiedliche Anwendungszwecke:

■ ein Einfachseil bis zum III. Grad, möglichst ein Multisturzseil (≥ 9 Normstürze), Durchmes-

Es ist ein großer Unterschied zwischen Fallprüfung und einem Sturz in der Praxis.

Fallprüfung Sportklettersturz:
F_A *(Anfang) = 3 m*
F_E *(Ende) = 4 m*
Sturzfaktor 0,35–0,45

Mitte: 80 Sportkletterstürze an derselben Stelle (oben und unten das gleiche Seil im Neuzustand).

ser 11 mm (wegen höherer Kantenfestigkeit).

■ ein Einfachseil zum Sportklettern, am besten ein Normsturzseil (5–8 Normstürze), Durchmesser 10 mm (wegen des geringeren Gewichtes).

■ ein Zwillingsseil ab dem IV. Grad, insbesondere für alpines Gelände (wegen der höheren Kantenfestigkeit und eines eventuell notwendigen Rückzugs: Abseilen über die volle Seillänge!), Durchmesser 2 x 9 mm (Halbseile) oder 2 x 8 mm (Zwillingsseile).

■ zwei Halbseile für die Dreierseilschaft (zwei Nachsteiger an getrennten Seilen), Durchmesser 2 x 9 mm (falls nicht schon als Zwillingsseil vorhanden).

■ ein Halbseil für Gletschertouren, Durchmesser 9 mm (kein Zwillingsseilstrang), Länge mind. 50 m, im Fels und an Graten (wegen Scharfkantenbelastung) doppelt verwenden.

■ ein Einfachseil zum Toprope-Klettern, das, wenn mehrfach dazu benutzt, zu keiner anderen Kletterei mehr verwendet werden sollte (Vorschädigung, Rißgefahr bei Kantenbelastung).

Alle Durchmesserangaben sind ca.-Angaben.

Trotzdem Vorsicht

Mancher Hinweis hier könnte dazu verleiten, mit seinen Seilen weniger sorgsam umzugehen. Dies ist nicht gewollt. Gewollt ist vielmehr, das Wissen um die Ursache von Seilrissen zu verbreiten, um so die Kletterer anzuhalten, einer Scharfkantenbelastung vorzubeugen. Dies im Urgestein mit seinen Kanten, die wie Sägemesser wirken. Aber auch im scharfkantigen Kalk wie im Velebit beispielsweise. Die Felskanten müssen nicht einmal besonders scharf sein. Eine 90-Grad-Kante ähnlich einer nicht abgerundeten Tischkante reicht. Bei einem etwas größeren Sturz kommt es zum Seilriß.

Seilführung bei möglicher Scharfkantenbelastung

Läßt sich die Seilführung nicht so legen, daß eine Scharfkantenbelastung ausgeschlossen werden kann, dann sollte über der Felskante eine stabile Zwischensicherung angebracht werden.

Sollte die Zwischensicherung dem Sturz nicht standhalten können und ausbrechen, ist zumindest ein Teil der Fallenergie absorbiert, so daß das Seil durch die Restfallenergie an der Felskante nicht mehr so stark belastet werden muß.

Ein Kriminalpuzzle

Wie bereits ausführlich dargelegt, können heutige Seile nur noch reißen, wenn sie bei Sturz über eine mehr oder weniger scharfe Felskante belastet werden. Das Seil wird abgeschert. Heutige Seile können weder im Anseilknoten reißen, noch im Karabiner der Zwischensicherung, noch im Bereich der Kameradensicherung und schon gar nicht auf der freien Seilstrecke. Gleich wie hoch der Sturz auch immer sein mag. Dies ist seit wenigstens zweieinhalb Jahrzehnten Stand der Technik.

Ein mysteriöser Seilriß

Im Herbst 1988 ging beim Sicherheitskreis ein Anruf von der Gendarmerie in Kufstein ein: »Im Botzong-Kamin am Predigtstuhl im Wilden Kaiser ist ein Seil beim Abseilen gerissen; der Abgestürzte ist schwer verletzt und noch nicht vernehmungsfähig. An der Rißstelle sind die

Seilriß beim Abseilen?

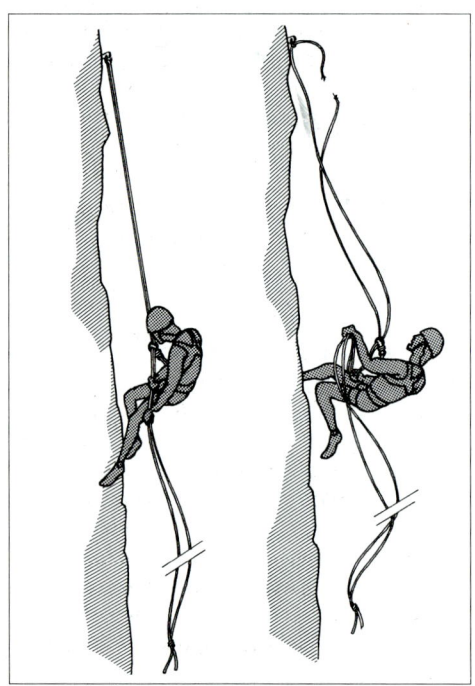

Ein ungewöhnlicher Seilriß

Fasern verklebt, wie unter Druck zusammengeschmolzen – vielleicht Steinschlag.« Der Gendarmeriebeamte wollte wissen, was wir im Sicherheitskreis dazu sagen, und ob wir das Seil untersuchen könnten.

Ein Seil kann vom Sicherheitskreis immer untersucht werden. Doch einen Seilriß beim Abseilen (an zwei Seilsträngen) konnte ich mir bei bestem Willen nicht vorstellen. Beim Abseilen tritt schließlich nur eine Belastung in der Größenordnung des zwei- bis dreifachen Körpergewichtes auf, je nachdem wie ruckartig abgeseilt wird. Nehmen wir den ungünstigsten Fall, das dreifache Körpergewicht, dann sind das etwa 2,5 kN (ca. 250 kp). Da an zwei Seilsträngen abgeseilt wird, tritt in jedem Seilstrang nur die Hälfte der Belastung auf, also nur etwa 1,25 kN (ca. 125 kp). Ein Seil reißt aber nicht einmal bei der zehnfachen Belastung. Deshalb war meine Antwort: »Ein Seilriß beim Abseilen – das gibt es nicht.«

Und es gab den Seilriß doch. Wenige Tage später hatte ich das gerissene Seil in den Händen. Es war ein Einfachseil, etwa elf Millimeter Durchmesser und nicht zu häufig benutzt. Nach äußerem Ansehen zwar gebraucht, doch noch durchaus fürs Klettern brauchbar, wenn auch das Design darauf schließen ließ, daß das Seil wenigstens zehn Jahre alt sein mußte.

Nach einigen Recherchen war der Hersteller herausgefunden. Es handelte sich um ein österreichisches Markenfabrikat. Ich teilte dem

Entwicklungsingenieur den Sachverhalt telefonisch mit: »Im Botzong-Kamin am Predigtstuhl im Wilden Kaiser ist ein Seil Ihrer Fabrikation

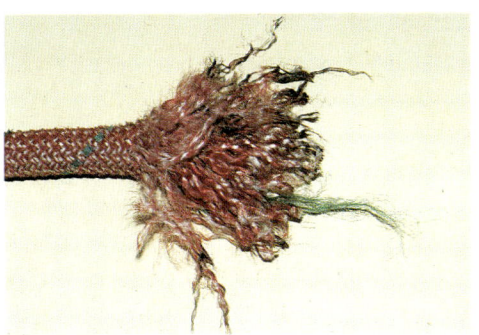

Schmelzverbrennung, Steinschlag...

beim Abseilen gerissen.« Antwort: »Das gibt es nicht.« Ich mußte ihn aufklären, daß es den Seilriß doch gibt. Schließlich hatte ich das gerissene Seil in den Händen. Zu zweit standen wir vor einem Rätsel. Der Hersteller identifizierte wenige Tage später das Seil als ein Einfachseil seiner Fabrikation, 14 Jahre alt. Technische Daten im Neuzustand:

■ drei bis vier ausgehaltene Normstürze (die Norm verlangte zur Zeit der Herstellung nur zwei ausgehaltene Stürze)

■ statische Zugfestigkeit 20,7 kN (ca. 2070 kp).

Auch wenn das Arbeitsvermögen (in erster Näherung die Anzahl ausgehaltener Normstürze) und die statische Zugfestigkeit des Seiles in den 14 Jahren seit der Herstellung durch Lagerung und Gebrauch nachgelassen haben mußten, hätte das Seil doch wenigstens noch einen Normsturz aushalten und eine statische Zugfestigkeit aufweisen müssen, die weit über der Abseilbelastung liegen mußte.

Steinschlagbeschädigung schied nach der mikroskopischen Untersuchung der Rißstelle aus. Es zeigte sich, daß die vom Gendarmeriebeamten vermutete Schmelzverbrennung an der Rißstelle nichts anderes war als Perlonfasern, die durch getrocknetes Blut zusammengeklebt waren. Spuren einer Schmelzverbrennung, wie sie durch Steinschlag aufgrund des hohen örtlichen Drucks auftreten, konnten nicht gefunden werden.

Unter dem Mikroskop kam aber noch mehr

heraus. Die Rißstellen der einzelnen Perlonfasern sahen aus, als hätten sie keine wesentliche Energie aufgenommen, so als wäre das Seil wie

...oder was?

Papier gerissen. Sofort tauchte das Gespenst eines Verbrechens auf. War das Seil durchgeschnitten worden? Doch dieser Verdacht konnte schnell entkräftet werden:

■ Erstens waren bei der makroskopischen Untersuchung der Rißstelle keinerlei Anzeichen für das Einwirken einer scharfen Klinge zu entdecken,

■ zweitens riß das Seil laut Unfallbericht nicht beim Abseilen des Seilersten, sondern als der Seilzweite abseilte, während sein Seilpartner schon unten, am nächsten Abseilhaken, auf ihn wartete, und

■ drittens befand sich die Rißstelle nicht im Bereich des Abseilhakens, sondern mindestens vier Meter davon entfernt.

Zunächst schien alles rätselhaft. Wollten wir weiterkommen, mußten wir das Seil auf seine Festigkeit untersuchen.

Eine fast unendliche Geschichte

Ich fragte bei der Technischen Universität in Stuttgart an, ob man Teile des Unfallseiles den Belastungsversuchen unterziehen könnte. Ich teilte dem Prüfingenieur in Stuttgart telefonisch mit: »Im Botzong-Kamin am Predigtstuhl im Wilden Kaiser ist ein Seil beim Abseilen gerissen.« Prompt kam die Antwort: »Das gibt es nicht.« Langsam kam ich mir vor wie jemand, der die grünen Männchen vom Mars vor sich hat, aber nicht an ihre Existenz glauben kann, weil es die grünen Männchen ja schließlich nicht gibt.

Fallprüfung nach Norm

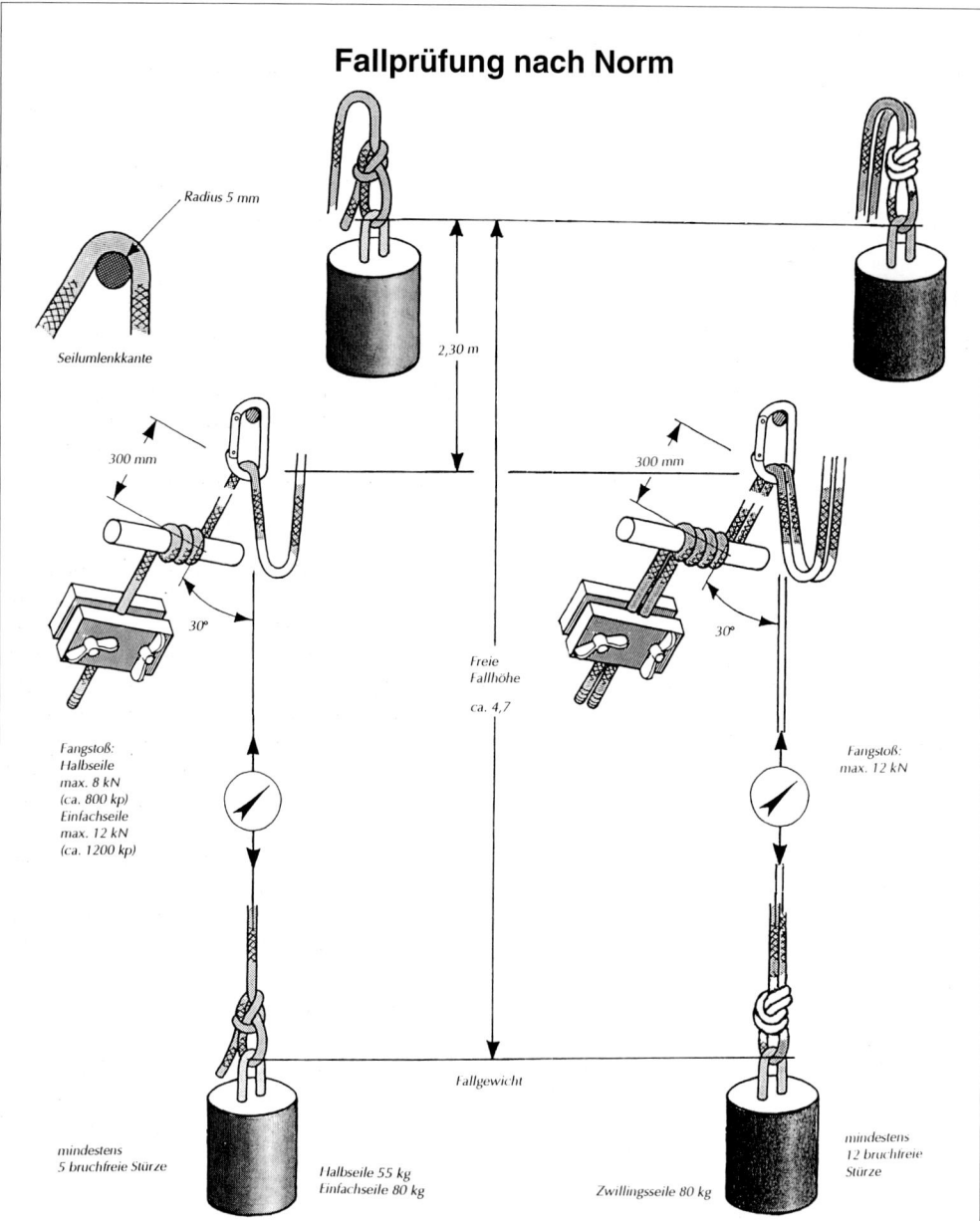

Radius 5 mm

Seilumlenkkante

2,30 m

300 mm

300 mm

30°

30°

Freie
Fallhöhe

ca. 4,7

Fangstoß:
Halbseile
max. 8 kN
(ca. 800 kp)
Einfachseile
max. 12 kN
(ca. 1200 kp)

Fangstoß:
max. 12 kN

Fallgewicht

mindestens
5 bruchfreie Stürze

Halbseile 55 kg
Einfachseile 80 kg

Zwillingsseile 80 kg

mindestens
12 bruchfreie
Stürze

In Deutschland gibt es nur eine einzige amtlich zugelassene Prüfstelle für Bergsteigerseile: die Technische Universität Stuttgart. Daß es keine weiteren Prüfstellen gibt, liegt nur daran, daß eine solche Fallprüfanlage etwa eine halbe Million Mark kostet und sich das nicht jedes Prüfinstitut leisten kann. Auch werden gar nicht so viele Bergsteigerseile produziert, daß mehrere Prüfanstalten davon leben könnten. Auf der ganzen Welt gibt es nur fünf zugelassene Prüfinstitute, und zwar neben dem in Stuttgart je noch eines in Wien, Glasgow, Toulouse und Padua.

Doch es sollte noch verrückter kommen. Ich schickte einige Stücke des Unfallseiles zur Belastungsprüfung nach Stuttgart. Mit einer Probe wurde ein Fallversuch unternommen. Ergebnis: ein Sturz gehalten, allerdings mit einem deutlichen Anriß. Fangstoß 8,5 kN (ca. 850 kp). Wieder standen wir vor einem Rätsel. Wenn ein Seil noch einen Normsturz aushält, dann kann es beim Abseilen nie und nimmer reißen. Die Verwirrung war komplett.

Weitere Seilproben wurden auf der Zugprüfmaschine statisch bis zum Bruch belastet. Ergebnis: Bruchkraft 0,8 kN (ca. 80 kp), bei der zweiten Probe 1,0 kN (ca. 100 kp) und bei einer dritten 1,5 kN (ca. 150 kp). Das war nun ebenso unverständlich und paßte vor allem nicht mit dem einen gehaltenen Normsturz zusammen: Wenn einerseits ein Teil des Unfallseiles bei einer Belastung von 0,8 bis 1,5 kN (ca. 80–150 kp) reißt und andererseits noch einen Sturz mit Fangstoß von 8,5 kN (ca. 850 kp) aushält, dann stimmt etwas nicht. Die Untersuchungsergebnisse widersprachen sich vollkommen – allerdings nur unter der Voraussetzung, daß das Seil durchgehend gleichmäßige Festigkeit aufweist, wie dies bei allen Seilen sein sollte, von den Normen (DIN, ÖNORM, UIAA und EN) auch gefordert wird und wie das in der Regel auch ist. Also mußte es hier eine Abweichung von der Norm, eine Ausnahme der Regel geben. Das Seil konnte nur noch »nicht durchgehend gleichmäßig fest sein«. Die untersuchten Seilstücke mußten voneinander abweichen. Dieser Umkehrschluß führte uns weiter. Und die geringen Bruchkraftwerte beim statischen Zugversuch deuteten auf den Grund des Seilrisses im Botzong-Kamin hin. Denn bei einer Belastung dieser Größenordnung hatte sich ja der Seilriß beim Abseilen ereignet.

Wir sahen uns daraufhin noch einmal das auf der Fallprüfanlage belastete Seilstück genauer an, das den einen Sturz, wenn auch mit Anriß, ausgehalten hatte. Die Beinahe-Rißstelle befand sich eigenartigerweise innerhalb der freien Seilstrecke, also dort, wo ein Seil gleichmäßiger Festigkeit überhaupt nicht reißen kann. Immer noch standen wir vor einem Rätsel. Die Verwirrung war nicht im geringsten weniger geworden. Ein Seil kann auf der Fallprüfanlage nur an der Umlenkstelle, die einem Zwischensicherungskarabiner entspricht, reißen. Denn an der Umlenkstelle kommen zur reinen Zugbelastung noch Biege-, Druck- und Scherbelastung hinzu, die in ihrer Summe bei mehrfacher Sturzbelastung zum Seilriß an dieser Stelle führen. Diese Überlagerung mehrerer Belastungsarten ist in der freien Seilstrecke nicht möglich. Hier wird das Seil praktisch nur auf Zug belastet und kann deshalb nicht reißen. Und genau dort aber ist es teilweise gerissen.

Blieb also nur noch eine Vermutung: Das Seil mußte an der Beinahe-Rißstelle irgendeine von außen nicht erkennbare Unregelmäßigkeit aufgewiesen haben. Aber welche?

Das Landeskriminalamt

Es blieb nun nichts anderes mehr übrig, als die Seilrißstellen, einschließlich der Unfallrißstelle, auf irgendwelche chemischen Rückstände, die das Perlon geschädigt haben könnten, untersuchen zu lassen. Denn rein äußerlich war an den Rißstellen nichts zu erkennen, was auf irgendeine Schädigung hingedeutet hätte. Dankenswerterweise bot sich das Bayerische Landeskriminalamt an, die Untersuchung zu übernehmen, da auch dieses Interesse an der Aufklärung des Seilrisses hatte. Und im Landeskriminalamt kam man dann auch der Unregelmäßigkeit des Seiles auf die Spur. Alle Rißstellen, die bei der Prüfung an der Universität in Stuttgart erzeugt wurden und die Unfallrißstelle selbst, wiesen deutliche Spuren von Schwefelsäure auf. Wir fanden weitere Stellen am Seil, die

...nur stellenweise geringfügig dunkel verfärbt.

...saugefährlich!

Schwefelsäurespuren aufwiesen. Diese Stellen waren nur geringfügig dunkel verfärbt. Anfangs hatten wir sie für normale Verschmutzung gehalten. Ergebnis der Untersuchung: Das Seil war im Kofferraum, in der Garage oder wo auch immer stellenweise mit Schwefelsäure, aller Wahrscheinlichkeit nach in Form von Batterieflüssigkeit, in Berührung gekommen, die Unfall-Rißstelle und die Rißstellen der statischen Zugversuche mehr, die auf der Fallprüfanlage erzeugte Beinahe-Rißstelle etwas weniger. Schwefelsäure schädigt die Festigkeit von Perlon, ohne daß dies äußerlich erkennbar sein muß, abgesehen von einer mehr oder weniger starken, von der Säurekonzentration abhängigen Verfärbung. Das Seil wies neben der Unfall-Rißstelle weitere »Soll-Rißstellen« auf, nämlich weitere leicht dunkel verfärbte Stellen, die mit der Batterieflüssigkeit in Berührung geraten sein mußten. Das Seil war mehr oder weniger »perforiert«, ohne daß man es ihm angesehen hätte.

Das Landeskriminalamt konnte auch die Konzentration der Schwefelsäure nachweisen: etwa 25 %. Man unternahm ferner einen Versuch mit stärkerer Konzentration, tauchte ein Stück des Seiles in 35prozentige Schwefelsäure – und vom Seil war nichts mehr da. Es hatte sich völlig aufgelöst. Hier darf nicht vergessen werden, daß ungebrauchte Batterieflüssigkeit aus 35 % Schwefelsäure besteht, die beim Entladungsprozeß in eine Konzentration von 25% und darunter übergeht.

Offensichtlich war der Besitzer mit seinem Seil nicht sorgsam genug umgegangen. In den Gebrauchsanleitungen der Seilhersteller wie auch in der Fachliteratur wird davor gewarnt, Seile mit Chemikalien und deren Dämpfen in Berührung zu bringen. Wie sich ein halbes Jahr später herausstellte, war der Seileigentümer bereits der dritte(!) Besitzer des Seiles.

Was ist mit Benzin?

Die Geschichte vom Seilriß im Botzong-Kamin machte schnell die Runde. Sofort erhielten wir Anfragen: »Und wie sieht es mit Benzin aus? Viele Kletterer haben die Seile längere Zeit über im Kofferraum ihres Autos.« Da wurde mir klar, daß ich dies ja auch so mache, und zwar fast das ganze Jahr über. Also untersuchten wir schnellstens den Einfluß von Benzin. Wir tränkten Seile in Viertakt-Benzin (Autobenzin) und belasteten sie auf der Fallprüfanlage. Ergebnis: keine Abnahme der Anzahl ausgehaltener Normstürze. Wir fragten bei verschiedenen Seilherstellern an. Antwort: »Auch wenn durch eine Untersuchung nachgewiesen wird, daß Benzin den Perlonseilen nicht schadet, so muß der Einfluß von Benzin trotzdem grundsätzlich vermieden werden, denn die Oberflächenbehandlung der Fasern, z.B. die Imprägnierung, kann beeinträchtigt werden. Dies muß zwar das Arbeitsvermögen (in erster Näherung die Anzahl ausgehaltener Normstürze) eines Seiles nicht in jedem Fall beeinflussen, auf alle Fälle aber den Gebrauchswert des Seiles mindern.« Es ist natürlich richtig, wenn die Hersteller vor dem Einfluß von Benzin warnen.

...ungefährlich!

Seile nicht mit Chemikalien und deren Dämpfen in Berührung bringen, insbesondere nicht mit Säuren, auch nicht mit stark verdünnten. Sollte jedoch einmal ein Seil einige Spritzer Benzin abbekommen, muß es deshalb noch nicht gleich ausgesondert werden.

Seilmittenmarkierung?

Damit sind wir bei einer Frage, die in ähnlichem Zusammenhang mit Chemikalien steht und die uns im Sicherheitskreis immer wieder gestellt wird: »Kann man die Seilmitte mit einem Farbstift markieren?« Wir haben dies bisher noch nicht untersucht – und wir wollen es auch nicht untersuchen. Warum nicht? Nehmen wir an, wir fänden heraus, daß die Markierung mit dem XY-Farbstift nicht schadet und wir würden dies publizieren, dann würden die Kletterer ihre Seile damit markieren. Wir könnten aber nicht garantieren, daß die chemische Zusammensetzung des XY-Farbstiftes für alle Zeiten die gleiche bleibt. Der Hersteller kann die Zusammensetzung ändern,

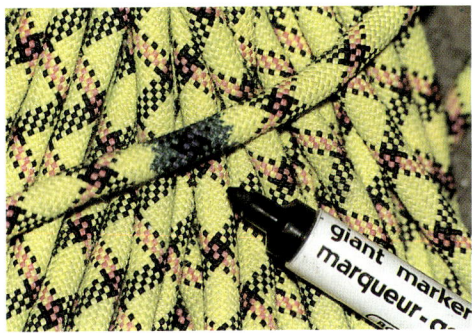

Mittenmarkierung: Mit Farbstift...

ohne daß wir etwas davon erfahren. Und eine Änderung der chemischen Zusammensetzung kann zur Festigkeitsminderung des Seiles führen. Bleibt derzeit nur die Möglichkeit, die Seilmitte mittels Klebeband zu markieren. Das aber hat auch Nachteile. Erstens hält das Klebeband nicht lang, und zweitens ist es beim Seilabziehen (nach dem Abseilen) und auch sonst recht hinderlich. Am besten, man verzichtet auf die Mittenmarkierung ganz, denn sie ist nicht unbedingt notwendig,

■ weil man zum Abseilen am Einfachseil das Seil durch die Hakenöse oder die Abseilschlinge fädeln und von den Enden her aufnehmen muß und man so ohnehin automatisch zur Seilmitte kommt, und

■ weil beim Seilausgeben während des Sicherns nicht die Seilmitte interessant ist, sondern die letzten zehn Meter.

Außerdem wird man nicht verleitet, das Seil immer im engsten Bereich der Seilmitte am Abseilhaken zu plazieren. So wird die ungünstige Biegebelastung, von vielen fälschlicherweise als Knickbelastung bezeichnet, sozusagen automatisch über einen etwas größeren Seilbereich verteilt.

Die eigenartige Mittenmarkierung

Auf dem Stripsenjochhaus im Wilden Kaiser war einer meiner Freunde ohne Seilpartner. Da die Hütte recht voll war, konnte die Partnerfrage schnell gelöst werden. Ein junger Kletterer bot sich an. Er hatte leichte Zwillingsseile, relativ neue zudem. So vereinbarten sie, dessen Zwillingsseile zu benutzen und nicht etwa das dicke Einfachseil meines Freundes. Am nächsten Tag waren beide an der Nordkante des Predigtstuhls unterwegs. Die Zwillingsseile waren meinem Freund etwas fremd. Er war noch nie mit Zwillingsseilen geklettert. Da die Handhabung beim Sichern nicht anders ist als die eines Einfachseiles, war er bald von den Vorteilen der neuen Seiltechnik überzeugt. Nur die Mittenmarkierung irritierte ihn etwas. Das eine Seil hatte gar keine, das andere eine aus Klebeband, die offensichtlich aber nicht ganz in der Mitte war.

...oder mit Klebeband?

Die Mittenmarkierung..., nicht ganz in der Mitte.

Beim Seilausgeben und -einholen versuchte er immer wieder die Mitte abzuschätzen und mußte dabei jedesmal feststellen, daß die Mitte »wirklich überhaupt nicht in der Mitte sein konnte«. Bei der Gipfelrast löste er das Klebeband der Mittenmarkierung an einer Seite – und traute seinen Augen nicht. Unter dem Klebeband kam der Seilkern hervor. Neugierig geworden, entfernte er das Klebeband vollständig und mußte feststellen, daß der Mantel zu mehr als der Hälfte gerissen war. Er hielt das Seilstück seinem Partner fragend unter die Nase. Der meinte nur lakonisch, daß er das Seil gerade erst vor vier Wochen gekauft habe und wegen der »kleinen« Steinschlagbeschädigung den neuen Strick nicht gleich aussondern wollte. Außerdem seien es ja zwei Stricke. So habe er sich halt mit Klebeband beholfen.

Meinem Freund standen die Haare zu Berge. Er rief mich am darauffolgenden Montag sofort an und ließ seiner Meinung über diese hahnebüchene Flickschusterei freien Lauf. Ich versuchte ihn zu beruhigen, schließlich sei ja nichts passiert. Tauchte natürlich die Frage auf: Hätte etwas passieren können? Ich besorgte einen Satz gebrauchter Zwillingsseile gleichen Fabrikats und ließ sie prüfen, nachdem ich den Mantel eines Seiles zu 50% durchtrennt hatte. Ergebnis: 7(!) Normstürze.

Es hätte also in der Tat nichts passieren können – es sei denn, die beschädigte Stelle wäre bei Sturzbelastung exakt auf einer Felskante zu liegen gekommen. Doch dies ist recht unwahrscheinlich. Und auch dann hätte noch eine gewisse Redundanz bestanden, ein Seilriß wäre also äußerst unwahrscheinlich gewesen.

Eine fast unglaubliche Geschichte

Ein Sportkletterer kaufte sich im August 1991 in einem renommierten Sportgeschäft des südwestdeutschen Raumes 30 Meter Einfachseil von der Trommel, um es bei der Ausbildung an kleineren Felsen verwenden zu können. Sein 50-Meter-Seil wollte er schonen. An einer Stelle wies das 30-Meter-Seil eine Klebebandmarkierung auf. Wenig später war das Seil im Einsatz. Es wurde zum Sichern beim Abseilen und zum Ablassen über eine kurze Strecke von weniger als der halben Seillänge benutzt. Tage später brauchte der Sportkletterer beim abendlichen Badmintonspiel einen Strick, um das Netz daran aufhängen zu können. So benutzte er das 30-Meter-Seil. Beim Spannen mit Handkraft riß das Seil. Es waren zwei separate Seilstücke, die mit der »Klebebandmarkierung« zusammengestückelt(!) waren. Daß es nicht schon Tage zuvor beim Sichern und Ablassen zum Seilriß gekommen war, ist nur darauf zurückzuführen, daß der Seilabschnitt mit der »Mittenmarkierung« wegen der kurzen Strecke nicht belastet worden ist.

So unglaublich diese Story auch klingen mag, noch unglaublicher ist die Reaktion des Verkäufers im Sportgeschäft bei der Reklamation. Das Seil wurde ohne ein Wort der Endschuldigung umgetauscht, und der Sportkletterer mußte sich noch dumm anreden lassen, »... was er denn eigentlich will, es sei ja schließlich nichts passiert«. Bleibt nur die Empfehlung:

Traue keinem Seil mit Klebeband!

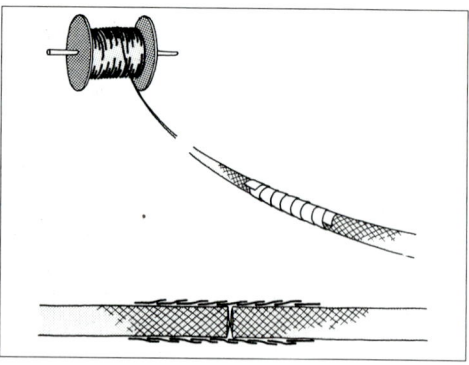

Können Karabiner noch brechen?

Die Menschheit hat einen technischen Standard erreicht, der einen fast glauben machen könnte, alles ist möglich. Nicht so bei der Bergsteigerausrüstung. Ein Karabinerbruch liegt immer noch im Bereich der Möglichkeiten – wenn auch zum Glück relativ selten.

Die Normen schreiben für Karabiner eine Mindestbruchkraft von 20 kN (ca. 2000 kp) vor. Solange Karabiner normgeprüft sind und auch im Einzelfall keine Material- oder Fertigungsfehler aufweisen, können sie in der Praxis nicht mehr brechen, gleich, wie hoch der Sturz auch immer sein mag. Diese Aussage bedarf jedoch einer Einschränkung: Karabiner können nur dann nicht mehr brechen, wenn sie mit geschlossenem Schnapper belastet werden. Ist der Schnapper dagegen bei Belastung offen – es reichen wenige Millimeter – oder wird der Karabiner anders als in Längsrichtung belastet, führt schon ein relativ kleiner Sturz zum Bruch. Es reichen fünf bis sechs Meter. Dieses Manko ist kaum bekannt.

Die Gefahr existierte im Prinzip schon immer. Da aber eine Sturzbelastung mit offenem Schnapper nicht allzu häufig vorkommt und während der klassischen Zeit des Alpinismus – bis zum Auftauchen des Sportkletterns – nur äußerst selten, nämlich nur in Notfällen, gestürzt wurde, machte sich diese Gefahr kaum bemerkbar. Dies hat sich mit der Verbreitung des Sportkletterns und seinen vielen Stürzen gründlich geändert.

Nur zur Gaudi

Ein junger französischer Sportkletterer sprang im Klettergarten von Ailefroide (Dauphiné) im Vorstieg nur so zur Gaudi ins Seil, wie er es schon so oft getan hatte. Er wollte seinen staunenden Zuschauern zeigen, was heute beim Sportklettern so alles drin sei. Es sollte ein Sturz über ganze sechs Meter werden. Der Karabiner brach und der Sportkletterer stürzte bis zum Einstieg. Da sich der Gestürzte eine Querschnittslähmung zuzog, suchte man nach einem Schuldigen. Bei Querschnittslähmungen erreichen die Schadenersatzforderungen leicht die Größenordnung von einer Million(!) Mark. Und der Schuldige konnte – wie zunächst alle glaubten – ja wohl nur der Hersteller sein.

Der gebrochene Karabiner ist von der Polizei sichergestellt worden und wurde von einer unabhängigen Prüfstelle untersucht. Das Ergebnis war verblüffend:

- kein Werkstofffehler
- kein Fertigungsfehler
- keinerlei sonstige Fehler am Karabiner
- der Karabiner entsprach in allen sicherheitsrelevanten Prüfkriterien den Norm;
- der Karabiner ist mit offenem Schnapper belastet worden und mußte bei einer Sturzbelastung dieser Größenordnung brechen.

Wird ein Karabiner mit offenem Schnapper belastet, sinkt seine Bruchfestigkeit (richtig: Bruchkraft) stark ab, und zwar von über 20 kN (ca. 2000 kp) auf 6 bis 10 kN (ca. 600–1000 kp). Dies deshalb, weil nur noch der Hauptschenkel belastet wird, im Gegensatz zur Situation mit geschlossenem Schnapper, wo Hauptschenkel und Schnapper den Sturz gemeinsam auffangen können. Die Normen verlangen derzeit nur eine Mindestbruchkraft von 6 kN (ca. 600 kp).

Nachdem die Schnapper-offen-Belastung aufgrund mehrerer Unfälle als kritisch erkannt worden ist, bemühen sich inzwischen alle Hersteller, die Schnapper-offen-Bruchkraft zu erhöhen. Deshalb gibt es inzwischen Karabiner mit höheren Bruchkraftwerten bei offenem

Sturzbelastung mit offenem Schnapper.

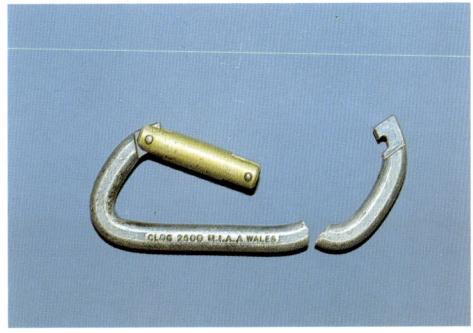

Schnapper. Doch weiter als bis zu einer garantierten Bruchkraft von 10 kN (ca. 1000 kp) sind sie noch nicht gekommen.

Warum so wenig?

Die Normen können noch nicht wesentlich mehr verlangen, weil die Technik noch nicht mehr zuwege bringt. Notwendig wäre eine Schnapper-offen-Bruchkraft von mindestens 20 kN (ca. 2000 kp) wie mit geschlossenem Schnapper. Doch das läßt sich derzeit mit handlichen Karabinern noch nicht realisieren. Dabei liegt die Betonung auf »handlich«. Unhandliche Karabiner mit doppeltem oder dreifachem Schenkelquerschnitt, wie im Kranbau üblich, und aus Stahl, nicht aus Aluminium, könnten eine solch hohe Schnapper-offen-Bruchkraft ohne weiteres erreichen. Doch dafür ließen sie sich in keinen Haken mehr einhängen. Vom hohen Gewicht ganz zu schweigen. Es wird also hinsichtlich Belastung mit offenem Schnapper wohl so schnell keine wesentlich bruchfesteren Karabiner geben.

Beim oben geschilderten Unfall in Frankreich war es nur ein Sechs-Meter-Sturz. Taucht die Frage auf, ob denn bei einem derart kleinen Sturz schon eine Belastung auftreten kann, die über 6 kN (ca. 600 kp) hinausgeht?

Ohne weiteres. Bei einem Sechs-Meter-Sturz kann im Seil durchaus ein Fangstoß auf der Seite des Stürzenden in der Größenordnung von 4 kN (ca. 400 kp) auftreten. Das ist nicht viel. Da die Zwischensicherung aber nahezu mit dem doppelten Fangstoß belastet wird, sind dies runde 7 kN (ca. 700 kp, Reibung im Karabiner reduziert die Belastung etwas). Und

Alles Schnapper-offen-Brüche.

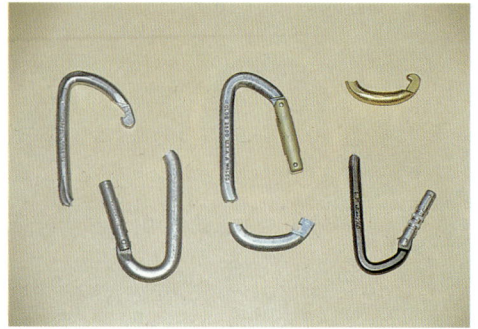

bei Belastung in dieser Größenordnung bricht der Großteil aller Karabiner, werden sie mit offenem Schnapper belastet. Denn der Großteil aller Karabiner sind die von allen Kletterern so bevorzugten Leichtkarabiner.

Am Tour Rouge der Aiguilles von Envers (Montblanc) kam es zu einem ähnlichen Unfall. Ein deutscher Sportkletterer hatte im Vorstieg wenig oberhalb eines guten Hakens Schwierigkeiten. In der sicheren Gewißheit, daß der Haken hält, »ließ er aus«. Der Haken hielt auch, doch nicht der Karabiner. Die Untersuchung zeigte eindeutig, daß auch dieser Karabiner mit offenem Schnapper belastet worden ist.

Identische Unfälle haben sich im Klettergarten von Martigny (Rhônetal) und von Mouriès (nahe Nîmes) ereignet, nur mit dem Unterschied, daß sich die freiwillig Gestürzten tödliche Verletzungen zuzogen.

Der letzte Unfall, der bekannt wurde, ereignete sich im Sommer 1993 im Rofan. Durch die vergrößerte Sturzstrecke zog sich der Gestürzte eine Querschnittslähmung zu.

Wie oft?

Es taucht die Frage auf, wie oft derartige Karabinerbrüche auftreten. In Frankreich sind während drei Jahren 20 Brüche bekanntgeworden. Davon ereigneten sich 18 an künstlichen Kletterwänden, in Klettergärten und Sportklettergebieten und nur zwei im alpinen Bereich. Die Dunkelziffer ist sicher höher. Bei uns in Deutschland sind es etwas weniger Fälle. Im Schnitt vier bis sechs Schnapper-offen-Belastungen, die dem Sicherheitkreis pro Jahr bekanntwerden. Tendenz steigend. Im ersten Halbjahr 1993 waren es bereits vier. Sie endeten alle noch einmal glimpflich, mit vergleichsweise geringen Verletzungen wie Armbrüchen, Bänderrissen und Kopfverletzungen (da ohne Helm).

Nachweis

Nach einem Karabinerbruch findet man – wenn überhaupt – meist nur ein Teil. Taucht die Frage auf, wie der Nachweis, daß der Schnapper offen gewesen ist, geführt werden kann. Man muß sich den Schnapper und die Nase unter der Lupe ansehen. So lange an

Wie kann sich ein Schnapper von selbst öffnen?

Es gibt mehrere Möglichkeiten. Der Karabiner hängt während des Aufwärtskletterns selten so, wie er bei einem möglicherweise auftretenden Sturz belastet wird:

■ Der Schnapper kann bei Sturzbelastung gegen den Fels gedrückt werden und sich so öffnen. Dieses Öffnen braucht nur wenige Millimeter zu betragen, schon kann der Schnapper keine Belastung mehr aufnehmen.

■ Eine breite Expreßschlinge kann den Schnapper am vollständigen Schließen hindern.

■ Der untere Karabiner der Expreßschlinge kann bei Sturzbelastung mit hoher Geschwindigkeit in die Belastungsposition gerissen werden. Dabei kann der Hauptschenkel gegen den Fels schlagen, was zu einer plötzlichen Verzögerung des Karabiners führt. Da der Schnapper beweglich ist, kann er aufgrund der Massenträgheit die plötzliche Verzögerung nicht mitmachen. Der Schnapper öffnet sich für Bruchteile von Sekunden. Man kann dieses kurzzeitige Öffnen nachvollziehen, wenn man einen Karabiner mit seinem Hauptschenkel gegen die Handkante schlägt. Man hört deutlich das Schließen des Schnappers, was darauf hindeutet, daß der Schnapper Bruchteile von Sekunden zuvor offen war.

■ Der untere Karabiner der Expreßschlinge kann (wie oben) bei dem plötzlichen Ruck in Belastungsposition in stark gedämpfte Radialschwingungen in der Größenordnung von 50 Hz (Hertz) geraten. Dies kann für Bruchteile von Sekunden zum Öffnen des Schnappers führen, da dieser die Schwingungen aufgrund seiner Massenträgheit nicht mitmachen kann. Auch dieses Öffnen des Schnappers ist für das menschliche Auge nicht sichtbar.

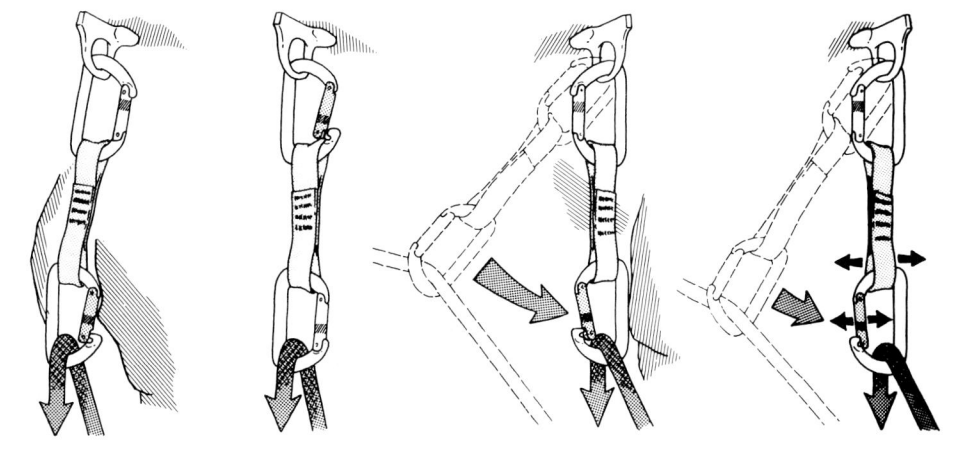

beiden keine Deformationen zu erkennen sind, die auf eine Belastung zurückzuführen sind – und bei Bruchbelastung mit geschlossenem Schnapper müssen sich Nase und Schnapper verformen – wurde der Karabiner mit offenem Schnapper belastet. Weiteres Indiz ist die Verformungsart des Hauptschenkels.

Das kurzzeitige Öffnen des Schnappers kann man nicht beobachten. Es geht so schnell, daß

man es nur mit einer Hochgeschwindigkeitskamera sichtbar machen kann. Dies. gelang französischen Fachleuten erstmals 1989 mit Hilfe einer Kamera, die 400 Bilder in der Sekunde (!) belichtet. Schon bei einem Vier-Meter-Sturz auf der Fallprüfanlage ist das nur wenige Millimeter betragende Öffnen des Schnappers zu erkennen. Kurz nach dem Schnapperöffnen kam es bei allen Versuchen

Nur bei »überaus dynamischer Sicherung«.

zum Karabinerbruch bei offenem Schnapper. Im Fall der Radialschwingungen (Schwingungen in Querrichtung) allerdings nur bei relativ hohem Sturzfaktor, etwa 1,7 und höher. Sturzbelastungen dieser Art sind selten, da Normalhaken einer solchen Belastung in der Regel nicht standhalten. Bei den üblichen vielen Sportklettersturzen liegt der Sturzfaktor in der Größenordnung von 0,3 bis 0,5.

Kurios

Ein Sportkletterer stürzte bewußt in eine Zwischensicherung. Und die hielt, auch der Karabiner. Doch eigenartigerweise zeigte der Schnapper nach der Sturzbelastung nach außen. Was war passiert? Der Sichernde hatte unaufmerksam gesichert und das Seil »durchrauschen« lassen. Aus einem Sturz einen Meter über dem Haken wurde ein Zehn-Meter(!)-Sturz bis zwei Meter über dem Boden. Diese »überaus dynamische Sicherung« führte zu einem sehr niedrigen Fangstoß, so daß es nicht zum Karabinerbruch kommen mußte. Denn der Schnapper war offen gewesen. Dies ließ sich daran erkennen, daß der

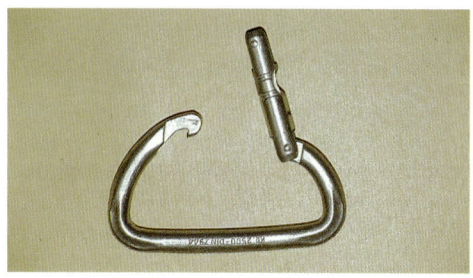

Schnapper nach der Sturzbelastung nach außen zeigte. Durch leichte Verformung des Hauptschenkels bei offenem Schnapper konnte der Schnapper nach außen »durchschnappen«. So war die Schlafmützigkeit des Sichernden das Glück für den Gestürzten. Inzwischen sind weitere Fälle dieser Art bekanntgeworden.

Früher und heute?

Die ersten Aluminiumkarabiner tauchten Ende der fünfziger Jahre auf und – man höre und staune – sie wiesen eine weit höhere Schnapper-offen-Bruchkraft auf als heutige Karabiner. Es war das französische Fabrikat Pierre Allain. Diese Allain-Karabiner besaßen noch nicht einmal einen tragenden Schnapper, so daß jede Karabinerbelastung, auch die mit geschlossenem Schnapper, hinsichtlich der Belastungsart eine »Schnapper-offen-Belastung« war. Von diesen Karabinern ist seinerzeit kein Bruch bekanntgeworden.

Ich kramte meine alten Allain-Karabiner aus den fünfziger und sechziger Jahren wieder aus dem Keller hervor und belastete sie auf der Zerreißmaschine. Wir staunten nicht schlecht. Schnapper-offen-Bruchkraft über 15 kN (über 1500 kp). Diese uralten Karabiner, mit denen heute kein Mensch mehr klettert, hielten bis zu zweieinhalb mal soviel wie die heutigen Leichtkarabiner. In diesem Punkt war unsere Ausrüstung damals weit besser. Allerdings nur auf Kosten des Gewichtes. Die damaligen Karabiner waren etwa 25 bis 35 Gramm schwerer als die heutigen Leichtkarabiner, wogen damit etwa ein viertel mehr bis doppelt so viel.

Fragt sich, warum die Normen heute keine Schnapper-offen-Bruchkraftwerte wie damals verlangen. Sie wären ja nicht aus der Luft gegriffen. Die Industrie hat das Kunststück ja schon einmal fertiggebracht.

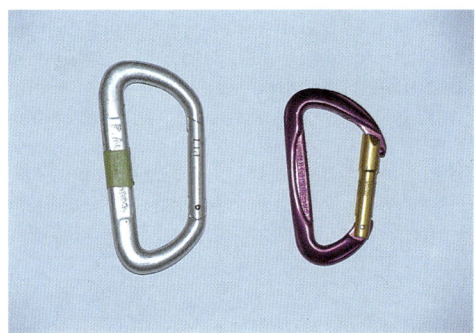

Zugunsten des Gewichts: Geringere Schnapper-offen-Bruchkraft.

Durch die jahrzehntelang betriebene Gewichtsreduzierung bei der gesamten Ausrüstung gibt es derzeit keine Karabiner mit einer derart hohen Schnapper-offen-Bruchkraft. Und solange es keinen einzigen solchen Karabiner gibt, können keine höheren Normanforderungen gestellt werden. Nehmen wir an, man würde die Normanforderung auf 15 kN (ca. 1500 kp) hochschrauben, gäbe es solange keine Karabiner mehr im Handel, bis die Hersteller den hohen Normwert erreicht hätten. Und das geht nicht. Bleibt nur zu hoffen, daß sich wenigstens ein oder zwei Hersteller mal etwas einfallen lassen. Dann könnten die Normanforderungen erhöht werden, und die anderen Hersteller müßten nachziehen. Zum Wohle aller Kletterer.

Die Lösung ist nicht so leicht. Die heutzutage vielfach vorhandenen engen Bohrhakenösen sprechen gegen dickere Karabinerschenkel. Und von seiten des Materials ist auch nicht mehr viel zu machen, soll ein Karabiner nicht 300,- DM oder gar noch mehr kosten. Das Aluminium ist ausgereizt. Am meisten ist noch mit der Optimierung des Widerstandsmomentes zu erreichen. Dies haben die Hersteller erkannt. Einer suchte nach Fachliteratur unter dem Stichwort »Kranhaken«. Ein Kranhaken ist im Prinzip nichts anderes als ein Karabiner mit offenem Schnapper. Der Hersteller fand solche Literatur aus den dreißiger(!) Jahren und setzte sie in einen Leichtkarabiner um. Ergebnis: Schnapper-offen-Bruchkraft über 10 kN (über 1000 kp), also 65 % höhere Bruchkraft als andere Karabiner gleichen Gewichts. So leicht ist das. Der Reißverschluß muß nicht immer

noch einmal aufs neue erfunden werden. Andere Hersteller haben inzwischen nachgezogen. Nahezu alle bieten inzwischen wenigstens einen Karabiner mit einer Schnapper-offen-Bruchkraft von mindestens 9 kN (ca. 900 kp) an, die meisten sogar solche mit 10 kN (ca. 1000 kp). Sie haben den Trend erkannt. Er geht in Richtung »mehr Sicherheit«.

Ein Karabiner vor Gericht

Vor einigen Jahren kam es nach einem Unfall zu einem gerichtlichen Nachspiel. Ein Karabiner war mit offenem Schnapper gebrochen, natürlich bei einer Belastung weit unter der, die auf dem Karabiner angegeben war (2200 kp, ca. 22 kN). Der Geschädigte machte dem Gericht klar, daß er nicht wissen konnte, daß der Karabiner mit offenem Schnapper weniger hält als die Kennzeichnung auf dem Karabiner verspricht. Er ging davon aus, »daß der Karabiner dies in allen Situationen hält, auch wenn der Schnapper offen ist«. Und das Gericht gab ihm Recht. Der Karabinerhersteller wurde zu Schadenersatzleistung und zur Zahlung von Schmerzensgeld verurteilt.

Um die Kletterer auf die geringe Schnapper-offen-Bruchkraft hinzuweisen, sehen die Normen seitdem eine entsprechende Kennzeichnung vor (neben der für die Längs- und Querrichtung). Das Symbol eines offenen

Mal ehrlich: Wie soll man wissen, daß...

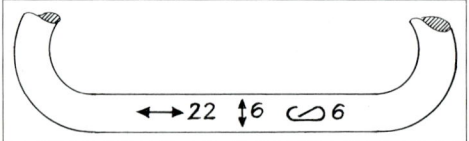

Bruchkraft in kN (x 100 = ca. kp).

Karabiners ist mit einer Zahl versehen, die die Mindestbruchkraft bei offenem Schnapper

in kN (= mal 100 in kp) angibt. So weit, so gut. Die Kletterer sind künftig informiert. Deswegen aber halten die Karabiner noch nicht mehr. Und wer weiß schon wirklich, was auf seinen Karabinern steht? Vor allem, wenn man diverse Fabrikate und Modelle sein eigen nennt. Die Gefahr von Karabinerbrüchen mit offenem Schnapper bleibt. Taucht die Frage auf: Was kann man dagegen tun?

Vermeidung von Karabinerbelastung mit offenem Schnapper

Es gibt mehrere Möglichkeiten; nicht alle werden sich für jede Situation eignen. Man muß differenzieren:

■ Nur noch Karabiner mit mindestens 10 kN (ca. 1000 kp) Schnapper-offen-Bruchkraft verwenden; damit ist schon der größte Teil der »normalen« Stürze abgedeckt.

■ Oder Karabiner mit Verschlußsicherung; normale Schraubkarabiner sind zu umständlich. Vor lauter Schrauben würde man bald die Lust am Klettern verlieren. Der zum Schließen und Öffnen notwendige Handgriff muß sich leicht und schnell ausführen lassen. Nur wenige Hersteller bieten solche Karabiner an: Es sind solche mit Schraubverschluß und Steilgewinde (sogenannte Schnellschrauber). Sie lassen sich mit einer einzigen Umdrehung schließen und wieder öffnen.

■ Oder Karabiner mit Bajonettverschluß; an die Handhabung muß man sich gewöhnen.

■ Oder Karabiner mit Twistlock-Verschluß. Das Einhängen auf normale Weise – zuerst den Karabiner in die Zwischensicherung, dann das Seil in den Karabiner – ist in schwierigem Gelände nicht möglich, da man beide Hände dazu benötigt. Um den Karabiner einhändig einhängen zu können, muß man ihn zuerst ins Seil und dann erst in den Haken einhängen (bei Verwendung von Expreßschlingen ebenso). Das geht mit etwas Übung recht gut.

■ Bei Haken mit größeren Ösen (Ringhaken, Bühlerhaken) kann man zwei Expreßschlingen parallel einhängen. Man kann sich das Seileinhängen erleichtern, indem man zuerst nur eine Expreßschlinge und das Seil einhängt. So ist man zunächst einmal gesichert. Sollte man ins Seil rutschen, ist die Belastung so gering, daß der Karabiner auch bei offenem Schnapper nicht zu Bruch gehen kann. Danach hängt man die zweite Expreßschlinge dazu.

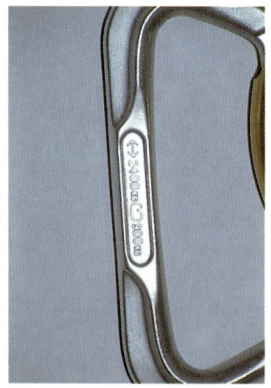

Einige namhafte Sportkletterer wie Kurt Albert und Kim Carrigan haben die Gefahr der Schnapper-offen-Belastung längst erkannt und verwenden deshalb seit längerem schon Karabiner mit Schraub- oder Bajonettverschluß. Sie nehmen den zusätzlich notwendigen Handgriff in Kauf und erreichen so bei ihrer hohen Sturzfrequenz mehr Sicherheit.

Nur an strategischen Stellen

Gleich, für welche Methode dieser Vorsichtsmaßnahme man sich auch entscheidet, man wird sie nicht an jeder Zwischensicherung anwenden wollen. Andernfalls würde man der Sicherungstechnik bald überdrüssig werden. Eine solche Vorsichtsmaßnahme ist auch nicht an jeder Zwischensicherung notwendig, sondern nur an solchen, die als strategisch gelten. Was sind strategische Zwischensicherungen? Es sind solche Zwischensicherungen, deren Versagen in Verbindung mit der daraus resultierenden Sturzstreckenverlängerung
■ zum Aufschlag auf Fels oder
■ zu einem zu hohen Sturz und damit zu einer zu hohen Belastung der Sicherungskette führen.

Eine einzige Zwischensicherung: Wenn der Karabiner bricht...

Es gibt in der Praxis zahllose Beispiele. Wer während des Kletterns im Vorstieg die Mühe nicht scheut, Zwischensicherungen auf die Möglichkeit des Karabinerversagens und der daraus resultierenden Sturzstreckenverlängerung »abzuklopfen«, wird viele Möglichkeiten entdecken, die ihm die Haare zu Berge stehen lassen, stellt er sich die Folgen eines solchen Sturzes bildhaft vor.

Auch Querbelastung ist gefährlich

Karabiner halten nicht nur mit offenem Schnapper weit weniger als in Längsrichtung, ihre Bruchkraft geht auch bei Querbelastung in die Knie. Ähnlich wie bei offenem Schnapper halten die meisten Karabiner dann nur noch 4 bis 6 kN (ca. 400–600 kp). Auch die Querbelastung von Karabinern tritt heute weit eher auf als noch vor eineinhalb Jahrzehnten. Zum einen, weil eben heute mehr »geflogen« wird, und zum anderen, weil nahezu an jeder Zwischensicherung Expreßschlingen verwendet werden. Expreßschlingen begünstigen die Querlage. Kommt es zu einer Sturzbelastung, die über die genannte Bruchkraft-Größenordnung hinausgeht – und dazu bedarf es nur einer Sturzhöhe von einem bis sechs Metern – muß der Karabiner brechen. Daß dies nicht nur hypothetisch ist, hat ein Unfall gezeigt.

Eine gute Kletterin, die locker den VI. Grad beherrschte, stürzte unerwartet im Jahnweg (IV. Grad) an der Bischofsmütze im Dachsteingebiet. Der letzte Haken befand sich sechs Meter unter ihr. Der Haken hielt. Doch der Karabiner brach. Sie stürzte daraufhin über 40 Meter, schlug am Fels auf und konnte nur

Genauso gefährlich...

noch tot geborgen werden. Der Karabiner wurde von der Polizei sichergestellt und dem Sicherheitskreis zur Untersuchung übergeben. Man vermutete wie im Fall des jungen französischen Sportkletterers Material- oder Fertigungsfehler, also einen Fehler des Herstellers. Doch auch das Ergebnis dieser Untersuchung zeigte, daß dem Hersteller nichts nachgesagt werden konnte. Der Karabiner war einwandfrei. Er ist quer belastet worden. Die Karabinernase hing mit geschlossenem Schnapper in der Hakenöse, die Expreßschlinge gegenüber am Hauptschenkel.

Referenzbelastungsversuche am gleichen Karabinermodell erbrachten den Nachweis: Bruchkraftwerte 6,3 bis 7,5 kN (ca. 630–750 kp). Bei einem Sturz sechs Meter oberhalb der letzten Zwischensicherung ergibt sich eine Sturzhöhe von etwa 16 Metern (= 2 x 6 m + 4 m Schlappseil und Seildehnung, siehe auch Seite 150); aus dieser Sturzhöhe resultiert eine Belastung der Zwischensicherung in der Größenordnung von etwa 9 kN (ca. 900 kp).

Resümee: ein bedauerlicher Unfall, weil die Technik noch nicht mehr zuwege bringt. Schicksal.

Die Querlage im Haken tritt bei Verwendung von Expreßschlingen vermehrt auf. Sie kann allein durch das Seilnachziehen hervorgerufen werden. Die Expreßschlinge stabilisiert durch ihre Bandbreite die Querlage. Durch Schleuderbewegungen mit dem Seil kann man den Karabiner meist so weit bewegen, daß er wieder in die Längsrichtung rutscht. Früher, als es noch keine Expreßschlingen gab und man sich statt dessen mit zwei Karabinern behalf, konnte dies nicht auftreten. Die Auflage Karabinerschenkel auf Karabinerschenkel ist praktisch punktförmig. So ist eine Querlage immer instabil, ein Gleichgewicht in der Querlage kaum zu erreichen. Vor Einführung der Expreßschlingen ist auch kein solcher Unfall bekanntgeworden.

Bleibt natürlich die Frage: Wie kann man heute eine Querbelastung von Karabinern verhindern?

Vermeidung von Karabinerbrüchen durch Querbelastung

■ Expreßschlingen mit möglichst schmalen Schlaufen verwenden. Je schmaler die Auflage im Karabiner, desto instabiler die Querlage, desto eher zieht sich der Karabiner bei Belastung in die Längslage.

■ Expreßschlinge im Karabiner fixieren, zweckmäßig mittels Elastics (es werden spezielle dafür angeboten).

■ Karabiner mit fixierter Expreßschlinge im Stil der sogenannten »Mambas« verwenden, bei dem die Expreßschlinge in einem Karabinerschlitz eingenäht ist.

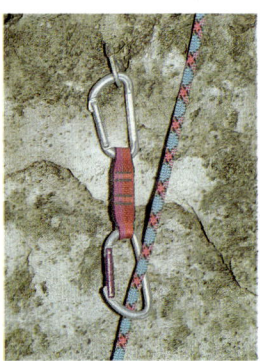  

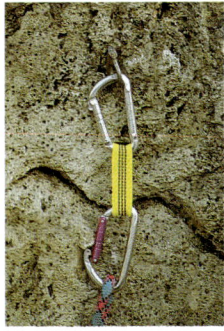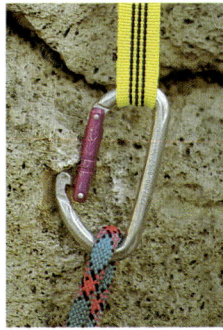

Wohl die häufigste Ursache von Karabinerbrüchen.

Ein Silberstreif am Horizont

Kurz vor Drucklegung wurde auf der ISPO in München, der Welt größten Sportartikelmesse, eine Neuerung vorgestellt, die mit den Schwachstellen der Karabiner aufräumt. Die Firma STUBAI präsentierte ein genial ausgeklügeltes Schnapper-Verriegelungssystem, das eine Schnapper-offen-Belastung verhindert: bei Belastung ab 30 N (ca. 3 kp) wird der Schnapper automatisch verriegelt. Außerdem ist durch die Anordnung der Expreßschlinge eine Querbelastung ausgeschlossen. Mit diesem neuen Karabiner sind Karabinerbrüche nicht mehr vorstellbar. Die Frage, wie der Verriegelungsmechanismus auf den rauhen Kletterbetrieb reagieren wird – denken wir an Wasser, Schmutz und Sand – ließ sich vor Drucklegung nicht mehr klären, da nur einige Prototypen zur Verfügung standen. Wenn sich der neue Karabiner auch im Dauergebrauch als brauchbar herausstellen sollte, dann dürfte es die Konkurrenz künftig schwer haben.

Die Erfindung (?!)

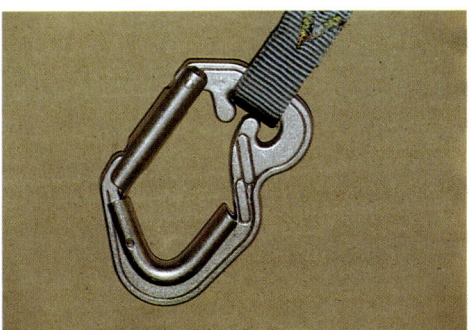

Knickbelastung?

Die Anfrage, was Karabiner bei Knickbelastung halten, wurde schon vielfach an den Sicherheitskreis gerichtet. Wobei in diesem Fall unter Knickbelastung eine Biegebelastung gemeint ist, beispielsweise über eine Felskante (eine Knickbelastung ist technisch gesehen etwas anderes, nämlich eine Druckbelastung in Längsrichtung). Der Sicherheitskreis hat die Biegefestigkeit von Karabinern über Kanten untersucht.[15]

Auch in dieser Belastungssituation halten die Karabiner sehr wenig. Sie sind auch diesbezüglich unterdimensioniert. Insbesondere die heutigen Leichtkarabiner. Die leichtesten halten praktisch nur das Körpergewicht mit etwas Wippen. Eigenartigerweise ist bis heute noch

Bisher noch kein Bruch...

kein einziger Karabinerbruch dieser Art bekanntgeworden. Möglicherweise sind die Kletterer, weil die Gefahr offensichtlich ist, besonders vorsichtig und verlängern ihre Zwischensicherungen mit Reepschnur- oder Bandschlingen.

Auch bei Sturzbelastung auf Klettersteigen ist Biegebelastung möglich, und zwar in einer Größenordnung, die Klettersteigkarabiner nicht aushalten können. Aber auch Karabinerbrüche dieser Art sind bis jetzt nicht bekanntgeworden.

---

15) *im Auftrag des Bayerischen Staatsministeriums für Arbeit und Sozialordnung, München; Bericht »Untersuchung zur sicherheitstechnischen Beurteilung von Bergsportausrüstung – Teil 8: Karabiner«, München, 1990.*

Anseilen – immer ein Problem

Früher, bis in die sechziger Jahre angeseilt nur um den Brustkorb...

Daß man sich heute nicht mehr mit dem Strick um den Bauch anseilt, ist allgemein bekannt. Daß falsche und unvollständige Anseilknoten bei Belastung aufgehen können, dürfte jedem einleuchten. Darüber hinaus gibt es noch eine ganze Reihe weiterer anseilbedingter Gefahren, die im Ernstfall zu Verletzungen führen können, auch zu tödlichen.

Das Thema Anseilen ist durch das Sportklettern zu einem heiklen Thema geworden. Es ist unter Sportkletterern – und wer ist heute kein Sportkletterer(?) – Mode geworden, auf den Brustgurt zu verzichten. Dies führte zu einem Grabenkrieg der Anseiltheoretiker. Will man sich einen Überblick verschaffen, muß man zunächst etwas in die Geschichte eintauchen. Sie reicht weit zurück und zeigt die Irrwege, die beschritten wurden, bis man heute zu einer halbwegs sicheren Anseilmethode gefunden hat. 100prozentig sicher ist auch diese nicht.

Wie war's früher?

Bis in die dreißiger Jahre hat man sich um den Weichteilbereich der Hüfte angeseilt. Man wußte es nicht besser. Im Vorstieg ist selten jemand gestürzt, so daß die Folgen dieser

Anseilmethode nicht offensichtlich wurden. Kam es wirklich zu einem Sturz, versagten in der Regel die Haken oder die Karabiner. Man hat nur noch Tote bergen können. Prof. Wastl Mariner, der österreichische Bergrettungsfachmann aus Innsbruck, hat mir noch berichtet, daß man zu seiner Zeit unter der Schüsselkar-Südostwand immer wieder einmal Eisenkarabiner, wie Büroklammern aufgebogen, finden konnte. Hielten Haken und Karabiner wirklich einem Sturz stand, konnte immer noch das Hanfseil reißen. Die Glieder der Sicherungskette waren durchwegs so schwach, daß die Gefahren, die der Strick um den Bauch mit sich bringt, praktisch nicht auftauchten und so nicht erkannt werden konnten.

Wer nie ernsthaft stürzt, kann die Folgen falschen Anseilens nicht am eigenen Leib erfahren. So ist es auch dem sächsischen Bergsteiger und Kletterer Fritz Wiessner, Erstbegeher der Fleischbank-Südostwand, gegangen (siehe auch Kasten). Zu seinem achtzigsten

Angeseilt nur um den Brustkorb: der Kreuzigungstod.

Fritz Wiessner: Pionier des Kletterns in Amerika

Die weltweite Verbreitung des Sportkletterns geht auf Fritz Wiessner zurück. Vom sächsischen Sandstein seiner Heimat gewohnt, benutzte Wiessner auch in Amerika Haken nur zur Sicherung, nicht zur Fortbewegung. Da das Klettern in Amerika Ende der zwanziger Jahre, als Wiessner emigrierte, noch in den Kinderschuhen steckte, konnte er das sächsische Freiklettern in Amerika verbreiten. Ende der siebziger Jahre erkannte man dann auch in Europa, später weltweit, daß nur das Freiklettern erstrebenswert ist. Kurt Albert, inspiriert vom sächsisch-amerikanischen Klettern, hat dies in Europa publik gemacht. Die Routen, die er und andere frei klettern konnten, versahen sie am Einstieg mit einem roten Punkt. Daraus wurde das Rotpunkt-Klettern.

Geburtstag waren wir gemeinsam in Nizza beim Klettern. Fritz seilte sich wie eh und je nur mit dem Seil um den Bauch an. Ich verkniff mir eine Bemerkung. Es fiel mir schwer. Aber schließlich war Fritz Wiessner für mich der Altmeister, dem ich Respekt zollte. Und der Fritz stieg mit seinen 80 Jahren noch immer locker einen strammen »Fünfer« voraus. Er stürzte auch dieses Mal nicht. Fritz Wiessner ist nie in seinem Leben im Vorstieg gestürzt. Meinte einer seiner Freunde: »Da könnte man sich sogar um den Hals anseilen«.

Fritz Wiessner hat das Bergsteigen und Klettern in Amerika populär gemacht. Er wanderte Ende der zwanziger Jahre nach USA aus und tat das Vernünftigste, was ein junger Mann tun kann. Er heiratete eine steinreiche Frau und ging fortan praktisch nur noch zum Bergsteigen und Klettern. So wurde er zur Symbolfigur des klassischen Bergsteigens und Kletterns in Amerika. Und weil sich Fritz Wiessner, so wie er es vom sächsischen Sandsteinklettern der zwanziger Jahre her gewohnt war, nur mit dem Seil um den Bauch anseilte, erlebten wir Ende der siebziger Jahre – aus Amerika reimportiert – die Renaissance dieser Anseilmethode in Form des Hüftgurtes.

In Europa dagegen vollzog sich die Verlagerung des Anseilpunktes vom Weichteilbereich der Hüfte zum stabilen Knochenkäfig des Brustkorbes. Daß diese Entwicklung auch in die falsche Richtung führte, zeigte sich erst Jahrzehnte später durch die Forschungsarbeiten[16] von Prof. Dr. Flora und seinem Kollegenteam an der Universitätsklinik Innsbruck Anfang der siebziger Jahre. Dank dieser Arbeiten wissen wir heute, daß das freie Hängen am Seil, angeseilt nur um den Brustkorb, schon nach kurzer Zeit zu ernsten Kreislaufschäden und nach etwas längerer Hängedauer zum Tod führt. Schon nach wenigen Sekunden(!) ist das Hängen schier unerträglich. Wer es nie ausprobiert, nie am eigenen Körper erlebt hat, wird es nicht glauben wollen. Die Schmerzen unter den Achseln sind fürchterlich. Man hat den Eindruck, man müsse krepieren. Doch das dauert etwas länger. Das Hängen am Seil gleicht dem Kreuzigungstod, den man vor rund

16)»Der Sturz ins Seil« – Bericht von der 2. Internationalen Bergrettungsärzte-Tagung in Innsbruck, November 1972, Werk-Verlag Edmund Banaschewski, München-Gräfelfing.

2000 Jahren bei Delinquenten angewendet hat, um sie möglichst lang den Todesqualen auszusetzen. Nach einem Hängen von etwa zwei Stunden bestehen praktisch keine Überlebenschancen mehr, auch wenn der Verletzte noch lebend geborgen und in einer Intensivstation behandelt wird.

Das Blut versackt während des Hängens in die unteren Extremitäten, wird nicht mehr in ausreichendem Maß zum Herzen zurückgeführt und so nicht mehr mit Sauerstoff versorgt. Es kommt zum langsamen Tod durch sogenannten orthostatischen Schock. Unfälle ereigneten sich unter anderem 1961 an der Rax, 1963 und 1972 an der Martinswand (bei Innsbruck), 1964 an der Großen Ochsenwand (Kalkkögel), 1968 in der Fleischbank-SO-Verschneidung und 1970 an der Nordwand der Praxmarerkarspitze (Karwendel). Auf drei weitere Unfälle sei nachfolgend ausführlicher eingegangen.

»Rettungsübung« im Oberen Donautal

Schon Ende der fünfziger Jahre wurde viel an den Felsen des Oberen Donautales geklettert. An den Wochenenden herrschte immer viel Betrieb am Schaufelsen. Im Normalweg, im »Geraden Riß«, im »Vagabundenweg«, im »Schurer-Gedächtnisweg« und in vielen anderen Routen tummelten sich die Seilschaften. So auch eine im Frühsommer 1957 im »Kaiserweg«. Der Seilzweite fiel aus dem großen Quergang und hing im Seil. Angeseilt, wie damals üblich, nur mit dem Seil um den Brustkorb. Aufgrund der starken Seilreibung in den vielen Zwischenhaken des Quergangs

Am Schaufelsen im Donautal...

konnte ihn der Seilerste nicht bergen. Der Quergang ist 30 Meter lang und weist immerhin den Schwierigkeitsgrad VI/A0 auf (damals noch A1), rotpunkt VII. Unten, an der Straße und am Parkplatz, glaubten die Kletterer, die auf den im Seil Hängenden aufmerksam wurden, es handle sich um eine Rettungsübung. Bis sie mitbekamen, daß der dort oben Hängende um sein Leben kämpfte, weil er keine Prusikschlingen bei sich hatte, und bis sie oberhalb der an dieser Stelle immerhin 100 Meter hohen Wand waren, ihm ein Seil zuwerfen und ihn bergen konnten, war der orthostatische Schock bereits so weit fortgeschritten, daß der Geborgene den Transport nicht mehr überleben konnte.

Vielleicht hat man den Geborgenen an Ort und Stelle auch falsch gelagert. Falsch nach heutigem Wissen, basierend auf den Forschungsergebnissen Prof. Floras. Damals wußte ja noch niemand etwas vom orthostatischen Schock. Lebendgeborgene, die längere Zeit frei gehangen haben, dürfen nicht etwa sofort flach gelagert werden. Das in die unteren Extremitäten versackte Blut würde zu plötzlich zum Herzen strömen und so ebenfalls zum Tod führen. Lebendgeborgene dürfen zunächst nur hingesetzt und erst wesentlich später schräg und noch später flach gelagert werden.

Tod an der Liebesnadel und im Alpstein

Die Liebesnadel im Kanstein ist eine etwa 15 Meter hohe, freistehende Felsnadel mit überhängendem Wulst rundherum. Deshalb Liebesnadel. Eine Zweierseilschaft befand sich im Frühjahr 1971 an einem Spätnachmittag auf dem Gipfel und bereitete sich aufs Abseilen vor. Damals noch mit dem Dülfersitz. Zur Selbstsicherung verwendete man eine Prusikschlinge, die ins Seil geknüpft und mit einem Karabiner in den Brustgurt gehängt wurde. Als der Erste abseilte, verklemmte sich die Prusikschlinge am Überhang und ließ sich auch durch verzweifelte Bemühungen des Abseilenden nicht wieder lösen. So hing er »frei im Seil, angeseilt nur um die Brust« (Brustkorb). Sein Seilpartner am Gipfel wußte ihm nicht zu helfen, außer durch Hilferufe auf die prekäre Situation aufmerksam zu machen. Doch zu dieser Zeit waren keine anderen Kletterer mehr

Die Liebesnadel im Kanstein.

unterwegs, und Wanderer verirren sich in diese Gegend höchst selten. So starb der Abseilende freihängend im Seil.

Gleiches ereignete sich drei Jahre zuvor am VI. Kreuzberg im Alpstein (Säntis), nur noch tragischer. Der Abseilende hing ebenfalls »frei im Seil, angeseilt nur um die Brust«, weil sich die Prusikschlinge am Fels verklemmt hatte. Sein Seilpartner wollte ihm helfen und hangelte am Seil hinab. Dabei verlor er den Halt und stürzte tödlich ab. Der Abseilende starb freihängend am Seil.

Der erste Sitzgurt

Ende der sechziger Jahre bastelte ich in Deutschland den ersten Sitzgurt, nachdem in Chamonix ein den Gurten von Fallschirmspringern nachgebautes Modell aufgetaucht war. Günter Sturm, damals noch Leiter der Bergsportabteilung von Sport-Scheck in München, brachte ihn auf den Markt. Es war eine einfache Form mit zwei Beinschlingen und zwei Anseilschlaufen. Der Gurt sollte billig sein, denn die Kletterer sollten ja nun ein Trumm mehr erstehen. Später hat Klaus Hoi, der Chefausbilder der österreichischen Berg- und Skiführer, dem Sitzgurt noch einen Bauchgurt hinzugefügt. Und so ist diese Art

von Anseilgurt heute noch im Handel und in Gebrauch.

Mit dem ersten Sitzgurt demonstrierte ich einige Teststürze. Man war allseits davon angetan, wie komfortabel man »darin hing«. Damals unternahmen wir im gerade erst gegründeten Sicherheitskreis die allerersten Untersuchungen. Bis dahin hatte man Fangstoßmessungen nur mit Eisengewichten durchgeführt. Mir war klar, daß es einen Unterschied geben muß zwischen dem Sturz eines Eisengewichtes und dem eines Menschen. Schließlich ist der Mensch nicht aus Eisen, sondern aus Fleisch und Blut. Der Sturz eines Menschen muß vergleichsweise einen niedrigeren Fangstoß zur Folge haben als der eines gleich schweren Eisengewichtes.

Also versuchten wir, die unterschiedlichen Fangstoßkräfte zu messen, damals noch an der Feuerleiter des alten Salewa-Hauses in München. Wir ließen ein Eisengewicht fallen, anschließend sprang ich, angeseilt mit dem neuen Sitzgurt und einem Brustgurt. Damit nichts »passieren« konnte, befestigten wir das

Zwei Fallgewichte: Eisenscheiben und Mensch.

Seil mit einem Knoten am Fixpunkt. Damals kannte man nur die Schultersicherung und von der wußte man, daß sie gelegentlich versagt. Deshalb »sicherheitshalber« und weil wir gleiche Versuchsbedingungen schaffen wollten der Knoten am Fixpunkt. Dem Eisengewicht machte der daraus resultierende hohe Fangstoß nichts aus, aber mir. Ich zog mir durch die Stauchbelastung eine irreversible Wirbelverletzung im Lendenbereich zu. Seitdem wissen wir im Sicherheitskreis den Unterschied zwischen statischer und dynamischer Sicherung besser zu interpretieren. Vorher hatten wir schon oft darüber diskutiert, aber, wie bei Menschen gelegentlich zu beobachten, wußten auch wir nicht so recht, wovon wir eigentlich redeten. Seitdem weiß ich es sehr genau.

Das Ergebnis der Fangstoßmessungen[17] war interessant. Bei Sturzfaktor 1 ergab sich bei Sturz des Eisengewichtes ein etwa 50 % höherer Fangstoß als beim Sturz meiner Figur. Wir waren baß erstaunt. Wir hatten einen Unterschied erwartet, doch nicht in dieser Größenordnung. Es waren weltweit die ersten Messungen dieser Art. Meinte ein Mitglied des Sicherheitskreises, als er mich mehrere Tage lendenlahm und mit gekrümmter Wirbelsäule herumhatschen sah, »... für die Wissenschaft müssen halt Opfer gebracht werden.«

Zwei Fangstoßkurven bei gleich schwerem Fallgewicht (Fallmasse) und gleicher Fallhöhe:
a = Eisengewicht, b = Mensch.

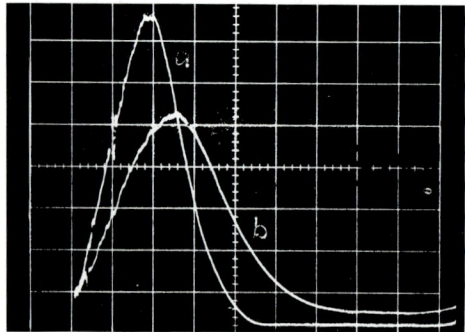

17) siehe »Tätigkeitsbericht des DAV-Sicherheitskreises 1969–70«, Deutscher Alpenverein, München, 1971.

Hüftgurt...

Aus Amerika

Mit dem Sportklettern Ende der siebziger Jahre tauchte aus Amerika auch der Hüftgurt auf. Er stellte sich bald als der angenehmste und bequemste Sitzgurt heraus und ist heute nicht mehr wegzudenken. Mit dem Hüftgurt kam auch das Anseilen direkt in den Hüftgurt (ohne Brustgurt). Das ist nachteilig, weil es direkt auf Höhe des Körperschwerpunktes erfolgt. Bei Sturz und beim Hängen besteht labiles Gleichgewicht. Trotzdem wurden mit den Hüftgurten inzwischen tausende und aber tausende von Stürzen ohne Probleme und gesundheitliche Beeinträchtigungen überstanden. Andererseits sind aber auch einige Unfälle mit Verletzungen bekanntgeworden, auch solche mit tödlichen Folgen.

Solange ein Sturz nicht allzu hoch ist und kontrolliert abläuft, ist ein Sturz mit dem Hüftgurt praktisch ohne jedes Verletzungsrisiko zu überstehen. Kontrollierte Stürze sind solche, bei denen der Kletterer den Sturz schon ahnt, weil ihm beispielsweise die Finger aufzugehen drohen, und er in aufrechter

...ideal zum Klettern...

... und meist auch zum Springen. Aber zum Stürzen?

Position im letzten Augenblick wegspringt oder die Finger öffnet und den Fangstoß auch in aufrechter Position, möglichst die Hände am Seil, aufnehmen kann.

Kritisch wird es bei einem unerwarteten Sturz, womöglich aus einer schrägen Körperhaltung heraus, oder wenn der Körper in der Anfangsphase des Sturzes einen Impuls erhält, was mehr oder weniger bei nahezu jedem Sturz der Fall ist, sei es durch Ausbrechen eines Griffes oder aus sonst einem Grund. Während des freien Falles ist der Mensch schwerelos, das heißt unter anderem, daß er die Körperhaltung praktisch nicht beeinflussen kann, jedenfalls nicht so, wie es bei einem unkontrollierten Sturz nötig wäre, um ihn zu kontrollieren beziehungsweise zu korrigieren.

Erst bei Beginn der Fangstoßeinwirkung, wenn sich das Seil zu spannen beginnt, ist ein Korrigieren der Körperhaltung wieder möglich, wenn man in der Kürze der Zeit – in der Größenordnung von Sekunden – überhaupt reagieren kann. Sturzübungen können sehr hilfreich sein.

Wenn ein größerer Fangstoß den Körper ohne die Hände am Seil, in einer Schräg- oder gar in einer horizontalen Lage trifft, ist die Verzögerung durch den Fangstoß meist so groß, daß der Oberkörper in Verbindung mit der massenbedingten Schwerkraft nach hinten gerissen wird. Es tritt ein Schleudereffekt auf. Es kommt dann zu ventralen oder lateralen Überdehnungen im Lendenwirbelbereich und in der Regel zu tödlichen Verletzungen. Etwa eineinhalb Dutzend tödliche Unfälle sind bekanntgeworden.[18] Die Bergrettungsleute, unter anderen

18) entnommen der Dissertation von Helmut Mägdefrau. »Die Belastung des menschlichen Körpers beim Sturz ins Seil und deren Folgen«, Ludwig-Maximilians-Universität München, Fakultät Biologie, Dezember 1989 (sowie den jährlichen DAV-Bergunfallstatistiken). Dr. Mägdefrau war zehn Jahre lang Mitarbeiter im Sicherheitskreis (und ist heute noch Mitglied). Während dieser Zeit promovierte er. Er ist extremer Bergsteiger (Eiger-, Matterhorn- und zweimal Grandes-Jorasses-Nordwand), außerdem auch Sportkletterer.

Franco Garda (von dem die Gardaschlinge stammt), berichteten von Unfällen, daß es schrecklich ausgesehen habe, »wie ein zusammengeklapptes Taschenmesser, Kopf und Schultern, rücklings herabhängend, auf Höhe der Fersen«. Diese Unfälle haben sich, weil zahlenmäßig sehr gering, bisher noch kaum herumgesprochen.

Von den Befürwortern der Hüftanseilmethode wird häufig vorgebracht, daß bei diesen Unfällen nicht geklärt sei, ob sich die Gestürzten nicht schon während des Sturzes, also vor der Fangstoßeinwirkung, tödliche Verletzungen zugezogen hatten. Dann müßten sie bei Fangstoßeinwirkung natürlich im Lendenwirbelbereich abknicken. Das ließe sich nur durch eine Obduktion nachweisen. Und das ist schwierig. Solange kein Mord- oder anderer krimineller Verdacht vorliegt, sind die Richter, die eine Obduktion anordnen müssen, sehr zurückhaltend. In einem Fall wurde dies einmal versucht. Doch der Richter wimmelte

Dorsale Lendenwirbelkompression.

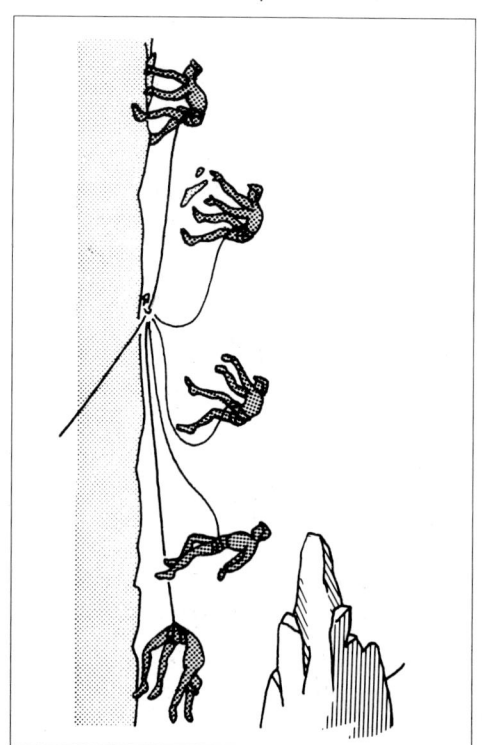

ab: kein öffentliches Interesse. Immerhin gibt es Aussagen einiger weniger Überlebender, und die sehen so aus:

■ Sturz an einem Eiswulst in der Eiger-Nordwand (Berner Oberland). Bei Fangstoßeinwirkung »Biegung der Wirbelsäule durch den Hüftgurt... und schmerzhafte Rückenverletzung«. Rettung mittels Hubschrauber.

■ Sturz im Klettergarten von Bad Heilbrunn (Oberbayern), Sturzhöhe etwa vier bis fünf Meter. »Überdehnung der Wirbelsäule und tagelange Schmerzen im Lendenwirbelbereich.« Bemerkung des Gestürzten: »Nie mehr ohne Brustgurt«.

■ Sturz und seitliche Fangstoßeinwirkung in einem Klettergarten bei Innsbruck, Sturzhöhe etwa sieben Meter. »Einschneiden vom Bauchteil des Hüftgurtes« in den Weichteilbereich oberhalb des Hüftknochens, Folge Milzriß.

Beim Sportklettern wird heute das Stürzen geübt. Das kann sehr hilfreich sein, zeigt aber auch, daß ein Sturz nicht immer optimal verläuft und deshalb ein Kontrollieren beziehungsweise Korrigieren notwendig ist (falls möglich).

Wer mit alleiniger Verwendung eines Hüftgurtes gute Erfahrungen gemacht hat, kann leicht dazu neigen, dies auf alle Sturzsituationen zu übertragen. Dies wäre falsch. In der Praxis sind auch völlig unkontrollierbare Stürze möglich. Einige Unfälle, die zu tödlichen Verletzungen führten:

■ 1980 in der Carlessoführe am Torre Trieste (Dolomiten): Sturzhöhe 20 Meter, laut Unfallbericht hing der Gestürzte »waagrecht, Kopf und Arme rückwärts herabhängend und gab keine Lebenszeichen mehr von sich«. Nach der Anseilmethode befragt, äußerte der Seilpartner, daß er sich daran nicht mehr erinnern kann; der Verunglückte hätte zuvor im Klettergarten mehrfach (nicht immer) nur einen Hüftgurt getragen. Die Ausrüstung stand für eine Untersuchung leider nicht zu Verfügung.

■ 1981 an der Rigelekante der Östlichen Hochgrubachspitze (Wilder Kaiser).

■ 1981 am Freneypfeiler (Montblanc).

■ 1986 am Oberreintaldom (Wetterstein): Sturzhöhe gut 60 Meter, in einen Friend (der hielt!); die Bergwacht fand den Gestürzten mit stark überstreckter Wirbelsäule waagrecht im

Seil hängend, tot. Er hatte keinerlei äußere Verletzungen.

■ 1991 an der Benediktenwand (Bayerische Voralpen): Sturzhöhe 30 Meter, laut Obduktionsbericht führten Lenden- und Halswirbelbrüche zum Tod.

Am Breithorn

Ein Nachweis für die Gefahr von Lendenwirbelbrüchen wurde 1986 durch einen Sturz am Breithorn im Wallis erbracht. Eine italienische Seilschaft durchstieg die nicht besonders steile Nordwand. Der Seilerste stürzte auf einem 45 Grad steilen Firnfeld etwa 30 Meter. Seine ihn sichernde Partnerin konnte den Sturz am Stand ohne Probleme halten. Sie fixierte ihn und stieg am Seil zu ihm ab. Der Gestürzte konnte – bei vollem Bewußtsein – seine Beine nicht mehr bewegen: Sicheres Zeichen einer Querschnittslähmung im Lendenwirbelbereich. Sie versorgte ihn, so gut es ging, und stieg seilfrei zum Gipfel und zur nächsten Hütte ab. Dort benachrichtigte sie die Bergrettung, die den Verunfallten am nächsten Tag nur noch tot bergen konnte. Er war offensichtlich durch die eingeschränkte Bewegungsfreiheit und durch Unterkühlung gestorben.

Nun könnte wieder die Frage gestellt werden: Wann ist es zur Querschnittslähmung gekommen – bei Fangstoßeinwirkung oder schon vorher, während des Sturzes über das firnbedeckte Eisfeld? Dies läßt sich natürlich nicht sicher beantworten. Aber doch dahingehend, daß es recht unwahrscheinlich ist, sich auf einem 45 Grad steilen, firnbedeckten Eisfeld beim Abwärtskugeln über ganze 30 Meter eine Querschnittslähmung zuzuziehen. Dafür hat es bekanntlich genügend Stürze in Firnflanken gleicher Steilheit gegeben, die um ein Vielfaches höher waren und nachweislich ohne Querschnittslähmung endeten. Deshalb gibt es keine andere Erklärung für eine derartige Verletzung auf einem firnbedeckten Eisfeld als die der Fangstoßeinwirkung bei alleiniger Verwendung eines Hüftgurtes.

Auch Rotation ist möglich

Es muß nicht immer ein Schleudertrauma im Lendenwirbelbereich auftreten. Bei angezogenen Beinen kann es zur Rotation des gesamten Körpers kommen. Da sich die Stürze nicht alle in besonders überhängendem Gelände ereig-

Rotationssturz.

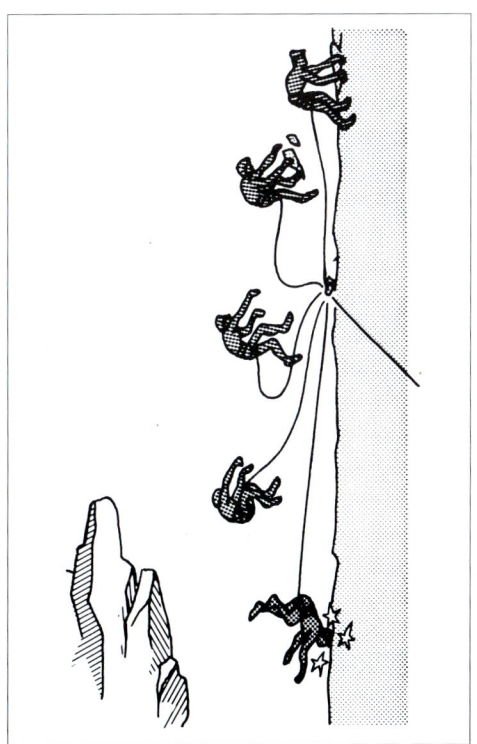

Breithorn-Nordwand...

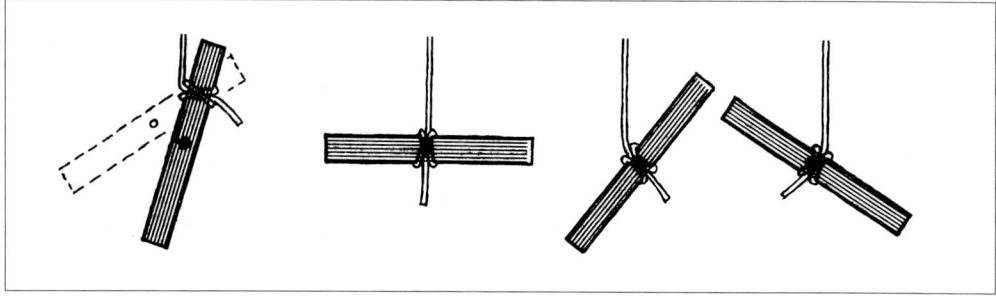

Links: Stabil, da Aufhängepunkt oberhalb des Schwerpunkts. Alle anderen labil, da Aufhängepunkt im Schwerpunkt; jede Körperlage möglich.

nen, kann bei der Körperrotation – oder auch beim Schleudereffekt – der Kopf den Fels tangieren. Dann treten Kopfverletzungen, bei größerer Energieeinwirkung auch Halswirbelbrüche auf. Einige Unfälle:

■ An der Plattenspitze im Karwendel stürzte 1984 ein Bergführer im Vorstieg. Der einzige Zwischenhaken brach aus, so daß es ein Sturz über 15 Meter wurde. Der Gestürzte hing etwa eine Viertelstunde mit dem Kopf nach unten im Seil, bevor ihn sein Seilpartner ablassen und waagrecht lagern konnte (vom Standplatz

Nicht gestellt...(†)

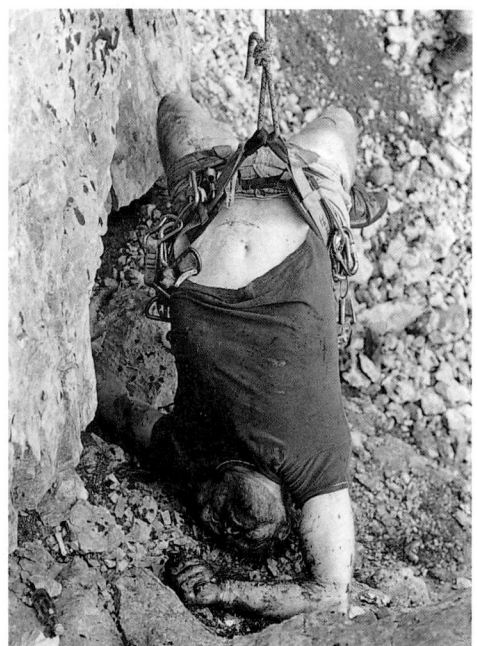

waren die Lage des Hängenden und der Fels darunter nicht einzusehen). Ob sich der Gestürzte seine erlittenen Kopfverletzungen durch den Schleudereffekt zugezogen hat oder schon vorher, während des 15-Meter-Sturzes, ließ sich nicht mehr klären. Seine Hängelage mit dem Kopf nach unten hat sich auf jeden Fall verschlechternd ausgewirkt. Nach fast fünfmonatigem Koma verstarb er im Krankenhaus.

■ An der Rotwand in den Dolomiten stürzte 1985 ein Kletterer in der Hasse/Brandler-Führe im Vorstieg. »Die Fangstoßeinwirkung erfolgte in waagrechter Körperlage.« Der daraus resultierende Rotationssturz mit Anschlagen des Kopfes an den Fels wurde von einem anderen Kletterer beobachtet. Der Gestürzte wurde tot geborgen.

■ Im Prinzip Gleiches ereignete sich 1988 im 90-Meter-Quergang an der Ciavazes-Südwand (Dolomiten). Der Gestürzte erlag im Krankenhaus seinen Kopfverletzungen.

Es gibt auch einige Berichte von Kletterern, die Stürze dieser Art überlebt haben:

■ Am Harderturm im südlichen Ith (Weserbergland) stürzte 1984 ein Kletterer ganze sechs bis acht Meter. »Bei Fangstoßeinwirkung wurde der Oberkörper nach hinten geschleudert.« Folge: Schädelbasisfissur und Gehirnerschütterung (ohne Helm). Seinem schriftlichen Unfallbericht fügte der Gestürzte hinzu »Nie mehr ohne Helm und nie mehr ohne Brustgurt«.

■ Ein Schweizer Spitzensportkletterer stürzte 1986 in Finale (Italien) kurz vor dem Einhängen des dritten Hakens. Wörtlich: »Der Ruck des Fangstoßes ließ mich rückwärts abkippen.« Bei Einwirkung des maximalen Fangstoßes war sein Kopf zu unterst. Im allerletzten Augenblick

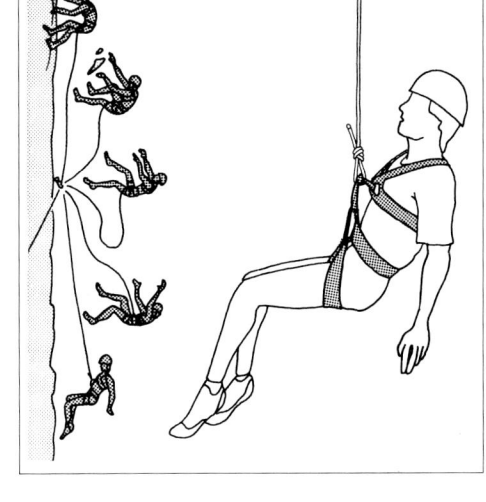

des Sturzabfangens (Fangstoßeinwirkung) berührte er mit dem Kopf gerade noch ein Felsband. Mit einem Schädelbasisbruch konnte er überleben.

■ Im Velebit (Kroatien) stürzte 1986 ein Kletterer etwa 25 Meter und zog sich Kopfverletzungen zu. Er blieb mit dem Kopf nach unten im Seil hängen. Ein Versuch sich aufzurichten schlug fehl. Er kippte (entkräftet, Schock?) wieder nach hinten und blieb weiter mit dem Kopf nach unten hängen. Andere Kletterer konnten ihm bald helfen.

Durch den Rotationseffekt besteht bei locker angelegtem Hüftgurt oder bei Schnallen, die sich bei Fangstoßbelastung lockern, die Gefahr, aus dem Anseilgurt zu rutschen. So geschehen im Sarcatal (Trentino). Ein Kletterer blieb mit den Kniekehlen im Hüftgurt gerade noch hängen, ein anderer rutschte ganz heraus und landete in einem Busch am Einstieg.

Hüftgurt und Blitz

Nach allen Berichten von Blitzunfällen dürfte jeder durch Blitzeinwirkung ausgelöste Sturz unkontrollierbar sein. Sei es, weil der Betroffene sekundenlang nicht fähig ist zu reagieren, oder sei es, daß er gar für längere Zeit besinnungslos ist. Auch die Aussage vom Blitz Getroffener, daß sie sich an gar nichts erinnern können, deutet auf Unkontrollierbarkeit zumindest während einiger Sekunden hin.

■ Am Zahnkofel in den Dolomiten wurde 1979 ein britischer Kletterer, angeseilt nur mit einem Hüftgurt, durch Blitzeinwirkung vom Gipfel in die überhängende NO-Wand geschleudert und stürzte 30 Meter frei durch die Luft. Die Bergrettung konnte ihn nur noch tot bergen. Einzige äußerlich erkennbare Verletzung war eine rückwärtige Abknickung im Lendenwirbelbereich, »Schultern auf Höhe der Füße«. Brandmale wies der Tote nicht auf.

■ Zwei mit diesem Unfall identische Fälle, bei denen die vom Gipfel Geschleuderten überleben konnten, ereigneten sich am Ersten Sellaturm (Dolomiten) und an der Kingspitze (Engelhörner). Am Sellaturm stürzte die vom Gipfel Geschleuderte 30 Meter (wie am Zahnkofel), an der Kingspitze fiel der vom Gipfel Geschleuderte die volle Seillänge aus. In beiden Fällen waren die Gestürzten zeitweise besinnungslos. In beiden Fällen trugen sie zum Hüft- bzw. Sitzgurt einen Brustgurt und konnten so überleben (siehe Seite 51).

Ein todsicherer Versuch

Der Versuch ist ganz einfach. Er zeigt deutlich spürbar die Gründe, warum der Oberkörper nach hinten kippen muß. Man hänge sich in einen Hüftgurt (ohne Brustgurt), und man wird feststellen, daß das Hängen äußerst bequem ist. Ohne daß man es registriert, hat man dabei die Bauchmuskulatur angespannt. Dies läßt

Mit angespannter Bauchmuskulatur...

...und mit entspannter.

sich durch einen Griff in den Weichteilbereich leicht nachweisen. Entspannt man die Bauchmuskulatur, kippt man sofort mit dem Oberkörper nach hinten, und es kommt zur Überstreckung im Lendenwirbelbereich mit schmerzhafter Einschnürung in den Weichteilen. Grund: Da sich der Anseilpunkt außerhalb des Körpers befindet, der Körperschwerpunkt aber im Körper, tritt eine Hebelwirkung auf. Das Seil zieht vor dem Körper – also außerhalb – nach oben, die Körpermasse im Körperschwerpunkt nach unten. Dies löst den Schleudereffekt aus, der zum Schleudertrauma

im Lenden- und Halswirbelbereich oder zum Rotationssturz führen kann. Meinte ein Witzbold: »Physikalisch gesehen, wäre die beste Anseilmethode die mit Hilfe eines senkrechten Loches durch Kopf und Thorax bis hinab zum menschlichen Schwerpunkt.« Da sich dies nicht realisieren läßt, bleiben alle Anseilmethoden ein Kompromiß.

Kombigurte

Diese Bezeichnung ist zweideutig. Laut Duden ist eine Kombination die »Verbindung zweier verschiedener Dinge«. Demnach wäre auch ein Hüftgurt in Verbindung mit einem Brustgurt ein »Kombigurt«. Doch unter einem Kombigurt wird gewöhnlich ein Anseilgurt verstanden, der – als eine Einheit – aus einem Sitzgurt der althergebrachten Version und einem Brustgurt besteht. Diese Art von Anseilgurt gilt sowohl beim Stürzen wie beim Hängen als äußerst unbequem und gefahrenträchtig. Warum diese Anseilgurte von den Normen noch zugelassen werden, ist unklar. Bei Fangstoßeinwirkung und beim Hängen nimmt der Körper eine nahezu gestreckte, senkrechte Haltung ein. Dies ist unangenehm und recht schnell schmerzhaft. Der Grund dafür ist die seitliche Aufhängung der Beinschlaufen und die zu langen Anseilschlaufen, die bis in den Brustbereich reichen.

Das angenehmste Hängen ist vergleichsweise das auf einer Kinderschaukel, also in sitzähnlicher Körperhaltung. Und annähernd so hängt man in einem Hüftgurt, das Schaukelbrett sind die Beinschlaufen, die zu einer automatischen Anhebung der Oberschenkel führen, weil ihre Aufhängung auf den Oberschenkeln erfolgt, nicht wie bei den althergebrachten Sitzgurten und den Kombigurten, die eine seitliche Aufhängung haben.

Der Hüftgurt hat sich aufgrund des angenehmen Stürzens – sofern man bei einem Sturz von angenehm sprechen kann – und ob des bequemen Hängens weltweit durchgesetzt. Es gibt keinen besseren Sitzgurt als den Hüftgurt. Kombiniert man ihn mit einem Brustgurt, hat man die derzeit optimale Anseilkombination. Optimal heißt bestmöglich. Das heißt nicht absolut sicher. Jeder Sturz ist mit Gefahren verbunden. Am wenigsten kann noch in stark überhängendem Gelände »passieren«, wo man nur »in die Luft fliegt«.

Und die Festigkeit?

Alle Gurte sind hinsichtlich der Festigkeit so weit überdimensioniert, daß ein Reißen (technisch richtig: Bruch) nicht möglich ist; dies gilt selbstverständlich auch für die Anseilschlaufe

bzw. -schlaufen des Hüftgurtes. Die Anseilgurte werden auf der Zerreißmaschine zweimal einer Belastung von 16 kN (ca. 1600 kp) ausgesetzt. Dabei dürfen sie keinerlei Nahtanriß oder sonstige sicherheitsrelevante Beschädigung aufweisen. Der größtmögliche Fangstoß, der in der Praxis überhaupt denkbar ist, liegt nur in der Größenordnung von 7,5 kN (ca 750 kp). Also nicht einmal halb so hoch wie die Belastung auf der Zerreißmaschine. Von der Festigkeit her kann also »nichts passieren«. Anders als bei Seilen. Seile können über Felskanten belastet werden und sie müssen Energie aufnehmen können, Anseilgurte dagegen nur kurzzeitig eine Kraftspitze. So sind bisher auch keinerlei Unfälle durch Bruch eines Anseilgurtes bekannt geworden. Selbstgebastelte Gurte und solche aus Fernost könnten Ausnahmen sein.

So lange ein Gurt bei Sturz nicht beschädigt wird – und eine Beschädigung ist durch Sturzbelastung nicht möglich (siehe oben) – braucht man einen Gurt nach einem Sturz auch nicht auszusondern. Ich trage einen

Unangenehm und schmerzhaft.

Es gibt nichts Besseres.

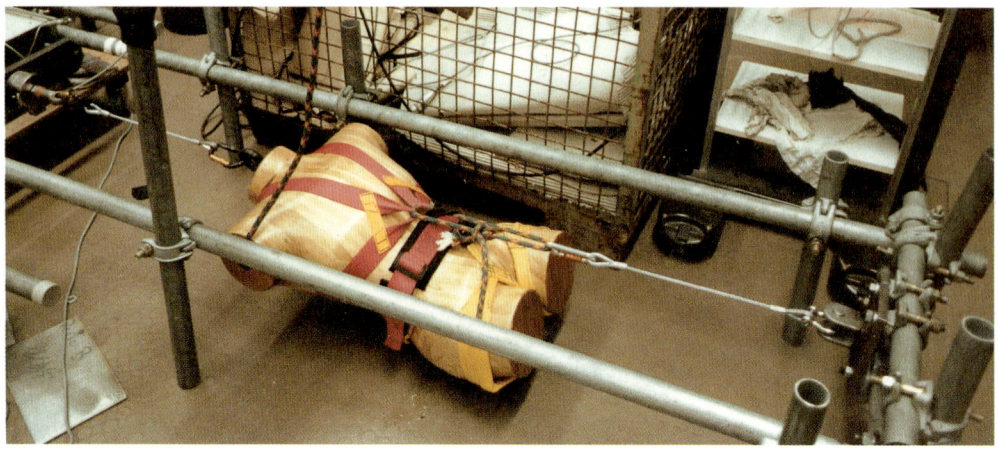

Anseilgurte... nicht kaputtzukriegen.

inzwischen zwölf Jahre alten Troll-Gurt, der sicher noch ewig hält. Anseilgurte sind praktisch nicht kaputtzukriegen. Wer allerdings viel in Kaminen, insbesondere im Sandstein, hinauf- und herunterschabt, sollte die Nähte gelegentlich überprüfen. Sie können gelitten haben. Um eine Aufscheuerung besser kenntlich zu machen, besitzen alle sicherheitsrelevanten Nähte eine Kontrastfarbe.

Wenn man wüßte

Jeder Sturz ist mit Gefahren verbunden. Wir können nur die Gefahren zu minimieren, die Überlebenschancen zu optimieren versuchen. Es wurden tausende und aber tausende von Stürzen in den Hüftgurt (ohne Brustgurt) ohne jede gesundheitliche Beeinträchtigung überstanden. Aber es gibt auch etwa eineinhalb Dutzend Tote und etliche Verletzte.

Wenn man am Einstieg der Fleischbank-Südostwand oder wo auch immer wüßte, ob man einen kontrollierten oder einen unkontrollierten Sturz absolvieren wird, dann könnte man sich so oder anders anseilen. Mit Brustgurt oder ohne. Dann wäre alles viel einfacher. Oder man trägt zum Hüftgurt grundsätzlich einen Brustgurt. Dann kann einem am wenigsten passieren.

Falsche Anseilschlaufen

Anseilgurte haben mehrere Schlaufen, in der Regel eine oder zwei zum Anseilen und diverse Materialschlaufen. Jedem dürfte der

Gedanke an eine Verwechslung der Schlaufen recht unwahrscheinlich vorkommen. Und trotzdem ist es passiert.

In den Dolomiten wurde ein Schwerverletzter mittels Hubschrauber geborgen. Später wurden die Flugretter einzeln am Außenlasthaken von der Unfallstelle abgeholt. Einer hat in der Eile den Karabiner des Außenlastseiles statt in die Anseilschlaufe in eine seiner Materialschlaufen eingehängt, die der Belastung während des Fluges nicht standhielt. Später berichtete der Pilot, er hätte während des Fluges den Eindruck gehabt, »als sei die Last ausgeklinkt worden«. Der tote Flugretter wurde später gefunden.

Wenn man wüßte, welcher Sturz...

Dieser Unfall war Anlaß, die Normen für Anseilgurte zu ergänzen. Es wurde ein Passus aufgenommen, der vorschreibt, daß die Materialschlaufen einen seitlichen Mindestabstand zu den Anseilschlaufen aufweisen müssen. Damit sollte der Verwechslungsgefahr vorgebeugt werden. Die Normengremien waren nur widerstrebend für diese Normergänzung zu gewinnen, denn man war der Meinung, ein solcher Unfall ist sicher ein Einzelfall und wird es wohl auch bleiben. Doch weit gefehlt. Fehler, die möglich sind, werden gemacht und wiederholen sich. Und so brauchte ich, der ich den Antrag in den Normengremien eingebracht hatte, nur zu warten. Die Zeit arbeitete für die Beweisführung des »Murphy law«, wie die von Murphy gefundene Gesetzmäßigkeit von Fehlerquellen und Fehlern inzwischen genannt wird (siehe auch Seite 117).

Keine drei Jahre später, im Sommer 1989, ereignete sich im Rahmen einer Bergführerausbildung ein weiterer Unfall dieser Art. Es wurde die Spaltenbergung geübt. Um dies möglichst praxisgerecht zu gestalten, muß heute jeder Bergführeranwärter kurzerhand in eine Spalte springen, sein Seilpartner den Sturz halten und den in der Spalte Hängenden bergen. Die Auswahl der Spalte hängt von der Persönlichkeit des Ausbilders ab. Scharfe Ausbilder wählen gern eine grundlose Spalte nach dem Motto »Euch werde ich das Fürchten schon lehren«. Etwas menschlichere überlassen die Auswahl dem, der springen muß. So ist die Auswahl der Spalte zufallsbedingt.

Einer der Bergführeranwärter sprang in die Spalte. Bruchteile von Sekunden, nachdem er verschwunden war, schlenzte das Seilende mit Sackstich und Schraubkarabiner wieder aus der Spalte heraus. Der Leser ahnt, was passiert ist. Der Bergführeranwärter hatte die Anseilschlaufe mit einer Materialschlaufe seines Anseilgurtes verwechselt. Und die hat dem Fangstoß natürlich nicht standhalten können. Was ist dem in die Spalte Gesprungenen passiert?

Zum Glück nichts weiter. Sein Ausbilder neigte mehr zur Auffassung »leben und leben lassen«. So hatte der Anwärter eine Spalte mit einer stabilen Brücke in zehn Meter Tiefe wählen dürfen.

Bleibt die Frage, ob denn der normgerechte Abstand der Materialschlaufen immer noch nicht groß genug ist. Größer aber kann der Abstand nicht festgelegt werden, da sich die Materialschlaufen sonst nicht mehr im normalen Griffbereich befinden. So ist und bleibt hinsichtlich Sicherheit vieles immer nur ein Kompromiß. Trotz Normen bleibt auch von seiten der Ausrüstung immer noch ein Restrisiko.

Doch auch diese beiden Unfälle sollten nicht die einzigen bleiben. In Lumignagno, einem Klettergarten in Oberitalien, kam es zu einem weiteren Unfall. Zum Glück ohne allzu ernste Verletzungen. Ein Sportkletterer landete unsanft am Einstieg, weil er seinen Anseilkarabiner in eine der Materialschlaufen eingehängt hatte.

Doch nicht nur beim Anseilen, auch beim Abseilen wurden die Schlaufen schon verwechselt. Ein englischer Kletterer seilte in einem Klettergarten bei Oberstdorf ab. Aus Versehen hing er den Abseilachter in eine Materialschlaufe seines Hüftgurtes. Die war durch längeren Gebrauch schon arg strapaziert und riß. Zum Glück war die Abseilstelle nicht allzu hoch, so daß der Sturz nur etwas unsanft mit einer Schädelfraktur (ohne Helm) endete.

Meinte in diesem Zusammenhang einmal Sepp Gschwendtner: »Man muß halt wissen, was man tut – ich kann mein Auto auch nicht am Scheibenwischer abschleppen.«

Auch andere Schlingen

Im Morgenbachtal (Rhein-Main-Gebiet) wurde 1992 im Rahmen der Sportkletterausbildung das Stürzen geübt. Ein Sportkletterer sprang.

Sein Seilpartner und stabile Bühlerhaken hätten den Sturz halten sollen. Statt dessen landete der Springende zu aller Erstaunen am Einstieg und kugelte noch den Hang hinunter. Möglicherweise war dies der Grund, warum er sich keine lebensgefährlichen Verletzungen zuzog, sondern nur mehrere Rippenbrüche und andere weniger ernste Verletzungen. So wurde die Fallenergie nicht urplötzlich in Verformungsarbeit wie Knochenbrüche, Bänderzerrungen, -risse und dergleichen umgewandelt, sondern in Rotationsenergie und diese wurde langsam abgebremst.

Was war passiert? Der Sportkletterer hatte sich, damit das Seil seitlich aus der Anseilschlaufe herausführt, mitten in diese angeseilt, also dort, wo die Anseilschlaufe mancher Hüftgurte eine zusätzliche Naht aufweist. Diese Naht hat nur geringe Festigkeit, weil sie die Anseilschlaufe nur in zwei Ösen trennen soll. Die Naht konnte nicht halten.

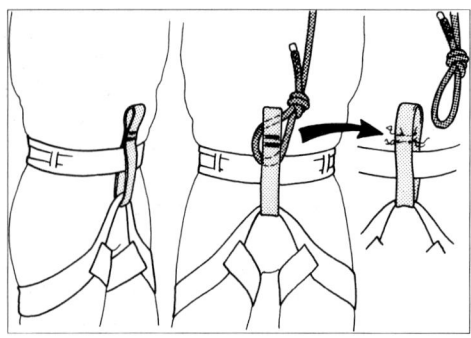

Auch dieser Unfall war nicht etwa der einzige dieser Art. Ein gleicher Unfall ereignete sich im Donautal. Fehler können gar nicht so unwahrscheinlich sein, daß sie nicht doch einmal gemacht werden. Man müßte Anseilgurte konstruieren, die nur eine einzige Möglichkeit zum Anseilen aufweisen. Gebrauchsanweisungen, Angaben auf dem Etikett und Literaturhinweise, wie anzuseilen ist, können Unfälle durch falsches Anseilen nur bis zu einem gewissen Grad verhindern. Leider nie 100prozentig. Es bleibt immer ein Restrisiko.

Auch der Anseilknoten

Nicht nur der Anseilgurt ist ein Glied der Sicherungskette, sondern auch der Anseilknoten.

■ Am Barmstein (bei Hallein) »setzte« sich ein Kletterer an einer schwierigen Stelle in acht Metern Höhe an einem Haken ins Seil. Der Sichernde am Boden hielt ihn leicht, auch er »setzte« sich ins Seil. Doch nicht lange. Der Anseilknoten löste sich und beide fielen. Der Sichernde nur rückwärts auf sein Hinterteil, der Kletternde bis zum Einstieg. Zufällig endete der Sturz exakt an jener Stelle, wo dem Gestürzten am wenigsten passieren konnte, nämlich auf weichem Waldboden zwischen Blöcken. Der gesteckte Anseilknoten war nicht vollständig geknüpft gewesen. Das Seilende war nur durch den Knoten hindurchgefädelt, nicht dem Knoten nachgefahren worden. Möglicherweise ist der Kletterer beim Knüpfen abgelenkt worden.

■ In Konstein (südlicher Frankenjura) löste sich in der »Schaumrollen-Route« der Anseilknoten eines Nachsteigers, als dieser Zug benötigte. Der Sturz endete 20 Meter tiefer am Einstieg. Der Gestürzte erlag noch an Ort und Stelle seinen Verletzungen.

■ Auch die Amerikanerin Lynn Hill, die zeitweilig beste Wettkampfkletterin mit vielen ersten Plazierungen, mußte erfahren, was ein unvollständiger Anseilknoten bedeuten kann. Nachdem sie 1989 in München unter den Damen die erste deutsche Sportklettermeisterschaft gewonnen hatte, fuhr sie nach Buoux (Südfrankreich), um sich auf weitere Wettkämpfe vorzubereiten. Sie kletterte eine IXer-Route im Vorstieg, lenkte das Seil an einem sicheren Haken um, setzte sich ins Seil, um abgelassen zu werden – und stürzte über 20 Meter bis zum Einstieg. Sie hatte mächtiges Glück. Ihr Sturz endete auf weichem Boden zwischen Baumstümpfen. So zog sie sich »nur« eine Ellbogenluxation und eine Fersenbeinfraktur zu. Seitdem nennt man unvollständige Anseilknoten in England »Lynn Hill hitch« (*hitch* = Knoten).

■ Mehr Glück hatte ein deutscher Bergführer, Inhaber einer namhaften Kletterschule. Auch sein Knoten zog sich auf – jedoch nicht völlig. Es war ein unvollständig geknüpfter Sackstich, dessen Ende nur deshalb nicht völlig durchschlüpfte, weil die Banderole am Seilende zu dick war und sich »Wurstringe« gebildet hatten.

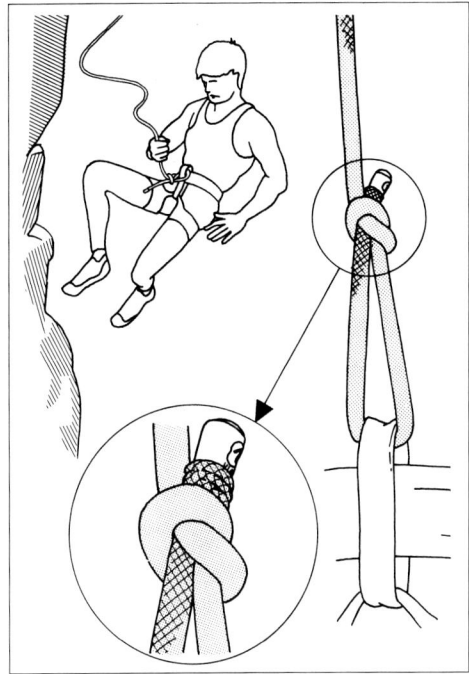

■ Ein blutjunger Sportkletterer versuchte lange Zeit vergeblich, in den VIII. Grad vorzustoßen. Die »Red Sonia« (VIII+) im Hirschbachtal (Frankenjura) hatte er 'zigmal versucht und nie geschafft. Es kam der Zeitpunkt, »da er sich besonders gut drauffühlte« und einen weiteren Versuch starten wollte. Er nahm seine jüngere Schwester mit, die sollte ihn sichern. Da diese noch nie etwas mit dem Felsklettern zu tun gehabt hatte, mußte er ihr die HMS (= Halbmastwurfsicherung) erst einmal erklären und vormachen. Dann seilte er sich an und stieg ein. Wider Erwarten schaffte er die VIIIer-Stelle auf Anhieb, an der er bisher immer »geflogen« war. Als er sich oberhalb »nur« noch im VIIer-Gelände befand, löste sich sein Anseilknoten, der nur halbfertig gesteckt war, und das Seil fiel herab. Seine Schwester, nicht wissend, was das zu bedeuten hat, rief hinauf: »Da ist eben was runtergefallen – muß das so sein?« Da erst merkte der blutjunge Kerl, daß er seillos war. Er schaffte die restlichen Meter bis zum Ausstieg und bekam die zittrigen Knie erst im Abstieg. Dies war an einem Samstag. Am Sonntag ging er nicht zum Klettern, sondern mit seiner Mutter in die Kirche.

Es gibt beim Bergsteigen, Fels- und Eisklettern eine ganze Reihe von Gefahren, die schwierig oder auch gar nicht zu erkennen sind. Sie sind folglich nur schwierig oder gar nicht kalkulierbar. Dazu zählt die Festigkeit von Haken im Fels. Die von angerosteten Bohrhaken ist nur sehr schwierig abzuschätzen, die von Normalhaken praktisch überhaupt nicht. Ob dagegen der Anseilknoten richtig oder falsch geknüpft ist, das ist für jeden zu erkennen, da sichtbar und vor der Nase plaziert. Man muß nur hinsehen.

Anseilen mit Karabiner?

Die Gefahr, daß sich ein Anseilkarabiner mit Twistlockverschluß ungewollt öffnet, wurde bisher für nicht möglich gehalten. Deshalb seilt man sich so auf dem Gletscher an. Daß dies keine sichere Lösung ist, zeigte ein Unfall im Fels.

Beim Toprope-Klettern in Stetten (bei Stuttgart) war ein Journalist eines bekannten Klettermagazins mit Sackstich und Twistlock-Karabiner angeseilt. Als er sich ins Seil setzen wollte, um abgelassen zu werden, öffnete sich der Karabiner, und der Kletterer stürzte fünf Meter herab. Folge: Trümmerbruch des Fußgelenks. Ungeklärt blieb, wodurch sich der Karabiner öffnete. Denkbar ist, daß sich eine Seilfaserschlaufe an einer Kante des Twistlock-Verschlusses verfangen und bei Seilbelastung den Verschluß geöffnet hat.[19] Daß sich Twistlock-Karabiner auf diese Weise öffnen können, ist vom Abseilen mit HMS bekannt (siehe Seite 114/115). Doch ist die Seileinwirkung auf den Schnapper in diesem Fall eine ganz andere.

Wollte man die Konsequenzen aus diesem Unfall ziehen, müßte man dieser Gefahr, insbesondere beim Anseilen auf Gletschern, vorbeugen. Bliebe nur der Schraubkarabiner. Doch auch er ist bekanntlich keine Lösung. Zu oft wird das Zuschrauben vergessen. Bleibt nur die Möglichkeit der Redundanz: zwei Twistlock-Karabiner parallel. Daß sich beide ungewollt öffnen, dürfte auszuschließen sein.

---

19) *Kurz vor Drucklegung ereignete sich ein weiterer Unfall, und zwar beim Indoor-Klettern in Mittenwald.*

Warum kein Bulinknoten mehr?

Viele Jahrzehnte diente der Bulinknoten als verläßlicher Anseilknoten, hatte Eingang in die Alpinliteratur gefunden und wurde von jedermann benutzt. Dann, Anfang der siebziger Jahre, wurde der Bulinknoten auf einmal verdammt, man ließ ihn sterben. Man hatte erkannt, daß er sich unter Ringbelastung aufziehen kann. Ringbelastung tritt immer dann auf, wenn die Belastung nicht über den Seilstrang eingeleitet wird, sondern direkt in den Seilring, beispielsweise mittels Karabiner. Diese Belastung tritt selten auf, früher noch seltener als heute. Deshalb hat es wohl auch so lange Zeit gedauert, bis man auf die Gefährlichkeit des Bulinknotens in dieser Belastungssituation gekommen ist. Es war jedenfalls ein langer Weg, bis man dies erkannt hatte, und, wie wir sehen werden, ist dieser Prozeß immer noch nicht ganz abgeschlossen. Das Umdenken bei Bergsteigern und Kletterern dauert immer recht lang.

Am Peilstein

Der erste Anlaß, über den Bulinknoten intensiv nachzudenken, war ein tödlicher Unfall im November 1965 am Peilstein. Der Bulinknoten kam vor Gericht. Was war

Bis in die sechziger Jahre nur mit dem Seil um den Brustkorb, angeseilt mit Bulinknoten.

passiert? Im Rahmen einer Bergrettungsübung wurde der Abtransport eines Verletzten mit behelfsmäßigen Mitteln geübt. Ein »Retter« hatte einen »Verletzten« auf dem Rücken und wurde von einem zweiten »Retter« mittels Karabinerbremse abgelassen. HMS und Abseilachter gab es noch nicht. Die Karabinerbremse war an einem Baum mittels einer Seilschlinge

Der Peilstein, südlich vor den Toren Wiens.

Der Bulinknoten am Peilstein.

befestigt, die aus einem separaten Seilstück mit einem Bulinknoten geknüpft war, der nicht durch einen weiteren Knoten abgesichert worden ist. Um einem unkontrollierten Ablaufen des Seiles vorzubeugen, war eine Prusikschlinge am losen Seil angebracht und ebenfalls an der Seilschlinge befestigt. Alles entsprechend der damaligen Lehrmeinung.

Die Rettungsübung war bereits mehrere Male zur völligen Zufriedenheit der Ausbilder durchgeführt worden, als ein »Retter« mit dem abzutransportierenden »Verletzten« auf dem Rücken samt Seil völlig unerwartet hinabstürzte. Dem die Karabinerbremse bedienenden »Retter« wurde das Seil aus den Händen gerissen. Der »Retter«, der den Prusikknoten bediente, versuchte noch, das Seil zu halten, und wurde dabei mit in die Tiefe gerissen. Der »Verletzte« war auf der Stelle tot, sein fiktiver Retter und der, der das Seil noch hatte halten wollen, waren schwer verletzt. Der Bulinknoten der am Baum angebrachten Seilschlinge hatte sich gelöst.

Wie konnte das passieren? Das sollte ein Gericht klären. Der Staatsanwalt erhob Anklage gegen den verantwortlichen Ausbilder und gegen den »Retter«, der den Bulinknoten geknüpft hatte und selbst schwer verletzt worden war. Beide hatten sich »wegen Vergehens gegen die Sicherheit des Lebens« zu verantworten.

Es kam zur Verhandlung vor dem Schöffensenat des Kreisgerichtes Wiener Neustadt. Im Gerichtssaal zeigten die beiden als erfahrene Alpinisten bekannten Bergrettungsmänner an einem Sessel, wie sie die Seilschlinge mittels Bulinknoten am Baum befestigt hatten. Wieso sich der Bulinknoten dann gelöst hatte, den die beiden schon so oft in der Praxis als Anseilknoten verwendet hatten, wußten sie nicht zu erklären. Ob man nun das Seil um den Brustkorb schlingt oder um einen Baum, das müßte doch wohl gleich sein.

Das Gutachten

Zur Klärung dieser entscheidenden Frage hatte der Schöffensenat einen bekannten, gerichtlich beeideten Alpinfachmann herangezogen. Dieser gelangte in seinem schriftlichen Gutachten zu der Feststellung, »daß eine aus einwandfreiem Seilmaterial hergestellte Seilschlinge absolut ausreicht, um eine Abseilvorrichtung zu tragen, an der zwei Personen abgeseilt werden. Dies jedoch unter der Voraussetzung, daß die Verknotung der Seilschlinge nach den in der Alpinistik erprobten Regeln vorgenommen wird.« Daraus zog er den Schluß, daß die Seilschlinge nicht in einer Art und Weise geknüpft gewesen sein konnte, die der in der Alpinistik erprobten Form entspricht, worauf das unbeabsichtigte Lösen des Knotens ausschließlich zurückzuführen sei. Das war allerdings auch ohne Gutachten zu diesem Zeitpunkt schon bekannt. Nur warum sich der Bulinknoten hatte öffnen können, das wurde vom Sachverständigen nicht gesagt. Die Verteidigung bestand auf der Meinung, daß die Verwendung des Bulinknotens in allen Kursen, in den Lehrschriften des Alpenvereins und in denen des Bergrettungsdienstes gelehrt wird, und daß ein Bulinknoten für die verwendete Verankerung deshalb nicht falsch gewesen sein konnte. Und weiter: Nirgends stehe etwas davon, daß das freie Ende des Bulinknotens durch einen zusätzlichen Knoten abzusichern sei. Daraufhin wollte der Staatsanwalt wissen, warum es denn bis dahin keine anderen Unfälle gegeben habe. Der Sachverständige führte aus, daß der Bulinknoten in der Literatur nur als Anseilknoten zur Herstellung einer Anseilschlinge empfohlen wird, nicht zur Herstellung einer Befestigungsschlinge, an der Retter und Verletzter mittels Bremsvorrichtung abgelassen werden.

Es ging noch lange zwischen Staatsanwalt und Verteidigung hin und her. Man stellte fest, daß ein Riß durch die Alpintheorie gehe, da einige Fachleute das Absichern des Bulinknotens lehrten, andere wieder nicht. So schrieb Prof. Wastl Mariner in seinem seinerzeitigen Lehrbuch: »Wird der Knoten durch das Sicherungsseil festgezogen, so ist ein Lockerwerden nie zu befürchten, und es erübrigt sich,

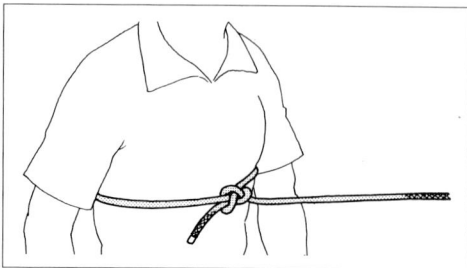

So hält der Bulinknoten...

eine weitere Sicherung gegen Lösen anzubringen.« Womit er natürlich recht hatte. Man hatte noch nicht die beiden unterschiedlichen Belastungsarten erkannt: im einen Fall Belastung des Bulinknotens über den Seilstrang (und er hält), im anderen Fall Belastung des Bulinknotens über den Seilring (und er kann sich aufziehen).

Das Urteil

Der Sachverständige führte aus, daß es sogar Lehrschriften gäbe, die falsche Knotendarstellungen, unter anderen des Bulinknotens, beinhalten. Als dann noch der Landesleiter des zuständigen Bergrettungsdienstes bekanntgab, daß die Verwendung des unabgesicherten Bulinknotens aufgrund dieses Unfalles inzwischen untersagt worden ist, zog die Staatsanwaltschaft spontan ihre Anklage zurück und der vorsitzende Richter verkündete – wie eine Wiener Tageszeitung berichtete – den »noch völlig verdutzten Angeklagten ihren Freispruch« und dies offenbar »aufgrund des Versagens der alpinen Theorie«. Erst eineinhalb Jahre später tauchte dann der erste Hinweis in der Alpinliteratur auf, daß sich der Bulinknoten nicht für Ringbelastung eignet. Mariner hatte Versuche in der Weise durchgeführt, wie sich der Unfall ereignete, und in der, wie man sich anseilt. Es zeigte sich, daß sich der Bulinknoten unter Ringbelastung bei 1,5 bis 1,6 kN (ca. 150–160 kp) aufzieht, während er bei Belastung als Anseilknoten bis zum Bruch des Seiles im Knoten hält.

Änderung der Lehrmeinung

Anfang der siebziger Jahre führten auch wir im Sicherheitskreis Belastungsversuche mit dem Bulinknoten durch und konnten Mariners

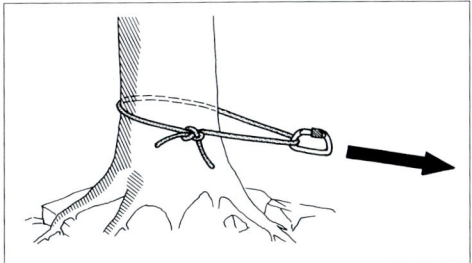

... und so zieht er sich auf.

Erkenntnisse bestätigen: Bei Ringbelastung zieht sich der Bulinknoten auf, insbesondere dann, wenn die Belastung alternierend, also nicht ruhend, erfolgt, sondern zwischendurch immer wieder Entlastung auftritt. Daraufhin wurde der Bulinknoten vom Lehrteam des DAV abgelehnt mit der plausiblen Begründung, daß ein Knoten nicht brauchbar sei, den man mit einem zweiten Knoten absichern muß. Das leuchtet ein. Man ließ den Bulinknoten kurzerhand sterben. Als Anseilknoten wurden der Achterknoten und der Sackstich kreiert. Auf diese Weise reduzierte sich auch der Lehrstoff. Man brauchte von jetzt an einen Knoten weniger lehren und lernen.

Sackstich und Achterknoten haben aber gegenüber dem Bulinknoten einen entscheidenden Nachteil, den man damals noch nicht gleich erkannte, weil noch nicht am laufenden Band »geflogen« wurde. Dazu mußte es erst zum Sportklettern mit seinen vielen Stürzen kommen. Beide Knoten lassen sich nach Sturzbelastung wesentlich schwieriger wieder lösen als der Bulinknoten. Der Achterknoten dabei noch etwas leichter als der Sackstich.

Immerhin hatte man den Bulinknoten von seiten der Ausbildung abgeschafft. So schnell auch das Lehrteam reagierte, so langsam reagierte die kletternde Öffentlichkeit. Die Lehrbuchautoren zogen zwar mit, auch die Bergführer und Alpinausbilder, doch der Mann auf der Straße – in unserem Fall der Kletterer am Fels – der mit dem Bulinknoten bis dahin nur gute Erfahrung gemacht hatte und nicht die Hintergründe der Meinungsänderung erfuhr, begann mit dem Umdenken nur sehr zögernd. Hat ein Kletterer mit irgend etwas gute Erfahrung gemacht, weil bisher überlebt, wird er seine Verhaltensweise nicht so leicht ändern. Der Mensch ist im Umdenken träge, so lange ihm das Neue keine besonderen, für ihn erkennbaren Vorteile bringt. Heute, fast drei Jahrzehnte nach Änderung der Lehrmeinung, ist der Bulinknoten noch immer vereinzelt als Anseilknoten in Gebrauch. Die Unfälle blieben zwangsläufig nicht aus.

An der Petit Dru

Auch Harry Rost hatte etliche Jahre lang den Bulinknoten verwendet und sah keinen Grund, seine Meinung zu ändern. Nun muß man wissen, daß der Harry ein exzellenter Alpinist und Kletterer ist. Er hat eine Vielzahl der schwierigsten Anstiege in den Ost- und Westalpen ohne Unfall hinter sich gebracht. Die Eiger-Nordwand gleich zweimal. Einmal mit der Elfi, von der gleich noch die Rede sein wird, und einmal bei miserabelsten Verhältnissen, in einem Sommer, in dem keiner anderen Seilschaft der Durchstieg gelang.

Mit der Elfi war Harry in der Dru-Nordwand. Im oberen Drittel gerieten sie in einen fürchterlichen Steinschlag. Ihre Seile wurden

So hält er...

So zieht er sich auf...

durchgeschlagen. Die beiden hatten mächtiges Glück. Sie blieben unverletzt. Der Steinschlag hatte einen solchen Lärm verursacht, daß er in Chamonix wahrgenommen wurde. Die für Rettungsflüge in Chamonix stationierten Hubschrauber stiegen sofort auf und schauten nach den Kletterern. Inzwischen waren Harry und Elfi bis eine Seillänge unter den Gipfel gekommen. Dabei war Harry einmal mit einem riesigen Block, den der Steinschlag offensichtlich gelockert hatte, herabgestürzt und hatte sich verletzt. Bald schwebte ein Retter am Stahlseil eines Hubschraubers heran und holte die Elfi heraus. Wenig später war der Harry dran. Der Retter klinkte den Karabiner des Stahlseiles in Harrys Anseilring, trennte dessen Selbstsicherung mit einem Messer kurzerhand durch, und schon schwebten beide mehrere 100 Meter über Grund. Da merkte Harry plötzlich, wie sein Bulinknoten nachgab. Siedend heiß fiel ihm ein, daß er irgendwo einmal gelesen hatte, daß sich der Bulinknoten bei Ringbelastung aufzieht. Er merkte, wie sein Anseilring immer länger wurde. So klammerte er sich mit aller Kraft an den Rettungskarabiner, um den Bulinknoten möglichst zu entlasten. Die wenigen Minuten, bis er im Hubschrauber

war, kamen ihm vor wie die halbe Ewigkeit. Im Hubschrauber konnte er dann feststellen, daß nur noch wenige Millimeter fehlten, und das Seilende wäre durchgeschlüpft. Noch heute, Jahre danach, hat der Harry immer wieder Alpträume: Er hängt mit aufgegangenem »Bulin« unterm Hubschrauber.

Am Olperer

Ein deutsches Ehepaar wollte im Sommer 1983 den Olperer in den Zillertaler Alpen besteigen. Um nicht auf der Sommerskipiste gehen zu müssen, wählten sie einen direkten Aufstieg über den Gletscher. Angeseilt waren sie mit einer Acht-Millimeter-Reepschnur um den Brustkorb, verknotet mit dem Bulinknoten, Seilverbindung mit Schraubkarabiner und Sackstich, so, wie es ein Jahrzehnt früher gelehrt worden ist. Der Leser ahnt, was passierte: Die Frau stürzte in eine Spalte, und der Bulinknoten löste sich aufgrund der Ringbelastung. Sie konnte nur noch tot geborgen werden. Ob sie hätte überleben können, wenn der Bulinknoten nicht aufgegangen wäre, steht auf einem anderen Blatt. Die starke Abschnürung unter den Achseln führt sehr schnell zum orthostatischen Schock.[20] und damit zu einem Herz- und Kreislaufversagen.

An den Droites

Im Sommer 1981 hatten zwei junge Münchner Eisgeher den NO-Pfeiler an den Droites (Montblanc-Gruppe) durchstiegen. Der Droitespfeiler zählt zu den schwierigsten kombinierten Anstiegen der Westalpen. Schwierigster Fels und steiles, kombiniertes Gelände wechseln ab. Ein Biwak ist obligatorisch, ein zweites meist notwendig. So kann man davon ausgehen, daß unsere zwei jungen Eisgeher keine Anfänger waren.

Möglicherweise war die neue, zu diesem Zeitpunkt immerhin schon beinahe ein Jahrzehnt alte Lehrmeinung hinsichtlich Bulinknoten noch nicht bis zu ihnen durchgedrungen. Jedenfalls war der eine noch mit Bulinknoten angeseilt. Für den Abstieg hatte er etliche Seilschlingen über die Schulter aufgenommen und sie mit Sackstich und Schraubkarabiner

20) Siehe Seite 82–85.

abgesichert. Während des Abstiegs zog es zu. Es herrschte bald dichter Nebel. Alles war grau in grau, der Blick für die Tiefe war weg. Deshalb wohl stürzte der Seilerste über einen überwächteten Eisabbruch fünf bis sieben

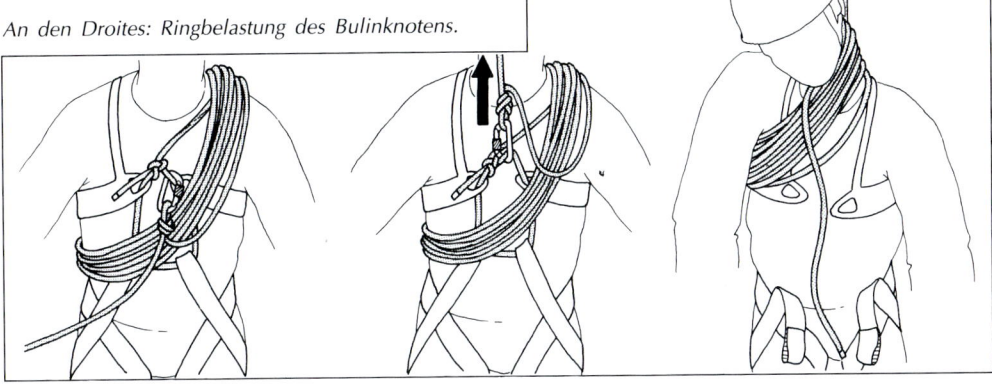

An den Droites: Ringbelastung des Bulinknotens.

Meter hinab, bis er von seinem Seilpartner gehalten werden konnte. Dieser spürte dabei deutlich zwei Seilrucke. Es bestand keine Sichtverbindung. Auf Rufe erhielt der Sichernde keine Antwort. So fixierte er den Gestürzten und stieg seitlich über den Eisabbruch hinab. Was war passiert? Er fand den Gestürzten erdrosselt. Durch die Sturzbelastung – den ersten Seilruck – hatte sich der Bulinknoten gelöst, da er in Ringform belastet worden war. Danach hatten sich die aufgenommenen Seilschlingen um Hals und Achsel fest zugezogen – der zweite Seilruck – und den Gestürzten erdrosselt. Der Schraubkarabiner, mit dem die Seilschlingen »abgesichert« waren, hing oberhalb des Gestürzten im Seil.

Auch beim Wettkampfklettern

Der letzte Unfall, der bekannt wurde, ereignete sich beim Weltcup 1992 in St. Pölten. Ein italienischer Wettkampfkletterer stürzte in acht Meter Höhe – und fiel ungebremst bis auf den Boden. Das Seilende schlängelte sich durch die Zwischensicherungen herab. Der Bulinknoten hatte sich – wodurch auch immer – gelöst. Der Gestürzte zog sich Trümmerbrüche an beiden Fußgelenken zu. Für den restlichen Wettkampf, so entschied das Kampfgericht daraufhin, durfte nur noch mit dem Achterknoten angeseilt werden. Protest bei den

französischen Athleten – sie wußten nicht, wie man einen Achterknoten macht. Die Kampfrichter mußten die Damen und Herren Athleten anseilen, unter anderen Isabelle Patissier und François Legrand. Immerhin war erstere mehrfache Weltcupsiegerin und Weltmeisterschafts- sowie Europameisterschaftszweite. Die Erfolgsliste von Legrand ist noch beeindruckender: Mehrfacher Weltmeister, Weltcupsieger und Europameister. Inzwischen wurde auf allerhöchster internationaler Wettkampfrichter-Ebene festgelegt: »In Zukunft nur noch Achterknoten«.

Abseilen – nie ganz ungefährlich

Beim Abseilen hängt man zwischen Himmel und Erde und muß sich allein auf die Technik verlassen. Und auf die ist nicht immer Verlaß. Die menschliche Unzulänglichkeit kommt noch hinzu. Das führt dazu, daß sich von den tödlichen Kletterunfällen etwa 25 % allein beim Abseilen ereignen, der überwiegende Teil durch ausbrechende Haken oder Abseilblöcke. Auf die Belastung der Abseilfixpunkte und auf die damit verbundenen Gefahren wird an anderer Stelle eingegangen (siehe Seite 147,151). Hier sollen die Abseilunfälle Erwähnung finden, die auf die übrigen Ursachen zurückzuführen sind.

Der »Grünstich«

Im Oberreintal (Wetterstein) war ein Kletterkurs soweit abgeschlossen, daß die Teilnehmer eine Klettertour allein unternehmen konnten. Der Ausbilder ging nur noch mit, um im

...ohne Knoten am Seilende?

Ernstfall helfend eingreifen zu können. Alles ging gut. Die Seilschaften erreichten den Gipfel des Oberreintalturms. Später wurde abgeseilt. An der letzten Abseilstelle knüpfte einer der Kletterschüler die Seile zusammen und zeigte den Spierenstich dem Ausbilder. Der warf einen kurzen Blick darauf – alles okay – und begann als erster mit dem Abseilen. Als er das Seil belastete, löste sich der Spierenstich, und der Ausbilder stürzte 25 Meter hinab.

Wie konnte das passieren? Der Spierenstich war gar kein Spierenstich gewesen. Der zweite Knoten war auf der falschen Seite angebracht.

Mal ehrlich – wer erkennt auf den folgenden zwei Bildern den Fehler? Welcher ist der richtige Spierenstich und welcher der falsche?

Der untere ist der richtige. Wer erkennt dies auf den ersten Blick? Wohl nur der, der diese Fehlerquelle kennt. Der Ausbilder kannte sie nicht. Und wer kannte diese Fehlerquelle, bevor er dies las? Merke: Der Spierenstich ist bei einheitlicher Farbe der beiden Enden nicht am Knotenbild überprüfbar.

Der Ausbilder konnte nur deshalb überleben, weil er am Einstieg auf ein schräges Schneefeld stürzte, das das Allerschlimmste verhinderte. Zu den Verletzungen kam noch der Spott seiner Ausbilder-Kollegen hinzu. Und weil der Verletzte den Namen Grünberg[21] trug, gaben seine

---

21) *Farbenbezogener Name geändert.*

Kollegen dem falschen Spierenstich den Namen »Grünstich«.

An der Fünffingerspitze

Auch ein unvollständiger Knoten ist ein falscher Knoten. Zwei Bergführer hatten Gäste über die NO-Kante auf den Daumen der Fünffingerspitze geführt. Um beim Abseilen schneller zu sein, wollten sie über 40 Meter abseilen. An der ersten Abseilstelle knüpfte der eine Bergführer beide Seile mit dem Spierenstich zusammen, begann mit dem Abseilen – und stürzte samt den Seilen hinab. Er konnte nur noch tot geborgen werden. Was war passiert? Der Unfall ließ sich rekonstruieren. Im einen Seil war der Knoten noch vorhanden, im anderen war kein Knoten. Da der Bergführer schon im ersten Augenblick der Seilbelastung in die Tiefe stürzte, blieb nur eine Vermutung: Es war nur ein halber Knoten, der

An der Fünffingerspitze...

zweite fehlte. Möglicherweise ist der Bergführer beim Knüpfen abgelenkt worden. Die Gefahr ist besonders groß, wenn man nach dem Durchfädeln des Seiles, ohne den zweiten Knoten zu knüpfen, den ersten schon festzieht. Dieses Festziehen kann den Eindruck vermitteln, man sei mit dem Knüpfen fertig.

Abseilgedränge

Jeder Kletterer kennt das Gedränge an Abseilstellen, wenn unten nichts weitergeht und die nächste Seilschaft schon im Anmarsch ist. Sind noch dunkle Wolken am Himmel, wird der Streß noch größer. Die Unfälle sind zahlreich. Nur einige seien herausgegriffen.

■ An einer Abseilstelle in Finale Ligure (Italien) befanden sich mehrere Kletterer und hantierten herum. Der zuerst Abseilende glaubte, das Seil sei in einer der vielen Abseilschlingen befestigt, seilte ab – und stürzte zu Tode. Das Seil war nicht eingehängt.

■ An einer Abseilstelle am Zweiten Sellaturm seilte ein Bergführer ab. Kurz vor dem nächsten Standplatz stürzte er mit samt dem Seil hinab und blieb zufällig nach zwei Metern Sturzhöhe

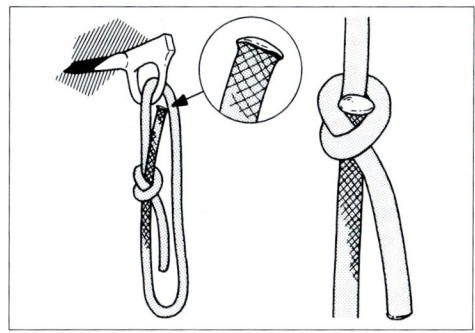

Am Zweiten Sellaturm...

in einer Steilrinne liegen. Die Abseilschlinge im Haken war, ähnlich wie beim Unfall an der Fünffingerspitze, nur mit einem halben Spierenstich zusammengeknüpft. Daß sich der Knoten nicht wie an der Fünffingerspitze schon zu Beginn des Abseilens aufgezogen hatte, lag nur daran, daß das Reepschnurende einen Schmelzgrat aufwies.

■ Im Klettergarten von Bad Heilbrunn (Oberbayern) herrschte viel Betrieb, regelrechtes Gedränge. Da stürzte plötzlich ein Abseilender

Neues Warnschild: »Vorsicht fallende Kletterer«.

25 Meter herab. Der unvollständig geknüpfte Knoten seiner Abseilschlinge am Baum hatte sich gelöst. Glücklicherweise fiel er auf einen sich am Einstieg gerade bückenden anderen Kletterer. Dadurch wurde der Aufprall so weit gemildert, daß der Gestürzte überleben konnte. Der, dem er auf den Rücken fiel, zog sich etliche Wirbelbrüche zu. Techniker würden dies so formulieren: die Fallenergie ist in Verformungsarbeit (Wirbelbrüche) umgewandelt worden. Der Nicht-Techniker, der normale Mensch, spricht von einer Knautschzone, wie sie die Autos haben.

■ Der letzte Unfall ereignete sich im Frühjahr 1993 an der Teufelsley (Rheinland). Der Knoten einer Abseilschlinge löste sich selbsttätig. Der Gestürzte konnte nicht überleben.

An künstlichen Kletteranlagen vorprogrammiert: Sturz auf einen anderen Kletterer.

Mißtrauen

Muß man sich einem Knoten anvertrauen, den man nicht selbst geknüpft hat, ist Mißtrauen immer angebracht. Nur so kann man einer der Gefahren, die durch andere hervorgerufen werden, begegnen. Dies hatte sich auch Rudi Schaider zu eigen gemacht. Und so war es kein Wunder, daß er den mysteriösen Knoten einer Bandschlinge, die er im Yosemite (USA) an einem Abseilhaken fand, kritisch beäugte. Neben dem Knotenbild prüft Schaider auch immer die Länge der Bandenden. Und siehe da, der Knoten hatte überhaupt nur ein Bandende.

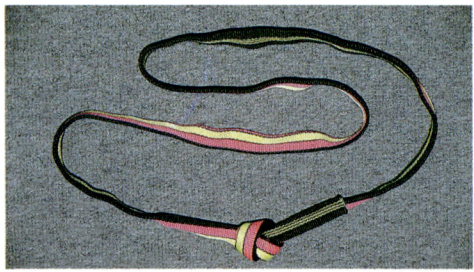

Das kann ja wohl nicht sein, dachte sich Schaider. Doch es konnte, und es war auch so. Das zweite Ende führte in das Schlauchband des ersten hinein und vom zweiten Ende war überhaupt nichts zu sehen. Schaider traute dem Frieden nicht und knüpfte kurzerhand eine neue Schlinge in den Abseilhaken. Da er sich auf den Knoten keinen Reim machen konnte, schnitt er die Bandschlinge ab, brachte den mysteriösen Knoten mit nach Europa und informierte uns im Sicherheitskreis.

Wir waren von der Art des Knotens sofort überzeugt, da die beiden Bandenden sozusagen versorgt sind. So galt es nur noch, die Knotenfestigkeit zu untersuchen. Wir ermittel-

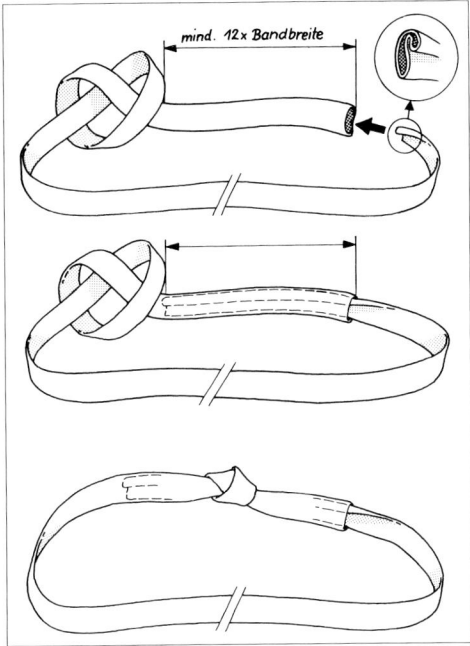

Der Schlauchknoten.

ten die Bruchkraft auf der Zerreißmaschine und mußten zu unserer großen Verwunderung feststellen, daß sie etwa 20 % höher liegt als die des normalen Bandknotens. Zunächst standen wir vor einem Rätsel, denn die Bandlage ist schließlich genauso parallel wie die beim herkömmlichen Bandknoten, wenn auch das eine Bandende im anderen steckt. Wir fanden die Lösung: Da das innere Bandende seitlich etwas gefaltet werden muß, um ins andere eingeführt werden zu können, kann sich der Knoten nicht ganz so eng zusammenziehen wie der herkömmliche Bandknoten. Folglich ist der Knotenradius etwas größer, und damit machen sich die Biege-, Druck- und Scherbelastungen im Knoten weniger ungünstig bemerkbar. So ist der neue Bandknoten der Knoten mit der höchsten Knotenfestigkeit. Wir gaben ihm die Bezeichnung »Schlauchknoten«, weil er sich nur in Schlauchband knüpfen läßt.

So kam der Schlauchknoten Ende der achtziger Jahre nach Europa. Eigenartigerweise konnte er sich nicht durchsetzen. Offensichtlich prüft jeder Kletterer einen Bandknoten zumindest hinsichtlich Knoten-

bild. Und da muß er beim Schlauchknoten feststellen, daß ein Bandende »fehlt«. Und das dürfte ihn verunsichern, weil er nicht erkennen kann, wie weit dies im Schlauchband aus dem Knoten herausragt. Ich habe mich selbst bei meinen eigenhändig geknüpften Schlingen immer wieder dabei ertappt. Bevor ich sie zum wievielten Mal belaste, fühle ich regelmäßig noch einmal nach, ob auch das innere Bandende wirklich weit genug aus dem Knoten herausführt.

Knoten am Seilende?

Die Meinungen gehen auseinander. Vorsichtige Kletterer benutzen den Knoten am Seilende grundsätzlich, andere verzichten darauf. Sei es, daß sie ihn als überflüssig erachten, sei es, daß sie weniger Seilkrangel wollen. Ohne Knoten können sich die Seilstränge besser auskrangeln. Ohne Knoten aber ist die Gefahr, über ein Seilende oder über beide hinabzuseilen, recht groß. Die Unfälle sind zahlreich und nicht etwa nur auf weniger erfahrene Kletterer beschränkt. Auf einen sei etwas ausführlicher

Ohne Knoten am Seilende!

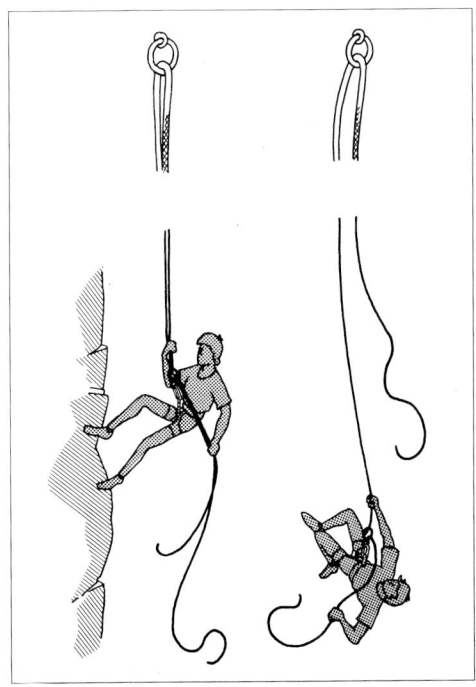

eingegangen, weil einem bekannten deutschen Spitzensportkletterer passiert. Beim Abseilen am Kenzenkopf im Allgäu hatte er mit seinem Partner noch über den Knoten am Seilende diskutiert. »Nein – Blödsinn – brauchen wir nicht!« An der letzten Abseilstelle stürzte er mit dem Seil hinab, etwa 35 Meter über Schrofen und den Schotterhang am Einstieg. Er war über ein Ende hinabgeseilt. Er hatte Glück. Wäre es nicht die letzte Abseilstelle und wäre das Gelände nicht »sturzfreundlich« gewesen, er hätte den Sturz aller Wahrscheinlichkeit nach nicht überlebt. So zog er sich »nur« Kopfverletzungen, mehrere Rippenbrüche, eine Beckenprellung und eine komplizierte Ellbogenfraktur zu. Und die Saison war für ihn gelaufen.

Die Unfälle sind zahlreich. Es gibt wohl keinen Klettergarten, in dem sich noch kein derartiger Unfall ereignet hätte. Sind die Felsen

Vajolettürme (Dolomiten): Schon seit den fünfziger Jahren gebohrte Abseilpisten.

nicht zu hoch, so daß die Seilenden nur wenige Meter über dem sicheren Boden baumeln, geht es meist mit mehr oder weniger ernsten Verletzungen ab. In Klettergebieten mit Höhen von mehr als einer Abseillänge und im Hochgebirge endet dergleichen meist tödlich. Solche Unfälle ereigneten sich unter anderen an der Abseilpiste am Piz Ciavazes, an der Fünffingerspitze, an den Vajolettürmen (alle Dolomiten), am Däumling (Dachstein) und jeweils gleich etliche in den Hochburgen des Sportkletterns wie im Verdon (Südfrankreich), in Finale Ligure und im Sarcatal (Italien) sowie im Frankenjura. Die letzten beiden Unfälle, die bekannt wurden, ereigneten sich im August 1993 im Blautal (Schwäbische Alb), und zwar innerhalb einer(!) Woche. In beiden Fällen mußte die Bergwacht ausrücken.

Der verhängnisvolle Schatten

Auch bei vorsichtigem Abseilen am Seilende besteht ohne Knoten noch Gefahr. Im Verdon mußten zwei Kletterer den Seilverbindungsknoten etwas unterhalb einer Felskante plazieren, um die Seile besser abziehen zu können. So waren die Seile am Ende unterschiedlich lang. Das wußten sie und machten sich noch gegenseitig darauf aufmerksam. Eigentlich konnte nichts passieren. Doch es passierte trotzdem. Der Abseilende sah, als er zum Seilende kam, noch einmal gewissenhaft nach unten, bewegte die Seilenden etwas, damit er sie besser erkennen konnte. Er mußte blinzeln, weil es sehr hell war. Die Sonne knallte förmlich vom Himmel. Die Augen schmerzten. Er konnte aber noch gut feststellen, daß beide Enden noch ausreichend lang waren. Er seilte weiter ab – und stürzte mit dem Seil hinab.

Wie konnte das passieren? Zunächst einmal hatte der Gestürzte unwahrscheinliches Glück. Er blieb vier Meter tiefer auf einem abschüssigen Band liegen. Andernfalls wäre es ein Sturz über 160 Meter geworden, und das Wissen um die Unfallursache wäre mit ihm ins Grab gewandert. Man hätte den Unfall unter der Rubrik »Abseilen über das Seilende ohne Knoten« eingeordnet, ohne die wirkliche Ursache zu finden: Beim Blick nach unten waren es nicht zwei Seilenden gewesen – sondern nur eines und dessen Schatten.

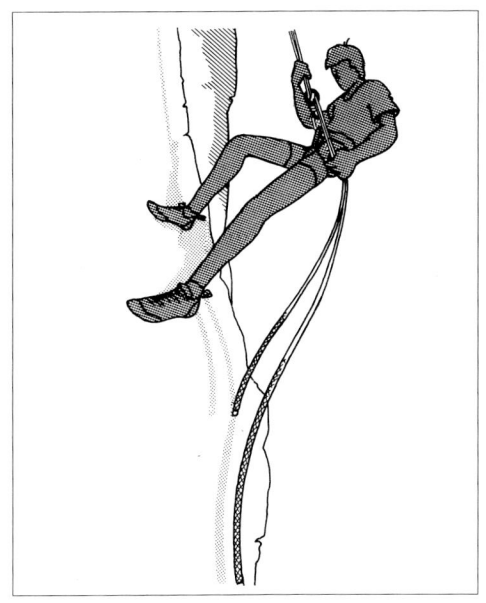

Im Verdon...

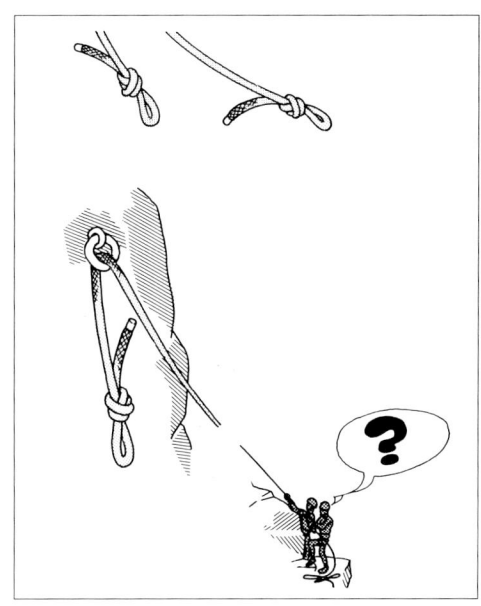

Am Piz Ciavazes...

Neues kann Tücken haben

Abseilen führt zu Krangelbildung. Der Knoten am Seilende verhindert das Auskrangeln. Um den Seilkrangeln vorzubeugen, geht man inzwischen dazu über, in jedes Seilende einen Knoten zu knüpfen. So können sich die Seilenden ausdrehen, und man kann trotzdem nicht mehr über die Enden hinabseilen.

Doch auch diese Methode hat ihre Tücken, die man erst erkennt, wenn es bereits zu spät ist: Vor dem Seilabziehen muß man beide Knoten öffnen oder wenigstens den richtigen, den des Seilendes nämlich, das durch den Abseilhaken bzw. die -schlinge schlüpfen soll. An die Methode mit nur einem Knoten gewöhnt, löst man leicht nur einen und zieht das Seil ab. Hat man den falschen Knoten gelöst bzw. zieht man am falschen Seilende, schwebt der Knoten am anderen in die Höhe. Und was dann?

Dies ist zwei Bergführern, denen diese neue Methode recht praktisch erschien, die aber noch keine Erfahrung damit hatten, in den Dolomiten, an der Abseilpiste am Piz Ciavazes, passiert. Wie sie sich aus dieser mißlichen Lage befreit haben? Gar nicht. Nach einer halben Stunde vergeblichen Bemühens, den

Knoten weit oberhalb irgendwie erhaschen zu können, kam eine andere Seilschaft an die Abseilstelle und half den beiden.

Reflex

Die Natur hat den Menschen mit Reflexen ausgestattet, damit er bei plötzlich auftretenden Gefahren überleben kann. Ein solcher Reflex ist der Griff nach dem Strohhalm. Das Überleben ist aber nur möglich, wenn der Strohhalm kein Strohhalm, sondern etwas Festeres ist.

■ Am Wildhuser Schafberg im Alpstein hatte ein Extremkletterer seine Seilpartnerin abgelassen, da sie die Schlüsselstelle im Nachstieg nicht geschafft hatte. Er wollte daraufhin zurückseilen. Während sie am unteren Standplatz wartete, stürzte er plötzlich mit dem Seil, das er mit sich herabriß, an ihr vorbei. Er konnte nur noch tot geborgen werden. Er war am Standplatz nicht selbstgesichert gewesen, dürfte das Gleichgewicht verloren, reflexartig ins Seil gegriffen, aber nur einen Seilstrang erhascht haben.

■ Zwei Salzburger Kletterer seilten durch den Barth-Kamin am Untersberg in den Berchtesgadener Alpen ab, nachdem sie ihn im Aufstieg durchstiegen hatten. Die gebohrten Standhaken bieten sich dazu an. Nachdem sie zweimal abgeseilt hatten und der eine bereits weitere 30 Meter abgeseilt hatte, rief dieser seinem Kameraden oben zu, daß er die Stricke auf gleiche Länge ziehen werde. Sie benutzten nicht ganz gleich lange Seile. Plötzlich sah der am oberen Standplatz, »wie das längere Seil mit hoher Geschwindigkeit durch den Abseilhaken lief«. Den Abseilenden fand man später mit dem Seil 250 Meter tiefer, tot im Kar.

Abseilen ohne Seil?

Karl Lukan berichtete einmal von einer skurrilen Situation. In den fünfziger Jahren war sein Freund Hans Schwanda mit einem Spezl im Wienerwald auf Neulandsuche unterwegs. In dem zu damaliger Zeit noch gottverlassenen Winkel der Götzensteine fanden sie eine schlanke, dreißig Meter hohe Felsnadel. Die stach den beiden ins Auge. Schwanda und seinem Spezl gelang die Erststeigung. Glücklich oben angekommen, schwärmte Schwanda von der Weltabgeschiedenheit der Götzensteine und davon, daß das Klettern ja erst so richtig Spaß mache, wenn man ganz allein sei. Nicht etwa so wie am Peilstein, wo Heerscharen von Wanderern den Kletterfexen bei jedem Griff und Tritt und jedem Gipfelkuß zuschauen. Nein, wenn weit und breit keiner zu finden sei und man sicher ist, daß sich auch in den nächsten zwei Wochen kein Mensch in den gottverlassenen Erdenwinkel verirren wird, erst

dann ist der Kletterer Mensch, dann endlich darf er's sein.

Nachdem Schwanda und sein Spezl die himmlische Ruhe in Form einer ausgiebigen Gipfelrast genossen hatten, machten sie sich ans Abseilen. Jeder nahm das Seil von einem Ende her bis knapp vor die Mitte auf und warf es in hohem Bogen vom Gipfel hinab – in der Annahme, der andere würde das Seil schon festhalten. Doch weit gefehlt. Beiden gelang der Seilwurf derart synchron, daß das Seil in Sekundenschnelle vom tischplattengroßen Gipfel verschwunden war. Es fällt nicht schwer, sich die dummen Gesichter der beiden vorzustellen und die Worte, mit denen sie sich gegenseitig bedachten. Vor allem im Hinblick auf die Weltabgeschiedenheit dieses gottverlassenen Erdenwinkels. Kein Wanderer würde sich in den nächsten zwei Wochen hierher verirren. Das war beiden sonnenklar.

Wie Schwanda und sein Spezl dann doch noch heruntergekommen sind? Der berühmte Bergsteiger Paul Preuß – so schließt Lukan diese Story – habe einmal die Behauptung aufgestellt, daß ein guter Bergsteiger jede Kletterstelle, die er im Aufstieg gemeistert habe, auch im Abstieg klettern kann. An diese Behauptung klammerten sich Schwanda und sein Spezl, und sie schafften es. Es war immerhin der V. Grad.

»Gfrett« mit Abseilachter

Der Abseilachter gilt als ebenso simples wie sicheres Gerät. Trotzdem hat schon manch einer das Fürchten damit gelernt, dann nämlich, wenn sich während des Abseilens irgend etwas mit dem Seil in den Abseilachter hineinzieht. Sei es ein Anorakärmel, seien es längere Haare oder ein Hemd- oder Pullizipfel. Läßt sich der Abseilachter dann nicht entlasten, kann man nur noch versuchen, das, was sich hineingezogen hat, mit Gewalt abzureißen. Herausziehen kann man es nicht mehr. Auch weiteres Abseilen hilft nicht. Es macht die fatale Lage nur noch schlimmer, da sich das Hineingezogene nur noch weiter in den Abseilachter hineinzieht.

Ich wußte davon, doch dachte ich immer, so schlimm kann das ja wohl nicht sein. Bis es mir dann selbst passierte. Mein ausgeleierter

Was einmal in den Abseilachter gerät, ist unter Abseilbelastung nicht mehr herauszubekommen.

Pulliärmel zog sich in den Achter. Ich konnte ihn nur noch mit brutaler Gewalt abreißen. Seitdem bin ich etwas klüger. Wer es nicht selbst erlebt hat, will es nicht glauben.

■ Im Klettergarten von Lenggries in Oberbayern geriet einem Abseilenden der Pulloverärmel in den Abseilachter. Da sich der Ärmel nicht wieder herausziehen ließ, versuchte der Abseilende durch vorsichtiges Weiterseilen Abhilfe zu schaffen. Doch das Gegenteil trat ein. Der Ärmel zog sich so weit in den Achter, daß der Abseilende schließlich wie gefesselt am Achter hing. Fünf Meter über dem Einstieg. Da er keine Prusikschlinge und auch kein Messer greifbar hatte, gab es für ihn keine Möglichkeit, sich zu befreien. Und andere Kletterer waren auch nicht zur Stelle, die ihm hätten helfen können. Er war allein im Klettergarten. Nun befinden sich die Felsen von Lenggries nur knapp neben einer lebhaft befahrenen Straße. Trotzdem kam so schnell keine Hilfe. Offensichtlich achten die Autofahrer doch mehr auf den Straßenverkehr als auf das, was rechts und links davon passiert. Der Kletterer hing über eine halbe Stunde in seiner mißlichen Lage, bis endlich ein Autofahrer auf ihn aufmerksam wurde und ihn befreite.

■ Gefährlich sind insbesondere lange Kopf- und Barthaare. Einem extremen Sportkletterer, der in der Seilherstellung tätig ist und für den Seile und Klettern sozusagen das tägliche Brot sind, ist dies passiert. Ihm geriet der Bart in den Abseilachter. Auf die Frage, wie er sich befreit hätte, verdrehte er die Augen höllisch und meinte, daß er damals den ersten einarmigen Klimmzug seines Lebens fertiggebracht habe.

Höchst gefährlich!

■ An der Konsteiner Wand (südlicher Franken-jura) ertönte plötzlich ein schauriges Gebrüll. Einem Abseilenden waren die langen Kopfhaa-re (ohne Helm) in den Abseilachter geraten. Es bestand die Gefahr, daß er sich – zwei Meter über sicherem Boden hängend – skalpierte. Zufällig anwesende Kletterer bauten in Win-deseile eine menschliche Pyramide unter ihm, so daß sie ihn erreichen und er den Abseilach-ter entlasten und sich befreien konnte.

■ Zu einem tragischen Unfall kam es im Januar 1989 am Hochwiesler in den Tannheimer Bergen. Ein Gleitschirmflieger wollte unterhalb der Südwand starten. Auf dem Weg dorthin fand er eine tote Kletterin. Da sie etliche Meter vom Wandfuß entfernt lag, mußte sie aus größerer Höhe abgestürzt sein. Doch damit nicht genug. Der Gleitschirmflieger fand auch noch einen toten Kletterer, der sich, im Abseilsitz hängend, erdrosselt hatte. Wenige Meter über dem Einstieg. Der Anorak und das freie Ende seines Helmkinnbandes hatten sich in den Abseilachter hineingezogen. Die Ver-mutungen zum Unfallablauf – genau konnte man es nicht klären – gingen dahin, daß die Kletterin wahrscheinlich nach Durchsteigung einer der Südwandrouten beim seilfreien Ausstieg abgestürzt ist. Ihr Seilpartner hat sich

dann über die Route abgeseilt. Dabei sind ihm – möglicherweise bedingt durch den Unfall-streß – der Anorak und das Kinnband in den Abseilachter geraten.

Schraubkarabiner?

Gern werden zum Einhängen des Abseilach-ters in den Anseilgurt Karabiner ohne Ver-schlußsicherung verwendet. Solange der Ab-seilachter belastet ist, kann nichts passieren. Muß dagegen zwischendurch entlastet wer-den, oder wird der Karabiner bei Abseilbeginn nicht direkt in Längsrichtung belastet, kann sich der Abseilachter über den Schnapper schieben und diesen aufdrücken. Auf diese Weise ist ein Schweizer Bergführer 15 Meter auf ein Schneefeld am Einstieg gestürzt. Glücklicherweise konnte er überleben. Mit einem Schraubkarabiner läßt sich dieser Ge-fahr vorbeugen – allerdings nur, wenn der Schrauber auch zugeschraubt wird. Besser sind deshalb Karabiner mit Automatikverschluß.

Bei einem Hubschraubereinsatz wurde zur Verständigung zwischen dem Retter am Seil und dem Piloten noch eine Drahtverbindung statt Funk verwendet. Als sich der Retter vom Hubschrauber abseilte, kam der, der den Draht im Hubschrauber entwirren mußte, nicht so schnell nach. Dem abseilenden Retter »drohte, der Helm in die Höhe gezogen zu werden«.

Ohne Verschlußsicherung möglich.

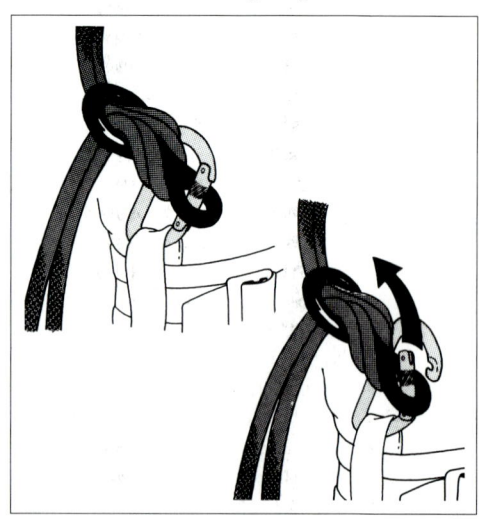

Kurzerhand machte der Retter einen kleinen Klimmzug am Seil, setzte sich anschließend wieder in den Abseilachter – und stürzte tödlich ab. Der Achter hatte sich über den Schnapper geschoben und ihn aufgedrückt.

Mehr Glück hatte ein bekannter Sportkletterer aus Oberammergau. Er seilte über eine Route im Klettergarten ab, um sie einzubohren. Nachdem er wieder einen Haken gesetzt hatte, wollte er weiter abseilen. Als er sich in den Achter »setzen« wollte, ging der Karabiner auf, und er stürzte. Zufällig war kurz zuvor der Seilerste einer Seilschaft direkt unter ihm hindurchgequert, und zufällig verfing sich der Stürzende mit dem Oberarm am horizontal verlaufenden Seil. Darf nicht vergessen werden zu erwähnen, daß der Seilerste an einer falschen Stelle gequert war. Die Originalroute quert über jener Stelle, von der der Abseilende weggefallen ist. Hätte der Seilerste den richtigen Routenverlauf gefunden, für den Gestürzten hätte es, wie er selbst berichtete, kaum Überlebenschancen gegeben.

Synchron-Abseilen

Es war vor wenigen Jahren der große Schrei. Beide Seilpartner seilen gleichzeitig am gleichen Seil ab, jeder an einem Strang. Angeblicher Vorteil: Zeitersparnis. Nachteil: Der Abseilfixpunkt wird doppelt so stark belastet. Es

Im Verdon...

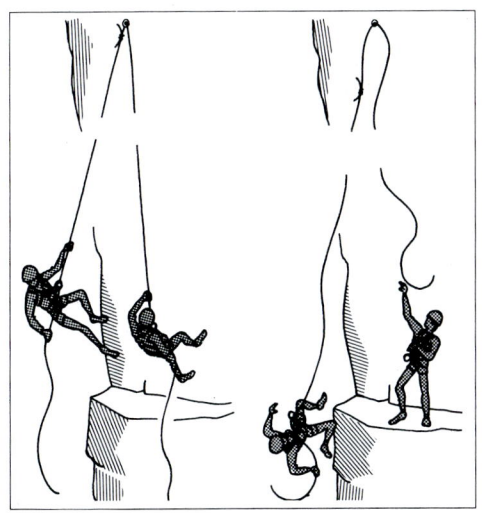

kam zu Unfällen, nicht etwa durch ausbrechende Haken, sondern aus anderem Grund.

■ Im Verdon (Südfrankreich) seilte 1986 ein Bruderpaar aus München synchron ab. Der eine hatte den nächsten Standplatz erreicht und ließ das Seil aus, während der andere noch abseilte. Dieser stürzte mit dem Seil, das durch die Hakenöse schlüpfte, in die Tiefe und konnte nur noch tot geborgen werden.

Es ereigneten sich weitere Unfälle. Die Gefahr ist an sich offensichtlich. Bei Beginn des Abseilens müssen beide Partner die Seilstränge exakt gleichzeitig – also synchron – belasten. Belastet nur einer einen Seilstrang, fällt er mit dem Seil hinunter. Beim Seilbelasten spürt man sofort, daß sich der Seilstrang nicht belasten läßt, solange nicht auch der Partner seinen Seilstrang belastet.

Was zu Beginn des Abseilens geschieht, muß natürlich auch am Ende geschehen. Beide Partner müssen die Seilstränge gleichzeitig – also wieder synchron – entlasten. Deshalb auch die Bezeichnung Synchron-Abseilen.

Die Nachteile dieses Abseilens sind weit höher einzustufen als der angebliche Vorteil der Zeitersparnis. Es hat sich herausgestellt, daß die Zeitersparnis praktisch Null oder so gering ist, daß man sie vergessen kann. Der obere Partner muß nämlich vorsichtig abseilen, um keine Steine loszutreten, die den unteren treffen könnten. Denn läßt dieser das Seil aus, fällt auch der andere mit herunter. Seilt man dagegen einzeln ab, kann man es richtig »rauschen« lassen. Wir konnten die Abseilzeiten einmal direkt vergleichen. Wir seilten vom Däumling im Gosaukamm ab. Eine Seilschaft vor uns synchron. Diese war, obwohl keineswegs unerfahren, langsamer als wir im »Normalgang«.

Man kann der Gefahr des Seilauslassens begegnen, indem man mit Kurzprusik und Knoten am Seilende abseilt.

HMS zum Abseilen?

So gut sich die HMS zum Sichern eignet, so schlecht ist sie zum Abseilen. Unter Belastung führt die HMS zu starker Krangelbildung. Doch damit nicht genug. Der Schnapper des HMS-Karabiners kann sich beim Abseilen durch ungünstigen Seilverlauf aufdrücken. Dies gilt auch für Karabiner mit Twistlock-Verschluß. Die Bremsschlinge hängt sich dann selbsttätig aus, das heißt, die HMS löst sich in Wohlgefallen auf, es ist keinerlei Bremswirkung mehr vorhanden. Mehrere Unfälle haben sich ereignet, nur drei seien erwähnt.

■ Bei Abseilübungen im Rahmen eines Kletterkurses auf der Schwäbischen Alb wurde der Verschluß durch »ungünstigen« Seilverlauf geöffnet und der Schnapper aufgedrückt. Der Gestürzte zog sich einen Trümmerbruch am Fuß sowie eine Wirbelverletzung zu.

■ Am Torre Venezia in der Civetta (Dolomiten) verhingen sich beim Abseilen durch »ungünstigen« Seilverlauf einige Perlonfäden des Seiles an einer der scharfen Ecken des Twistlock-Ver-

Nur eine kleine Seilfaserschlaufe...

schlusses und drehten diesen auf. Das Bremsseil drückte dann den Schnapper auf. Zum Glück ereignete sich dies wenige Meter über einem breiten Band, so daß es zu keinen ernsten Verletzungen kam.

■ Am Karlstein, dem Klettergarten von Bad Reichenhall, wurde der Schiebeverschluß eines HMS-Karabiners vom Bremsseil aufgedrückt. Der Abseilende stürzte tödlich ab. Die Polizei schaltete sich ein. Nachdem das anfänglich unerklärliche Öffnen des Karabiners geklärt war, stellte auch die Staatsanwaltschaft keine weiteren Ermittlungen an, sondern reihte diesen Unfall unter der Rubrik »Schicksal« ein.

Am besten nicht die HMS zum Abseilen verwenden (der Abseilachter ist weit besser). Was für das Abseilen mit HMS gilt, gilt natürlich auch für das Sichern.

■ Zu Ostern 1993 stürzte im Ardèche-Gebiet (Frankreich) ein deutscher Kletterer im Vorstieg. Seine sichernde Seilpartnerin hatte plötzlich das Seil in der Hand, die HMS hatte sich »völlig aufgelöst«. Zum Glück kam es zu keinem Unfall, da der relativ kleine Sturz durch

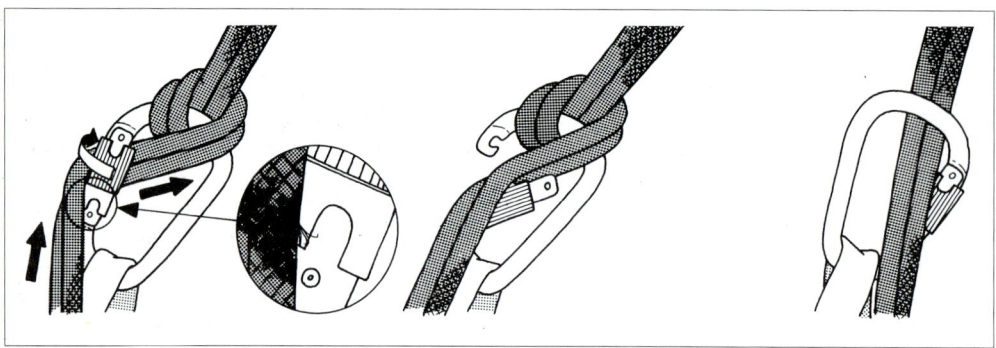

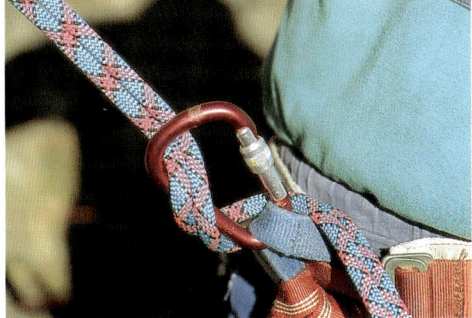

Ungünstiger Seildruck – der Karabiner ist offen.

das Öffnen des Schnappers abgefangen wurde und die Sichernde den Rest »mit der reinen Hand« halten konnte.

■ Der letzte Unfall dieser Art, der bekannt wurde, ereignete sich im September 1993 an der Münchner Kletteranlage.

Will man derartige Risiken meiden, bleiben für das Sichern mit HMS nur Karabiner übrig, die einen doppelten Verschlußmechanismus aufweisen, also einen kombinierten Dreh- und Schiebeverschluß. Bei Drucklegung gab es nur zwei solche Fabrikate. Diese Karabiner sind nicht gefragt, da das Handling den meisten

Kletterern zu umständlich ist. Von nichts kommt nichts – von wenig kommt nicht viel: Ein sicherer Verschluß muß immer umständlicher zu öffnen sein als ein weniger sicherer. Wer das Handling scheut, muß mit einem etwas höheren Risiko klettern.

Sauschwanzhaken

Dies sind Haken, die dem kringelförmigen Haken von Kinderschaukeln nachempfunden sind. Sie werden in Südfrankreich als Abseilhaken, bei uns als Toprope-Haken verwendet. Der Kringel muß wenigstens zwei Windungen aufweisen, damit das Seil, wenn es nicht unter Belastung ist, sich nicht selbst aushängen kann. Mit »Sauschwänzen«, die nur eine Windung besitzen, haben sich Unfälle ereignet.

■ An den Calanques (Südfrankreich) seilte 1988 eine Kletterin an einem einwindigen »Sauschwanz« ab, der sich an der Wand einer Terrasse befand und seit Jahren als Abseilhaken benutzt wurde. Als sie über die Terrassenkante seilte, löste sich das Seil plötzlich aus der Verankerung, und die Kletterin stürzte tödlich ab. Die Rekonstruktion des Unfalls führte zu folgendem Ergebnis: Das Seil war richtig im »Sauschwanz« eingelegt worden. Bei der Vorbereitung zum Abseilen – möglicherweise beim Einhängen der Abseilbremse – dürfte die Kletterin das Seil kurz entlastet und möglicherweise angehoben haben. Dabei hat sich das Seil, wahrscheinlich durch einen Seilkrangel bedingt, über die Öse gelegt. Da der Durchlaß zwischen »Sauschwanz« und Fels recht eng war, klemmte das Seil zunächst und fiel nicht völlig aus der Verankerung heraus. Auch nicht, als die Kletterin bis zur Terrassenkante seilte. Erst als sie über die Terrassenkante hinunter-

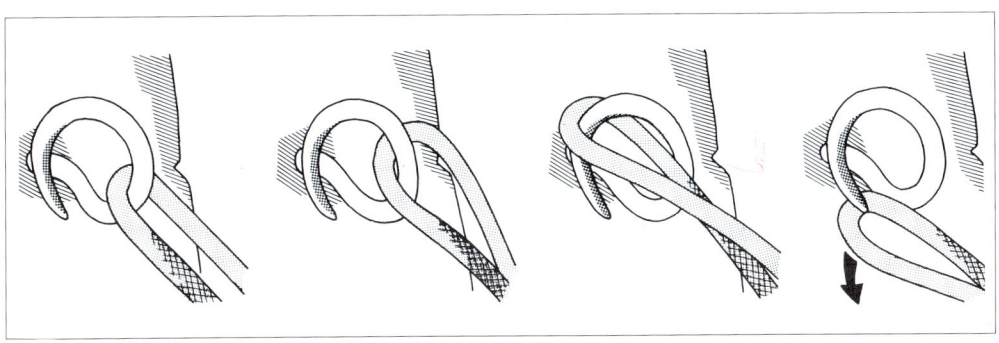

seilte, änderte sich die Belastungsrichtung, und das Seil rutschte völlig aus dem »Sauschwanz« heraus. Dieser und andere Sauschwänze dieser Art seien daraufhin – einer Veröffentlichung in den SAC-Mitteilungen zu Folge – entfernt worden.

■ Der Unfall an den Calanques ist nicht etwa der einzige. Ein im Prinzip gleicher Unfall ereignete sich bereits sechs Jahre zuvor, 1982, am Bauerntürmle im Schwarzwald. Auch dieser Kletterer fand den Tod.

■ Zu einem Unfall, den die Gestürzte jedoch überleben konnte, kam es am Sauzahn, einem

Am Sauzahn...

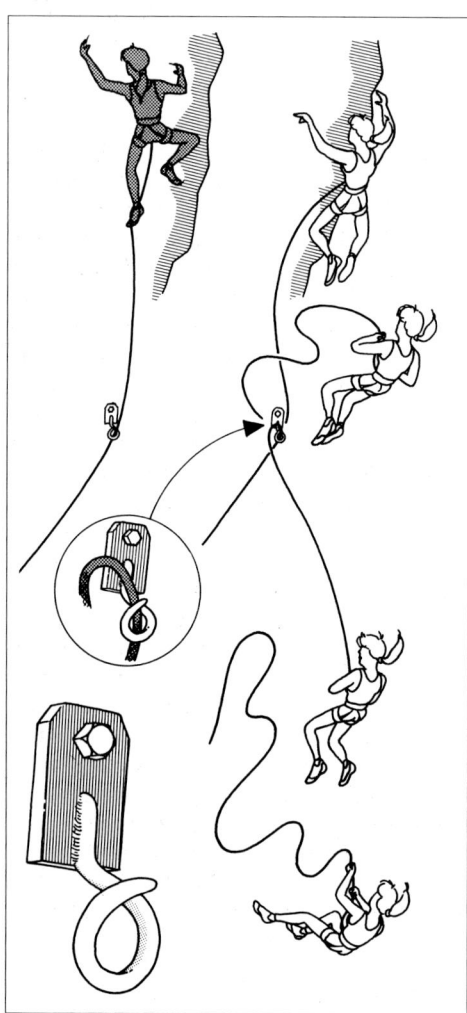

Kletterfelsen im oberösterreichischen Ennstal. Eine Kletterin stieg über einen einwindigen »Sauschwanz«, der als Umlenkhaken plaziert war, den sie aber als Zwischensicherung verwendete, hinaus und stürzte. Dabei hing sich das Seil aus. Inzwischen sind im Ennstal alle einwindigen Sauschwänze gegen doppelwindige ausgetauscht worden.

Nüchternes Denken

Daß Bergsteiger Gefahrensituationen gelegentlich falsch einschätzen und daraus dann falsche Handlungsweisen resultieren, ist relativ häufig. Daß Menschen in Gefahrensituationen aber auch fähig sind, absolut nüchtern zu denken und danach zu handeln – unter Umständen wider das normale Empfinden – ist weit seltener.

Zwei extreme, amerikanische Allroundbergsteiger hatten in Alaska eine Überschreitung unternommen, die noch nie zuvor gelungen war. In einem jener gottverlassenen Winkel unserer Erde, in den sich bestenfalls alle paar Jahre eine Seilschaft verirrt. Die beiden Allroundbergsteiger hatten die Einsamkeit gesucht und gefunden, wie man sie heute nur noch in den Polargebieten finden kann. Sie mußten mehrfach im Fels 40 Meter abseilen. Damit hatten sie nicht gerechnet. Sie führten nur wenige Felshaken für Notfälle mit. Schließlich hatten sie nur noch einen einzigen Haken, und der war recht kurz und ließ sich nicht optimal plazieren. Ihre Bedenken, ob der wohl · halten würde, waren recht groß. So mußte das Los entscheiden, wer zuerst abseilen sollte. Während der eine abseilte, hing der andere sicherheitshalber seine Selbstsicherung aus. Schließlich galt es, das mögliche Unfallausmaß zu minimieren. Sollte der Haken nicht halten, stürzte wenigstens nur der Abseilende in den Tod. Doch nachdem der am Abseilhaken Wartende seine Selbstsicherung gelöst hatte, kamen ihm abermals Bedenken. Wie würde es ihm ergehen, wenn der Haken nicht hält? Sein Seilpartner würde 100 Meter tiefer liegen, tot, und das Seil mit in die Tiefe gerissen haben. Er selbst wird am Standplatz verbleiben und keine Möglichkeit haben, hinab- oder hinaufzukommen. In dieser Einsamkeit würde ihn auch in den wenigen Tagen, für die er noch etwas zu essen hätte, sicher niemand finden. Er würde also ganz langsam zugrunde gehen müssen. Da er ein nüchtern denkender Mensch war, hing er seine Selbstsicherung spontan wieder in den Abseilhaken. So war dies unter ungünstigsten Bedingungen immer noch das Günstigere. Nämlich ein schneller Tod, statt eines langsamen und qualvollen. Der Haken hielt. Andernfalls wäre diese Story auch nie bekanntgeworden.

Alles ist möglich

Im Klettergarten von Bad Heilbrunn (Oberbayern) war eine Vorsteigerin bis zum letzten Bühlerhaken geklettert. Von dort wollte sie zurückseilen. Sie sicherte sich mit einer Expreßschlinge am Hüftgurt, seilte sich aus, befestigte das Seil, hing ihren Abseilachter ins Seil und in den Hüftgurt, löste ihre Selbst-

In Bad Heilbrunn...

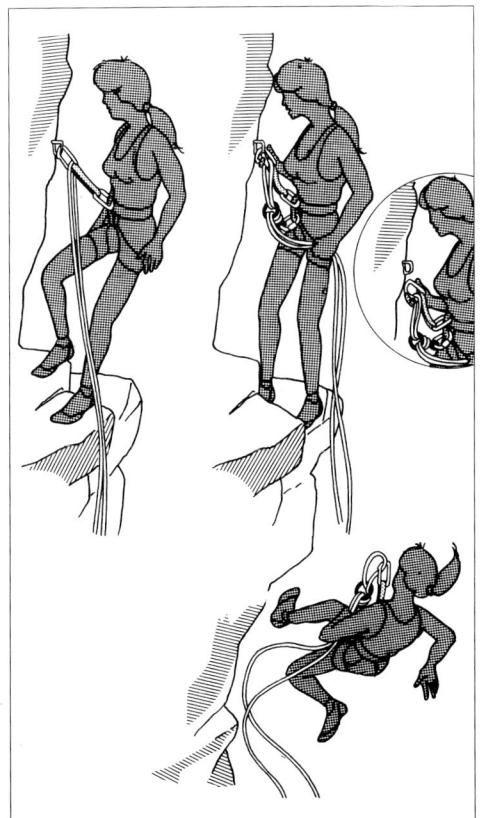

sicherung, begann mit dem Abseilen – und stürzte bis zum Einstieg. Was war passiert? Sie hatte das Seil nicht durch den Bühlerhaken gefädelt, sondern in den Karabiner der Expreßschlinge eingehängt. Die Gestürzte hatte großes Glück. Sie kam mit relativ harmlosen Verletzungen davon. Sollte bei einem Unfall dieser Art eine Garantenstellung[22] – beispielsweise im Rahmen eines Ausbildungskurses – bestehen und sich deshalb der Staatsanwalt einschalten, dann stünde der Richter vor einer schwierigen Frage. Es wurde bereits an anderer Stelle auf das Murphy-Gesetz verwiesen, nach dem Fehler, die möglich sind, irgendwann auch einmal gemacht werden. Auch solche, die so unwahrscheinlich sind, daß sie niemand in den Bereich der Möglichkeiten einbezieht.

Der Staatsanwalt könnte die Meinung vertreten, der Ausbilder hätte die Kletterin zuvor darauf hinweisen müssen, daß sie das Seil zum Abseilen durch den Bühlerhaken fädeln muß und nicht etwa in den Karabiner der Expreßschlinge einhängen darf. Der Richter könnte aber auch der Meinung sein, daß dieser Fehler dem Absägen des eigenen Astes gleicht und deshalb die Gefahr so offensichtlich ist, daß der Ausbilder darauf nicht hinweisen müßte. Wie würde ein Richter entscheiden? Wir werden wohl auf einen Präzedenzfall dieser Art vor Gericht warten müssen.

22) *Zur Garantenstellung siehe Seite 122.*

Toprope-Klettern – gar nicht so sicher

In Klettergärten wird vielfach toprope-gesichert. Das Klettern ist so risikoloser. Der Kletterer kann jederzeit an die Sturzgrenze gehen und bedenkenlos auslassen. Er rutscht nur ins Seil, »das er immer von oben hat«. Meinte ein Ketzer schon einmal, das Toprope-Klettern sei nichts anderes als kastriertes Klettern. Wie man dies auch immer sehen mag – das Toprope-Klettern ist inzwischen weit verbreitet und gilt als risikolos.

Eigenartigerweise aber kommt es gerade mit dieser Sicherungsart zu auffallend vielen Unfällen. Allein im Sommer 1993 ereigneten sich im Frankenjura zwei tödliche Unfälle. Es mag vielleicht gerade die »risikolose« Sicherungsart sein, die zur Nachlässigkeit verleitet. Die heimische Atmosphäre im Klettergarten trägt sicher auch dazu bei. Die Unfälle jedenfalls sind zahlreich. Wie die Auswertung der Unfallberichte über Jahre hinaus gezeigt hat, sind auch namhafte Sportkletterer nicht ausgenommen. Nicht einmal international bekannte Klettergrößen aus der Wettkampfszene. Die Nächstenliebe und der Datenschutz verbieten es, Namen zu nennen, die nicht sowieso schon bekannt sind.

Da die Belastung der Sicherungskette im Sturzfall relativ gering ist, erfolgt die Sicherung zweckmäßig am Körper. Den Sichernden trifft, wenn er ohne Schlappseil sichert, nur ein Fangstoß in der Größenordnung von 75% dessen, was auf Seite des Stürzenden auftritt. Die Reibung im Umlenkkarabiner nimmt den Rest auf. Damit der Sichernde nicht »angelupft« wird, sollte er nicht wesentlich weniger wiegen als der Kletternde. Ein »schwerer« Junge sollte deshalb nicht von einem »leichten« Mädchen gesichert werden.

Die Schlinge ist's

Es war an der Kampenwand, wo zwei junge Sportkletterer einander toprope-sicherten. Sie wechselten sich ab. Mal kletterte der eine und der andere sicherte und ließ seinen Kameraden anschließend ab, mal umgekehrt. Das ging so lange gut – bis einer beim Ablassen plötzlich aus 15 Meter Höhe herunterfiel. Er hatte mächtiges Glück. Er kam noch einmal mit nicht allzu ernsten Verletzungen, »nur« mit einem Arm- und einem Beckenbruch, davon.

Was war passiert? Die doppelt genommene acht Millimeter dicke Reepschnurschlinge am Umlenkhaken war beim Ablassen gerissen. Die beiden Kletterer hatten das Seil nur durch die Schlinge laufen lassen. Beim Ablassen trat Schmelzverbrennung auf, die zum Bruch der Schlinge führte. Hier unterläuft unbewußt der Gedankenfehler, daß beim Ablassen die gleiche Belastung auftritt wie beim Seilabziehen nach dem Abseilen. Dies ist aber nicht der Fall. Beim Seilabziehen tritt an der Umlenkstelle normalerweise eine Kraft auf in der Größenordnung von 100 bis 200 N (ca. 10–20 kp). Beim Ablassen eines toprope-gesicherten Kletterers tritt dagegen eine etwa zehnmal so hohe Kraft auf, nämlich etwa 1 bis 2 kN (ca. 100–200 kp). Unter dieser wesentlich höheren Belastung entsteht an der Umlenkstelle beachtliche Reibungswärme. Das kann eine Perlonschlinge nicht aushalten, da Perlon wärmeempfindlich ist. Die Schlinge wird unter der Belastung durchgescheuert und durchgeschmolzen. Man spricht von Schmelzverbrennung. Daß die Schlinge beim Unfall an der Kampenwand erst nach mehrmaligem Ablassen gerissen ist, lag nur an ihrer Dicke und daran, daß sie doppelt verwendet wurde. Dünnere und einfache Schlingen können je nach Ablaßstrecke schon beim ersten Ablassen reißen. Unfälle dieser Art sind derart zahlreich, daß sie vom Sicherheitskreis nur noch summarisch dokumentiert werden. Unfälle ereigneten sich zuhauf, praktisch in allen Klettergärten und Klettergebieten. So auch im Frankenjura, auf der Schwäbischen Alb, in der Pfalz, an der Kampenwand, in der Eifel, um nur einige deutsche Klettergebiete zu nennen.

Und immer wieder die Schlinge

Ein Unfall konnte gerade noch verhindert werden. An den Sonnenplatten im Sarcatal (Trentino) beobachtete ein zufällig in der Nähe

An der Kampenwand: Arm- und Beckenbruch.

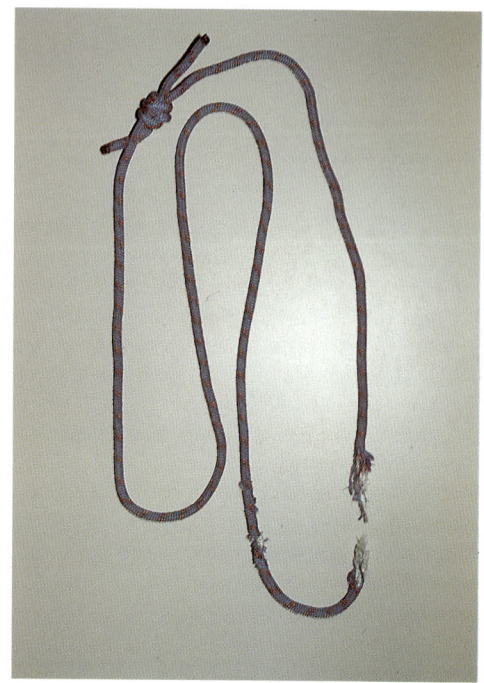

In Konstein: Trümmerfraktur des Fußgelenks, Steißbeinfraktur und Schädel-Hirntrauma.

eines Umlenkhakens stehender deutscher Kletterer die Schmelzverbrennung beim Ablassen eines anderen. Geistesgegenwärtig blockierte er das Seil. Zunächst handelte er sich einen gehörigen »Anschiß« der toprope-sichernden Seilschaft ein. Beim Anblick der nahezu durchgeschmolzenen Schlinge aber wurde der abgelassene Kletterer später reichlich blaß und stammelte kleinlaut etwas von Entschuldigung.

Bei einem Ausbildungskurs im Frankenjura wurde beim Toprope-Kettern etwas Gaudi gemacht. Ein Bergführer, der von seinem Kollegen abgelassen wurde, wendete freihängend den Oberkörper nach unten, die Beine nach oben. Er wollte zeigen, »was beim Ablassen so alles drin ist«. Vier Meter über dem Boden wendete er sich wieder in eine Kopf-oben-Position. In diesem Augenblick riß die Umlenkschlinge, und der Bergführer kam noch einmal mit einem gebrochenen Haxen davon. Leicht auszudenken, was hätte passieren können, wäre die Schlinge nur Sekunden früher gerissen.

Bezeichnend ist auch ein Unfall am Schmalstöckli in den Urner Alpen. Zwei junge Sportkletterer hatten eine Route im Aufstieg bewältigt. Sie müssen von den Schwierigkeiten nicht besonders beeindruckt gewesen sein, denn sie schrieben ins Wandbuch »gibt es denn hier nicht etwas, wo man wirklich richtig klettern kann?« Nach dem Abseilen kletterten sie etwas abseits der Route toprope und ließen einander über eine Schlinge ab. Die Schlinge riß und beide stürzten, da der Sichernde ungesichert auf schmalem Band stand, über 150 Meter hinab und konnten nur noch tot geborgen werden.

Nur ein Karabiner

Zum Umlenken des Seiles muß ein Karabiner verwendet werden. Einem Karabiner schadet die Reibungswärme nicht. Trotzdem ist es nicht ratsam, den Abzulassenden »herabrauschen« zu lassen. Bei normaler Ablaßgeschwindigkeit führt der Karabiner die Reibungswärme halbwegs ab. Dagegen kann es bei hoher Ablaßgeschwindigkeit zu örtlicher

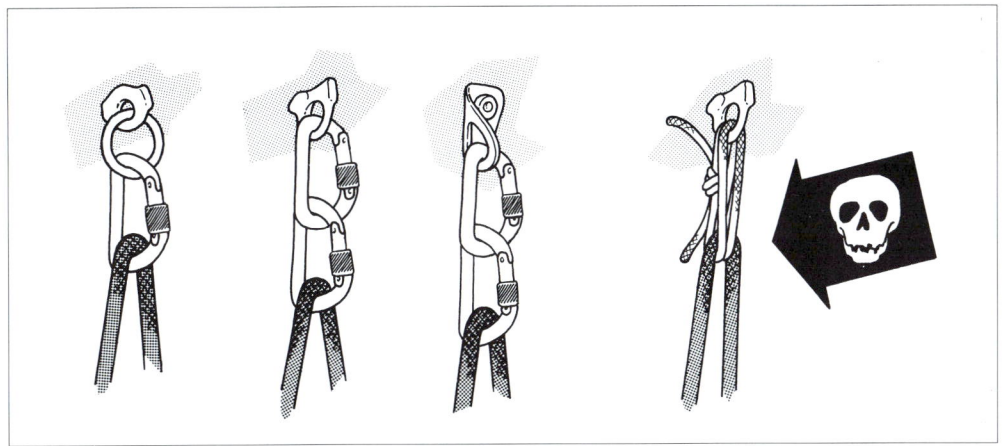

Überhitzung am Karabiner in der Größenordnung von 100 Grad kommen (vom Sicherheitskreis ermittelt). Dies schadet zwar nicht dem Karabiner, dafür aber dem Seil.

Das Seil leidet enorm

Nach Untersuchungen des deutschen Seilherstellers EDELRID sind die Seilabnutzung und die Seilschädigung beim Toprope-Sichern um ein Vielfaches größer als beim normalen Sichern im Vor- und Nachstieg. Man spricht von einem zehnfach höheren(!) Wert. Der Grund ist leicht verständlich:

■ Beim Toprope-Klettern wird jeder Klettermeter anschließend am einfachen (!) Seilstrang abgelassen (ablassen = abseilen), und Abseilen schädigt das Seil.
■ Das Seil wird Zentimeter für Zentimeter im Umlenkkarabiner unter etwa einfachem Körpergewicht vom geraden Verlauf umgelenkt und anschließend sofort wieder geradegerichtet, das heißt, das Seil wird ständig gewalkt.
■ Vielfach erfährt das Seil durch ungünstige Karabinerplazierung an der Umlenkstelle zusätzliche Reibung am Fels.

Auf diese Weise werden die Seile auffallend stark geschädigt. Der Sicherheitskreis bekommt immer wieder solche Seile zur Begutachtung zugesandt, da viele Kletterer einen Herstellerfehler vermuten, weil sie dieses Ausmaß der Seilschädigung in Form von Mantelaufreibung (Seilpelz) in der kurzen Zeit nicht erwarten. Wir müssen die Betreffenden immer enttäuschen: mechanische Schädigung beim Topropen – kein Regreßanspruch.

Nur noch zum Toprope-Klettern

Solche stark vorgeschädigten Seile dürfen nicht mehr für das Klettern im Vorstieg mit Gefahr einer Scharfkantenbelastung verwendet werden. Das Energieaufnahmevermögen – in erster Näherung proportional zur Anzahl der ausgehaltenen Normstürze – nimmt beim Toprope-Sichern zu stark ab. Bei Scharfkantenbelastung kann ein derart gebrauchtes (vorgeschädigtes) Seil eher reißen als ein weniger stark gebrauchtes (vorgeschädigtes). Zum Toprope-Sichern dagegen können solche Seile ohne Bedenken weiterhin benutzt werden. Da kein freier Fall mit Scharfkantenbelastung auftritt, können solche Seile nicht reißen. Ungünstigstenfalls kann der Mantel beschädigt

Nur vier Wochen intensives Topropen und ein Strick sieht so aus.

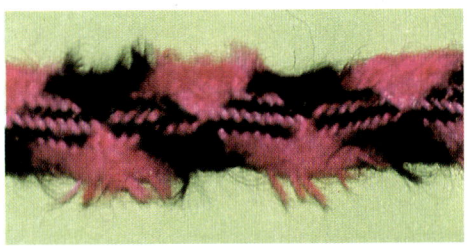

werden oder zu Bruch gehen. Dann wird man das Seil aus Gründen des Handlings sowieso aussondern müssen. Daß mit dem Mantel gleichzeitig auch der Kern reißt – dies ist beim Toprope-Sichern so unmöglich wie zwei mal zwei nicht sieben ist.

Der Staatsanwalt schläft nicht

Bei Unfällen mit schweren Verletzungen und bei tödlichen Unfällen – gleich, ob im Straßenverkehr, am Berg oder wo auch immer – wird von der Polizei ermittelt; besteht Verdacht auf fahrlässiges Verschulden einer anderen Person, am Berg insbesondere einer erfahreneren, muß sich der Staatsanwalt einschalten. Folgender Unfall ist ein Beispiel.

In der Salvesenklamm bei Imst war eine Seilschaft beim Klettern. Nach einigen kürzeren Routen bewältigte der Erfahrenere eine Route im VII. Grad und fand am Umlenkpunkt eine eingeknüpfte Reepschnur vor. Er fädelte das Seil durch und seilte zurück. Unten angekommen, vereinbarte er mit seinem Seilpartner, daß nun dieser, der wesentlich weniger Erfahrene, die Route toprope-klettern sollte. Nach 15 Metern wurde es diesem aber zu schwierig, und er wurde vom Seilpartner abgelassen. Nach etwa drei(!) Ablaßmetern riß die Reepschnur durch Schmelzverbrennung, und der Abzulassende stürzte bis zum Einstieg herab. Er zog sich unter anderem schwere Wirbelverletzungen zu. Obwohl der Verletzte ausdrücklich zu Protokoll gab, daß er keinerlei Interesse an einer Anzeige gegen seinen Seilpartner habe, war das Unfallausmaß für den Staatsanwalt Anlaß genug, den Sichernden zu sich zu zitieren. In erster Instanz wurde der Beklagte freigesprochen. Der Staatsanwalt aber ließ nicht locker. In zweiter Instanz wurde er verurteilt. Begründung: Der Sichernde trug die Verantwortung, nicht nur wegen der Garantenstellung[23], sondern weil nur der Sichernde, der zuvor vom Umlenkpunkt abgeseilt war, wußte, wie das Seil oben umgelenkt wurde. Der andere konnte es nicht wissen.

Gefahr durch andere

Wer die oben genannten Gefahrenquellen ausschaltet und alles richtig macht, kann trotzdem noch herunterfallen. Zwei deutsche

Sportkletterer sicherten toprope an den Smith Rocks in Oregon (USA). Sie kannten die Gefahr der Schmelzverbrennung beim Ablassen über eine Perlonschlinge. Deshalb lenkten sie ihr Seil in einem Karabiner um, der mit einer Bandschlinge der besseren Beweglichkeit wegen an einem sicheren Ringhaken hing. Alles ging gut – bis plötzlich der, der gerade abgelassen wurde, die letzten acht Meter frei auf Blockwerk herabstürzte. Er zog sich neben anderen Verletzungen mehrere Rippenbrüche im unmittelbaren Bereich der Wirbelsäule zu. Wie sich später herausstellte, ist er gerade noch einmal an einer Querschnittslähmung vorbeigekommen. Die Bandschlinge, in der der Karabiner hing, ist durch Schmelzverbrennung gerissen.

Wie konnte das passieren? Die beiden hatten doch einen Karabiner zur Umlenkung verwendet. Während die beiden toprope-sicherten, war eine zweite Seilschaft aufgetaucht und benutzte den gleichen Haken zum Umlenken. Sie verwendeten jedoch keinen Karabiner, sondern ließen ihr Seil durch den Ringhaken laufen und scheuerten so die Bandschlinge der ersten Seilschaft durch.

---

23) Am Berg hat der Erfahrenere von zwei oder mehr Partnern (dies gilt auch für Gruppen) immer eine Garantenstellung. Er garantiert, daß den weniger Erfahrenen nichts Ernsteres als den unausweichlichen Umständen Entsprechendes zustößt. Ob der Erfahrenere diese Garantenstellung übernehmen will oder nicht, interessiert den Staatsanwalt nicht. Dem Erfahreneren fällt diese Garantenstellung sozusagen automatisch zu. Bei Ehepartnern hat, sofern der Ehemann der Erfahrenere ist (was in der Regel so sein dürfte), dieser die Garantenstellung. Bei einem Unfall, der der Ehefrau zustößt, wird der Staatsanwalt immer die Rolle des Ehemanns beim Unfall durchleuchten. Es hat schon tödliche »Unfälle« gegeben, bei denen der Verdacht eines leicht zu durchschauenden Motivs nicht von der Hand zu weisen war. Interessant ist in diesem Zusammenhang der tödliche »Unfall« einer Kletterin im Gesäuse, bei dem das Verfahren gegen ihren Partner trotz dringendem Motiv- und Tatverdachts eingestellt werden mußte, da sie die eindeutig Bessere und Erfahrenere am Berg war und somit sie die Garantenstellung innehatte.

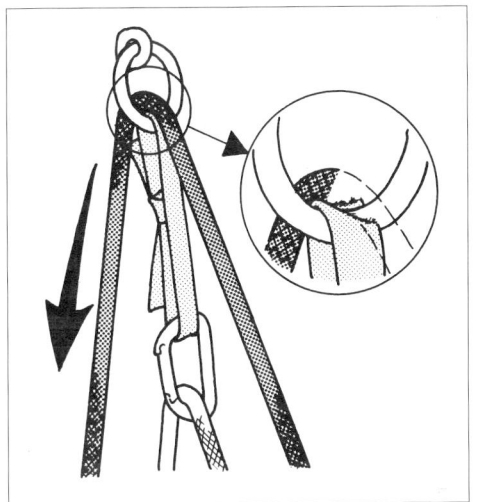

An den Smith Rocks...

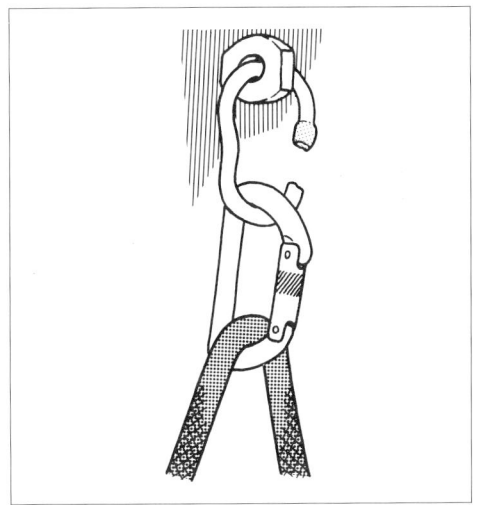

Im Labertal...

Dieser Unfall zeigt einmal mehr, daß man auch die Fehler anderer mit einkalkulieren muß, machen sich diese in unmittelbarer Nähe zu schaffen. Wie im Straßenverkehr auch: Man muß für die anderen mitdenken.

Belastung des Umlenkpunktes

Wird ohne Schlappseil gesichert, liegt die Belastung in der Größenordnung von 1,5 kN (ca. 150 kp). Mit etwas Schlappseil nimmt die Belastung des Umlenkpunktes zu, doch liegt sie auch dann nicht über der Größenordnung von 2 kN (ca. 200 kp). Die Belastung des Umlenkpunktes ist also – gemessen an Belastungen durch Sturz im Vorstieg – relativ gering. Trotzdem kommt es immer wieder zu Unfällen durch ausbrechende Umlenkpunkte.

■ In einem Klettergarten in Hessen hatte eine Seilschaft als Umlenkhaken die Wahl zwischen einem Bühlerhaken und einem angerosteten Bohrhaken. Sie wählte letzteren. Warum, ließ sich nicht mehr klären. Nach mehrfacher Toprope-Belastung brach der angerostete Bohrhaken, der Gesicherte stürzte bis zum Einstieg und zog sich eine Trümmerfraktur des Fußgelenkes zu.

■ Im Labertal (südlicher Frankenjura) kam es zu einem Beinahe-Unfall. Man sicherte über einen älteren Ringhaken, der, da mit stabilem Schaft, einen sicheren Eindruck machte. Daß die Schweißnaht des Ringes nahezu durchge-

rostet war, ließ sich nicht erkennen. Nachdem man das Seil zum Schluß abgezogen hatte, ging einer der beiden Kletterer nach oben, um den Karabiner zu holen. Ihm standen die Haare zu Berge. Der Ring war aufgerissen.

■ Im Frankenjura kam es 1993 zu einem tödlichen Unfall. Beim Ablassen eines Kletteres brach ein stabil aussehender Felskopf, der mittels Schlinge als Umlenkpunkt verwendet wurde, aus, obwohl er zuvor schon stärker belastet worden war.

Wenn auch der Umlenkpunkt der Belastung beim Toprope-Klettern gewachsen ist, besteht immer noch Gefahr, und zwar wieder durch andere Kletterer.

■ Im Frühjahr 1990 kam es im Frankenjura zu einem schweren Unfall. An den Eibenwänden kletterte eine Seilschaft toprope. Als Umlenkpunkt wurde eine etwa drei Finger dicke Sanduhr benutzt. Die Seilschaft beurteilte die Festigkeit der Sanduhr als ausreichend, was sich durch mehrfaches Ablassen auch als richtig herausstellte. Links der toprope-sichernden Seilschaft stieg eine zweite Seilschaft im normalen Vor- und Nachstieg auf. Der Seilerste dieser Seilschaft machte an der gleichen Sanduhr, die die toprope-sichernde Seilschaft als Umlenkpunkt benutzte, Stand und sicherte seine Seilpartnerin nach. Kurz vor Erreichen des Standplatzes ist eine etwas heikle Querung. Die junge Nachsteigerin rutschte weg

An den Eibenwänden im Frankenjura...

und pendelte ins Seil. Dieser Belastung war die Sanduhr am Stand nicht gewachsen, sie brach aus. Die Nachsteigerin und ihr sichernder Seilpartner stürzten bis zum Wandfuß und rissen dabei den Kletterer der Toprope-Seilschaft mit. Der die junge Nachsteigerin am Stand Sichernde fand den Tod, sie und der Toprope-Kletterer zogen sich schwere Verletzungen zu.

...Bruch der Sanduhr

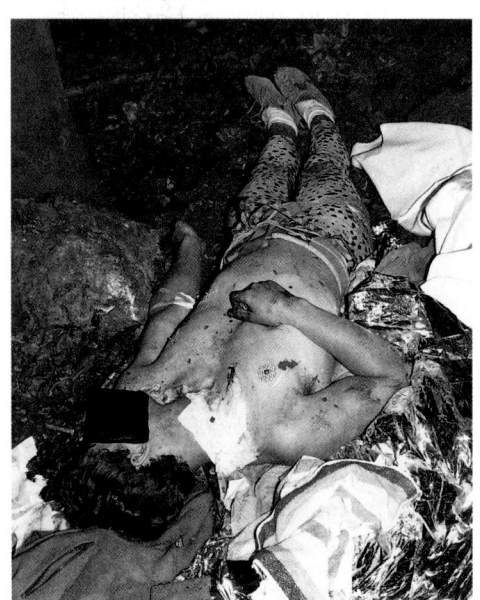

Seilrolle statt Karabiner?

Zur Seilumlenkung am Fixpunkt werden gelegentlich auch Seilrollen verwendet mit der Begründung, daß die Seilreibung und damit die Seilabnutzung geringer sei.

■ Es kam zu einem Unfall, weil die Seilrolle der Belastung nicht gewachsen war. Der Nietkopf, mit dem einer der beiden Tragschenkel an der Achse befestigt war, war gebrochen, weil mangelhaft gefertigt. Beim anschließenden Rechtsstreit stellte sich heraus, daß die Seilrolle keinerlei Festigkeitsangabe aufwies und folglich für eine solche Belastung vom Hersteller auch nicht vorgesehen war. So die Juristen. Pech für den Gestürzten. Fragt sich natürlich, wofür Seilrollen dann gedacht sind. Nur als Spielzeug?

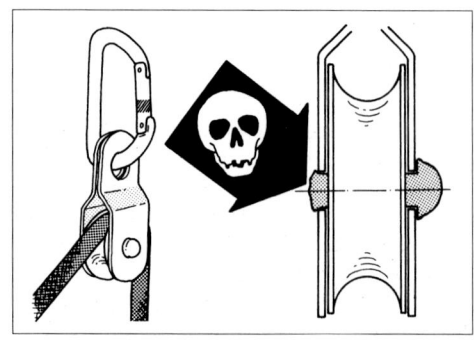

Bei Seilrollen deshalb immer auf eine Festigkeitsangabe achten, Bruchkraft mindestens 10 kN (ca.1000 kp).

■ Auch im Labertal (südlicher Frankenjura) kam es mit einer Seilrolle zu einem Unfall. Die Schraube, mit der die Achse an den Trageschenkeln befestigt war, löste sich während des Ablassens. Auch hier lag ein Herstellerfehler vor. Die Schrauben waren vom Hersteller nicht gegen ungewolltes Lösen gesichert worden.

Schrauben, deren Lockern zum Versagen eines Sicherheitsgerätes führen, müssen vom Hersteller so gesichert sein, daß sie sich bei bestimmungsgemäßem Gebrauch nicht lockern können. Die Schrauben von Autos dürfen sich schließlich auch nicht lockern. Man stelle sich nur vor, während der Fahrt würde sich ein Auto in seine Bestandteile zerlegen. In den geschilderten Unfall schaltete sich der Staatsanwalt und das Gewerbeaufsichtsamt ein. Der Hersteller wurde verurteilt, er rief seine Seilrollen zurück; Schmerzensgeldforderungen kamen noch hinzu.

Doch auch mit gesicherten Schrauben besteht noch Gefahr, dann nämlich, wenn die Schrauben mit »Loctite« gesichert sind, einem heute in der Technik vielfach verwendeten Schraubensicherungskleber. Dies ist der Rolle nicht anzusehen. Bei schnellem Ablassen kann die Rolle bis über 80 Grad Celsius heiß werden. Bei Temperaturen dieser Größenordnung kann sich der Sicherungskleber lösen.

Unabhängig von der Bruchgefahr sind Seilrollen nicht zum Toprope-Sichern zu empfehlen, da die Bewegungsfreiheit der Seilrolle häufig durch den Fels eingeschränkt ist und so das Seil nur teilweise oder gar nicht von der Rolle geführt wird. Erfolgt gar Seilreibung an den meist scharfkantigen Trageschenkeln, erhöht dies die Reibung und damit die Schädigung des Seiles um ein Vielfaches gegenüber der Umlenkung im Karabiner.

Die Argumentation der geringeren Seilreibung in der Rolle ist, physikalisch gesehen, auch falsch. Stellt man nämlich eine Überlegung hinsichtlich der Energiebilanz an, muß man erkennen, daß der Einsatz von Seilrollen beim Toprope der reinste Unsinn ist. Die potentielle Energie des Abzulassenden wird in Reibungswärme beziehungsweise Verfor-

mungsarbeit umgewandelt. Ob dies nun am Umlenkkarabiner passiert oder im HMS-Karabiner beziehungsweise im Abseilachter, ist in erster Näherung völlig gleich. Was heißt das? Wenn das Seil am Umlenkpunkt weniger Reibung erfährt, muß umso mehr in der HMS beziehungsweise im Achter gebremst werden. Die Energie muß ja schließlich umgewandelt werden (bei Spaltenbergung haben die Seilrollen dagegen nach wie vor durchaus ihre Berechtigung). Seilrollen sind noch nicht genormt. Man arbeitet daran. Bis normgeprüfte Seilrollen auf dem Markt sein werden, dürften aber wohl noch mindestens zwei Jahre ins Land gehen. Deshalb sollte bei Verwendung von Seilrollen sicherheitshalber eine Reepschnur- oder Bandschlinge mit Schraubkarabiner zusätzlich ins Seil gehängt werden. Damit besteht Redundanz. Geht die Seilrolle zu Bruch, kann noch nichts passieren. Die Reepschnur sollte locker sein, damit keine zusätzliche Seilreibung entsteht.

Redundanz

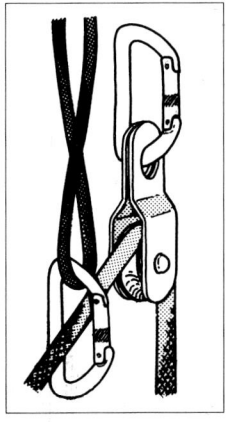

Plötzlich und unerwartet

Zwei namhafte Sportkletterer sicherten toprope am Battert (oberhalb von Baden-Baden). Es machte beiden viel Spaß, weil sie das Ablassen immer dann als besondere »Gaudi« empfanden, wenn dies mit hoher Geschwindigkeit erfolgte. Das ging lange Zeit gut – bis der, der abgelassen wurde, »plötzlich und unerwartet« aus fünf Meter Höhe frei herabfiel. Er hatte Glück. Er zog sich nur einen komplizierten Unterarmbruch zu. Was war passiert? Dem Ablassenden war das Seilende durch die Hände geglitten. Während des Aufwärtskletterns seines Kameraden hatte der Sichernde seinen Standplatz verändert. Beim anschließenden Ablassen war dann das Seil zu kurz. Dies passierte nicht etwa einem Anfän-

Wenn der Sichernde seinen Standplatz verändert...

ger, sondern einem namhaften Sportkletterer. Da der Sichernde meist nicht angeseilt ist, ist die Gefahr immer latent, vor allem, wenn der Sichernde seinen Standplatz beim Aufwärtsklettern des anderen so ändert, daß die Sicherungsstrecke länger wird. Dies tritt immer dann auf, wenn der Sichernde etwas zurückgeht, insbesondere dann, wenn der Einstiegsbereich ein abwärtsgerichteter Hang ist. Wird der Sichernde noch durch andere Kletterer abgelenkt, ist die Gefahr besonders groß.

In einem Fall war der Sichernde zu seinem einige Meter entfernt deponierten Rucksack gequert, um sich eine Zigarette herauszufingern. Beim anschließenden Ablassen war dann

das Seil zu kurz, und der Abzulassende fiel die restlichen Meter herab.

Meist geht es mit Verletzungen ab, da die Fallhöhe nicht mehr allzu groß sein kann. Zahllose Unfälle ereigneten sich in allen Klettergärten und Klettergebieten; nur einige seien herausgegriffen:

■ in Bardoneccia beim Einklettern vor dem Wettkampf (der für den Betroffenen daraufhin gelaufen war)

■ am Dschungelbuch an der Martinswand; Folge: Querschnittslähmung mit 19 (!) Jahren.

■ in Buoux, innerhalb einer Woche gleich zwei Unfälle an derselben Stelle, Sturzhöhe zehn Meter, Folge Armbrüche, Wirbelbrüche, offene Beinbrüche und Schädelverletzungen (da ohne Helm), Augenzeugen: »Es war schrecklich, man hörte das Brechen der Knochen.«

Der Gefahr läßt sich leicht begegnen, indem sich der Sichernde anseilt. Damit ist das Seilende fixiert, es kann nicht mehr durch die Hände gleiten. Eine andere Möglichkeit ist ein Knoten am Seilende, am besten ein Sackstich oder Achterknoten; das abstehende Seilende

wirkt wie ein Widerhaken und verhindert das Durchrutschen.

Bezeichnend ist ein Unfall in Blaubeuren. Zwei erfahrene Kletterer, die locker den VII. Grad beherrschten, wollten toprope-klettern. Der Erste wurde vom anderen abgelassen. Dabei merkten sie, daß das Seil sieben Meter zu kurz war. Der Ablassende kletterte deshalb die sieben Meter, durch das Gewicht des Abzulassenden mit leichtem Seilzug »angelupft«, nach oben, bis der Abzulassende sicher am Boden war. Danach wechselten sie die Rollen. Der Leser ahnt, was passierte: Beim abermaligen Ablassen, jetzt in vertauschten Rollen, war das Seil natürlich wieder zu kurz. Obwohl der Ablassende es hätte wissen

müssen, glitt ihm das Seilende durch die Hände, und der Abzulassende stürzte bis zu ihm herab.

Umsteigen

Will man über den Umlenkhaken abgelassen werden und zur Umlenkung keinen Karabiner verwenden (den man später holen müßte), muß man sich ausseilen, das Seil durch den Umlenkhaken fädeln und sich wieder anseilen. Man muß »umsteigen«, wie es im Jargon heißt. Die Fehlermöglichkeiten dabei sind zahlreich. Die Unfälle bleiben nicht aus.

■ An der Weißen Wand bei Lechaschau hatte sich ein erfahrener Sportkletterer mit einer Expreßschlinge am Umlenkhaken gesichert. Danach öffnete er den Anseilknoten, zog das

---

Welche Sicherung?

Als Sicherung zum Toprope-Klettern dienen gewöhnlich HMS oder Abseilachter. Beide haben den Nachteil, daß die Sicherung ständig aufmerksam bedient werden muß. Der Sichernde darf nicht »schlafen« und sich auch nicht ablenken lassen, was gerade im Klettergarten, wo meist auch noch andere Kletterer sind, leichter gesagt ist als getan. Hier bieten automatische Sicherungsgeräte wie die Antzbremse (Fabrikat SALEWA) und insbesondere das Grigri (Fabrikat PETZL) Abhilfe. Beide Seilbremsen blockieren den Seildurchlauf bei Sturzbelastung selbsttätig. Sie eignen sich auch deshalb ideal, weil der Sichernde das Seil auslassen kann, solange der Aufwärtskletternde an einer Stelle »herumkrebst«, also immer wieder probiert, stürzt und nicht höherkommt. Der Sichernde kann währenddessen die Hände in die Hosentaschen stecken. Auch das Ablassen geht mit beiden Seilbremsen so bequem, so dosiert und so gut wie mit keiner anderen Sicherung (diese Sicherungsgeräte eignen sich jedoch nicht für alle Sicherungssituationen und nicht für alle Seile; Studium der Gebrauchsanleitung ist angeraten). Vorsicht beim Ablassen mit dem Grigri. Der Ablaßhebel ist so konstruiert, daß reflexbedingtes Zugreifen zum Öffnen der Bremse und damit zum Absturz des Abzulassenden führt (es haben sich bereits etliche Unfälle ereignet). Das Ablassen muß geübt und mit Aufmerksamkeit durchgeführt werden.

Antzbremse

Grigri

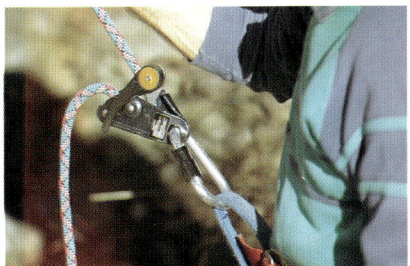

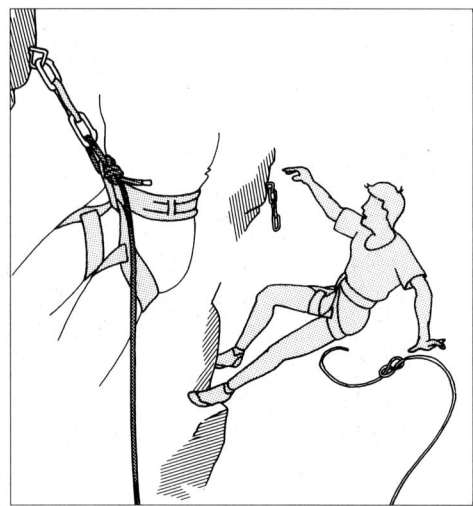

An der Weißen Wand...

Seil aus der Anseilschlinge des Hüftgurtes – und stürzte bis zum Einstieg herab. Der 20-Meter-Sturz endete mit Querschnittslähmung.

Was war passiert? Der Sportkletterer hatte die Expreßschlinge nicht in die Anseilschlaufe des Hüftgurtes eingehängt, sondern in die Achterschlinge(!). Den Achterknoten aber mußte er lösen, um das Seil durch den Haken fädeln zu können. Wie der Verletzte später berichtete, hatte er sich noch gewundert, daß sich das Seil so schlecht aus der Anseilschlaufe des Hüftgurtes herausziehen ließ. Natürlich – er hing ja mit dem Körpergewicht daran.

Ein anderer Unfall konnte gerade noch verhindert werden. Martin Joisten entlastete die Expreßschlinge, die er als Selbstsicherung benutzte, um das Seil leichter aus der Anseilschlaufe des Anseilgurtes ziehen zu können. Dabei hing sich der Karabiner seiner Expreßschlinge unerklärlicherweise von selbst aus dem Anseilgurt aus. Joisten hing ungesichert nur noch mit einer Hand im schwierigen Gelände. Zum Glück wußte er sich zu helfen. Und zum Glück hatte er das selbsttätige Aushängen des Karabiners bemerkt. Andernfalls wäre es wahrscheinlich ein Sturz mit tödlichen Verletzungen geworden.

Joisten ließ diese Begebenheit keine Ruhe. Er sann auf Abhilfe und unterbreitete den Vorschlag gemäß Zeichnung. Zugegeben – diese Methode ist etwas umständlich, doch ist sie absolut sicher, da Redundanz vorhanden ist. Sollte die Selbstsicherung mit Expreßschlinge versagen, ist eine zweite Sicherung vorhanden.

Man könnte statt dessen auch Schraubkarabiner verwenden, doch wer führt sie mit und wer schließt auch wirklich immer den Schraubverschluß? Da sind Karabiner mit automatischer Verschlußsicherung schon besser.

Ist die Hakenöse groß genug (Ringhaken, Bühlerhaken), kann man auch zwei Expreßschlingen parallel als Selbstsicherung einhängen. Und wenn man will, die Karabiner sogar noch spiegelbildlich zueinander. Daß sich beide Karabiner selbsttätig aushängen, dürfte wohl ausgeschlossen werden können. Freilich – das alles mag manchem sicher etwas umständlich erscheinen, möglicherweise gar zu umständlich, um sich damit anfreunden zu können. Doch wer beim Umsteigen einmal unsanft am Einstieg gelandet ist, wird sicher nichts Umständliches daran finden.

Redundanz beim Umsteigen.

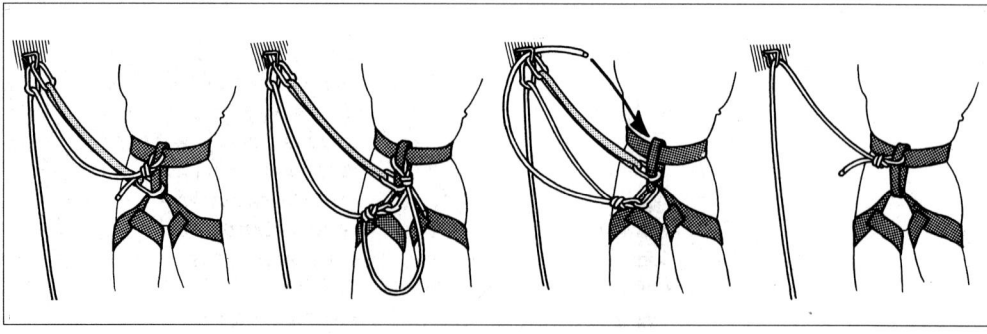

Vom Sicherheitskreis kreiert: Der Toprope-Haken.

Toprope-Haken

Spezielle Toprope-Haken, wie der vom Sicherheitskreis kreierte, sind die bessere Lösung als das Umsteigen. Es sind Haken, in die das Seil mit einer leichten Handbewegung eingeschlauft werden kann. Dazu ist nur eine Hand notwendig. Danach kann der Kletterer sofort abgelassen werden. Der Umlenkhaken vom Sicherheitskreis schließt ein selbsttätiges Seilaushängen aus. Weitere sicherungstechnische Vorteile sind:

Kletteranlage München-Thalkirchen: Umlenkrohr statt -haken.

■ Man benötigt keinen Karabiner, den man nach Beendigung der Kletterei holen müßte,
■ Das Seil wird geschont, weil die Öse keine scharfen Kanten hat,
■ und das Seil wird weiter geschont, weil es an der Umlenkstelle nicht am Fels aufliegen kann.

Der besondere Vorteil solcher Toprope-Haken liegt im Bereich des Natur- und Umweltschutzes. Da es nicht mehr notwendig ist, nach dem Klettern den Umlenkkarabiner zu holen, braucht der an vielen Felsen recht empfindliche Ausstiegsbereich und der gesamte Abstieg nicht mehr betreten zu werden. Das klingt gut und ist für die Ohren der Naturschützer bestimmt. Wir wollen dabei nicht übersehen, daß die Toprope-Kletterer den Ausstiegs- und den Abstiegsbereich gar nicht betreten wollen, weil das Abgelassenwerden viel bequemer ist. Die Sportkletterer wollen klettern, nicht steigen und schon gar nicht absteigen. Wie auch immer – der Naturschutz hat Vorrang. Auch in der Argumentation.

Nicht zu glauben

Im Rahmen von NASA-Forschungsarbeiten wurde nachgewiesen, daß Fehler, die theoretisch möglich sind, irgendwann auch einmal gemacht werden. Offensichtlich können Fehler gar nicht so exotisch sein, daß sie einem Menschen nicht unterlaufen können. Im Klettergarten Konstein sicherte eine Seilschaft toprope. Als Umlenkpunkt diente ein Bühlerhaken mit Expreßschlinge. Was hätte bei dieser

Sicherung falsch sein können? Nichts. Und trotzdem ereignete sich ein folgenschwerer Unfall. Ein Seilpartner ließ sich vom anderen emporsichern und danach ablassen. Dann wurde gewechselt. Als der andere am Umlenkhaken angekommen war – stürzte er mit dem Seil bis zum Einstieg herab. Das Seil war aus dem Karabiner ausgehängt, die Expreßschlinge mit dem Stürzenden herabgefallen.

In Konstein...

Wie konnte das passieren? Der Verletzte dachte lange über seinen Unfall nach. Während seines mehrwöchigen Krankenhausaufenthaltes hatte er viel Zeit dazu. Er hatte sich eine offene Trümmerfraktur am Fuß zugezogen und einen Schädelbasisbruch trotz Helm (ohne Helm hätte er den Sturz mit an Sicherheit grenzender Wahrscheinlichkeit nicht überlebt). Nach Genesung wandte er sich an den Sicherheitskreis mit der Bitte, doch einmal zu untersuchen, wie es zu diesem Unfall gekommen sein könnte. Weder er noch seine Freunde, die den Unfall miterlebt hatten, konnten sich einen Reim darauf machen. Da der Sichernde im Augenblick des Unfalls nicht nach oben geschaut hatte, konnte er über die Unfallursache nichts aussagen. Der Verletzte aufgrund seiner Gehirnerschütterung erst recht nicht.

Wir untersuchten den mysteriösen Unfall und zogen alle nur erdenklichen Möglichkeiten in Betracht, konnten aber keine auch nur entfernt

denkbare Ursache für das »selbsttätige« Aushängen des Seiles und der Expreßschlinge finden. Blieb nur noch eine Erklärung, auch wenn sie zunächst einmal mehr als unwahrscheinlich klingen mochte: Der Gestürzte hat das Seil und die Expreßschlinge selbst ausgehängt. Wieso das? Beim Erreichen des Umlenkhakens ist ihm unbewußt der Gedankenfehler unterlaufen, er befände sich im Nachstieg und müsse alle Zwischensicherungen aushängen. Das vor ihm aufwärtsführende Seil kann diesen Eindruck leicht erwecken. Ein Blackout?

Zugegeben – diese Erklärung klingt recht exotisch. Etwa so, wie wenn behauptet wird, jemand hätte den Ast abgesägt, auf dem er selbst gesessen hat. Wir werden aber sehen, daß sich der Unfall in der Tat wohl so ereignet haben dürfte. Wir mußten warten, ob sich Ähnliches ereignen würde, was beobachtet werden kann. Ein Jahr später kam es in der Schweiz zu einem solchen Unfall. Ein Ausbilder beaufsichtigte mehrere Seilschaften, die Toprope-Klettern und -Sichern übten. Als die Ausbildung beendet war, gab der Ausbilder den Auftrag abzubauen, nachdem er den Teilnehmern dies einige Zeit zuvor erklärt hatte. Die Übenden hätten oben aussteigen und den Karabiner mitnehmen sollen. Die meisten taten dies auch. Doch gerade der Übende, den der Ausbilder selbst sicherte und den er momentan nicht im Auge hatte, weil er

In der Schweiz...

zu einer anderen Seilschaft schaute, hing den Umlenkkarabiner aus – setzte sich ins Seil und stürzte bis zum Einstieg. Dies ließ sich eindeutig klären, da das Aushängen des Karabiners von anderen Kletterern beobachtet worden war. War es ein Blackout oder war es unzureichende Erfahrung? Da es sich beim Verunfallten um einen blutigen Anfänger handelte, ging man der Sache nicht weiter nach.

Abermals ein Jahr später stießen wir dann auf einen Unfall, der uns zeigen sollte, daß ein Blackout beim Klettern durchaus möglich ist. Im Odenwald hatte ein Kletterer im Vorstieg den Standplatz nach der ersten Seillänge erreicht und sich selbstgesichert. Er rief seinem Seilpartner am Einstieg zu, daß er Stand habe und dieser sich anseilen könne. Der ließ die Sicherung aus und war wenig später dabei, sich anzuseilen – da stürzte der oben angeblich Selbstgesicherte mit dem Seil bis zum Einstieg herab. Wie konnte das passieren? Der Gestürzte überlebte, wenn auch mit Beckenbruch und Rippenbrüchen, einer davon mit Durchstich in die Lunge. Glücklicherweise zog er sich keine Kopfverletzungen zu (Helm), so daß er Auskunft über die Ursache seines ebenso unerwarteten wie rätselhaften Sturzes geben konnte. Zunächst hatten alle vermutet, er habe das Kommando »Stand« zu früh gegeben, noch bevor er sich selbstgesichert hatte. Doch es stellte sich heraus, daß er wirklich selbstgesichert gewesen war. Denn von einer anderen Seilschaft war beobachtet worden, wie er kurz vor seinem Sturz in der Selbstsicherung »gesessen« war. Der Gestürzte hatte – so schilderte er später die Unfallursache – »auf einmal den Eindruck, ich stünde nicht oben am Standplatz, sondern unten am Einstieg und möchte einige Meter zurücktreten, um mir etwas aus meinem Rucksack, der in Einstiegsnähe lag, zu holen.« Er hing seine Selbstsicherung aus, trat zurück – und stürzte hinab. Dies war der Beweis für einen Blackout beim Klettern, wenn wir auch noch keinen Hinweis auf einen Blackout am Umlenkhaken hatten.

Erst eineinhalb Jahre später sollten wir dann auf einen konkreten Fall stoßen. Norbert Sandner wurde im Frankenjura Zeuge eines Beinahe-Unfalls. Er war eine Route im VII. Grad am Roten Fels im Pegnitztal mit drei Zwischensicherungen vorgestiegen, hatte dann am vierten Bühlerhaken umgelenkt und wurde von seinem Seilpartner abgelassen. Danach kletterte der Seilpartner empor und hing die nun nicht mehr benötigten drei Zwischensicherungen aus. Als er am Umlenkhaken angekommen war, wollte er auch diesen(!) aushängen. Sandner konnte ihn durch entsetzten Zuruf »Mach keinen Mist« gerade noch davon abhalten. Das war nun endlich der Beweis, daß auch am Umlenkhaken ein Blackout möglich ist.

Im Odenwald...

Geisterfahrer

Nur wenige Wochen nach dem Beinahe-Unfall im Pegnitztal ging der Unfall eines Geisterfahrers durch die Presse, weil dabei eine Prinzessin zu Tode kam, die am Unfall völlig unschuldig war. Ein Bürger von Allershausen wollte auf der Autobahn nach München fahren. Er erwischte aber aus Versehen die falsche Einfahrt und befand sich auf der Autobahn in Richtung Nürnberg. Das war noch kein Blackout. Man erwischt schnell einmal eine falsche Einfahrt. Der Fahrer mußte den Fehler bald bemerkt haben. Er fuhr auf den nächsten Parkplatz – und hatte nun einen Blackout. Er fuhr wieder auf die Fahrbahn,

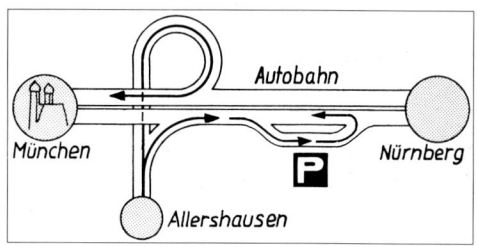

aber in entgegengesetzter Richtung, also zurück. Neun Pkws konnten ihm noch ausweichen, mit dem zehnten, in dem die Prinzessin saß, stieß er frontal zusammen. Beide fanden den Tod. Wenn im Alltag ein Blackout möglich ist, warum sollten wir am Berg davor verschont bleiben?

Vorbeugung eines Blackouts am Umlenkhaken

Die Umlenksicherung muß so gestaltet sein, daß sie sich nicht mit einer Zwischensicherung verwechseln läßt. Sie muß sich von einer Zwischensicherung deutlich unterscheiden. Das Aushängen muß merklich erschwert werden, damit der vom Blackout Befallene »aufwacht« und erkennt, daß er sich an einem Umlenkpunkt befindet. Mehrere Möglichkeiten bieten sich an.

■ Zwei Normalkarabiner parallel einhängen, und zwar so, daß die Schnapperöffnungen einander gegenüberliegen.

■ Schraubkarabiner oder andere Karabiner mit Verschlußsicherung verwenden, möglichst zwei davon, nicht etwa eine Expreßschlinge (Verwechslungsgefahr).

■ Wenn Expreßschlingen verwendet werden, dann zwei davon und diese so einhängen, daß die Schnapperöffnungen einander gegenüberliegen.

■ Wird nur ein Karabiner zum Seilumlenken verwendet, dann das Seil in einer zweiten, seitlich angebrachten Sicherung außerhalb der Reichweite umlenken; so besteht Redundanz: sollte die erste Umlenksicherung ausgehangen werden, ist noch eine zweite da.

■ Der Sichernde sollte ein wachsames Auge haben (er hat schließlich die Scherereien mit dem Verunfallten).

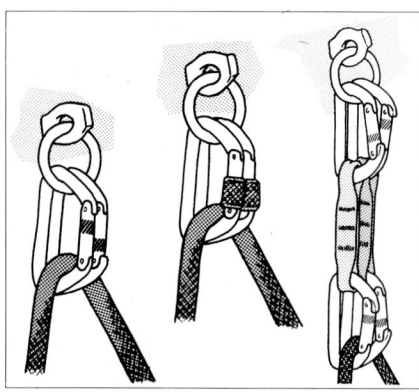

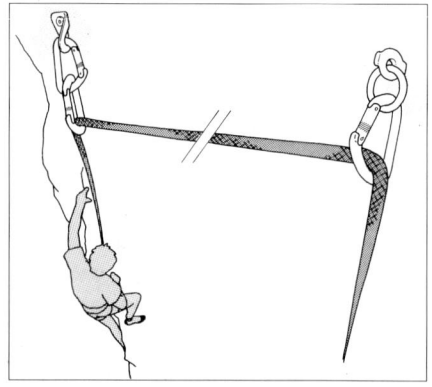

Unzureichende Kommunikation

Die meist recht lockere Atmosphäre beim Toprope-Sichern – »weil ja nichts passieren kann« – verleitet manchen Kletterer zu lässiger Sicherung. Seilkommandos werden gelegentlich unvollständig gegeben oder erreichen einen unaufmerksam Sichernden. Die Unfälle sind zahlreich:

■ Im Klettergarten von Oberaudorf waren mehrere namhafte Sportkletterer. Einer wurde toprope-gesichert. Als er an einer schwierigen Stelle nicht mehr weiterkam, fragte er seinen ihn sichernden Seilpartner »Host mi?«, und der sagte »Ja«. Daraufhin setzte sich der Toprope-Gesicherte ins Seil – und stürzte bis zum Einstieg. Wie konnte das passieren? Der sichernde Seilpartner hatte sich mit anderen Kletterern unterhalten, die Frage seines Partners gar nicht wahrgenommen und zufällig im Gespräch mit anderen »Ja« gesagt. Der Gestürzte konnte den 15-Meter-Sturz, der rücklings auf einer Sitzbank(!) endete, nur deshalb überleben, weil er einen sehr muskulösen, durchtrainierten Körperbau hatte. Jeder normale Mensch hätte sich den Tod geholt oder mindestens eine Querschnittslähmung zugezogen. Drei Monate lang stand es sehr schlimm um den Gestürzten. Man wußte nicht, ob er jemals würde wieder gehen, geschweige denn klettern können. Inzwischen sind etliche Jahre ins Land gegangen, und er ist soweit wiederhergestellt, daß ihm auch das Sportklettern wieder möglich ist.

■ Im Klettergarten von St. Johann in Tirol stieg ein Seilerster eine Route im VII. Grad vor. Als er den Umlenkhaken erreicht hatte, war er ob seiner Leistung recht erfreut und rief seinem sichernden Seilpartner erleichtert »Okay« zu. Der faßte dieses »Seilkommando« aber so auf, als hätte der Kletternde eine Selbstsicherung und er solle die Sicherung aufgeben. Der oben Kletternde setzte sich wenig später ins Seil. Der nahezu ungebremste Sturz endete nach 30 Meter Sturzhöhe am Wandfuß. Glücklicherweise »nur« mit einem Beckenbruch.

■ Im Rahmen einer Kletterausbildung von Anfängern im Oberen Donautal (Sigmaringen) im Frühjahr 1991 übten zwei Seilschaften nebeneinander. Beide Seile waren oben, an einem stabilen Baum, an getrennten Schlingen umgelenkt. Später, gegen Ende der Ausbildung, gab der Ausbilder das Kommando »Abbauen« und ging davon aus, daß jeder der beiden Kletternden oben aussteigen und seinen Umlenkkarabiner und die Schlinge mitnehmen wird. Doch was passierte?

Der eine der beiden Kletterer war schneller am Ausstieg und hing neben seinem Seil auch das der anderen Seilschaft aus, die noch am Klettern war. Der Kletterer der zweiten Seilschaft stand plötzlich ohne Seil da, wurde

In Oberaudorf...

Im Oberen Donautal...

ängstlich und stürzte bis zum Einstieg. Zum Glück waren die Verletzungen nicht tödlich.

■ Im Frankenjura kam es zu einem Unfall, der zeigt, daß auch ein korrektes Seilkommando noch nicht vor einem Unfall schützt. Die Kommunikation muß funktionieren. Eine Seilerste war am Ringhaken angekommen und teilte dies ihrer Partnerin am Einstieg durch das Kommando »Stand« mit. Die Seilpartnerin ließ das Seil weisungsgemäß aus. Die Seilerste änderte aber daraufhin ihre Absicht abzuseilen und teilte ihrer Seilpartnerin mit, daß sie abgelassen werden möchte. »Aufgrund der Geräusche, die von anderen Kletterern ausgingen«, konnte die untere Seilpartnerin das zweite Kommando aber nicht wahrnehmen. Beim anschließenden Seilbelasten kam es zu einem Sieben-Meter-Sturz, der mit diversen Frakturen endete, unter anderen an der Wirbelsäule.

■ Am Kletterturm der Zentralen Hochschulsportanlage in München hatte ein toprope-gesicherter Kletterer den Umlenkpunkt erreicht und wollte abgelassen werden. Vorsichtig wie er war, schaute er zunächst nach seinem sichernden Seilpartner. Der unterhielt sich mit einem neben ihm stehenden Kletterer, hatte aber beide Hände richtig am Seil. So schien die Sicherung perfekt. Der Toprope-Gesicherte glaubte, seinen Spezl durch eine plötzliche Seilbelastung aus »Gaudi« erschrecken zu können und sprang. Die Belastung traf den Sichernden unerwartet, das Seil rutschte ihm völlig unkontrolliert durch die Hände. Der Toprope-Gesicherte stürzte bis zum Boden und zog sich eine Brustwirbelfraktur zu. Zum Glück ist der Operationssaal der Sporttraumatologie auf dem gleichen Gelände, sozusagen »nur um die Ecke«. Wie der behandelnde Arzt, selbst ein extremer Kletterer, berichtete, kam der Gestürzte gerade noch einmal an einer Querschnittslähmung vorbei. Mit einer automatischen Seilbremse (Antz oder Grigri) hätte sich dieser Unfall vermeiden lassen.

Rückversicherung

Bei bewußter Seilbelastung am besten immer rückversichern, daß der Sichernde auch wirklich nicht »schläft«. Vertrauen ist gut – Kontrolle ist besser. Dieses Rückversichern

kann auf einfache Weise erfolgen. Man braucht sich nur an dem zum Sichernden führenden Seilstrang Selbstzug zu geben, bis man spürt, daß der Sichernde auch wirklich sichert beziehungsweise abläßt. Dabei merkt man an der Seilspannung sofort, was los ist.

Besonders an künstlichen Kletteranlagen

Seit Herbst 1989 haben die Münchner eine öffentlich zugängliche künstliche Kletteranlage großen Stils. Mit 1600 Quadratmetern Kletterfläche war sie bei Drucklegung die weltweit größte künstliche Anlage. Sie steht in München-Thalkirchen und erfreut sich großer Beliebtheit. An manchen Tagen wurden dort schon bis über 300 Kletterer gezählt. Nicht ganz ohne Stolz wies der Alpenverein die Stadtväter darauf hin, daß sich die Investitionen gelohnt haben: Keine Sportanlage in ganz München ist derart gut besucht wie die Kletteranlage in Thalkirchen.

Der erste Unfall ließ nur ein knappes halbes Jahr auf sich warten. Zum besseren Seilumlenken beim Toprope-Sichern befindet sich oberhalb der Wände ein stabiles Geländer aus sechs Zentimeter dickem Metallrohr. Eine Seilschaft hatte über dieses »Umlenkrohr« toprope-gesichert und wollte abbauen. Der Kletternde befand sich oben am Geländer, nahm das Seil vom »Umlenkrohr« – und stürzte plötzlich, zum großen Erstaunen seines

In München-Thalkirchen...

Seilpartners, bis zum Einstieg. Was war passiert? Der Gestürzte war nicht etwa gestolpert oder hatte das Gleichgewicht aus sonst welchen Gründen verloren – nein – nachdem er das Seil vom Geländer, also vom Umlenkpunkt genommen hatte, muß er einen Blackout gehabt haben. Er setzte sich ins Seil und glaubte, abgelassen zu werden(!). Der Gestürzte hatte mächtiges Glück. Er fiel rücklings weg und landete mit dem Kopf (ohne Helm) auf dem Kiesboden, knapp neben der Kante der nächsten Kletterwand.

Keine sechs Wochen später ereignete sich beim Ablassen ein weiterer, diesmal wesentlich ernsterer Unfall. Ein junger Sportkletterer ließ seinen Seilpartner mit Abseilachter »herabrauschen« und konnte das Seil zum Schluß nicht mehr halten. Es glitt ihm durch die Hände. Der Abzulassende fiel nahezu ungebremst herab und zog sich sehr ernste Wirbelverletzungen zu. Während des Abtransportes mit dem Hubschrauber machten die Ärzte ein bedenkliches Gesicht. Querschnittslähmung, so meinten sie, könne nicht ganz ausgeschlossen werden. Die Polizei nahm ein Protokoll auf und

konsultierte sogar die verantwortlichen Herren des Trägervereins der Kletteranlage, in dem sich die Münchner Sektionen für die Nutzung der Anlage zusammengeschlossen haben. Natürlich große Aufregung im Trägerverein, und es kam, was kommen mußte: Die Notwendigkeit einer Benutzungsordnung wurde diskutiert, aus der hervorgehen sollte, wie zu sichern und abzulassen ist. Nämlich mit HMS (Halbmastwurfsicherung). Es kam dann aber auf Einwand des Sicherheitskreises doch nicht dazu. Man muß schließlich nicht alles reglementieren. Die Begründung für die Ablehnung war denkbar einfach: Wer sich in ein Absturzgelände begibt, muß wissen, wie er sich gegen Sturz zu sichern hat. Genauso wie man in einem Schwimmbad auch nicht auf einer Hinweistafel angibt, wie zu schwimmen ist. Noch etwas tauchte bei dem Unfall auf. Die Eingangstür am Zaun war zu schmal; es paßte keine Krankentrage hindurch. Und es fehlten ein Hubschrauberlandeplatz und ein Telefon. Wie so oft im Leben ist man erst im nachhinein schlauer. Inzwischen sind all diese Mankos beseitigt.

Die Überlistung der Psyche

Anfänger sichert man im Klettergarten am besten toprope. Man hat sie so besser im Blickfeld, kann ihre Fehler korrigieren, und es kann ihnen nichts passieren. Sie haben den »Strick immer von oben«. Anfänger trauen jedoch dem Seil und der Sicherung oft nicht. Es fehlt ihnen das Vertrauen in die Sicherung, es fehlt ihnen die Erfahrung der Sturzbelastung. So haben sie auch immer eine gewisse Scheu vor dem Abgelassenwerden. Das läßt sich mit einem einfachen Trick überwinden: Der Anfänger muß sich beim Ablassen nur mit den Händen am Seil festhalten; schon ist das Angstgefühl weg. Dieses Festhalten am Seil vermittelt ihm

das Gefühl, daß er sich selbst am Seil hält und so im Ernstfall nicht hinunterfallen kann. Dies ist natürlich ein Trugschluß. An der gesamten Sicherungssituation ändert sich durch das Festhalten am Seil nichts. So leicht läßt sich die menschliche Psyche überlisten.

Die Seilklemme ersetzt den Seilpartner

Fehlt im Klettergarten ein Seilpartner und will man trotzdem seilgesichert klettern, verwendet man die Selbstsicherung mittels Seilklemme. Man fixiert ein Seil oberhalb der zu kletternden Seillänge und sichert sich daran. Dies zweckmäßig mit einer Seilklemme vom System Jümar, also mit einer Seilklemme, die eine Zahnklemme besitzt. Alle anderen bergen Gefahrenquellen. Beim Aufwärtsklettern wird die am Anseilgurt befestigte Seilklemme am Seil mit aufwärtsgezogen, stürzt man, blockiert sie den Seildurchlauf und hält damit den Sturz.

Eigentlich ist der Sturz nur ein Rutscher ins Seil. Damit sich die Seilklemme mühelos am Seil nach oben verschieben läßt, muß das Seil leicht gespannt sein. Dazu reicht es, wenn das Seil kurz über dem Boden mit einem leichten Gewicht beschwert wird, etwa mit einem

Selbstsicherung mittels Seilklemme.

Rucksack oder etwas »Schlosserei«; auch ein größerer Ast, der zufällig im Klettergarten herumliegt, eignet sich oder auch das zum Bund aufgenommene restliche Seil.

Der Fixpunkt, an dem das Seil befestigt ist, wird bei Sturz mit dem zweifachen Körpergewicht belastet, also in der Größenordnung bis 1,5 kN (ca. 150 kp). Dabei sind ein kleiner Pendelsturz und ein kleiner freier Sturz aufgrund von etwas Schlappseil bereits berücksichtigt. Um sicher zu sein, daß alles »hält und funktioniert«, ist es ratsam, das Sicherungssystem knapp über dem sicheren Boden durch einen kleinen Rutscher ins Seil zu erproben. Auf diese Weise gewinnt man auch Sturzerfahrung. Gerade dem Anfänger widerstrebt der Sturz ins Seil, auch wenn es nur ein winziger Rutscher ist. Einen Meter über sicherem Boden fällt alles leichter.

Nur ein kleines Steinchen

So einfach und sicher dieses Sicherungssystem auch ist, es hat doch eine ganze Reihe von Unfällen gegeben. Wider Erwarten hat die Seilklemme nicht blockiert, und der Kletterer ist mehr oder weniger ungebremst bis zum Einstieg gestürzt. Je nach Fallhöhe und Art der Aufschlagstelle mit geringeren oder größeren Verletzungen. Unfälle ereigneten sich vielfach. Es dürfte wohl kaum einen Klettergarten oder ein Klettergebiet geben, in dem sich mit dieser Selbstsicherungsart noch kein Unfall ereignet hat. Die Ursachen ließen sich zunächst nicht klären. Erst ein Beinahe-Unfall am Kletterturm des DAV in München auf der Praterinsel brachte Licht ins Dunkel. Im Rahmen eines Anfängerkurses der Sektion Oberland übten junge Kletterer die Selbstsicherung mittels Seilklemme am fixierten Seil. Gleichzeitig sollten sie auch bewußt das Überschreiten der Sturzgrenze üben, um die Hemmschwelle vor einem Rutscher ins Seil zu überwinden. Es rutschte nahezu ständig einer der Kletterer ins Seil. Das ging solange gut – bis einer am Boden lag. Alle waren perplex. Sofort wurde die Seilklemme untersucht und siehe da – es hatte

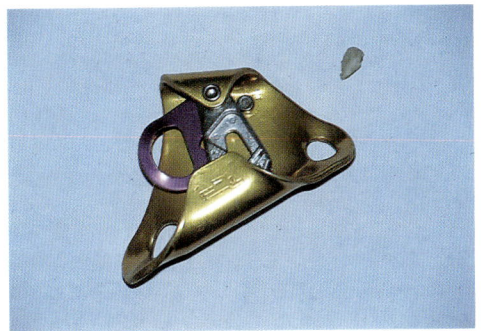

Nur ein winziges Steinchen...

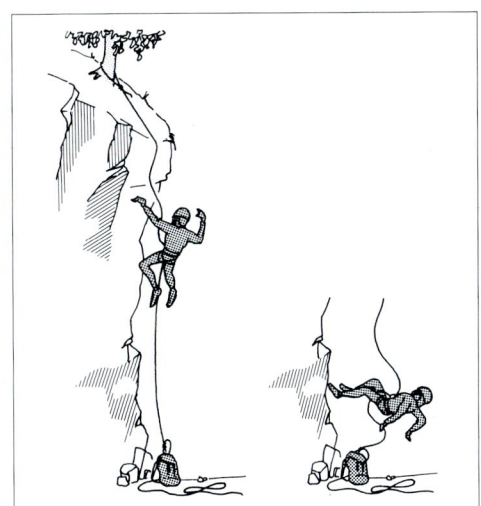

sich ein kleines Steinchen zwischen Gehäuse und Zahnklemme eingenistet, das die Zahnklemme blockierte, so daß sie nicht schließen konnte. So war es nur dem Kies zu verdanken, der sich rund um den Kletterturm befindet, daß wir den Grund für das Versagen wohl so mancher Seilklemme gefunden hatten. Im nachhinein kam uns die Unfallursache recht simpel vor. Zuvor aber hatte sich keiner einen Reim auf die Unfälle machen können. Wie sagte einmal ein kluger Kopf? »Nichts ist einfacher als ein gelöstes Problem.« Wir glaubten nun, die Ursache der bis dahin rätselhaften Unfälle gefunden zu haben. Doch es sollten sich noch weitere ereignen.

Praxiserprobt?

Da das Bergsteigen, Fels- und Eisklettern mit Gefahren für Leib und Leben verbunden ist, zählt die Ausrüstung zu den Sicherheitsgeräten. Von Sicherheitsgeräten darf erwartet werden, daß sie vom Hersteller nicht nur im Festigkeitslabor geprüft, sondern auch ausreichend praxiserprobt sind. Nach der Reklame zu urteilen, zu der sich manche namhaften Extremkletterer hergeben, müßte dies auch so sein. Doch gelegentlich trügt der Schein.
■ In Konstein (südlicher Frankenjura) kam es im Frühjahr 1990 zu einem Unfall, der glücklicherweise »nur« mit einer Brustwirbel- und einer Handgelenksfraktur ausging. Der 25 Meter hohe Sturz hätte auch anders enden können. Die Seilklemme hatte nicht blockiert. Anhand von Versuchsstürzen konnten wir im Sicherheitskreis nachweisen, daß die Seilklemme einen Konstruktionsfehler hatte, der sich aber nicht bei jeder Belastung auswirkte,

sondern nur bei einer bestimmten. Und bei eben einer solchen hat sich der Unfall ereignet. Die Seilklemme wurde daraufhin vom deutschen Importeur zurückgerufen.
■ Im Winter 1986/87 sicherte sich ein junger Eisgeher an einem gefrorenen Wasserfall mit einer Seilklemme vom System Hiebler. Er hatte die Seilklemme vom Vater geerbt. Bei Sturzbelastung klinkte sich die Seilklemme selbsttätig aus dem Seil aus, und der junge Eiskletterer stürzte 17 Meter bis zum Einstieg. Neben einer Gehirnerschütterung zog er sich eine Hüftgelenksluxation zu. Auch diese Seilklemme hatte einen Konstruktionsfehler, der vom Hersteller zwar, nachdem die Seilklemme bereits auf dem Markt war, entdeckt und beseitigt worden ist, doch ist eine Rückrufaktion seinerzeit unterblieben. Deshalb: »Was Du ererbt von Deinen Vätern« – muß nicht immer noch Stand der Technik sein.

Seilklemme System »Hiebler«.

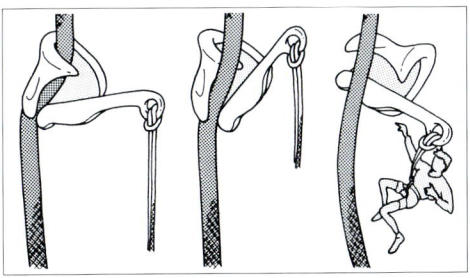

■ Auch mit der Seilklemme »Shunt« hat sich ein schwerer Unfall ereignet. In Nideggen (Eifel) sicherte sich 1986 ein Sportkletterer damit an einer Route mit Überhang. Unter dem Überhang stürzte er und fiel 15 Meter bis zum Einstieg herab. Alle möglichen Gründe zog der Gestürzte für das Versagen der Seilklemme in Betracht, doch keiner schien recht glaubhaft. Eine gründliche Untersuchung im Sicherheitskreis brachte dann ans Tageslicht, daß die Seilklemme unter bestimmten Umständen, nämlich bei Sturz unter einem Überhang, in der Tat nicht schließen und damit den Seildurchlauf nicht blockieren kann. Der Gestürzte hatte sich schwere Verletzungen zugezogen, unter anderem Trümmerbrüche beider Unterschenkel; noch ein Jahr nach dem Unfall konnte er sich nur auf zwei Krücken fortbewegen. Nach dreieinhalb Jahren Krankenstand und etlichen Operationen eröffneten ihm die Ärzte, daß sie nicht sicher sind, ob sie ihm beide Beine werden erhalten können. Der Verletzte trat mit Schadensersatz- und Schmerzensgeldforderungen an den Hersteller heran. Doch der lehnte erst einmal ab. Schließlich ging es um einen sechsstelligen Betrag. Der Rechtsstreit dauerte sechs(!) Jahre und landete schlußendlich beim Bundesgerichtshof in Karlsruhe. Die Karlsruher Richter gaben dem Geschädigten Recht. Seit diesem Unfall gibt der Hersteller im Katalog an, daß sich diese Seilklemme für Sicherungssituationen wie beim geschilderten Unfall nicht eignet.

Bei abgewinkeltem Seilverlauf kann der Shunt u. U. nicht schließen. Die Federkraft wird durch die radiale Seilkraftkomponente unwirksam.

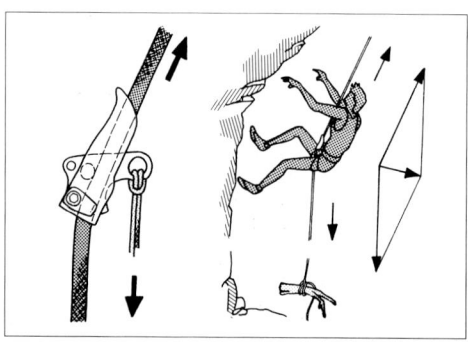

Reklame?

Bei Unfällen der geschilderten Art taucht die Frage nach der praktischen Erprobung der Seilklemmen – und generell anderer sicherheitsrelevanter Ausrüstung – durch den Hersteller auf. Dies ist eine heikle Frage und kann nicht pauschal beantwortet werden. Wenn Hersteller ihre Produkte mit den Namen bekannter Bergsteiger verzieren, so mag dies vielfach den Eindruck erwecken, die Ausrüstung sei auch in der Praxis auf Herz und Nieren geprüft. Dies kann, muß aber nicht so sein. Zweck der Verzierung sind für den Hersteller die größeren Absatzchancen durch bessere Werbung. Und für den Namensgeber ist es die klingende Münze, heutzutage legitimiert durch einen Werbevertrag. So ist bekannt, daß ein namhafter Bergsteiger von einem nicht minder namhaften Sporthaus jährlich eine fünfstellige Summe dafür erhielt, daß das Sporthaus seinen Namen in der Werbung einsetzen durfte, und zwar wie es dem Sporthaus beliebte, ob für Seile, Unterwäsche oder was auch immer. Ohne jede vorherige Rücksprache. Wohlgemerkt – das muß nicht immer so sein. Andererseits wollen wir aber auch nicht die Situation der Hersteller und Händler übersehen. Die Ausrüstung soll zwar sicher, aber auch nicht übermäßig teuer sein. Schließlich ist das Bergsteigen, Fels- und Eisklettern für die allermeisten ein Freizeitsport. Und Geräte für den Freizeitsport müssen erschwinglich sein. Könnte man bei der Entwicklung und Erprobung der Ausrüstung Kosten zugrunde legen wie beispielsweise im Flugzeugbau – der Vergleich ist so abwegig nicht, denn auch in der Luftfahrt wird »geflogen«, wenn auch in anderer Richtung als beim Fels- und Eisklettern – dann käme es sicher kaum zum Versagen der Ausrüstung. Nur dann würden die Preise wohl das Zehnfache betragen. So ist unsere Ausrüstung nur ein Kompromiß zwischen Sicherheit und Preis.

Ungeklärt

Es gibt auch Unfälle mit Seilklemmen, deren Ursachen ungeklärt blieben. Im Frühjahr 1989 ereignete sich ein solcher Unfall am Gaiseriß am Battert bei Baden-Baden. Ein Sportkletterer wurde besinnungslos und schwerverletzt am Einstieg gefunden. Das Seil war oben fixiert –

Ungeklärt...

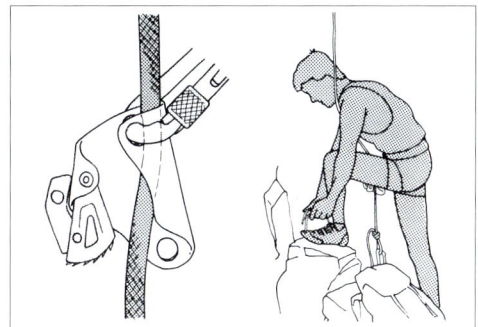

Am Battert...

die Seilklemme aus dem Seil ausgehängt. Der Unfall ließ sich nicht rekonstruieren. Im Sommer 1993 kam es in Arco zu einem tödlichen Unfall. Auch dieser ließ sich nicht klären.

Könnte man Maßstäbe anlegen wie in der Luftfahrt, müßte sich eine größere Kommission hochrangiger Experten mit den Unfällen befassen. Es ist durchaus denkbar, daß sie die Unfallursache in minutiöser, keine Kosten scheuender Kleinarbeit finden würde. Doch dies würde jeden Kostenrahmen, wie er bei der Analyse von Berg- und Kletterunfällen üblich ist, bei weitem sprengen. So müssen wir uns damit abfinden, daß bei unserer Ausrüstung andere Sicherheitsmaßstäbe gelten. Solche auf niedrigerem Level. Ein ausrüstungsbedingtes Risiko wird also immer noch bleiben. Versuchen wir deshalb, andere Risiken, die vermeidbar sind, zu vermeiden. Die ausrüstungsbedingten Risiken sind quantitativ immer noch groß genug.

Nur einen Augenblick Unachtsamkeit

Ein extremer Sportkletterer und Bergführer, ein Mann mit Erfahrung also, sicherte sich am Battert bei Baden-Baden mit Seilklemme am oben fixierten Seil. Bevor er in die VIIer-Route einstieg, wollte er sich noch die Schuhe enger schnüren und reinigen. Denn der Einstieg war feucht und die Schuhe waren schmutzig. Um sich besser bücken zu können, öffnete er die Zahnklemme. Nach dem Schnüren und Reinigen der Schuhe wollte er die Zahnklemme mit einem Handgriff wieder schließen. Es kam, was kommen mußte. Der Kletterer wurde abgelenkt. Als die Schuhe dann geschnürt waren und sauber genug schienen, hatte er die

geöffnete Zahnklemme vergessen und kletterte drauflos. Das Seil hing sich nicht aus, weil es im HMS-Karabiner geführt wurde. So bemerkte der Kletterer seinen Fehler nicht gleich. Erst als er in 25 Meter Höhe unter einem Überhang hing, sah er, was los war. Da aber hatte er keine Hand mehr frei, die Zahnklemme schließen zu können. Zum Glück verließen ihn die Nerven nicht. Es gelang ihm »trotz leicht zittriger Beine«, noch einen Klimmzug zu machen, und er war in leichterem Gelände. Leicht vorzustellen, was sich zugetragen hätte, wäre er gestürzt.

Um Fehler dieser Art zu vermeiden, empfiehlt sich eine Probebelastung. Man muß sich dazu nicht einmal kurz oberhalb des Einstiegs ins Seil fallen lassen. Es reicht, wenn man am Einstieg etwas rasch in die Knie geht und dabei überprüft, ob die Zahnklemme schließt und so das Seil blockiert.

Es reicht, wenn man in die Knie geht.

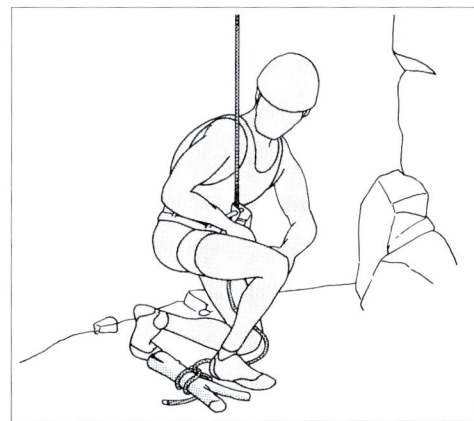

Nur Redundanz bietet wirklich Sicherheit

Unter Redundanz werden in der Technik zwei parallel geschaltete, im Prinzip gleiche Systeme verstanden. Fällt ein System aus, übernimmt das andere die Funktion des ersten. Bei der Vielzahl der Unfälle mit Seilklemmen bleibt nur Redundanz, um ausreichende Sicherheit zu gewährleisten, das heißt: Zwei Seilklemmen verwenden. Versagt eine Seilklemme, übernimmt die andere die Funktion der ersteren. Daß beide Seilklemmen versagen, dürfte wohl ausgeschlossen werden können:

■ Beide Seilklemmen müssen so weit voneinander entfernt am Anseilgurt angebracht sein, daß sie sich gegenseitig nicht behindern können. Am besten eine am Hüftgurt und eine am Brustgurt, Hüft- und Brustgurt zweckmäßig mit Achterschlinge verbinden.

■ Ein Seil reicht. Man kann aber auch zwei Seile (auch Zwillingsseile) verwenden, je Seil eine Seilklemme. Beide Seile müssen oben getrennt fixiert sein. Zwei Seile haben den Vorteil, daß man zum Schluß nicht noch einmal nach oben muß, um das Seil zu holen. Man kann abseilen (vor dem Abseilen muß die Fixierung beider Seile gelöst und die Seile müssen zum Abziehen miteinander verbunden werden).

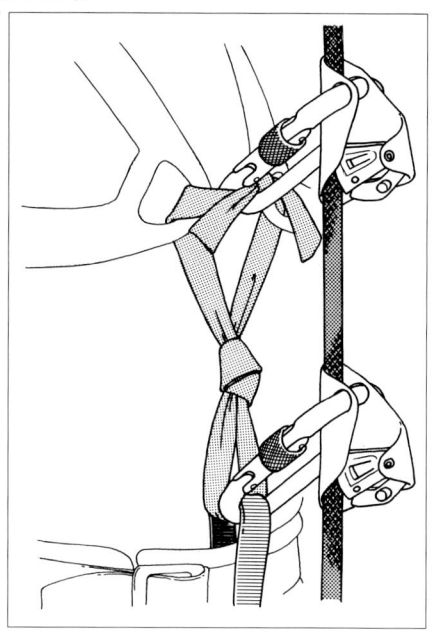

Zugegeben – eine zweite Seilklemme ist auf den ersten Blick umständlich. Demjenigen aber, der mit einer nicht funktionierenden Seilklemme unsanft am Einstieg gelandet ist, dürfte eine zweite Seilklemme kaum so umständlich scheinen, als daß er es nicht doch einmal versuchen würde. Ich fühle mich mit zwei Seilklemmen endlich sicher.

Die fehlende Probebelastung

Im Klettergarten bei Weißbach im Salzburgischen ereignete sich ein Unfall, der zeigt, daß die banalsten Fehler möglich sind.

Ein Sportkletterer verwendete Zwillingsseil zur Sicherung mit Seilklemme, um sich am Schluß das Seilholen zu ersparen. Er wollte es

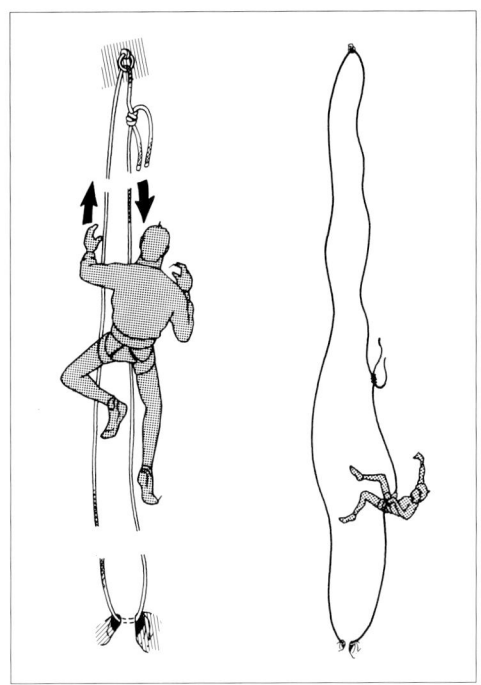

Ein riesengroßer Seilring...

abziehen. Doch dazu sollte es nicht kommen. Der Sportkletterer fädelte das Zwillingsseil oben durch einen Haken und unten durch eine Sanduhr und verknotete es. So hatte er im Grunde einen riesengroßen Seilring. Seine Seilklemme klinkte er in einen Seilstrang ein und kletterte drauflos. In etwa 25 Meter Höhe rutschte er von einem Reibungstritt ab – und stürzte bis zum Einstieg. Wie konnte das

passieren? Ganz einfach. Er hatte die Seile oben nicht fixiert, sondern nur durch den Haken gefädelt (um sie zum Schluß abziehen zu können). So wurde es ein Sturz bis zum Einstieg; zwar durch die Seilreibung im Haken und in der Sanduhr etwas gebremst, doch immer noch so unsanft, daß er sich tödliche Verletzungen zuzog und auf dem Transport ins Krankenhaus starb. Hätte er die Seilklemme im anderen Seilstrang eingehängt, wäre noch nichts weiter passiert. Der Knoten am Haken hätte des Durchrutschen des Seiles aller Wahrscheinlichkeit nach verhindert. So aber ließ sich das Zwillingsseil als riesengroßer Seilring in einer Richtung verschieben. Hätte der junge Sportkletterer kurz oberhalb des Einstiegs eine Probebelastung vorgenommen, der Fehler wäre sofort aufgetaucht.

Prusikschlinge statt Seilklemme?

Manche Kletterer scheuen die Kosten einer Seilklemme und verwenden statt dessen eine Prusikschlinge. Zugegeben – eine fünf bis sechs Millimeter dicke Reepschnurschlinge ist ungleich billiger. Doch ihre Verwendung birgt erhebliche Gefahren.

Der Prusikknoten klemmt nicht nur bei Belastung nach unten (Sturz), er klemmt genauso beim Aufwärtsklettern. Er ist halt ein echter Klemmknoten. Der Prusikknoten muß also in kurzen Abständen mit einer Hand am Seil nachgeschoben werden. Das ist noch nicht sonderlich nachteilig, solange der Kletterer zwischendurch immer wieder eine Hand frei

Gefahr freier Fallhöhe und des Reepschnurbruchs.

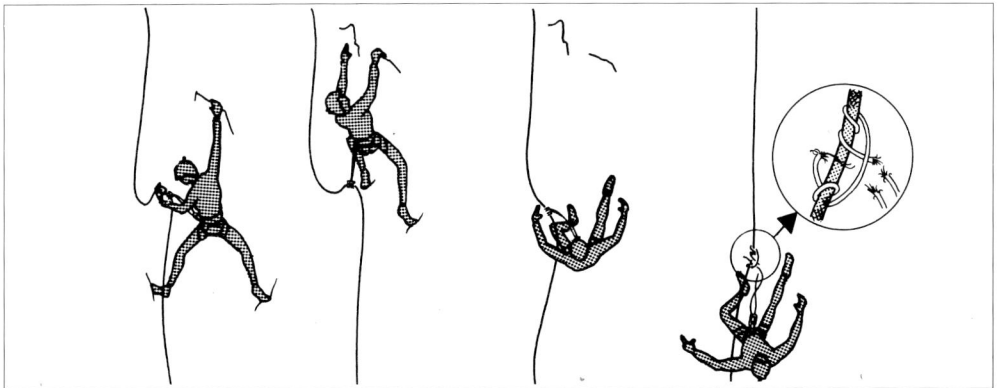

hat. Wenn es aber schwierig wird, braucht man in der Regel beide Hände zum Festhalten. Dann kann man den Prusikknoten nicht mehr mitschieben. Beim Aufwärtsklettern entsteht Schlappseil, das gemeinsam mit der Prusikschlinge bei Sturz zur freien Fallhöhe wird.

So war es auch an den Dörenther Klippen im Münsterland. Ein Kletterer geriet in etwa zwölf Meter Höhe in Schwierigkeiten, so daß er keine Hand zum Mitschieben des Prusikknotens mehr frei hatte. Folglich suchte er die Flucht nach oben. Es wurde aber nicht leichter, sondern immer schwieriger. Doch gerade immer nur so schwierig, daß er meinte, es noch schaffen zu können. Ins Seil zu stürzen getraute er sich nicht. So kletterte er immer weiter hinauf. Doch der Punkt, wo ihm die Finger aufgingen, kam, und er stürzte. Der Sturz endete erst am Einstieg. Die Reepschnur war gerissen. Der Gestürzte hatte mächtiges Glück. Zufällig waren mitten in der Woche zwei weitere Kletterer zugegen, von denen der eine auch noch Arzt war. So konnte der Gestürzte bis zum Eintreffen des Krankenwagens gleich fachgerecht versorgt werden. Zum Glück trug er einen Helm (nach seinen

Angaben hätte er den Sturz ohne Helm nicht überlebt).

Wie konnte die Reepschnur reißen? Die Reepschnur hatte einen Durchmesser von fünf Millimetern, und damit als Schlinge eine Bruchfestigkeit von wenigstens 6 kN (ca. 600 kp). Bei einem Sturz dieser Größenordnung tritt ein Fangstoß von höchstens 4 kN (ca. 400 kp) auf. Theoretisch hätte die Reepschnur also halten müssen. Dabei liegt die Betonung auf »theoretisch«, denn bei der überschlägigen Abschätzung wird die Schmelzverbrennung nicht berücksichtigt. Man geht davon aus, daß der Prusikknoten bei Sturzbelastung sofort klemmt, also blockiert. Doch das tut der Prusikknoten nicht. Er rutscht beim Festziehen etwas am Seil herab. Bei Versuchen ermittelten wir einen halben(!) Meter, bis er sich vollständig festgezogen hat. Dies führt durch Druck und Reibungshitze zur Schmelzverbrennung der Reepschnur und damit zum Riß weit unter der Festigkeitsangabe des Herstellers. Das linke Bild zeigt die Unfallreepschnur von den Dörenther Klippen.

In einem anderen Fall, bei einem wesentlich kleineren Sturz, wo die Reepschnur hielt, war

An den Dörenther Klippen...

Saugefährlich!

die Schmelzverbrennung gut zu erkennen: Seil und Reepschnur waren durch Druck und Reibungshitze oberflächlich miteinander verschmolzen. Die Reepschnur an den Dörenther Klippen mußte reißen. Untersuchungen mit einer ebenso dicken Reepschnur und einem 80 Kilogramm schweren Fallgewicht führten zu dem Ergebnis, daß schon eine Fallhöhe von zweieinhalb Metern – das ist nur eine Schlappseilschlaufe von einem halben (!) Meter – zum Bruch einer fünf Millimeter dicken Reepschnur führt. Bei kleinerer Fallhöhe und bei Verwendung einer etwas dickeren Reepschnur kann diese einen Sturz aushalten. Die Betonung aber liegt auf »kann«. Dies hängt ausschließlich davon ab, wie sich der Prusikknoten festzieht. So kann eine etwas dickere Reepschnur bei einem erheblich kleineren Sturz durchaus auch reißen, dann nämlich, wenn sich der Prusikknoten weniger günstig festzieht. Dieses Festziehen des Prusikknotens hat man nicht im Griff. Deshalb bleibt nur eine Empfehlung: Seilklemmen verwenden, auch wenn sie teurer sind als Reepschnur.

Falscher Reflex

Die Verwendung einer Prusikschlinge birgt eine weitere Gefahr. In einem Klettergarten in der Nähe von Graz sicherte sich ein junger Sportkletterer mit Prusikschlinge. Auch ihm wurde das Gelände zu schwierig. So versuchte er, weiter rechts der Fallinie hinaufzukommen. Doch auch das gelang ihm nicht. Der Moment, da ihm die Finger aufzugehen drohten, rückte in greifbare Nähe. So war er auf einen Pendelsturz gefaßt. Um die Sturzbelastung etwas »abzumildern«, versuchte er sich bei Sturzbeginn mit beiden Händen am Seil zu halten – und stürzte bis zum Einstieg.

Was war passiert? Der Prusikknoten konnte nicht blockieren, weil der Stürzende ihn mit beiden Händen am Seil nach unten schob, bevor er hätte belastet werden und damit blockieren können. Die Prusikschlinge war zu lang. Der Gestürzte zog sich schwere Verbrennungen an beiden Händen zu und beim Aufschlag am Einstieg eine Lendenwirbel- und Steißbeinverletzung. Die Gefahr besteht auch dann noch, wenn man sich bewußt vornimmt, bei Sturz ja nicht ins Seil zu greifen. Reflexbe-

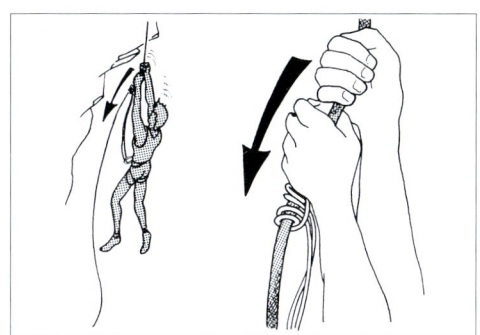

So kann der Prusikknoten nicht blockieren.

dingt kann man im entscheidenden Augenblick doch falsch reagieren, ohne daß man es eigentlich will. Gegen Reflexe ist der Mensch ziemlich machtlos. Reflexe werden nicht vom Willen gesteuert. Reflexe funktionieren unbewußt. Die Natur hat solche angeborenen Reflexe vorgesehen, um dem Menschen durch blitzschnelle Reaktionen mehr Überlebenschancen in Notsituationen zu geben. Die Natur konnte nicht ahnen, daß sich der Mensch einmal mit einer Technik umgibt, bei der diese Reflexe nicht den von ihr vorgesehenen Zweck erfüllen.

Bei dem Gewurle müßte eigentlich viel mehr passieren...

Ein fürchterlicher Schrott

Die ersten Felshaken wurden etwa um die Jahrhundertwende in den Fels gedroschen. Seitdem wird der Fels mit Eisen malträtiert. Es waren damals Eigenproduktionen, ein Stift mit einer Öse oder einem Ring, da niemand eine Ahnung hatte, wie ein Sicherungshaken aussehen könnte. Da eine industrielle Fertigung von Felshaken erst in den fünfziger Jahren zaghaft einsetzte, wurde bis dahin und auch noch bis Ende der sechziger Jahre alles in den Fels gedroschen, was auch nur annähernd eine Ähnlichkeit mit einem Schaft und einer Öse hatte. So wurden schon Holzschrauben, Schloßschrauben, Bilderhaken und sogar ein Zeltthering mit einer Öse aus Draht im Fels angetroffen. Vielfach wurden selbstgebastelte Haken verwendet, deren Stahl entweder zu hart war, so daß die Öse schon bei geringer Belastung abbrach (Sprödbruch, am Bruchbild zu erkennen), oder der Stahl war zu weich, so daß sich der Haken bei Belastung bog und wie ein krummer Nagel aus der Wand gerissen wurde.

All dieser Schrott steckt heute noch im Fels, sofern er nicht durch Sturzbelastung herausgerissen worden ist, was bei der Masse des Schrotts bisher nur wenig zu seiner Verringerung beigetragen hat. Und weiterer Schrott kommt ständig hinzu. Heute weniger in Form von Normalhaken als eher in Form von Bohrhaken. Mauerverankerungen verschiedenster Art werden von allen Baumärkten angeboten. Selten in rostfreier Ausführung wie die Normen dies für Bohrhaken vorschreiben. Auf die in Katalogen angegebene Belastbarkeit wird selten geachtet. Sie liegt meist unter der, die die Normen für Bohrhaken vorschreiben. Bohrkronen sind beinahe überall erhältlich, eine Öse aus Blech oder Winkelstahl wird in Heimarbeit angefertigt und eine mehr oder weniger passende Schraube findet sich in irgendeinem Werkstattwinkel. Dieser Schrott wird in ein Bohrloch gedroschen. Und an diesem Schrott wird gesichert. Nicht nur von den Erstbegehern, die die Haltbarkeit des Schrotts, weil sie ihn kennen, noch halbwegs abschätzen können – nein, auch von den Wiederholern. Was sollten diese auch anderes tun? Das ist die Hakensituation, die man heute im Fels antrifft.

Die Linie zeigt, wie weit die Haken im Fels steckten; rechts zwei Schloßschrauben aus der »Via Tyszkyewicz« (Colodri), die beiden Haken links steckten im »Bayerländerriß« an den Ruchenköpfen.

Problem Mikroklima

Im Felsriß herrscht immer ein Mikroklima, ein anderes Klima als außerhalb also. Dies ist einleuchtend, wenn man an Regen und anderen Feuchtigkeitseinfluß denkt. Aufgrund der Kapillarwirkung hält sich die Feuchtigkeit noch im Riß, wenn die Hakenöse und der Fels rundherum längst abgetrocknet sind. Der Schaft im Riß ist so einer beinahe ständigen Korrosion ausgesetzt. Er rostet still vor sich hin. Das Ausmaß der Korrosion ist von außen nicht zu erkennen. Von zwei Haken aus dem »Kaiserweg« im Oberen Donautal ist bekannt, wie lange sie im Fels steckten: 33 Jahre. Sie wurden damals von Günter Nothdurft bei der Erstbegehung gesetzt. Der Schaft war im Fels bis auf einen Bruchteil des ursprünglichen Querschnitts durchgerostet.

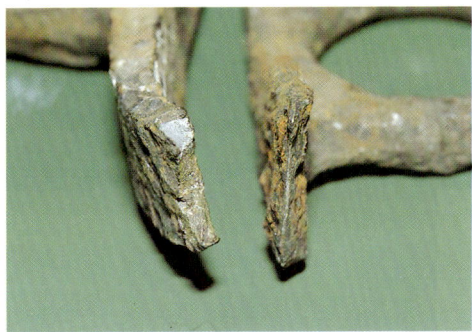

33 Jahre im Fels: Vom ursprünglichen Querschnitt ist fast nichts mehr vorhanden; dies ist an den blanken Stellen zu erkennen, die noch die einzige metallische Verbindung zum vorderen Schaftteil waren.

Der Einfluß der Korrosion gilt auch für Bohrhaken, die abgedichtet sind, weil die Abdichtung selten gelingt und Feuchtigkeit auch durch den Fels, sozusagen von hinten, eindringt. Kommt bei Bohrhaken noch das Problem hinzu, daß man von ihnen – weil Bohrhaken – absolute Festigkeit erwartet und eher bereit ist, einen Sturz zu riskieren als bei einem Normalhaken.

Bei Normalhaken kommt hinzu, daß sie in den klassischen Routen ständig weniger werden. Das Sportklettern hat es mit sich gebracht, daß kaum ein Kletterer mehr Hammer und

Haken mitführt; es wird versucht, mit Klemmkeilen und Klemmgeräten auszukommen. Und es wird versucht, die Routen stilrein, also rotpunkt, zu klettern. Das bringt Stürze mit sich. So werden die klassischen Routen langsam »freigestürzt«. Der Schrott, der im Fels steckt, nimmt ab. Und es kommen praktisch keine neuen Haken hinzu. So werden die häufig begangenen Klassiker immer schwieriger. Einige bekannte Routen, so zum Beispiel im Wilden Kaiser, die früher den Schwierigkeitsgrad V oder VI/A0 aufwiesen, sind jetzt nur noch zu bewältigen, wenn man wenigstens den VII. Grad beherrscht.

Problem Erosion

Neben der Korrosion tritt im Felsriß bzw. Bohrloch auch noch Erosion auf. Kommt unter hohem Druck, wie er durch das Eintreiben eines Hakenschaftes im Fels entsteht, Feuchtigkeit hinzu, zersetzt sich der Fels in der Druckzone langsam. Er erodiert. Bei weicheren Gesteinen wie Kalk geschieht dies schneller als bei härteren wie Granit und anderem Urgestein. Wenn ein Normalhaken beim Setzen »singend« in den Fels gedroschen wurde und

so ausreichend kraftschlüssige Verbindung mit dem Fels erfuhr, so kann man ihn nach häufigem, längerem Feuchtigkeitseinfluß (Regen, wasserführende Risse) schon nach kurzer Zeit entweder mit leichten Hammerschlägen tiefer eintreiben oder lockern. Die Erosion reduziert die kraftschlüssige Verbindung mit dem Fels und führt dazu, daß der Haken im Fels nur noch »pickt«, wie die Tiroler sagen. Leicht zu erkennen an den wenigen blanken Stellen herausgeschlagener Haken (blanke Stellen = kraftschlüssige Verbindung mit dem Fels). Der Einfluß der Erosion ist in der Mehrzahl der Fälle – und das wurde bisher übersehen – wahrscheinlich viel kritischer als der der Korrosion.

Zahllose Unfälle

Die Aufstellung erhebt keinerlei Anspruch auf Vollständigkeit. Vielmehr sind nur einige Unfälle der letzten zehn Jahre herausgegriffen.
■ 1982, Schüsselkarspitze (Wetterstein), Südwand: Der sichernde Seilzweite wurde von Steinschlag getroffen, der Standhaken herausgerissen und der Seilerste herabgerissen; der Seilschaftssturz endete glücklicherweise an einer Zwischensicherung (Sanduhr). Beide schwer verletzt.
■ 1983, Dreitorspitze (Wetterstein): Sturz in einen Zwischenhaken, der ausbrach; durch die größere Sturzhöhe querschnittsgelähmt.
■ 1984, Plattenspitze (Karwendel): Sturz in einen Zwischenhaken, der der Belastung nicht gewachsen war; durch die größere Sturzhöhe tödliche Verletzungen (Schädel-Hirntrauma).
■ 1985, Scharnitzspitze (Wetterstein), Hannemannführe: Beim Rückzug wegen Schlechtwetters brach ein Zwischenhaken aus; tödliche Verletzungen.
■ 1986, Bauernpredigtstuhl (Wilder Kaiser), Rittlerkante: Sturz in einen Zwischenhaken, der ausbrach; durch die vergrößerte Sturzhöhe tödliche Verletzungen.
■ 1988, Rosengartenspitze (Dolomiten), Ostwand: Sturz in einen Ringhaken, dessen Ring brach; durch die größere Sturzhöhe tödliche Verletzungen.
■ 1992, Freispitze (Lechtaler Alpen): Sturz des Seilersten, der erste Haken wurde herausgerissen, der zweite, ein U-Profilhaken, brach ab.

Das Topmodell: Ein Zelthering mit einer Öse aus Draht.

Die Folgen: 15-Meter-Sturz, offene Unterschenkelfraktur.
■ 1992, Bauernpredigtstuhl (Wilder Kaiser), Rittlerkante: In der dritten Seillänge Sturz eines Kletterers auf Höhe(!) eines Hakens, den er gerade eingehängt hatte. Der hielt der geringen Belastung nicht stand. Die Folgen: beidseitiger Schambeinbruch und Kreuzbandriß. Hinzuzufügen ist, daß dieser Haken von einem Tiroler Bergführer kurze Zeit zuvor geschlagen worden war, nachdem er den an dieser Stelle befindlichen und weitere gebohrte Haken entfernt hatte.[24]
■ 1993, Kerschbaumer Törlspitze (Lienzer Dolomiten): Sturz in einen Zwischenhaken, der ausbrach; durch die größere Sturzhöhe auf ein Band gestürzt, tödliche Verletzungen.

Auch beim Rückzug

In steilerem Gelände erfolgt ein Rückzug in der Regel durch Abseilen. Jeder Kletterer wird einen Abseilhaken gründlich überprüfen, bevor er sich ihm anvertraut. Insofern ist eine gewisse psychologisch bedingte Sicherheitsbarriere vorhanden. Trotzdem ereignen sich jährlich eine ganze Reihe von Unfällen durch ausbrechende Haken beim Rückzug. Dabei ist die Abseilbelastung auffallend gering, weit geringer als von den meisten Kletterern angenommen wird (etwa zweifaches Körpergewicht). Dies zeigt, daß vielen Haken weit mehr

24) Kurz vor Drucklegung wurde das erste strafrechtliche Urteil gegen einen Hakenabsäger bekannt (Untersberg, gemeinschädliche Sachbeschädigung § 304 StGB, Amtsgericht Laufen, Aktenzeichen Cs 120 Js 7749/93).

zugetraut wird, als sie tatsächlich halten. In diesem Zusammenhang gibt es zu denken, daß man die Haken in der Regel ja bereits vorher im Aufstieg zur Sicherung verwendet und sich nichts dabei gedacht hat. Jeder Sicherungshaken wird nämlich auch beim kleinsten Sturz weit stärker belastet als beim Abseilen. Auch ich habe mich diesbezüglich schon mehrfach ertappt. Beim Rückzug prüfte ich die Haken immer wesentlich kritischer als zuvor beim Sichern im Aufstieg.

Einige Unfälle seien nur pauschal aufgeführt. In der Regel kam der Abseilende zu Tode, nur in einem Fall konnte einer schwerverletzt überleben, da er auf einem Band liegenblieb. Unfälle ereigneten sich beim Rückzug vom Kopftörlgrat (Wilder Kaiser), aus der Hörndlwand (Bayerische Voralpen), aus der Südwand am Untersberg (Berchtesgadener Alpen), aus der Nordkante am Piz Badile (Bergell), aus der Brenvaflanke am Montblanc, aus der Nordwand der Großen Zinne (Comiciführe) und aus der Südwand der Marmolada (Dolomiten). Der jeweils überlebende Seilpartner mußte meist von der Bergrettung geborgen werden, da des Seiles beraubt. An der Kreuzwand im Dammkar (Karwendel) machten zwei Zweierseilschaften 1993 einen Rückzug. Am letzten Haken hatten bereits drei abgeseilt. Als der vierte abseilte, brach der Haken aus. Der Sturz endete 40 Meter tiefer auf einem Firnhang, der das Schlimmste verhinderte. So brach sich der Gestürzte »nur« beide Beine und zog sich eine Hirnblutung zu.

Frustrierende Erfahrungen

Vom Sicherheitskreis wurden Routen in Klettergärten und im Gebirge saniert. Dabei haben wir gut und gern 6000 alte Haken entfernt. Immer wieder mußten wir frustriert feststellen, daß wir uns in über 80 % aller Haken getäuscht hatten. Sei es, daß die Haken letztlich mehr hielten, als wir ihnen zugetraut hatten, sei es, daß sie weit weniger hielten, als wir angenommen hatten. Letzteres kam weit häufiger vor. Manche Haken steckten nur »im Dreck«, das heißt, nur im Erdreich oder nur mit geringer Klemmwirkung (Erosion). Durch das Sportklettern werden heute kaum mehr Hammer und Haken mitgeführt. So ist ein Nach-

schlagen nicht mehr üblich. Beim Sanieren blutete uns gelegentlich das Herz. Wir kannten manchen Haken seit 30 Jahren und hatten ihm bis dahin völlig vertraut. Wir hatten manchen Haken im Laufe der vielen Jahre richtig liebgewonnen, weil wir ihn jedes Jahr immer wieder zur Sicherung verwendeten und er gehalten hat (weil er nicht durch Sturz belastet worden ist). Deshalb ist es durchaus zu verstehen, daß manch einer zunächst konsterniert ist, wenn er statt »seines« Hakens plötzlich einen neuen Bohrhaken vorfindet. Mit dem Wissen über die Korrosion und die Erosion aber müßten sich die Aversionen gegenüber den neuen Bohrhaken überwinden lassen.

Im Rahmen einer Tagung der UIAA-Sicherheitskommission wurde die Probe aufs Exempel gemacht. Den internationalen Experten wurden im Klettergarten von Zermatt zehn im Fels befindliche Normalhaken präsentiert. Alle bis zur Öse eingetrieben. Die Schaftlänge war – wie in der Praxis immer – nur zu erraten. Die Experten mußten die Belastbarkeit jedes ein-

Hydraulische Hakenbelastungsmaschine.

zelnen Hakens beurteilen. Es wurde alles akribisch notiert, denn es standen Preise für die Gewinner zur Verfügung. Danach wurden die Haken mit einer hydraulischen Ausreißmaschine in Sturzzugrichtung bis zum Bruch bzw. Auszug belastet. Die beste Schätzung lag 50 % daneben, die schlechteste 300 %. (Bei diesen schlechten Schätzwerten hätte es eigentlich gar keine Gewinner und Preise geben dürfen.) Was heißt 300 % daneben? Wenn ein Haken 5 kN (ca. 500 kp) hält und das Vierfache(!) geschätzt wurde, nämlich 20 kN (ca. 2000 kp), dann sind dies 300 % daneben. Dies zeigt, wie »wenig richtig« die Festigkeit eines Normalhakens im Fels eingeschätzt werden kann.

Hand aufs Herz. Was können nachfolgend abgebildete vier Haken halten? Bei welcher Belastung werden sie herausgerissen? Die mit der Belastungsmaschine ermittelten Ausreißkräfte findet der Leser mit den verformten Haken auf Seite 162.

cherung. Dies scheint bei erstem Hinhören zunächst einmal unlogisch. Schließlich ist allgemein bekannt, »daß ein Zwischenhaken schon mal rausgehen darf, ein Standhaken aber nie«, weshalb besonders auf die Standplatzabsicherung geachtet werden muß. Diese Argumentation ist nach wie vor richtig, nur die Begründung ist falsch. Die Standplatzabsicherung kann immer nur mit dem einfachen Fangstoß belastet werden, die Zwischensicherung dagegen wird – in erster Näherung – immer mit dem doppelten Fangstoß belastet. Auf der einen Seite der Zwischensicherung zieht der Stürzende, und auf der anderen Seite zieht bzw. bremst der Sichernde. Andernfalls gäbe es kein Sturzabfangen. In zweiter Näherung ist die Belastung der Zwischensicherung etwas weniger als der doppelte Fangstoß auf Seite des Stürzenden bzw. etwas mehr als der doppelte Fangstoß auf Seite des Sichernden, weil das Seil im Karabiner Reibung erfährt und so

Vor dieser Frage steht man beim Einhängen immer: Was könnte der Haken halten?

Taucht natürlich die Frage auf: Was soll ein Haken eigentlich halten? Dies läßt sich nicht mit einem Satz beantworten. Zu unterschiedlich sind die Sturzsituationen und die daraus resultierenden Belastungskräfte.

Nur Größenordnungen

Die Frage, was ein Haken halten soll, läßt sich ohne Abschätzung der Belastungsgeometrie und des Körpergewichts des Stürzenden und ohne komplizierte Rechnungen nur in groben Größenordnungen beantworten. Zunächst einmal muß unterschieden werden zwischen der Belastung der Standplatzsicherung und der einer Zwischensicherung.

Der oder die Haken am Standplatz werden weniger stark belastet als die einer Zwischensi-

eine der beiden Belastungskräfte reduziert. Zur Berechnung dienen komplizierte mathematische Formeln, u.a. eine e-Funktion (e = natürlicher Logarithmus) des Reibwertes zwischen Seil und Karabiner und des Seilumlenkwinkels im Bogenmaß. Außerdem gehen noch in die Berechnung ein die Anzahl der Zwischensicherungen und der Seilumlenkwinkel in diesen, das Körpergewicht des Stürzenden, die Art des Sturzes (freier Sturz, Pendelsturz oder ein kombinierter Sturz aus freier Sturzhöhe und Pendelstrecke) und schließlich der Sturzfaktor und manches andere mehr.

Sich damit beim Klettern auseinanderzusetzen, dürfte nicht einmal einem mathematischen Genie gelingen. Auch Bergführern, die während ihrer Ausbildung mit Sicherungstheorie malträtiert werden, ist dies nicht zuzumuten. Deshalb wurde vom Sicherheitskreis eine stark vereinfachte Sicherungstheorie entwickelt, die leicht verständlich ist und schnell grobe Belastungsabschätzungen in der Praxis ermöglicht. Sie beruht unter anderem auf der Dissertation (siehe Fußnote S. 87) von Helmut Mägdefrau. Die Werte wurden empirisch ermittelt – also gemessen – und zwar nicht mit fallenden Gewichten, sondern mit springenden Kletterern. Der Mensch reagiert bei plötzlicher Verzögerung (Sturzabfangen) anders als ein Eisengewicht. Neben anderem fand Mägdefrau eine wichtige Erkenntnis, die zwar andeutungsweise bekannt war, deren Größenordnung man aber bisher völlig unterschätzt hatte (gelber Kasten):

Die Sturzhöhe ist immer weit größer als vom Abstand über der letzten Zwischensicherung vermutet wird, und zwar nicht zweimal Seilabstand zwischen der letzten Zwischensicherung und dem Anseilpunkt, sondern dreimal(!). Dies ist auf Seildehnung, Seildurchlauf und anderes zurückzuführen, in erster Linie aber auf Schlappseil, weil das lose Seil nicht straff, sondern immer nur mit etwas Durchhang (auch zwischen den einzelnen Sicherungspunkten) ausgegeben werden kann.

Das Wichtigste zur Belastung von Haken ist im folgenden zusammengefaßt:

Belastung von Haken und anderen Sicherungspunkten

Die Belastung hängt von der Belastungsart ab: Sturz im Vorstieg oder im Nachstieg, Topropen, Abseilen usw. In grob vereinfachter Form läßt sich folgendes sagen:

■ Die Standplatzsicherung wird, weil nur mit dem einfachen Fangstoß belastet, nur bis zur Größenordnung von 3,5 kN (ca. 350 kp) beansprucht; das ist die größtmögliche Bremskraft heutiger Sicherungmethoden. Meist liegt die Belastung darunter. Nur dann, sollte eine Sturzbelastung ohne oder mit zu geringer Seilreserve erfolgen, was äußerst selten ist, nimmt die Belastung zu, erreicht aber niemals eine höhere Größenordnung als 7 kN (ca. 700 kp).

■ Die Zwischensicherung wird stärker belastet als die Standplatzsicherung, weil durch zwei Seilstränge und dadurch mit etwa dem doppelten Fangstoß beansprucht. Bei kleineren Stürzen treten in der Regel höhere Belastungskräfte auf als bisher vermutet und in der Literatur angegeben, bei größeren Stürzen niedrigere. Dies gilt (wie auch oben) nur unter der Voraussetzung dynamischer Sicherung, das heißt ausreichender Bremsreserve, wobei die dynamische Sicherung durchaus statisch wirken kann (bei kleiner Sturzhöhe und/oder viel Seilreibung in Zwischensicherungen und/oder am Fels). Größenordnungen der Belastung gemäß Tabelle.

Sturz oberhalb der Zwischensicherung	Sturzhöhe insgesamt	Belastung der Zwischensicherung bei 80 kg Körpergewicht, ca.-Werte	
0,3 m	1,0 m	4,0 kN	(ca. 400 kp)
1,0 m	3,0 m	5,0 kN	(ca. 500 kp)
1,7 m	5,0 m	6,0 kN	(ca. 600 kp)
3,8 m	10,0 m	8,0 kN	(ca. 800 kp)[*]
7,5 m	20,0 m	10,0 kN	(ca. 1000 kp)[*]
12,5 m	30,0 m	12,0 kN	(ca. 1200 kp)[*]

*) mit etwas Seilreibung in Zwischensicherungen und/oder am Fels

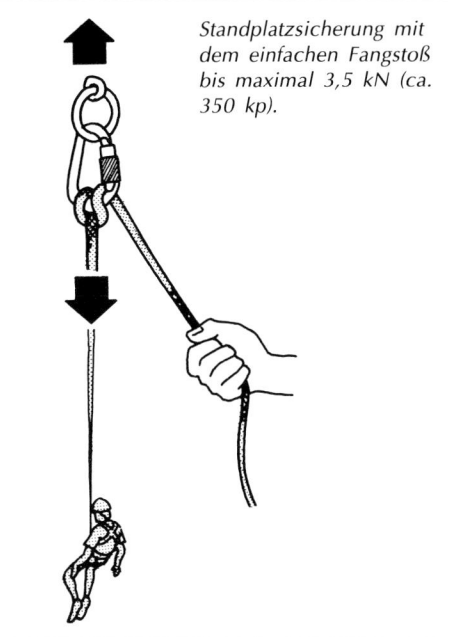

Standplatzsicherung mit dem einfachen Fangstoß bis maximal 3,5 kN (ca. 350 kp).

Zwischensicherung mit etwa dem doppelten Fangstoß, Belastungswerte gemäß Tabelle (linke Seite).

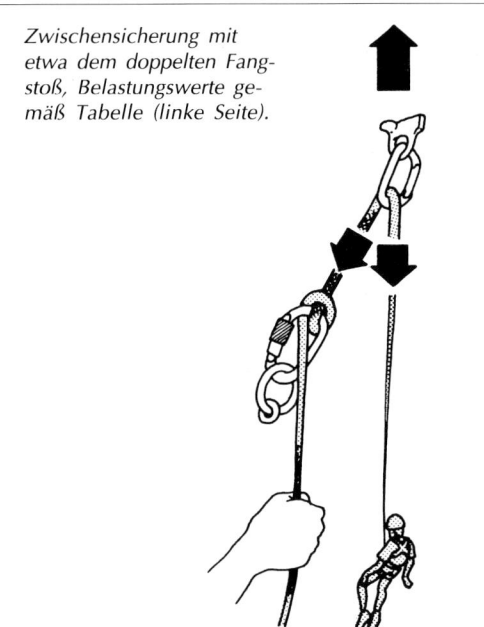

■ Toprope-Sicherungen (Umlenkpunkte) werden bis in die Größenordnung von 2 kN (ca. 200 kp) belastet; dabei ist schon etwas Schlappseil einkalkuliert.

■ Bei Selbstsicherung mittels Seilklemme am oben fixierten Seil wird der Fixpunkt bis in die Größenordnung von 1,5 kN (ca. 150 kp) belastet, etwas Schlappseil ist auch hier bereits einkalkuliert.

■ Abseilpunkte werden mit dem zweifachen Körpergewicht belastet, also bis in die Größenordnung von 1,5 kN (ca. 150 kp); nur bei sehr ruckartigem (unnatürlichem) Abseilen ist die Belastung etwas höher und reicht maximal bis zum dreifachen Körpergewicht. Beim Synchron-Abseilen sind die Werte zu verdoppeln.

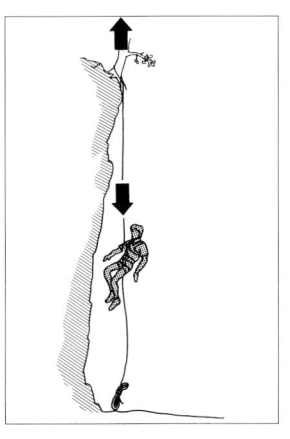

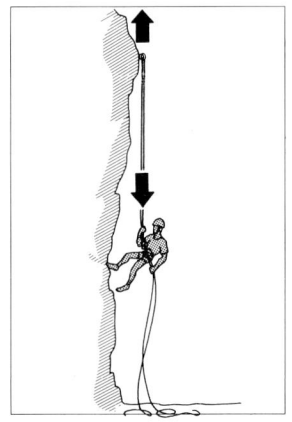

Toprope-Klettern 2 kN (ca. 200 kp)

Selbstsicherung mit Seilklemme 1,5 kN (ca. 150 kp)

Abseilen 1,5 kN (ca. 150 kp)

Spielzeugverhältnisse

Gelegentlich kann man beobachten, wie Kletterer einen Haken mit eingehängtem Karabiner und bloßer Handkraft durch ruckartiges Belasten prüfen. Dies gleicht den Verhältnissen eines Modellspielzeugs. Mit Handkraft kann man bestenfalls Kräfte in der Größenordnung von wenig mehr als seinem halben Körpergewicht erzeugen. Und das auch nur, wenn man sicher steht. Jeder Haken, jeder Sicherungspunkt wird im Ernstfall um ein Vielfaches höher belastet. Bleibt nur die Augenscheinprüfung, und die kann trügen. Und das – wie nachgewiesen – in der überwiegenden Zahl aller Fälle. Bliebe als letzte Möglichkeit nur das Nachschlagen, damit die Klemmwirkung, die durch Korrosion und Erosion nachgelassen hat, wieder erhöht wird. Doch wer führt heute, im Zeitalter des Sportkletterns, noch einen Hammer mit?

Einige Hinweise

In Routen, die man nicht kennt, ist die Mitnahme eines Hammers und einiger Normalhaken (neben Klemmkeilen und Klemmgeräten) immer anzuraten.

■ Querhaken in Längsrissen und Längshaken in Querrissen erreichen größere Haltekräfte als umgekehrt (wofür sie einstmals konzipiert waren). Am besten sind Drehmomenthaken, die aufgrund der erzwungenen Verdrehung bei Belastung eine bessere Klemmwirkung erreichen.

■ Hartstahlhaken halten in der Regel besser als Weichstahlhaken. Zu unterscheiden sind sie durch Augenschein nicht ohne weiteres. Nur der Stahlfachmann hat es im Griff.

■ Am meisten halten noch Normalhaken, die vertikal im Fels stecken, wenn sie durch eine Schlinge »verlängert« werden, so daß der Schaft im Ernstfall radial und in horizontaler Richtung belastet wird.

■ Vorsicht bei Ringhaken, die Schweißnaht kann angerostet sein. Sturzbelastung nach Möglichkeit vermeiden. Sicherheitshalber für den Fall der Fälle die Schweißnaht in »Drei-« oder »Neun-Uhr-Stellung« plazieren. So wird die Schweißnaht noch am wenigsten ungünstig belastet.

■ Haken, die nicht bis zur Öse eingetrieben sind, entweder nachschlagen oder am Schaft mittels Ankerstich abbinden.

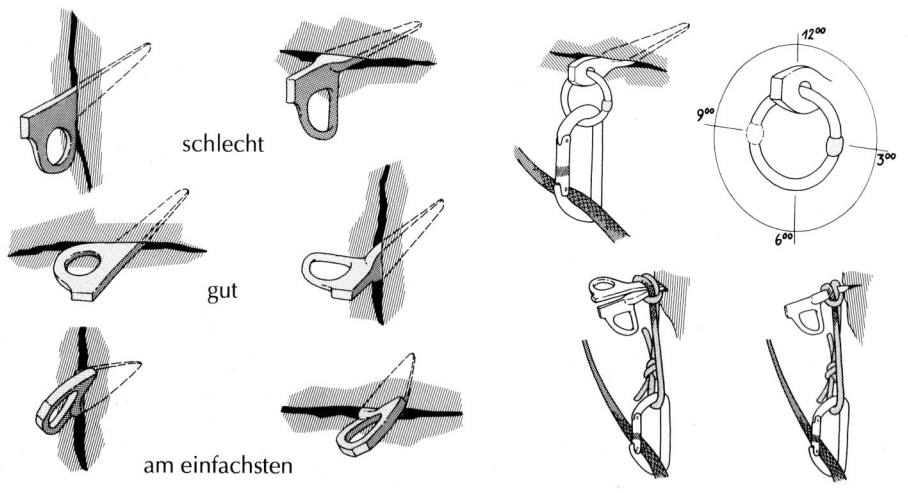

schlecht

gut

am einfachsten

Jeden Haken zusätzlich absichern?

Was tun?

Im Prinzip kann man keinem Normalhaken vertrauen, einem recht neu aussehenden nicht (Erosion) und schon gar nicht einem angerosteten. Am besten sichert man jeden Normalhaken durch Klemmkeile, Klemmgeräte oder Schlingen zusätzlich ab. Fragt sich natürlich: Wozu der Schrott dann überhaupt? Doch das ist ein ganz anderes Thema.

Und wenn gar nichts mehr hält?

Die Liste derer, die aufgrund unzulänglicher Haken oder anderer Standplatzfixierung gemeinsam mit dem Seilpartner in den Tod gestürzt sind, ist beeindruckend. Die Liste erhebt keinen Anspruch auf Vollständigkeit:
- 1960 bis 1978: 14 Seilschaftsstürze, und zwar in der Gimpel-Südwand (Tannheimer Berge), an der NW-Kante des Zweiten Sellaturms (Dolomiten), in der Wörndl/Noichl-Führe der Fleischbank-Ostwand (Wilder Kaiser), an der Westwand des Fünften Watzmannkindes, an der Südkante des Grundübelhorns (Berchtesgadener Alpen), in der Carlessoführe am Torre Trieste, an der Demuthkante der Westlichen Zinne, an der Dibonakante der Großen Zinne, an der NW-Wand der Punta Tissi (Dolomiten), in der Siemensführe des Westgratturmes der Schüsselkarspitze (Wetterstein), am Campanile di Val Montanaia, an der NW-Wand des Delagoturms und gleich zwei Seilschaftsstürze am Dritten Tofanapfeiler.
- 1983, Kopfwandkante (Gosaukamm, Dachstein): Absturz einer Dreierseilschaft (ein Führender, zwei Frauen), man fand alle drei tot mit einem herausgerissenen Ringhaken im Seil.
- 1985, Schüsselkarspitze (Wetterstein), Er-

Am Torre Trieste...(†), (†).

denkäufer/Sigl-Führe: Tödlicher Absturz einer Zweierseilschaft, da die Standplatzsicherung versagte. Ein Standplatz war überklettert und wenig oberhalb ein Stand eingerichtet worden; in der nächsten Seillänge kam der Seilerste in Schwierigkeiten und sprang nach Zuruf bewußt ins Seil (dies wurde von anderen Kletterern gehört).
- 1985, Roßkuppenkante (Gesäuse): Tödlicher Absturz einer Zweierseilschaft, weil zwei Standhaken (mit Ausgleichsverankerung) versagten.
- 1986, Colodri (Sarcatal), »Via Katia«: Tödlicher Absturz einer Zweierseilschaft; im

An der Schüsselkarspitze...(†), (†)

Nicht anders mit vielen Bohrhaken

Das Mißtrauen gegenüber im Fels vorgefundenen Sicherungspunkten sollte auch Bohrhaken gelten, insbesondere angerosteten und solchen, die »selbstgemacht« aussehen. Nahezu alles ist möglich – vergleiche Text und Bilder:

- zu schwache Lasche
- zu kurze Schraube
- zu schwacher Dübel (M8)
- keine ausreichende Klemmung im Bohrlochgrund (zu tief gebohrt oder sonstwie nicht einwandfrei verankert)

- angerosteter bzw. mehr oder weniger durchgerosteter Dübel
- schlecht gesetzt, Fels rundherum ausgebrochen, was bei Hängerhaken nicht zu erkennen ist; bei Belastung kann die korrodierte Bohrkrone ausbrechen.

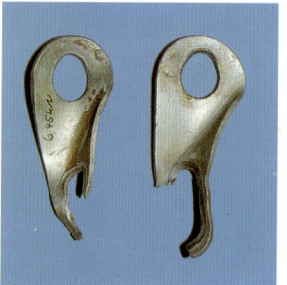

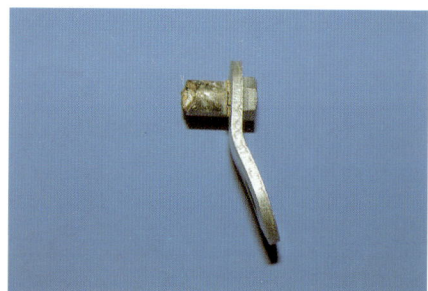

Die Korrosion schreitet fort. Die Bohrhaken werden nicht besser. Es tickt eine Zeitbombe. Zumal Bohrhaken in der Regel einen größeren Vertrauensvorschuß genießen als Normalhaken, wo jeder Kletterer mit einer Sturzbelastung vorsichtig sein wird.

Am Colodri...(✝), (✝)

Seil fand man den herausgerissenen Standhaken. Der Vater eines der beiden Opfer sandte dem Sicherheitskreis das rechte Bild mit dem darunter befindlichen Text.

▮ 1986, Kalbling, Westwand (Gesäuse), Denggführe: Weil sich an einem Standplatz bereits eine andere Seilschaft befand, machte der Seilerste einer nachfolgenden Seilschaft zwei Meter unterhalb an einem vorgefundenen Haken Stand; während der Seilzweite nachstieg, brach der Haken aus und der Sichernde stürzte, seinen nachsteigenden Seilpartner mitreißend, in die Tiefe. Beide konnten nur noch tot geborgen werden.

▮ 1986, Planspitze, NW-Wand (Gesäuse), »Konkursführe«: Tödlicher Absturz einer Zweierseilschaft; im Seil fand man zwei Spachtelhaken, die mit einer Bandschlinge verbunden waren, in der sich ein HMS-Karabiner mit eingelegter HMS-Sicherung befand.

▮ 1988, Velebit (Kroatien), »Bramroute«: An den Standplatz nach der ersten Seillänge, von dem eine deutsche Kletterin ihren vorsteigenden Seilpartner sicherte, hatte eine österreichische Dreierseilschaft aufgeschlossen. Der Führende stürzte ohne Zwischensicherung in den Standhaken, der der Belastung nicht gewach-

Der herausgerissene Standhaken aus dem Velebit.

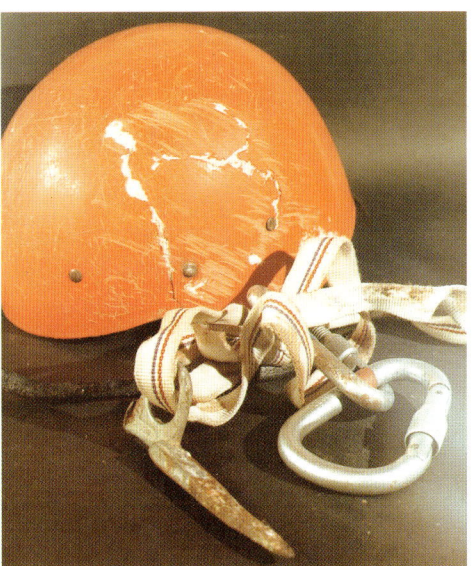

»Ein Bohrhaken hätte dies verhindert.« (✝), (✝)

sen war. Alle fünf stürzten. Der Sturz wurde von anderen Kletterern beobachtet. Nach menschlichem Ermessen bestand für keinen der fünf eine Überlebenschance. Glücklicherweise befand sich in Fallinie ein Strauch, in dem sich drei der Abstürzenden verfingen. Die beiden anderen stürzten die restliche Seillänge zusätzlich aus. Vier der Gestürzten konnten, wenn auch nur schwerverletzt, überleben. Einer der Gestürzten lag drei Monate im Koma.

▮ 1990, Pordoispitze, NW-Wand (Dolomiten), Fedeleführe: In der fünften Seillänge stürzte ein Vorsteiger infolge Steinschlags. Der Standhaken wurde heraus- und die sichernde Seilpartnerin mitgerissen. Nach etwa fünf Metern verfing sich das Seil an einem Felsköpfel und stoppte so den Seilschaftssturz. Die Mitgerissene konnte schwerverletzt überleben, der Vorsteiger erlitt tödliche Verletzungen.

▮ 1990, Sonnenplatten (Sarcatal), »Via Teresa«: Tödlicher Absturz einer Zweierseilschaft infolge Versagens der Standhaken.

▮ 1991, Gamsmutterwand (Tennengebirge), Lammertalverschneidung: Tödlicher Absturz einer Zweierseilschaft (Heeresbergführer), weil die Standplatzsicherung (drei Friends) versagte.

▮ 1991, Niedere Türlspitze (Dachstein), Goedel/Steiner-Führe: Tödlicher Absturz einer

Gedenkkreuz am Einstieg zur »Via Teresa«.

Zweierseilschaft, weil zwei Zwischenhaken und die Standplatzhaken der Sturzbelastung nicht gewachsen waren.

■ 1993, Sarcatal (Trentino), oberhalb der Sonnenplatten: Tödlicher Absturz einer Zweierseilschaft, weil die Standplatzsicherung (zwei Bohrhaken aus den sechziger Jahren) der Belastung nicht standhielten.

Besonderes Glück

Helmut Dumler und Werner Kühling versuchten 1959 die siebte Begehung der Hasse-/Brandler-Führe an der Rotwand in den Dolomiten. Diese Route zählte damals zu den schwierigsten in den Alpen. Technische Kletterei wechselte mit gewagter Freikletterei ab. Kühling brach im Nachstieg ein Haken aus. Er stürzte und riß Dumler vom Standplatz (damals galt noch die Lehrmeinung, man könne einen Sturz ohne Selbstsicherung halten, wenn man sich dem Sturzzug entgegenstemmt). Beide stürzten etwa 35 Meter. Kühling hing vier Meter weit von der Wand entfernt; er baute

sich eine Sitzschlinge, um sich vom starken Seilzug auf den Brustkorb zu befreien (damals angeseilt nur mit dem Seil um den Brustkorb). Dumler versuchte, nachdem er Kühling gesichert hatte, allein weiterzuklettern, um Hilfe zu holen. Doch er mußte schon nach wenigen Metern aufgeben; mit seinen blutüberströmten Händen hatte er keine Chance (beim Versuch, den Sturz zu halten, hatte es ihm das Seil durch die Hände gerissen; Brandwunden bis teilweise auf die Knochen waren die Folge). Schneetreiben während der ganzen Nacht und des nächsten Tages ließ beide ein zweites Mal sehr eindrucksvoll an den Rand des Lebens rücken, bevor sie von der Bergrettung vom Gipfel aus herausgeholt werden konnten. Bei der Bergung stellte sich dann heraus, daß der Sturz von einem einzigen, von unten nach oben geschlagenen Haken in einem Dach gehalten worden war.

Unbeschreibliches Glück

Es dürfte unstrittig sein, daß die Mehrzahl aller Bergsteiger und Kletterer jahraus, jahrein von einer ganz beachtlichen Menge Glück profitiert. Eine gewisse Portion Glück gehört wohl offensichtlich zur menschlichen Existenz. Jedenfalls spricht vieles dafür. Das tägliche Leben ist Beweis genug. Zum Beispiel im Straßenverkehr: Würde jeder kleine Fehler am Steuer zu einem Unfall führen, es gäbe weit mehr Straßenverkehrsunfälle, als wir zu verzeichnen haben. Genauso am Berg. Würde beispielsweise jede falsche Sicherung durch einen Sturz belastet werden, es gäbe inzwischen weit weniger Bergsteiger und Kletterer. So werden wohl offensichtlich viele Bergsteiger und Kletterer regelrecht vom Glück verfolgt. Und so gibt es auch den beinahe

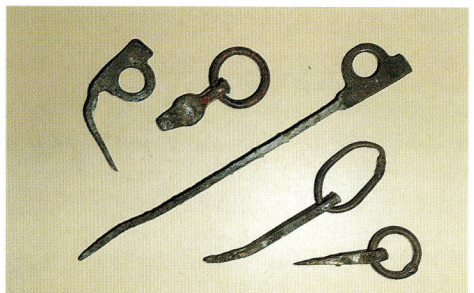

unwahrscheinlich anmutenden Fall, daß eine im Fels abstürzende Seilschaft an irgendeinem Felszacken hängenbleibt und überlebt.

■ 1962, Cima del Bancon (Dolomiten), Da-Roit-Führe: Zwei Extremkletterer befanden sich im unteren, leichten (IV) Wandteil, der Seilzweite stürzte, der Standhaken hielt der Belastung nicht stand, und die Seilschaft stürzte aus der Wand. Das Seil verfing sich an einem Felszacken, die Seilschaft konnte überleben. Als sie die Seile (Doppelseil) entlasteten, ließen sie sich »ganz leicht abziehen«. Sie waren offenbar auf einem Felsköpfl nur zur Auflage geraten. Wie durch ein Wunder zog sich einer der beiden nur relativ harmlose Verletzungen zu, während dem anderen die Kniescheibe zertrümmert wurde; er hat seitdem ein steifes Knie (kletterte aber bald darauf wieder im VI. Grad und heute sogar im VII.).

■ 1983, Rote Flüh (Tannheimer Berge), SW-Wand: Eine Vorsteigerin stürzte in der Ausstiegsseillänge und riß ihren am Standplatz sichernden Seilpartner mit, da die Standplatzsicherung (Schlinge und Klemmkeil) der Belastung nicht gewachsen war. Nach einem 30 Meter hohen Sturz verfing sich das Seil hinter einem Felszacken. Beide konnten überleben, wenn auch die Gestürzte nur mit sehr schweren Verletzungen im Halswirbelbereich; ohne Helm wäre es mit an Sicherheit grenzender Wahrscheinlichkeit zu tödlichen Verletzungen gekommen.

■ 1986, Oberreintalturm (Wetterstein), »Fahrradlkante«: Der Sichernde hatte eine Standplatzsicherung mittels Klemmkeil und Zackenschlinge angebracht, der Seilerste stieg (ohne Zwischensicherung, weil nicht besonders schwierig) voran; als der Sichernde die Standplatzsicherung zwischendurch einmal entlastete, muß sich der Klemmkeil oder die Zackenschlinge (oder beides) gelöst haben. Als er, ohne das Lösen bemerkt zu haben, die

An der Fahrradlkante...

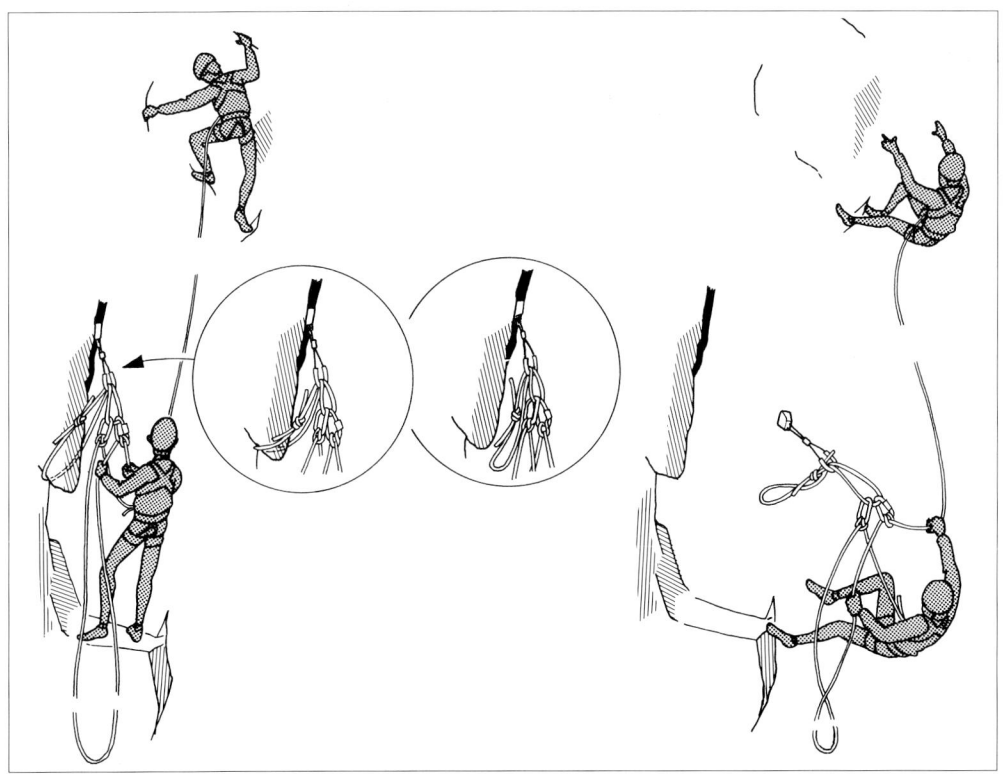

Impressionen von der Radlkante

Am Oberreintalturm im Wetterstein hängt 150 Meter über dem Einstieg, wenig oberhalb der Schlüsselseillänge der »Fahrradlkante«, ein altes Fahrrad (daher der Name). Es geht auf die legendäre Zeit des Fischer Franzl in der Oberreintalhütte zurück. Am Einstieg gibt es auch ein Radlschild und nach der Schlüsselseillänge ein Hinweisschild auf einen Notausstieg (den man, hat man das Schild erreicht, nicht mehr benötigt; danach wird es leichter).

Selbstsicherung mit seinem Körpergewicht wieder belasten wollte, stürzte er aus der Wand und riß seinen Vorsteiger mit. Das Seil verfing sich hinter einem Felsblock, die Seilschaft konnte überleben. Der Sichernde, der den Seilschaftssturz ausgelöst hatte, zog sich ernste Verletzungen zu. Der Mitgerissene kam wie durch ein Wunder mehr oder weniger mit dem Schrecken davon. Dies ist ungewöhnlich, weil der Mitgerissene zur Erdbeschleunigung noch durch das Mitreißen (Gummieffekt des Seiles) beschleunigt wird und so eine höhere Fallgeschwindigkeit erreicht als in einer normalen Sturzsituation.

Weitere Ereignisse dieser Art wurden nicht bekannt. Das bedeutet drei Ereignisse in drei Jahrzehnten = im Durchschnitt alle zehn Jahre ein Ereignis. Die Wahrscheinlichkeit, daß

einem derartiges Glück im Unglück widerfährt, ist also nicht besonders hoch.

Die Haken im Elbsandsteingebirge

Durch die Wiedervereinigung ist das Interesse am Klettern im Elbsandstein vermehrt geweckt worden. Dieses Klettern im Sandstein rund um das Elbtal ist für die übrige Welt ein wenig fremd. Es nimmt eine Sonderstellung ein. Dies nicht nur, weil hier das stilreine Freiklettern schon kurz nach der Jahrhundertwende kreiert wurde, sondern weil das Elbsandsteingebirge für jeden Nichtsachsen entsetzlich eisenarm ist. Haken (sogenannte Ringe, weil Ringhaken) darf nur der Erstbegeher setzen. Wem dies zu wenige Zwischensicherungen sind, der muß Knoten-, Zacken- oder Sanduhrschlingen legen. Oder gar nicht erst einsteigen oder umkehren, falls ihm dies ohne Sturz noch gelingt. Die Verwendung von Klemmkeilen und Klemmgeräten ist nicht erlaubt. Die sächsische Kletterethik ist sehr hoch angesiedelt. So findet man in Routen bis zum IV. und V. Grad (UIAA) in der Regel keinerlei oder bestenfalls vielleicht einen Haken (Ring). Die schwierigen Wege aus den fünfziger Jahren im sächsischen Schwierigkeitsgrad VII und VIII (entspricht etwa einem Grad weniger der UIAA-Skala) weisen bis zu einer Kletterlänge von 100 Meter bestenfalls vier Ringe auf. Der erste Ring steckt nicht selten in 20 bis 30 Meter Höhe. So ist es kein Wunder, daß Kletterer aus westlichen Gefilden, die das erste Mal im Elbsandstein sind, das Fürchten lernen. Erst als der IX. und weitere Schwierigkeitsgrade eröffnet wurden, hat man die Ringabstände zwar etwas reduziert, für westliche Begriffe aber sind sie immer noch entsetzlich weit.

Sanieren von Routen?

Man kann zum Sanieren von alpinen Routen stehen, wie man will – wenn saniert wird, dann nur mit genormten Bohrhaken. Mit anderen Bohrhaken sieht der Fels bald aus wie ein Schweizer Käse. Genormte Bohrhaken erkennt man an der Normkennzeichnung, z.B. DIN 33945. Sie sind aus rostfreiem Stahl gefertigt. Das Problem der Korrosion ist damit beseitigt. Das Problem der Erosion nicht. Dies ist nur mittels Klebehaken zu lösen. Die Klebemasse (richtig: Verbundmasse) ist bauaufsichtlich zugelassen, das heißt, sie ist alterungsbeständig. In der Industrie werden Verankerungen, auf die es festigkeitsmäßig ankommt, längst geklebt.

Kronenbohrhaken müssen rosten.

Klebehaken macht Feuchtigkeit nichts.

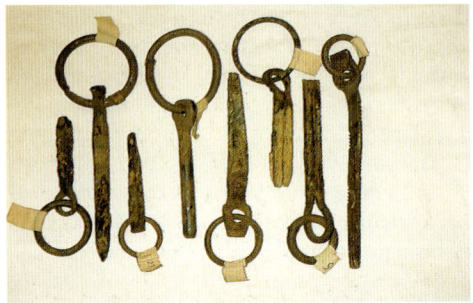

Der gleiche Schrott im Elbsandstein. Rechtes Bild: In der Mitte ein für den Elbsandstein ausreichend dimensionierter Haken (Klebehaken) und zwei ausgewechselte »Ringe«, einer davon ist erst nach 1985 gesetzt worden.

Die Ringhaken im Elbsandstein sind allesamt gebohrt. Der Sandstein ist mit Ausnahme vom Bielatal nicht allzu fest. Deshalb eingebohrte Ringhaken. Es ist ein meist mehr als 20 Millimeter dicker und etwa 180 Millimeter langer Schaft, der mit Blei eingedübelt wird. Manche Ringe stecken seit 70 und mehr Jahren im Fels. So treten im Elbsandstein die gleichen Probleme auf wie in den Alpen. Der Zahn der Zeit nagt in Form von Korrosion und Erosion an den Haken bzw. am Fels. Außerdem wurden bis vor wenigen Jahren – teilweise sogar heute noch – Haken selbst gebastelt oder geschmiedet. So steckt im Elbsandstein nicht selten der gleiche Schrott wie in den Alpen. Alles, was auch nur annähernd eine Ähnlichkeit mit einem Schaft und einer Öse hat, wurde in den Fels gedroschen und ist heute noch anzutreffen, zum Beispiel Tretkurbeln von Fahrrädern, Ochsenringe (aus Stallungen) und Eishaken aus den dreißiger und fünfziger Jahren (weil sie Ringe aufwiesen). Das alles wäre nicht anders zu sehen als bei uns, wenn es im Elbsandstein erlaubt wäre, zusätzliche Haken anzubringen. Doch das ist – siehe oben – nicht nur nicht erlaubt, sondern auch noch völlig verpönt. Außerdem steckt ein sächsischer Ring nur dort, wo sich absolut keine andere Sicherung anbringen läßt. Weder eine Zackenschlinge, noch eine Knotenschlinge, noch eine Sanduhrschlinge. So ist der Wiederholer auf Gedeih und Verderb auf den Haken (Ring) angewiesen, den er vorfindet. Und etliche der 11.400 Ringe

– jeder einzelne Ring ist im Führer dokumentiert – sind in ähnlich miserablem Zustand wie bei uns im alpinen Gelände. Es tickt wie bei uns eine Zeitbombe. Nur mit dem Unterschied, daß die Zeitbombe im Elbsandstein noch etwas intensiver tickt.

Ein Beinahe-Unfall, der sich 1990 zutrug, sei erwähnt. Ein Seilerster stürzte in den ersten und einzigen Ring an der Schartenwand der Königspitze. Der Ring brach neben der Schweißnaht auf. Da die Schweißnaht dicker

war als das Loch im Schaft, wurde der Ring nicht aus dem Schaft herausgerissen. Die Fallenergie war zufällig gerade so groß, daß sich der Ring nicht völlig aufbog, so daß der Karabiner gerade noch hängenblieb. Mächtiges Glück für den Gestürzten. Andernfalls wäre es ein Sturz von etwa zwölf Metern mit geringen Überlebenschancen geworden. Darf nicht vergessen werden zu erwähnen, daß der Ring erst knapp vier Wochen zuvor gesetzt worden war. Es war also nicht einmal ein alter Ring, der durch Korrosion geschwächt worden wäre. Die Schweißnaht war nicht geschweißt, sondern nur »gepappt«.

Der Sächsische Bergsteigerbund (SBB), eine Sektion des DAV, hat die Notwendigkeit erkannt, daß die schlimmsten »Rostgurken« dringend ausgewechselt werden müssen. Der Sicherheitskreis hat gemeinsam mit dem SBB einen Klebehaken entwickelt, der im wesentlichen aus dem bisherigen Sechskantschaft besteht (jetzt jedoch aus rostfreiem Stahl) und mit einem Zweikomponentenkleber eingeklebt wird. Ausreißversuche in radialer und in axialer Richtung brachten Werte von vier Tonnen Belastbarkeit. Eine sächsische SBB-Seilschaft hat inzwischen ein ganzes Jahr auf ABM-Maßnahme augenscheinlich schadhafte Ringe ausgewechselt. Insgesamt über 300. Dabei tauchte das Ausmaß des Schrotts erst so richtig auf: Ringe, deren Schweißnaht zu 90 % und mehr durchgerostet war; Ringe, deren Querschnitt zu 60 % weggerostet war; Ringe, die zu hart waren (Sprödbruch) und Schäfte, die zu kurz waren, um nur einige der sicherheitsrelevanten Merkmale neben denen »gepappter« Schweißnähte zu nennen. Auf

Reste einer Schweißnaht (der Ring von der Goldsteigkante).

Abrostung: Die Verdickung im Ring zeigt die ehemalige Ringstärke.

einen der ausgewechselten Haken sei näher eingegangen, weil in einer häufig begangenen Route: Goldsteigkante (VIIc = VI+ UIAA) am Goldstein, erster Ring: Die Schweißnaht war zu 80 % durchgerostet. Einen Sturz hätte der Ring nicht mehr gehalten. Und der Haken steckte in neun Meter Höhe.

Kann man bei uns Standplätze durch das Dazuschlagen von Haken besser absichern, so kann man im Elbsandstein nur hoffen. Hoffen, daß es entweder ohne Sturz abgeht oder daß der Ring hält. Natürlich sind nicht alle Ringe so schlecht. Aber genügend. Und man kann es der Schweißnaht nicht ansehen. So sind Unfälle wie bei uns vorprogrammiert.

Hakensanierung im Elbsandsteingebirge.

Der älteste Ring im Elbsandstein?

Ob es tatsächlich der älteste ist, bliebe noch zu klären. Auf jeden Fall ist es einer der allerersten, die je gesetzt worden sind. Der Ring ist so groß, daß man den Arm einschließlich des Oberarms hindurchstecken kann. Dies war notwendig, denn um die Jahrhundertwende gab es noch keine Karabiner. Man mußte sich am Haken (Ring) ausseilen, das Seil durch den Ring fädeln und sich dann wieder anseilen. Um dies zu erleichtern, steckte man den Arm durch den Ring und hielt sich so, ohne die Hände gebrauchen zu müssen, fest.

Ergebnisse der Belastungsversuche von Seite 149

Die Angabe in kN und (ca.-kp) ist die Ausreißkraft in Sturzzugrichtung. Die Meter-Angabe (m) ist die Fallhöhe, die reichen würde, um den Haken herauszureißen (siehe auch S. 150).

    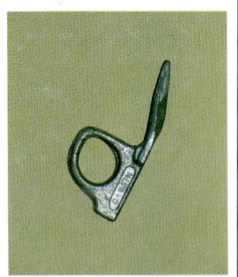

Lost arrow (Hartstahl)	Cassin (Weichstahl)	ohne Fabrikatsangabe (Weichstahl)	Cassin (Weichstahl)
5,2 kN (ca. 520 kp)	3,5 kN (ca. 350 kp)	15,2 kN (ca. 1520 kp)	3,8 kN (ca. 380 kp)
3,0–3,5 m	0,2–0,3 m	jede Sturzhöhe	0,4 – 0,6 m

Das Seil zwischen den Haxen

Der Mensch hat Beine, Bergsteiger und Kletterer haben Haxen. Das Seil im Vorstieg zwischen den Haxen sieht immer recht dekorativ aus. Bei Sturz aber kann dies äußerst schmerzhaft sein. Wer es nicht am eigenen Leib erfahren hat, mag es kaum glauben.

So wie jener junge Bergführer im Wilden Kaiser. Er hatte während seiner Ausbildung davon gehört, daß das Seil zwischen den Beinen bei Sturz recht ungesund sein soll. Doch so recht glauben konnte er es nicht. Bis er dann in den Rebitschrissen am Fleischbankpfeiler das Seil im Vorstieg zwischen den Beinen hatte und es bei einem unerwarteten Sturz nicht mehr aus dem Schritt herausbekam, so daß sein Oberkörper bei Fangstoßeinwirkung nach unten gerissen wurde. Zum Glück war die Sturzhöhe nicht allzu groß, so daß er noch einmal mit leichten, wenn auch an empfindlicher Stelle recht schmerzhaften Druckverletzungen davonkam. Er mußte einige Wochen Abstinenz üben. Sein Damenflor, mit dem er sich gern zu umgeben pflegte, sei während dieser Zeit auffallend klein gewesen. So sagte man jedenfalls.

Bei der Vielzahl der Kletterer, die das Seil im Vorstieg zwischen den Beinen haben, muß fast angenommen werden, daß die Gefahr weder allgemein bekannt noch offensichtlich ist. Dabei führt ein einfaches Gedankenexperiment sofort zur Erkenntnis: Jeder Faden, jede Schnur, jedes Seil hat die Eigenschaft, sich bei Belastung geradlinig auszudehnen. Bei Sturzbelastung kann deshalb ein Seil nur von oben nach unten, aber nicht durch den Schritt wieder nach oben zum Anseilpunkt führen. Der Oberkörper wird folglich bei Fangstoßeinwirkung nach unten gerissen, bis das Seil geradlinig verläuft. Dabei kann es zu erheblichen Verletzungen kommen, sei es dadurch, daß der Körper im Bereich der Lendenwirbel stark abgeknickt wird und in dieser physiologisch ungünstigen Lage hängenbleibt, sei es, daß der Stürzende durch die Fangstoßeinwirkung einen oder gar mehrere Saltos schlägt und sich dadurch verletzt.

Das Seil zwischen den Beinen...(†)

Ein Hinweis am Matterhorn

Ich hatte schon Mitte der fünfziger Jahre, als ich mit dem Klettern begann und mir bald der Gedanke kam, was passiert eigentlich, wenn ..., dahingehende Überlegungen angestellt. Durch das oben geschilderte Gedankenexperiment bin ich darauf gekommen, daß das Seil zwischen den Beinen zu einem Schleudersturz führen müßte. Seitdem habe ich meine Seilführung immer so gelegt, daß ich das Seil nicht zwischen den Beinen hatte. Und wenn doch, dann nahm ich es beim nächsten »Klettermove« aus dem Schritt. Doch ich war mir nie ganz sicher, ob das Seil zwischen den Beinen wirklich eine so ernste Gefahr sei, und meinte lange Zeit noch, so schlimm wird es schon nicht sein. Schließlich hatte nie einer der Freunde irgend etwas dieser Art berichtet, und auch in der Literatur war nichts zu finden. Bis mir Mitte der siebziger Jahre das obenstehende Unfallfoto in die Hände geriet. Für mich bestand kein Zweifel. Der Kletterer hatte das Seil entweder beim Sturz zwischen die Beine

Falsch: Das Seil zwischen den Beinen.

bekommen oder er hatte es schon vor dem Sturz so und während des Sturzes nicht mehr aus dem Schritt herausbekommen. Sollte der Kletterer den Sturz überlebt haben, dürfte die physiologisch ungünstige Hängelage sicher bald zum Tod geführt haben.

Doch damit hatte ich immer noch keinen schlagenden Beweis für meine Theorie. Meine Freunde, denen ich das Unfallfoto und meine Überlegungen darlegte, zweifelten an meinen – wie sie sagten – »konstruierten« Gründen. Es fehlte mir immer noch ein echter Bewegungsablauf, der die Körperbewegungen bei Fangstoßeinwirkung, also den Schleudereffekt, drastisch vor Augen führt. Wie sollte ich so etwas jemals zufällig miterleben, ohne daß jemand freiwillig springt? Und mit dem Seil zwischen den Beinen wollte keiner springen. Ich hätte auch angesichts der vermuteten Verletzungsgefahr einen solchen Versuchssturz gar nicht riskieren lassen dürfen. Als Leiter des Sicherheitskreises hätte ich sonst mit dem berühmten einen Bein bereits im Gefängnis gestanden. Und einen Dummy, wie er zu Crashversuchen von der Autoindustrie verwendet wird, hatten wir damals noch nicht. So hatte ich die Hoffnung auf eine Beweisführung meiner Theorie längst aufgegeben. Da sollte ein ungewöhnlicher Zufall doch noch den Beweis liefern.

Ein Film

Einige Jahre später stürzte eine junge Kletterin im Vorstieg an den Felsen im Blautal (Schwäbische Alb). Der Zufall wollte es, daß der Sturz auf Zelluloid festgehalten wurde. Henry Scheer, ihr Kletterpartner, hatte sie mit einer

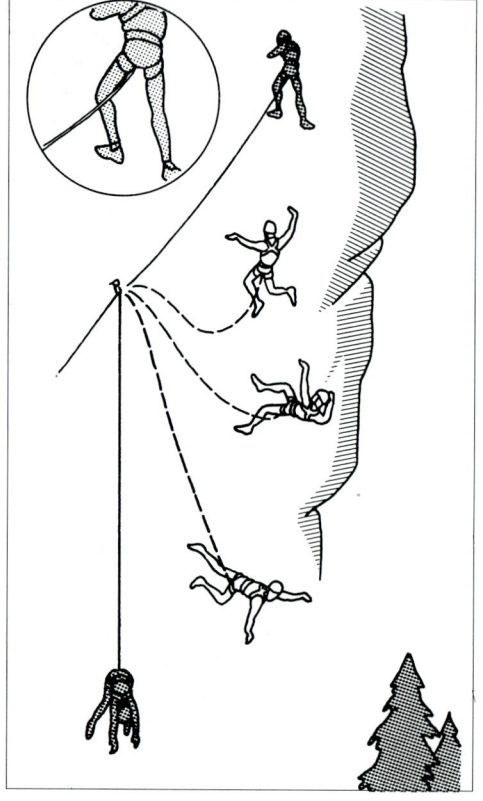

Acht-Millimeter-Kamera beim Klettern gefilmt. Zum Glück ließ er den Filmapparat beim unerwarteten Sturz der Kletterpartnerin nicht aus, so daß der ganze Sturz auf dem Filmstreifen festgehalten werden konnte.

Nun ahnte Henry Scheer gar nicht, welche einmalige Dokumentation ihm da gelungen war, denn der Sturz vollzog sich so schnell, daß er Einzelheiten nicht hatte erkennen können. Als er sich den Film dann zu Hause einmal in Ruhe ansah, war er recht erstaunt über die zwei halben Saltos, die die Stürzende schlug. Dankenswerterweise sandte er den Streifen an den Sicherheitskreis, so daß ich den gesamten Sturz in Einzelbildschaltung erkennen konnte.

Und da tauchte dann endlich das auf, worauf ich zwei Jahrzehnte gewartet hatte: ein Sturz im Vorstieg mit dem Seil zwischen den Beinen, die Einleitung der Schleuderbewegung bei Fangstoßeinwirkung und deren Auswirkung in Form zweier halber Saltos.

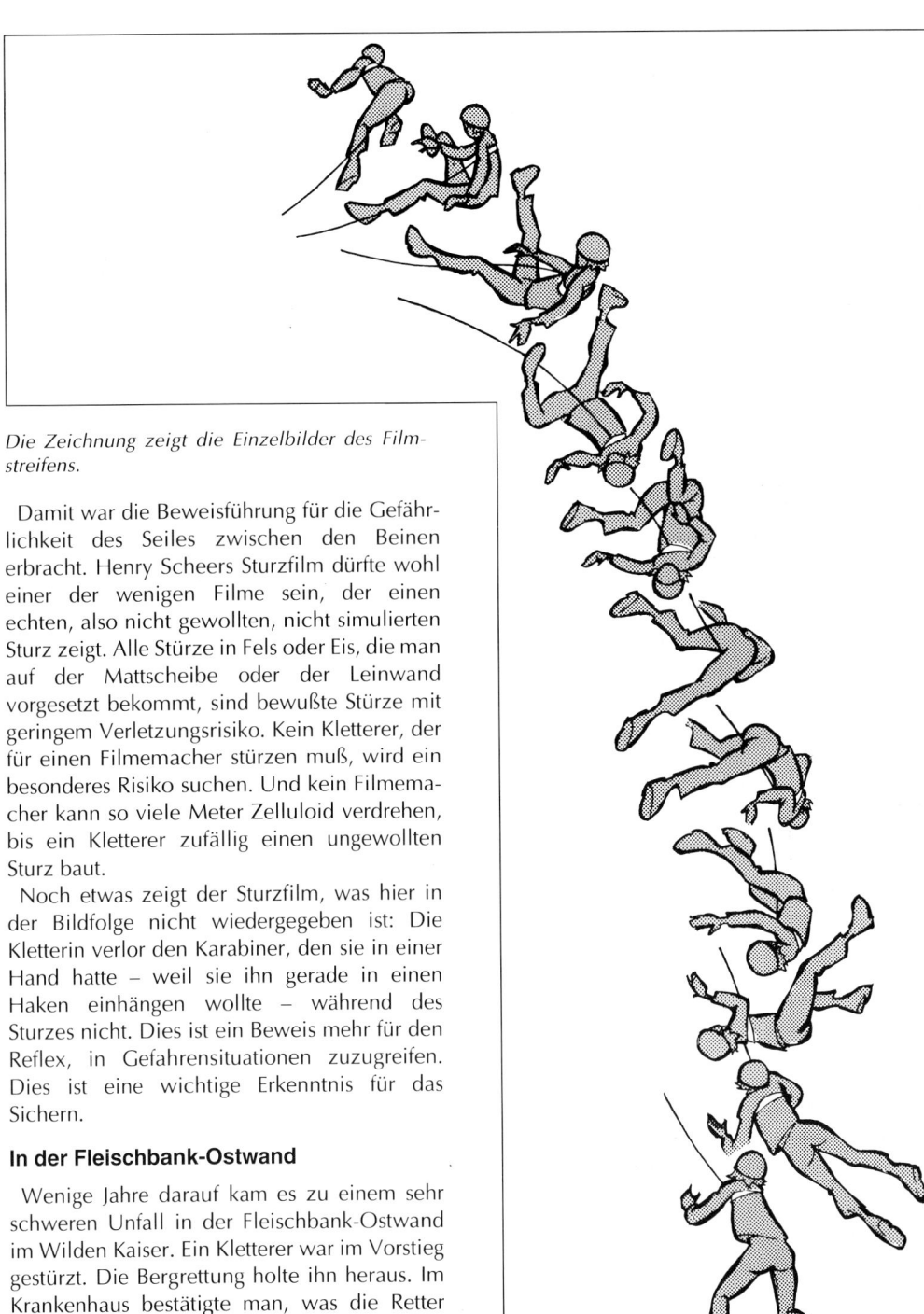

Die Zeichnung zeigt die Einzelbilder des Film-streifens.

Damit war die Beweisführung für die Gefähr-lichkeit des Seiles zwischen den Beinen erbracht. Henry Scheers Sturzfilm dürfte wohl einer der wenigen Filme sein, der einen echten, also nicht gewollten, nicht simulierten Sturz zeigt. Alle Stürze in Fels oder Eis, die man auf der Mattscheibe oder der Leinwand vorgesetzt bekommt, sind bewußte Stürze mit geringem Verletzungsrisiko. Kein Kletterer, der für einen Filmemacher stürzen muß, wird ein besonderes Risiko suchen. Und kein Filmema-cher kann so viele Meter Zelluloid verdrehen, bis ein Kletterer zufällig einen ungewollten Sturz baut.

Noch etwas zeigt der Sturzfilm, was hier in der Bildfolge nicht wiedergegeben ist: Die Kletterin verlor den Karabiner, den sie in einer Hand hatte – weil sie ihn gerade in einen Haken einhängen wollte – während des Sturzes nicht. Dies ist ein Beweis mehr für den Reflex, in Gefahrensituationen zuzugreifen. Dies ist eine wichtige Erkenntnis für das Sichern.

In der Fleischbank-Ostwand

Wenige Jahre darauf kam es zu einem sehr schweren Unfall in der Fleischbank-Ostwand im Wilden Kaiser. Ein Kletterer war im Vorstieg gestürzt. Die Bergrettung holte ihn heraus. Im Krankenhaus bestätigte man, was die Retter schon ahnten, denn der Gestürzte hatte kein Gefühl mehr in den Beinen: Querschnittsläh-mung.

Richtig: Das Seil vor dem Körper, außerhalb des Schrittes.

Wenig später mußte ich mich mit dem Unfall befassen. Der Versicherungsträger fragte an, ob der Verletzte auch richtig ausgerüstet gewesen sei. Ich ging dem Unfall nach und vermutete zunächst eine Verletzung durch Anseilen allein mit Hüftgurt (ohne Brustgurt, weil querschnittsgelähmt). Ich nahm an, daß der Oberkörper bei Fangstoßeinwirkung nach hinten gekippt sei und es so zu der Wirbelsäulenverletzung gekommen sein könnte. Aus dem Unfallbericht ging aber hervor, daß der Gestürzte mit Brust- und Sitzgurt angeseilt gewesen war. Das sprach gegen eine Verletzung, wie von mir vermutet. Eine Nachfrage in der Innsbrucker Klinik brachte dann Klarheit. Nicht dorsale (rückseitige) Lendenwirbelkompression, sondern ventrale (bauchseitige). Damit war klar, was passiert war. Der Kletterer hatte während der Fangstoßeinwirkung das Seil zwischen den Beinen, so daß sein Oberkörper durch die Fangstoßeinwirkung nach vorn, in Richtung der Oberschenkel hin, abgeknickt worden war. Ein weiterer Fall für die Beweisführung der Gefährlichkeit des Seiles zwischen den Beinen. Da dem Kletterer hinsichtlich Ausrüstung vom Versicherungsträger nichts angelastet werden konnte – er hatte auch einen Helm getragen – blieben die Kosten beim Versicherungsträger hängen. Und die überschritten die Millionengrenze, denn der Gestürzte trug neben der Querschnittslähmung auch noch eine irreversible Hirnschädigung davon.

Der letzte bekanntgewordene Unfall mit Seil zwischen den Beinen ereignete sich Anfang Januar 1989 in den Tannheimer Bergen. Der Sturz eines jungen Sportkletterers endete bei Fangstoßeinwirkung mit einem gewaltigen Schleudersturz, jedoch so, daß es aufgrund einer vollen Körperrotation zu keiner Verletzung der Wirbelsäule kommen mußte. Dafür schlug er mit dem Kopf derart gegen den Fels, daß der Helm in Stücke ging. Da es ein sehr gut stoßdämpfender Helm war, kam es zu keinen

Ventrale Wirbelkompression.

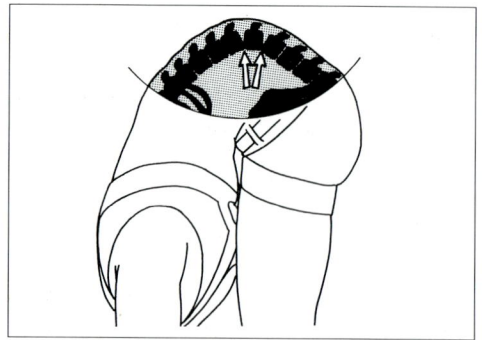

Viel öfter als man denkt.

ernsteren Kopfverletzungen. Ohne Helm wäre es mit Sicherheit zu tödlichen Verletzungen gekommen.

Wer die Mühe nicht scheut und sich selbst oder auch andere Kletterer beobachtet, wird feststellen, daß das Seil im Vorstieg viel öfter zwischen den Beinen ist, als man denkt. Das Anseilen allein mit Hüftgurt begünstigt dies wegen des niedrigen Anseilpunktes.

Nicht immer kann das Seil so geführt werden, daß es nicht in den Schritt geraten kann. Dann

Nicht immer ist es möglich...

nämlich, wenn der Routenverlauf senkrecht ist und sich die letzte Zwischensicherung direkt unter dem Vorsteiger befindet. Dann kann das Seil nur senkrecht hinabführen, nicht vom Körper seitlich weg. Ist dann die vorletzte Zwischensicherung noch seitlich, so daß sich in Fallinie ein waagrechter oder annähernd waagrechter Seilverlauf ergibt, wird es gefährlich. Kommt es zu einem Sturz, kann man mit einem Bein im seitwärts führenden Seil hängenbleiben. Es muß dann zu einem unkontrollierbaren Sturz kommen, der mit Verletzungen enden muß. Deshalb in dieser Situation am besten nicht stürzen. Sportklettern ist ohne Stürzen jedoch nicht denkbar.

Vor jedem Sturz empfiehlt sich, die möglichen Sturzfolgen gedanklich durchzuspielen: Was passiert, wenn ... Doch ist dies leichter gesagt als getan.

Es bleiben Risiken: Bei gestricheltem Seilverlauf eine Zwischensicherung weniger.

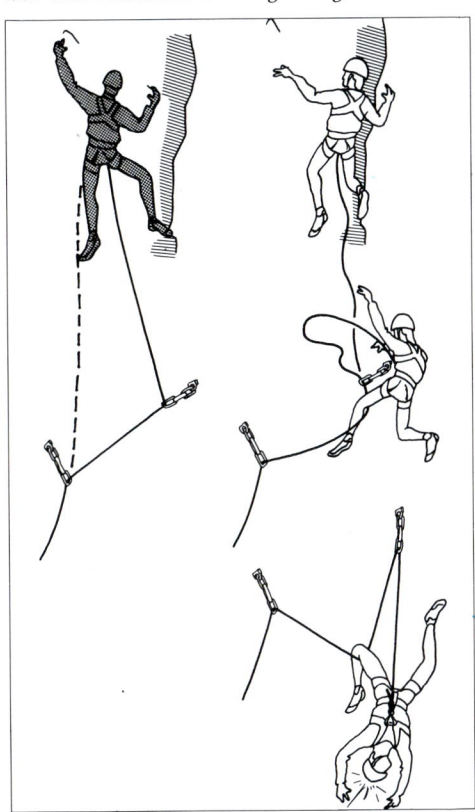

Auch der Rückzug birgt noch Gefahren

Schlechtwetter und andere widrige Umstände zwingen gelegentlich zum Rückzug. Wenn das Gelände es erlaubt, dann ist Abseilen vorzuziehen. Am besten mit Zwillingsseil über die volle Seillänge. Tauchen dunkle Wolken am Horizont auf, regnet es bereits oder wird es gar Nacht, kommt der Zeitdruck hinzu. Und der kann gefährlich werden. Unter Zeitdruck nimmt die Fehlerhäufigkeit bekanntlich zu.

Ein Amerikaner im Kaiser

Jimmy war der typische Draufgänger. Seine abstehenden Ohren und sein Stiftenkopf paßten genauso zu ihm wie die Frage »Was kostet die Welt?« Jimmy hatte in Deutschland zwei wichtige Dinge gelernt: Deutsch in Form von Bayerisch und das Klettern. Meist war er mit seinem Spezl aus München unterwegs. So auch am Leuchsturm, wo sie die Asche/Lucke-Route begehen wollten. Für den Jimmy sollte es die letzte große Kletterei werden, denn seine Einheit war in die amerikanische Heimat zurückbeordert worden. Das Wetter war unsicher. Da sein Flugticket auf den nächsten Tag lautete, war die Wetterfrage Nebensache. Sie stiegen ein.

Der Himmel muß wohl ähnlich traurig gestimmt gewesen sein wie Jimmy über seine bevorstehende Abreise. Jedenfalls öffnete der Himmel noch vor der Quergangsseillänge seine Schleusen. Es regnete in Strömen. So beschlossen beide den Rückzug. Nach der vorletzten Abseillänge ließ sich das Seil nach anfänglichem Erfolg nicht mehr abziehen. Erst zogen sie abwechselnd, dann gemeinsam, doch der Strick rührte sich nicht. Für den Jimmy kein Problem. Kurzerhand hangelte er am Strick nach oben. Dabei erzählte er seinem Spezl lautstark, daß er das dumme Seilende gleich haben und in Ordnung bringen werde und vieles andere, denn der Jimmy erzählte immer viel und laut. Doch plötzlich wurde der Jimmy ganz still. Er mußte am Haken sein. Was hatte er nur?

Ganz langsam und vorsichtig und ohne einen Ton von sich zu geben, kam er am Seil heruntergehangelt. Nicht einmal, als er wieder sicheren Boden unter den Füßen hatte, fand er gleich die Sprache wieder. Auf die Frage, was denn los sei, hielt er seinem Spezl einen Ringhaken unter die Nase und deutet mit abgewinkeltem Finger im Ring an, wie sich die steife Banderole am Seilende zwischen Ring und Fels verklemmt hatte (siehe Zeichnung). Sie hatten am falschen Seilende gezogen. Bei Ringhaken sollte immer an dem Seilstrang gezogen werden, der am Fels aufliegt. Auf diese Weise ist auch die Seilreibung am Fels geringer.

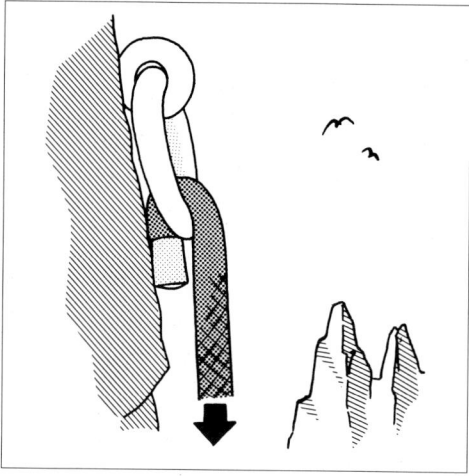

Unter Zeitdruck

Wenn man unter Zeitdruck Ruhe bewahrt und keine Fehler begeht, können immer noch Gefahren auftauchen. Dann nämlich, wenn andere Kletterer in unmittelbarer Nähe unter dem gleichen Zeitdruck stehen und Fehler machen.

An der Wangscharte im Wetterstein drängelten sich die Seilschaften, weil schon das zweite Gewitter im Anzug war. Alle wollten nur noch so schnell wie möglich hinunter, um auch der Blitzgefahr zu entgehen. Eine Seilschaft hatte die ersten 40 Meter bereits abgeseilt und befand sich am nächsten Standplatz. Die zweite Seilschaft begann an ihrem Seil mit dem

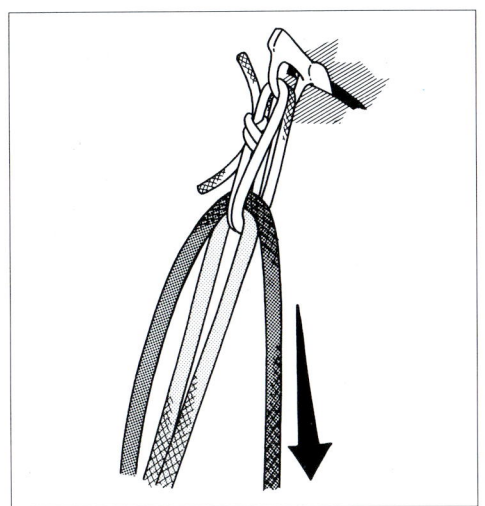

Ein Seil über dem anderen...

...wie ein Sägemesser.

Abseilen. Dabei lag deren Seil unter dem Seil, das bereits von der 40 Meter tiefer befindlichen Seilschaft abgezogen wurde. So kam, was kommen mußte. Das Seil, das abgezogen wurde, scheuerte über das andere. Es war noch nicht zur Hälfte abgezogen, da war der Mantel des darunterliegenden Seiles bereits durchgescheuert und der Kern wurde in Mitleidenschaft gezogen.

Wie kann so etwas passieren? Das eine Seil steht sozusagen still, das andere wird unter dem Eigengewicht – nasse Seile sind schwerer als trockene – und unter der Zugbelastung des Seilabziehens über das stillstehende Seil gezogen. Das wirkt wie ein Sägemesser. Die Sägewirkung wird noch dadurch vergrößert, daß das stillstehende Seil durch die Abseilbelastung gespannt ist. Seile, Reepschnüre und dergleichen lassen sich unter Spannung leichter durchtrennen. Das ist uns allen aus dem täglichen Leben bekannt: Will man einen Schnürsenkel mit einem Messer durchtrennen, spannt man ihn. Je stärker, desto leichter das Durchtrennen. An der Wangscharte kam noch hinzu, daß die Seile naß und vom Abstieg schmutzig waren. Dies verstärkte die Sägewirkung.

Zum Glück konnte das völlige Durchtrennen des Seiles, an dem abgeseilt wurde(!), durch die nächste Seilschaft, die schon ungeduldig wartete, verhindert werden.

An welchem Seil ziehen?

Zwei Kletterer, der Helmut und der Schore, wollten die Gognaführe an der Marmolada-Südwand begehen. Da es noch zeitig im Frühsommer war, schoß ein Wasserfall die Steilrinne unterhalb des großen Bandes herab. Schon in trockenem Zustand weist die Rinne den VI. Grad auf. So war an ein Durchkommen nicht zu denken. Den beiden blieb nur der Rückzug. Sie seilten ab.

Vom nächsten Standplatz versuchten sie, die Seile abzuziehen. Helmut zog am gelben Seil, wie er es sich vor dem Abseilen gemerkt hatte. Doch schon nach einem halben Meter rührte sich der Strick nicht mehr. Da meinte der Schore: »Wirst Dich halt geirrt haben«. Also zog der Schore am blauen Seil. Doch mit dem gleichen Mißerfolg. So wurde der Helmut wieder sicherer: »Hab ich doch recht gehabt.« Also zogen sie wieder am gelben Seil, diesmal mit vereinten Kräften. Doch nach einem halben Meter ließ sich das Seil wieder nicht weiterbewegen. Da bekam der Schore wieder Oberwasser. Also zogen sie wieder am blauen Seil. Doch auch das half nichts. Die Seile ließen sich nicht abziehen. So ging dies noch ein paarmal hin und her, bis sie völlig ratlos waren. Da fiel es ihnen wie Schuppen von den Augen. Der Leser möge umblättern, um zu erfahren, welchen Fehler sie gemacht hatten.

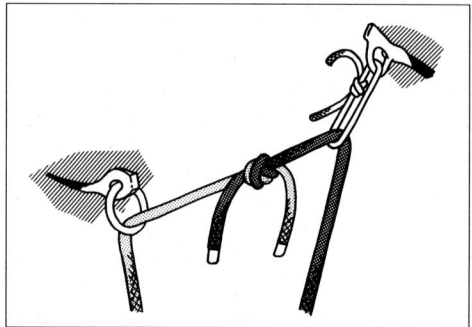

Man möge bitte nicht glauben, daß Helmut und Schore Anfänger oder weniger erfahrene Kletterer gewesen wären. Wer auf der Gognaführe an der Marmolada-Südwand bis kurz unterhalb des Bandes kommt, muß schon was vom Klettern verstehen. Und der Helmut ist kein geringerer als der Helmut Kiene, der Ende der siebziger Jahre mit der Erstbegehung der Pumprisse am Fleischbankpfeiler im Wilden Kaiser dem VII. Schwierigkeitsgrad weltweit zum Durchbruch verholfen hatte. Der Schore war etliche Jahre Lokalmatador von Konstein im Frankenjura. Er hat Hände, für die ist ein normaler Schulterriß fast nur ein Faustriß. So zeigt die Episode, daß auch sehr erfahrene Kletterer nicht vor banalen Fehlern verschont bleiben.

Nur ein winziges Felszäckchen

Eine Dreierseilschaft wollte im Sommer 1985 die Südwand des Ersten Sellaturms auf der Kostnerführe durchsteigen. Nach der zweiten Seillänge wurde aus widrigen Gründen der Rückzug angetreten. Ein sicherer Felskopf bot sich als Abseilpunkt an. Eine Bandschlinge diente als Abseilschlinge. Man ließ der Dame den Vortritt. Als sie etwa einen Meter abgeseilt war, erfolgte durch eine »Richtungsänderung« ein kleiner Ruck – und die Abseilende stürzte samt Seil 70 Meter in die Tiefe. Sie konnte nur noch tot geborgen werden. Was war passiert? Nach dem Unfallbericht hatte sich der Bandknoten an einem kleinen Felszäckchen verhangen und bei Belastung aufgezogen. Der Unfall kam uns etwas rätselhaft vor. War doch nirgends in der Literatur etwas von einem derartigen Unfall zu finden. Die Unfallschilderung schien uns reichlich suspekt. Trotzdem

publizierten wir den Unfall in der DAV-Unfallstatistik '85.

Sieben Jahre später ereignete sich ein zunächst unerklärlicher Unfall durch einen »sich selbst gelösten« Bandknoten. Im Klettergarten von Quincay (Südfrankreich) übte eine Gruppe minderjähriger, deutscher Kletterer unter Aufsicht zweier Ausbilder das Toprope-Klettern. Nachdem die Bandschlinge bereits zehnmal beim Ablassen durch andere Kletterer – u.a. auch durch die beiden Ausbilder – belastet worden war, löste sich der Bandknoten bei einer weiteren Belastung durch einen wesentlich weniger gewichtigen Kletterer »völlig unerwartet«. Der Kletterer stürzte zwölf Meter hinab und zog sich eine Beckenfraktur und einen Unterarmbruch zu. Aufgrund der Garantenstellung[25] schaltete sich der deutsche Staatsanwalt ein und klagte die beiden Ausbilder an. Diese waren sich keiner Schuld bewußt, da sie sicher waren, daß sie den Bandknoten richtig geknüpft hatten. Der Staatsanwalt aber war sich auch sicher und sah die Sachlage so: Ein Bandknoten kann sich nur lösen, wenn er falsch geknüpft ist. Da sich der Bandknoten gelöst hatte, mußte er falsch geknüpft gewesen sein.

Ich wurde mit einem Gutachten beauftragt. Nachdem ich zunächst vor einem Rätsel stand, fiel mir der Unfall vom Ersten Sellaturm ein. Sollte das Gleiche passiert sein – das, was mir damals so suspekt vorgekommen ist? Ich versuchte, den Vorgang im Labor nachzuvollziehen. Ich belastete einen Bandknoten so, daß sich eine Knotenschlinge an einem kleinen Metallhaken verhakte. Zunächst hatte ich keinen Erfolg. Auch dann nicht, als ich den Bandknoten spiegelbildlich belastete. Ich wollte schon aufgeben. Da erwischte ich die richtige Knotenschlinge, nämlich die, die man auch beim Knotenöffnen von Hand lösen würde – und siehe da, der Bandknoten ließ sich mit Handkraft(!) aufziehen. Die Zeichnung verdeutlicht den Vorgang. Ich war einigermaßen perplex. Aufgrund meiner Vorführung im Gerichtssaal, wie sich ein Bandknoten lösen kann, und aufgrund dessen, daß dies offensichtlich kein unglaublicher Einzelfall ist,

_____

25) siehe Fußnote Seite 122.

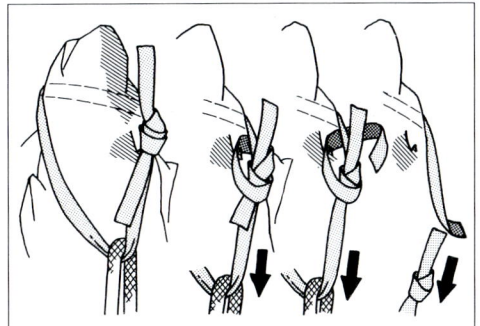

Nur ein winziges Felszäckchen...

wurde der Staatsanwalt nachdenklich. Es konnte kein falscher Knoten gewesen sein, denn auch die für Band falschen Knoten wie der Sackstich, der Achterknoten, der Spierenstich und der Doppelte Spierenstich ziehen sich erst dann auf, wenn sie einer Dauerbelastung von über 10 kN (ca. 1000 kp) unterzogen werden. Und eine solche Belastung tritt beim Toprope-Klettern und -Ablassen bei weitem nicht auf. Die Belastung beim Topropen liegt maximal bei 2 kN (ca. 200 kp). Blieb dem Staatsanwalt noch ein Einwand: War es vielleicht ein unvollständig geknüpfter Knoten? Doch auch ein solcher konnte es nicht gewesen sein, denn dann hätte es schon bei der ersten Belastung zum Versagen der Schlinge kommen müssen, nicht erst bei der elften. Der Staatsanwalt plädierte schließlich für Freispruch, dem sich das Gericht anschloß.

Noch während des Verfahrens wurde ein weiterer Fall bekannt. An den Holzener Klippen (Ith) löste sich beim Abseilen ein Bandknoten aus »unverständlichen Gründen«. Die Abgestürzte zog sich schwere innere Verletzungen zu. Der Besitzer der Schlinge war laut Unfallbericht ein »pingeliger« Mann, der »alles dreimal überprüft«. Der Knoten konnte nicht falsch geknüpft gewesen sein. Die Schlinge mit dem Knoten war zudem zwei Jahre lang und unmittelbar vor dem Unfall zum Abseilen benutzt worden (siehe auch Seite 9).

Taucht die Frage auf, was künftig tun? Den Bandknoten immer so plazieren, daß er möglichst nicht am Fels aufliegt. Das wird sich nicht immer realisieren lassen. Besser die Bandenden festnähen. Oder noch besser – gleich genähte Bandschlingen verwenden.

Nicht jeder Haken taugt zum Abseilen

Die Martinswand bei Innsbruck ist ein beliebtes Kletterziel. Noch am Abend, nach der Arbeit, kann man an Sommertagen eine der bis zu zehn Seillängen langen Routen klettern. Zwei junge Sportkletterer waren im Februar 1982 in die »Direkte« (Spitzenstätterführe) eingestiegen. Was auch immer der Grund gewesen sein mag – sie seilten noch vor dem Quergang zurück. Sie wurden von einem anderen Kletterer vom Parkplatz aus beobachtet. Als dieser für einen kurzen Augenblick weg und dann wieder nach oben schaute – da war niemand mehr zu sehen. Er eilte zum Wandfuß und fand beide tot. Der eine hatte das Seil im Abseilachter, der andere war am herausgerissenen Haken selbstgesichert. Sie hatten nur ein Einfachseil benutzt und mußten so mitten in der Seillänge an einem Normalhaken umsteigen. Mit Zwillingsseilen hätte sich dieser Unfall verhindern lassen, da die Standplätze schon zum damaligen Zeitpunkt sichere Bohrhaken aufwiesen. Ähnliches ereignete sich 1960 in der Wörndl/Noichl-Route an der Fleischbank

An der Martinswand...

(Wilder Kaiser). Während der eine Kletterer am Haken gesichert war, seilte der andere daran ab. Man fand beide Kletterer tot im Kar.

Bombenfest?

Im Mai 1978 herrschte im Yosemite (USA), wie immer um diese Jahreszeit, Hochbetrieb. Ein Fotograf war am Fuß des El Capitan und machte Bilder vom Klettertreiben. Zwei Seilschaften waren in der »Nose«, eine Zweierseilschaft noch weit unten, eine Dreierseilschaft bereits in 300 Meter Höhe, unterhalb des »Dolt Tower«. Der Fotograf richtete sein 300-Millimeter-Objektiv mal auf die eine, mal auf die andere Seilschaft. Nachdem er wieder einmal die untere im Visier gehabt hatte und zur oberen schwenken wollte, konnte er sie im Sucher nicht finden. Er glaubte, nicht die richtige Blickrichtung zu haben, und nahm die Kamera vom Auge. Da sah er die Dreierseilschaft herabstürzen. Etwa zehn Meter neben ihm schlug sie auf. Alle drei Kletterer tot. Dieser Unfall erregte großes Aufsehen. Wie konnte es dazu kommen?

Rückzug aus der »Nose«...(†),(†),(†)

Ein kurz vor dem Absturz belichteter Film eines der drei Verunglückten sowie die Untersuchung der Absturzstelle brachten Licht ins Dunkel der Unfallursache: Die drei Kletterer waren im Rückzug begriffen; dies ließen die leeren Plastikkanister und ein Abseilseil, das sich noch oberhalb in der Wand befand, vermuten. Alle drei hingen an einem Schlingenstand, an »bombenfesten« Bohrhaken, wie man bis dahin meinte (lt. Unfallbericht »bombproof anchors«). Die beiden »bombenfesten« Haken waren übereinander plaziert und mit einer Kette verbunden. Offensichtlich hatten sich alle drei mit Bandschlingen hinter der Kette selbstgesichert. Die größere Kettenöse war jedenfalls frei. Wahrscheinlich wollten sie das obere Seil beim Abziehen gleich durch diese Kettenöse fädeln und den Ösendurchlaß nicht durch Schlingen oder Karabiner verkleinern. Ein geöffnetes Taschenmesser und eine am Materialsack befindliche, abgeschnittene Schlinge ließ Folgendes vermuten: Am Schlingenstand dürfte es eng gewesen sein. Wahrscheinlich hing der Materialsack an ungünstiger Stelle, so daß sie ihn mit einer zweiten, längeren Schlinge sicherten und die erste kurzerhand mit dem Messer durchtrennten. Diesem zusätzlichen Ruck hielt der Hänger des einen »bombenfesten« Hakens, da schon durch das Gewicht der drei Kletterer belastet, nicht stand. Da sich die drei nicht in einem Kettenglied, sondern hinter der Kette selbstgesichert hatten, löste sich die Selbstsicherung aller drei mit dem Bruch des Hängers.

Der Hänger ist am Schraubenloch gerissen. Auf diese Weise hing er noch in der Kette und konnte so untersucht werden. Es zeigte sich, daß die Bruchstelle schon vor der Belastung Anrisse aufgewiesen hatte, und zwar auf der dem Fels zugewandten Seite. Die Anrisse waren also von außen nicht zu erkennen gewesen. Wodurch diese Anrisse entstanden sind, ließ sich nicht mehr klären. Nach genauer Werkstoffanalyse und Ermittlung der Restbruchfläche mit Hilfe einer Computergrafik wurde die Belastung ermittelt, die zum Bruch des Hängers geführt hat: 500 lbs, das sind ganze 2,25 kN (ca. 225 kp). Bei einer Belastung durch das Körpergewicht von drei Kletterern muß keine wesentlich größere

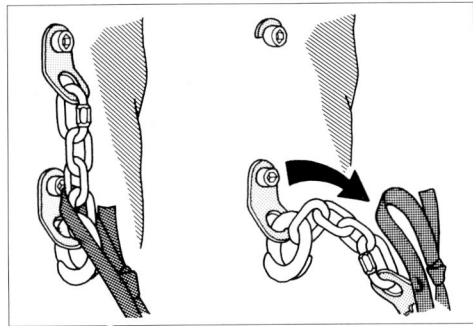

Galt als bombenfest...

zusätzliche Belastung mehr auftreten, um einen Bruch herbeizuführen. Es war also kein »bombenfester« Haken gewesen, sondern ein »selbstgebastelter« Hänger wie sie zu Tausenden und aber Tausenden in den USA und auch bei uns im Fels stecken. Sechs Tage später wurde an der Stelle ein besserer Bohrhaken gesetzt. Sechs Tage zu spät.

Unfälle dieser Art werden sich auch bei uns in Zukunft ereignen. Die in den letzten Jahren zu Tausenden gesetzten Bohrhaken mit Dübel, Spreizkeil, Hänger und Schraube unterliegen der Korrosion genauso wie Normalhaken. Auch dann, wenn Hänger und Schraube aus nichtrostendem Stahl gefertigt sein sollten. Die im Fels verbleibende Bohrkrone wird immer rosten, weil nicht aus rostfreiem Stahl zu fertigen. Die Größe M8 ist noch stärker gefährdet, weil schwächer, als die Größe M10. Kommen noch zu schwache, weil selbstgebastelte Hänger und unsachgemäße Schrauben hinzu. Beides ist von außen nicht zu erkennen. Die ersten Unfälle hat es auch bei uns schon gegeben. Noch keine Toten. Weitere Unfälle werden nicht ausbleiben. Es tickt eine Zeitbombe.

Gedankenfehler

In Finale (Italien) ereignete sich 1987 ein banaler Abseilunfall. Zwei Sportkletterer bereiteten einen Rückzug vor. Es war ein Standplatz mit zwei Normalhaken und einem Bohrhaken. Um sicher zu gehen, verbanden sie alle drei Fixpunkte mit einer Reepschnur. Sie fädelten das Seil nicht wie üblich durch die Schlinge, sondern hinter der Schlinge hindurch und verbanden letztere mittels Karabiner, an dem der eine der beiden auch gleich noch

selbstgesichert war. Der erste seilte ab. Alles ging gut, wie zu erwarten war. Als der zweite das Seil in seinen Abseilachter genommen hatte und seine Selbstsicherung löste – stürzte er bis zum Wandfuß und konnte nur noch tot geborgen werden. Der Fehler ist offensichtlich: Wenn die mittels Karabiner hergestellte Reepschnurverbindung durch Entfernen des Karabiners gelöst wird – löst sich auch die Seilverankerung.

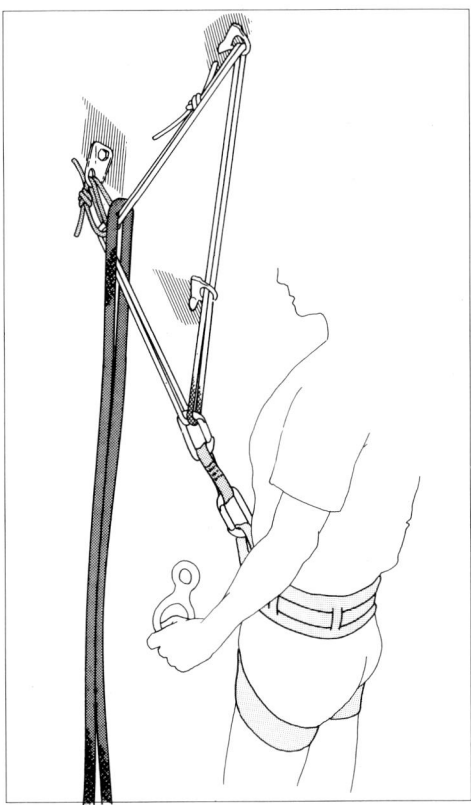

Gedankenfehler...

Das Seil hinter der Schlinge

In den Julischen Alpen mußte eine Seilschaft wegen Schlechtwetters den Rückzug antreten. Die beiden Kletterer waren gewissenhafte Leute. Schien einer der vorgefundenen Haken nicht sicher genug, wurde ein zweiter hinzugeschlagen und beide mit einer Reepschnur verbunden. Als die beiden Kletterer nur noch zwei Seillängen über dem Kar waren, den

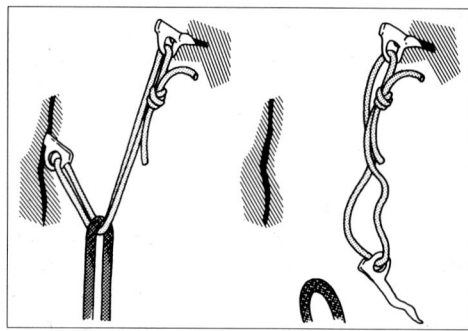

Falsch: Hinter der Schlinge.

Rückzug also schon beinahe geschafft hatten, brach einer von zwei Haken aus – und der Abseilende stürzte samt Seil bis zum Wandfuß. Er konnte nur noch tot geborgen werden.

Sie hatten das Seil hinter beiden Reepschnursträngen durchgezogen, um beide Haken möglichst gleichmäßig zu belasten. Sie hatten dabei übersehen, daß bei Hakenausbruch die Reepschnurschlinge samt Haken durch das Seil schlüpft. Sie hatten das Seil auch deshalb nicht durch die Schlinge fädeln wollen, weil ihnen die Reepschnur zu dünn schien. Gewöhnlich werden zwei getrennte Schlingen in die Haken geknüpft und das Seil durch jede Schlinge gefädelt. Dies aber hat den Nachteil, daß die beiden Fixpunkte nicht gleichmäßig belastet werden. Die gewöhnliche Ausgleichsverankerung (Kräftedreieck), die beide Fixpunkte annähernd gleichmäßig belastet, ist auch keine empfehlenswerte Lösung, da sich das Seil nach Hakenausbruch nicht mehr abziehen läßt. Wer es nicht glaubt, möge es ausprobieren: Die

Richtig: Prohaska-Methode.

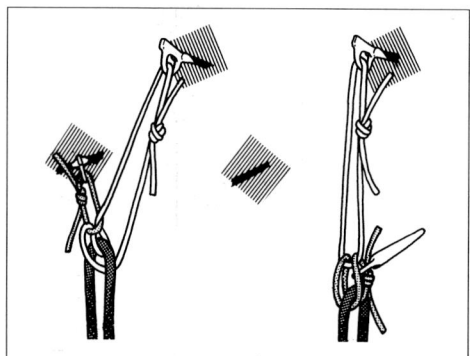

Schlinge zieht sich zu und blockiert das Seil. Bleibt nur die Zwei-Schlingen-Ausgleichsverankerung nach Heinz Prohaska (Wien), die die Vorteile aller genannten Methoden beinhaltet:
- Sie ist eine Ausgleichsverankerung,
- bei Ausbruch eines Fixpunktes kommt es nicht zum Absturz, und
- das Seil läßt sich noch abziehen.

Es wird dazu nicht mehr benötigt als zwei Schlingen – wie in dem Fall, wenn das Seil in zwei getrennten Schlingen eingehängt wird.

Abseilen in den Tod

Ein junges Pärchen war auf der Enzenspergerführe in der Nordwand der Kleinen Halt im Wilden Kaiser von der Route abgekommen und mußte biwakieren. Von der Nacht im Freien geschwächt, beschlossen beide anderntags den Rückzug hinab über die ganze Wand. Von jener Umkehrstelle erkennt man die wahren Dimensionen dieser höchsten Wand des Wilden Kaisers nicht. Die Seilschaft war auf der Enzenspergerführe oberhalb der Wandmitte hineingequert und hatte so keine Ahnung von den wirklichen Ausmaßen der Wand. Von der Umkehrstelle sind es immerhin knapp 500 Höhenmeter bis ins Kar, die abseilend bewältigt werden wollen. Der junge Kletterer ließ seine Freundin zuerst abseilen, um ihr bei Beginn des Abseilens behilflich zu sein. Das ging einige Male gut. Dann fand sie am Seilende keinen Standplatz. Sie hing im Seil. Nicht lang. Ihre Kräfte reichten nicht aus, sich halten zu können. Nach verzweifelten Bemühungen stürzte sie aus dem Seil und konnte später nur noch tot geborgen werden.

Walter Pause berichtete von einem ähnlichen Unfall in den Berchtesgadener Alpen. Zwei ausgezeichnete, sächsische Kletterer hatten sich die Blaueisumrahmung vorgenommen. Nachdem sie zehn Tage später noch nicht nach Hause zurückgekehrt waren, begann eine Suchaktion. Den einen fand man unter einem Überhang kurz unterhalb des Hochkaltergipfels, weit abseits der Route, selbstgesichert an einem Haken, den anderen in Fallinie davon im Kar. Beide tot. Das Geschehen ließ sich rekonstruieren: Die beiden dürften im Nebel von der richtigen Route abgekommen sein und in die falsche Richtung abgeseilt haben. Da sie das Abseilen in überhängendes Gelände vom heimischen Sandstein her perfekt beherrschten, dürfte es sie wohl nicht weiter gestört haben, daß die Abseilstelle recht ausgesetzt war. Nachdem der erste abseilend im Nebel verschwunden sein dürfte und das Seil entlastet war, begann auch der andere mit dem Abseilen. Nach wenigen Metern mußte er erkannt haben, daß die Seilenden frei in der Luft baumelten, von seinem Seilpartner weit und breit nichts zu sehen war, und dieser wohl über die Seilenden hinaus in den Tod abgeseilt war. Der Überlebende hat dann durch Pendeln versucht, an den Fels zu gelangen, was ihm auch geglückt ist. Dort hat er einen Haken anbringen und sich selbstsichern können. Möglicherweise hat er das Seil ausgelassen, das dann draußen in der Luft baumelte, so daß er es nicht mehr erreichen konnte. So war ihm

der Rückzug nach oben und nach unten abgeschnitten. Es muß ein qualvoller, langsamer Tod durch Entkräftung gewesen sein, der sich über Tage hingezogen haben dürfte.

Wie kann solchen Unfällen vorgebeugt werden? Durch selbstgesichertes Abseilen mittels Kurzprusik(-schlinge) und Knoten am Seilende. Diese Selbstsicherungsmethode gilt heute als die sicherste Abseilmethode. Auch Unerfahrene kann man damit abseilen lassen und dabei selbst sogar noch zuerst abseilen, um den nächsten Standplatz vorzubereiten. Der Unerfahrene wird mit Abseilachter und Kurzprusik fix und fertig ins Seil gehängt. Der zuerst Abseilende beginnt mit dem Abseilen unterhalb des Anfängers. Der Anfänger kann so nichts mehr falsch machen. Er kann nach Entlastung des Seiles durch den Seilersten nur noch nachkommen.

Abseilen mit Selbstsicherung

Der Kurzprusik wird mit einer Hand (oder beiden Händen) am Seil abwärtsgeschoben. Beim Auslassen des Seiles blockiert der Prusikknoten die Abseilfahrt. Durch die Plazierung des Prusikknotens unterhalb des Abseilachters kann er sich nur so weit festziehen, daß er sich von Hand wieder lösen läßt. Achtung: Der Kurzprusik darf nicht zu lang sein, der Prusikknoten muß sich unterhalb des Abseilachters festziehen können. Am besten vorher durch Probebelastung überprüfen (und diesen Kurzprusik immer mitführen). Der Knoten am Seilende dient dazu, daß der Prusikknoten nicht übers Seilende schlüpfen kann. Soll der Krangelbildung durch den Knoten (beide Seilstränge zusammen verknotet) vorgebeugt werden, knüpft man in jeden Seilstrang einen Knoten. So können die Seilenden auskrangeln.

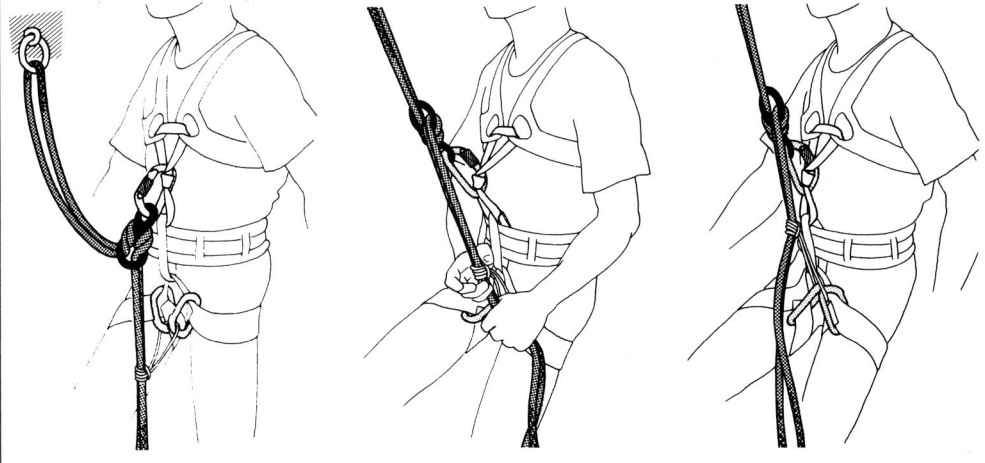

Mit oder ohne Helm?

Daß Steine, die vom Himmel fallen, gefahrenträchtig sind, ist hinlänglich bekannt. Trotzdem ist es Mode geworden, ohne Helm zu klettern. Sei es nun im extremen Fels, Eis oder auf Klettersteigen.

Steinschlag ist, sofern naturbedingt ausgelöst, nicht immer vorhersehbar. Starke Temperaturänderungen, wie sie am Morgen, wenn die Sonne den Fels trifft, auftreten oder am Abend, wenn es nach untergegangener Sonne kälter wird, können Steinschlag auslösen. Sind Seilschaften oberhalb, muß immer mit Steinschlag gerechnet werden. Auch in vielen Klettergärten liegen Steine und Geröll auf Absätzen und Bändern herum. Gilt eine Kletterei als steinschlagsicher, können noch Kletterutensilien von anderen Kletterern fallen gelassen werden. So gab es schon Kopfverletzungen durch herabfallende Karabiner und Haken, ja sogar ein Helm, der abgenommen wurde, weil es offensichtlich zu heiß war, traf einen unterhalb befindlichen Kletterer.

Es kann praktisch alles vom Himmel fallen, was nicht niet- und nagelfest ist. Insbesondere aber Steine.

Der Knochen, der vom Himmel fiel

Es war Ende der siebziger Jahre im Frankenjura, wo zwei Kletterer für die Mittagsrast auf einem Felsgipfel ein riesiges Trumm Schweinshaxe mitschleppten. Nachdem sie den Knochen abgefieselt hatten, tauchte die Frage auf, was mit dem Knochen tun. Da ein Knochen schließlich ein Stück Natur ist und Natur die Natur nicht verschmutzen kann, warfen sie den Knochen kurzerhand in hohem Bogen in den umliegenden Wald.

Just da, wo der Knochen durch die Blätter eines Baumes fiel, saß ein anderer Kletterer und machte Brotzeit. Ihm fiel der Knochen auf den ungeschützten Kopf. Wer trägt schon im Wald einen Helm, sozusagen einen Knochenschlaghelm?

Der Getroffene trug eine Gehirnerschütterung davon und mußte sich in ärztliche Behandlung begeben. Getroffener und Knochenwerfer begegneten sich später mit ihren Rechtsanwälten wieder. Es ging ums Schmerzensgeld.

Hätte der Knochenwerfer den im Wald Sitzenden sehen können, und hätte er ihn durch gezielten Wurf treffen wollen – wetten, daß er ihn nie getroffen hätte. Nur der Zufall kann es besser.

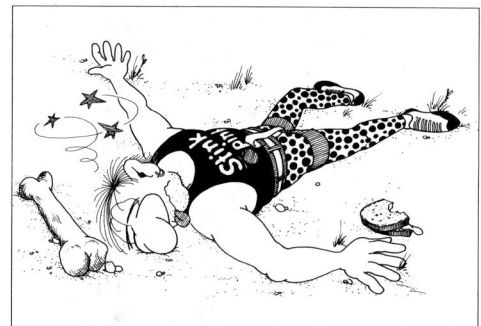

Die Rechtslage »wenn andere ...«

Lange Zeit wurde das Gebirge als mehr oder weniger rechtsfreier Raum angesehen, obwohl es das letztlich niemals war. Das Gebirge war ein Gefahrenbereich, in den sich der Staatsanwalt nicht gern wagte. Dies wohl im wahrsten Sinn des Wortes wie auch im übertragenen.

Inzwischen hat sich dies geändert. Mit Zunahme der Möglichkeiten von Versicherungsleistungen und des ständig steigenden Anspruchsdenkens ist auch der Berg- und Kletterunfall zum beliebten Betätigungsfeld für Juristen geworden. So taucht heute, insbesondere nach einem Unfall, verursacht durch Steinschlag, der von anderen ausgelöst wurde, die Frage nach dem Schuldigen und – zielführend – nach Schadenersatzansprüchen auf. Zunächst einige Unfallbeispiele:

▨ In den Südkaminen am Mühlsturzhorn (Berchtesgadener Alpen) kam es 1983 zu einem Unfall durch Steinschlag. Eine Seilschaft seilte auf der Abseilpiste ab. Auf den Absätzen und in den Rinnen liegen viele lose Steine herum. Weiter oben folgte eine zweite Seilschaft. Bald polterten Steine von oben herab.

Mit Helm...

...oder ohne?

Ein größerer Stein traf einen der unten Abseilenden am Standplatz und zerschmetterte ihm den Unterschenkel. Der Verletzte mußte von der Bergwacht geborgen, das Bein später amputiert werden.

■ Am Ende der 15-Meter-Abseilstelle am Herrweg an der Fleischbank (Wilder Kaiser) wurde 1982 ein helmloser Kletterer von Steinschlag getroffen. Kurz zuvor hatte man noch den Warnruf »Achtung, Egon!«[26] gehört. Sekunden später lag der Kletterer – wie seine Kameraden berichteten – »tot am Boden, er hatte gar keinen Kopf mehr.«

■ Im Sommer 1984 kam es zu einem Unfall am Felsenfester des Sechsten Kreuzberges (Alpstein). Zwei Kletterer nahmen ihre Helme wegen der großen Hitze und des vermeintlich »steinschlagsicheren« Platzes ab. Eine Seilschaft über ihnen seilte ab und löste dabei Steine. Einer der beiden Kletterer wurde getroffen und zog sich einen offenen Schädelbruch zu.

Es taucht die Frage auf, inwieweit Kletterer für von ihnen ausgelösten Steinschlag verantwortlich gemacht werden können. Die Rechtslage ist eindeutig und sie ist bedeutsam, weil Steinschlagverletzungen in den heute meist überlaufenen Moderouten geradezu in der Luft liegen. Nach der Rechtssprechung gilt in Kletterrouten ab Schwierigkeitsgrad III (einschließlich) stillschweigender Haftungsausschluß für einfache Fahrlässigkeit[27], nicht für grobe Fahrlässigkeit und selbstverständlich nicht für Vorsatz. Bleibt in jedem Einzelfall zu klären beziehungsweise nachzuweisen, ob das Auslösen von Steinschlag durch andere als einfache oder grobe Fahrlässigkeit zu bewerten ist.

Beim Seilnachziehen und beim Seilabziehen können sich Steine lösen, was nicht zu verhindern ist. Auch bei vorsichtigstem Seil-

---

26) der Zuruf »Egon« bedeutet im Jargon »Stein.«

---

27) Vergleiche Zeitschrift »Versicherungsrecht«, Jahrgang 1982, Heft 33, Seite 825ff und Heft 45, Seite 1130ff, Beiträge von Prof. Dr. Schünemann zu den Themen »Unfallhaftung im Bergsport« und »Rechtsfragen alpiner Führungstouren«.

hantieren ist das Lösen von Steinen nicht immer zu verhindern. Wenn dabei gemäß den Regeln der alpinen Lehrmeinung unter Beachtung der erforderlichen Sorgfalt vorsichtig hantiert wird, dürfte bei einem Unfall – wenn Fahrlässigkeit überhaupt in Betracht gezogen wird – allenfalls einfache Fahrlässigkeit vorliegen. Und bei einfacher Fahrlässigkeit gilt ab Schwierigkeitsgrad III (einschließlich) – siehe oben – stillschweigender Haftungsausschluß. Was heißt das?

Jeder Bergsteiger und Kletterer, der sich am Berg, am Fels bewegt, verläßt den sicheren Bereich der Ebene und nimmt bewußt bestimmte Risiken und Gefahren der Berge in Kauf. Dazu gehört auch Steinschlag, auch solcher, der durch andere ausgelöst wird, weil sich (siehe oben) das Lösen von Steinen auch beim vorsichtigsten Hantieren nicht immer vermeiden läßt. Steinschlag stellt somit eine schuldhafte Selbstgefährdung dar. Dieser Grundsatz gilt insbesondere für eine Seilschaft, die als zweite oder weitere in eine Route einsteigt.

Dies wurde inzwischen durch entsprechende Gerichtsurteile[28] bestätigt.

Grobe Fahrlässigkeit oder Vorsatz?

Anders wäre es, könnte bei Steinschlag grobe Fahrlässigkeit nachgewiesen werden, oder daß jemand mutwillig Steine gelöst hat, um andere unter ihm treffen zu wollen. Doch dies nachzuweisen, dürfte in der überwiegenden Mehrzahl aller Fälle äußerst schwierig sein. Und Vorsatz dürfte wohl gänzlich ausgeschlossen werden können. Allein den Nachweis eines Vorsatzes zu erbringen, dürfte kaum möglich sein.

Ein Fall: Ein Kletterer wollte Schadensersatzansprüche durchsetzen, weil ihn ein Stein im Klettergarten getroffen hatte, der offensichtlich von anderen gelöst worden war.

28) Vergleiche Urteil des Landgerichts München I vom 27.5.92, Aktenzeichen 23 0 6773/91, und Urteil des Oberlandesgerichts Nürnberg vom 23.7.91, Aktenzeichen 1 U 472/91.

Was hatte sich zugetragen? Der Kletterer war gerade an den Felsen angekommen, legte seinen Rucksack direkt am Einstieg nieder, bückte sich und wollte seinen Helm aus dem Rucksack nehmen (um ihn aufzusetzen). In diesem Augenblick traf ihn ein Stein, der von einer 30 Meter höher, im V. Schwierigkeitsgrad kletternden Seilschaft gelöst worden ist. Lähmungserscheinungen und dreimonatiger Krankenhausaufenthalt waren die Folgen. Die Bemühungen um Schmerzensgeld waren nicht zielführend. Die Rechtslage ist eindeutig:

■ Der oben kletternden Seilschaft konnte weder grobe Fahrlässigkeit noch Vorsatz nachgewiesen werden;

■ der Verletzte befand sich in einem Gefahrenbereich, der für ihn erkennbar gewesen ist. Er hätte den Helm vor Erreichen des Wandfußes aufsetzen müssen, da Steine, die 30 Meter herabfallen, als Querschläger »noch etwa 20 Meter durch die Gegend fliegen können«.

Ohne Helm unterhalb anderer Kletterer?

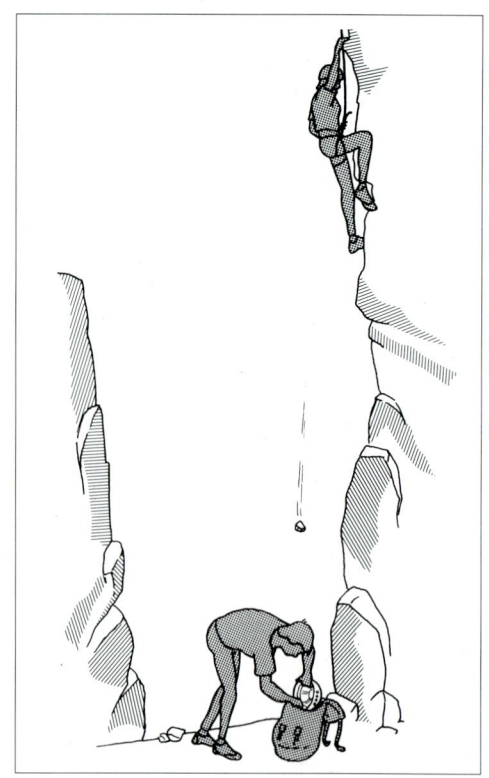

Da hilft gar nichts mehr: Bergsturz unterhalb der »Gelben Kante«, in Nähe der Lavaredo-hütte, 1970.

Somit konnte der Verletzte seine Ansprüche wegen des nicht nachweisbaren Vorsatzes bzw. einer groben Fahrlässigkeit nicht durchsetzen, insbesondere weil auch eine schuldhafte Selbstgefährdung durch das nicht rechtzeitige Tragen eines Schutzhelmes gegeben war.

Ohne Helm?

Kopfverletzungen ohne Helm haben durch die Verbreitung des Sportkletterns wieder zugenommen, nachdem sie in den sechziger und siebziger Jahren, nach Einführung der Helme, im Abnehmen begriffen waren. Unter den DAV-Mitgliedern kommt es jährlich bis zu einem guten halben Dutzend Kopfverletzungen ohne Helm, etwa knapp die Hälfte mit tödlichem Ausgang. Die Dunkelziffer ist nicht quantifizierbar, dürfte aber wohl recht hoch sein. Aus den Unfallberichten, die Kopfverletzungen ausweisen und die von den Verletzten oder den Hinterbliebenen erstellt werden, geht

30-Meter-Sturz am Torre Venezia: Überlebt.

nicht immer hervor, ob ein Helm getragen wurde. Schriftliches Nachfragen bringt in der Regel nur dann eine Antwort, wenn ein Helm verwendet worden ist, oder wenn weitere Verletzungen mit zum Tod geführt haben («der wär'eh hin gewesen»).

Die Zahl derer, die durch das Tragen eines Helmes überleben konnten, ist nicht gering. Der Sicherheitskreis bekommt jährlich solche Fälle mitgeteilt. Als Motiv dürfte das erkannte Glück, noch am Leben zu sein, in Betracht kommen. Dies hört sich dann meist so an: »Ohne Helm wär i hin gewes'n« oder »Da wär's aus gewes'n« oder »Da wär nix mehr z'machen gewes'n«. Meist wird dann auch gleich noch der zerstörte Helm mit eingesandt, um dies anschaulich zu dokumentieren und »weil er eh nix mehr taugt«.

Da hilft kein Helm mehr: 300-Meter-Sturz im Drus-Couloir.

Es ereignen sich natürlich jährlich auch Unfälle, bei denen die Schutzfähigkeit des Helmes überschritten wird. »Jeder Schutzhelm ist notwendigerweise weniger als vollkommen« (Snell Foundation). Wenn der Stein oder die Fallhöhe entsprechend groß ist, kann auch der beste Helm nichts mehr ausrichten. Ähnlich den Seilen. Auch sie können noch reißen (wenn sie über eine Felskante belastet werden). Doch deshalb wird kein Kletterer auf die Idee kommen, grundsätzlich auf das Seil zu verzichten.

Die Vielzahl der Kletterbilder in den Alpinzeitschriften vermittelt den Eindruck, daß Helmtragen nicht mehr modern ist. Und dies nicht nur in Klettergärten, auch im alpinen Fels. Offensichtlich hat sich die Mode geän-

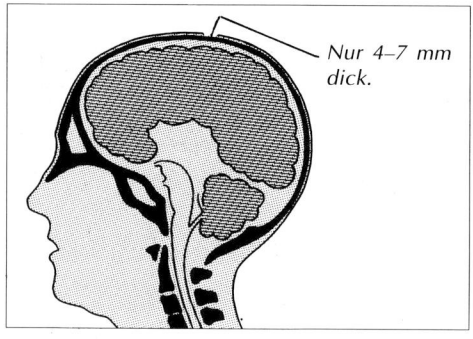

Nur 4–7 mm dick.

dert. War noch vor zwei Jahrzehnten der Helm Statussymbol der Extremen, so ist es heute das barhäuptige Klettern mit zur Schaustellung der Lockenpracht. Waren vor zwei Jahrzehnten noch Aufrufe in der Fachpresse zu finden, die die Helmhersteller zur Produktion besserer Helme anregen sollten, so läßt sich heute damit kaum jemand hinter dem Ofen hervorlocken. Heute, wo wir bessere Helme haben, werden sie nicht getragen. Das ist die Mode.

An sich ist die Gefahr von Kopfverletzungen am Berg offensichtlich. Die menschliche Hirnschale ist nur etwa vier bis sieben Millimeter dick und von der Natur nicht für größere Gewalteinwirkung vorgesehen. Deshalb wächst die gewichtige Kürbisfrucht auf dem Erdboden und nicht etwa in Baumkronen. Daß die Hirnschale nicht viel aushält, wußten schon die alten Assyrer vor rund 5000 Jahren, denen man die erste Hochkultur nachsagt. Schon sie trugen Helme, aus Leder zwar, doch immerhin einen Kopfschutz, wenn sie bei kriegerischen Auseinandersetzungen versuchten, sich gegenseitig die Schädel

Die Natur wiederholt sich.

einzuschlagen. Auch Kaiser Maximilian I. (1459–1519) empfiehlt schon für das »Gepyrg eine Hirnhaube, ... damit du ... gegen einen Schlag gesichert bist«. Die Natur scheint sich zu wiederholen: Die menschliche Hirnschale ist im Verhältnis zur Masse des Gehirns etwa ebenso dick wie eine Eischale im Verhältnis zur Masse des Eiinhalts.

Die Rechtslage bei »ohne Helm«

Treten Kopfverletzungen auf, die auf das Nichttragen eines Helmes zurückzuführen sind, und damit verbundene Kosten, wird dem Verletzten immer mindestens ein Mitverschulden, wenn nicht gar mehr, angelastet werden können. Die Rechtssprechung nimmt auf modische Einflüsse keine Rücksicht. Jeder, der sich Gefahren aussetzt, muß sich vor diesen Gefahren schützen. Und ein Helm ist nun einmal eine Möglichkeit, Kopfverletzungen vorzubeugen. Dies gilt für den Beruf (Industrieschutzhelm) wie für die Freizeit. Die Versicherungsträger können bei Kopfverletzungen nachfragen und gegebenenfalls Leistungskürzungen vornehmen. Dabei liegt die Betonung derzeit noch auf »können«, und zwar deshalb, weil die Versicherungsträger auf diesem Ohr noch nicht ausreichend hellhörig geworden sind.

Einige wenige Nachfragen hat es zwar schon gegeben, doch in allen Fällen trugen die Betreffenden (zufällig?) einen Helm. In einem Fall gingen die Kosten für den Versicherungsträger in die Größenordnung von einer Millionen, weil der Gestürzte sich eine Querschnittslähmung und eine irreversible Hirnschädigung zugezogen hatte (Fleischbank-Ostwand, 1985). Noch ist kein Fall einer Leistungskürzung bekanntgeworden, doch sie liegt in der Luft. Man vergleiche die herrschende Rechtssprechung im Straßenverkehr: Ein Motorradfahrer, der keinen Helm trägt, muß bei einem unverschuldeten Verkehrsunfall mit Kürzungen seiner Schadensersatzansprüche rechnen.[29]

Unabhängig davon – der Mensch hat nur einen Kopf. Deshalb ist es so falsch nicht, ihn vor Gefahren zu schützen.

---

29) U.a. Urteil des Oberlandesgerichtes Koblenz, Aktenzeichen 12 U 1382/84.

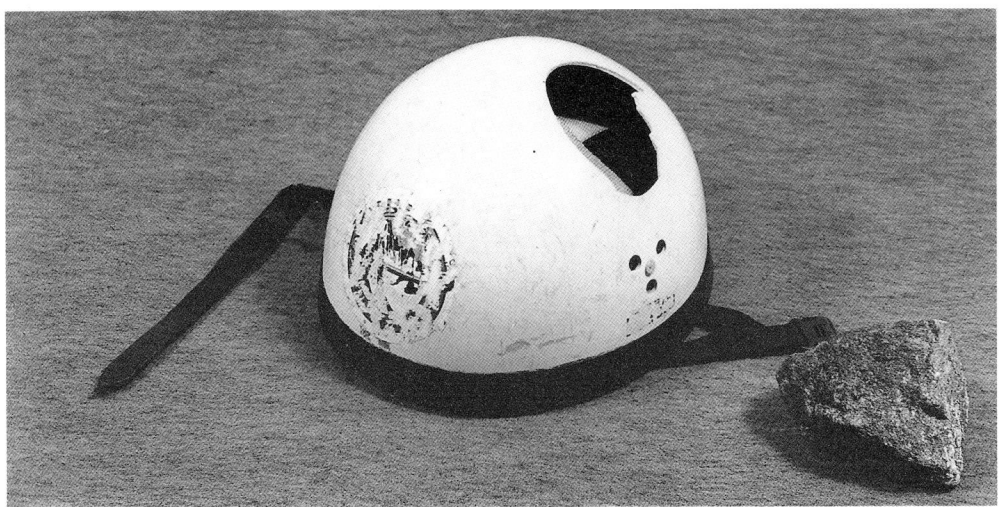

Fallhöhe 1,5(!) Meter... nicht alterungsbeständiger Kunststoff.

Viel »Gelump«

Genormte Helme gibt es erst seit Ende der siebziger Jahre. Helme sind aber seit Anfang der sechziger Jahre auf dem Markt. So befinden sich noch viele nicht genormte Helme in Gebrauch. In den romanischen Ländern werden sie teilweise heute noch auf den Markt gebracht. Meist ist die Helmschale aus einem nicht kälte- und nicht alterungsbeständigen Kunststoff[30], der bei niedrigen Temperaturen versprödet, ebenso durch Alterung. Bei Stoßbelastung kann ein solcher Helm praktisch keine Energie (Fallenergie) aufnehmen. Er bricht förmlich wie Glas. Wird der Helm von einem Stein getroffen, nimmt dieser seinen Weg praktisch so, als wäre gar kein Helm vorhanden. Erst die Hirnschale, die Energie aufnehmen kann, muß dann den Stein abbremsen. Doch das Energieaufnahmevermögen der menschlichen Hirnschale ist bekanntlich recht gering. Ein solcher Helm hat also praktisch keinerlei Schutzfunktion. Nur optisch. Das Gefährliche daran ist, daß diese Helme für den Laien nicht zu erkennen sind.

Hat ein Helm die Normprüfung bestanden, kann er immer noch Fertigungsfehler aufweisen (»Montags-, Freitagsfertigung«). Man sollte sich die Nieten anschauen. Sie können »gschlampert« angebracht sein. Der Schweiß führt zum Rosten der Nieten. Nach mehrjährigem Gebrauch sollte man die Nieten prüfen.

... nimmt dieser seinen Weg praktisch so, als wäre gar kein Helm vorhanden (unten das Röntgenbild).

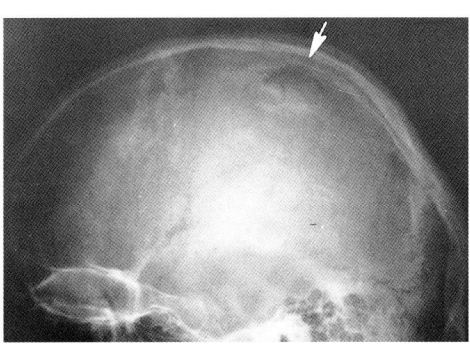

---

30) u.a. ABS (= Acrylnitril-Butadienstyrol)

Kälteprüfung nicht bestanden, aber auf dem Markt erhältlich.

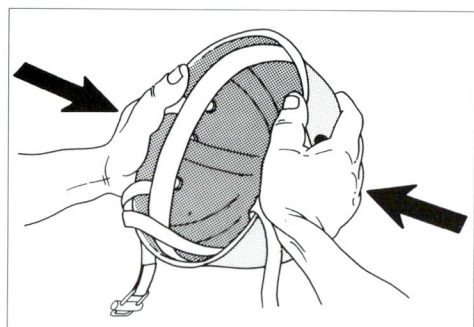

In der Praxis keine Belastung dieser Art!

Falsch

Der Laie hat meist eine falsche Vorstellung von der Schutzfunktion eines Helmes. Ein Helm muß ab einer bestimmten Stoßbelastung zu Bruch gehen, natürlich darf es – siehe oben – kein Sprödbruch sein. Der Helm muß »einknicken«, um entsprechende Energie aufnehmen zu können. Wenn also ein Helm durch Steinschlag oder Sturz eingeknickt wurde, dann war es kein schlechter Helm, wie vielfach angenommen wird.

Auch die landläufige Meinung, einen Helm durch seitliches Zusammendrücken prüfen zu können, ist falsch. Man beobachte einen Käufer im Sportgeschäft. In 99 von 100 Fällen wird der Käufer den Helm durch seitlichen Druck zwischen beiden Händen prüfen. So aber wird kein Helm in der Praxis belastet. Nicht einmal dann, wenn man mit dem Kopf

voran in eine Gletscherspalte stürzen würde (dann würde man mit den Schultern zwischen den Eiswänden eingeklemmt werden). Ein Helm kann in der Praxis seitlich nur durch Stoß belastet werden, und dies wird gemäß Norm auch geprüft.

Industrieschutzhelme?

Helm ist nicht gleich Helm. Obwohl im Industriebereich genauso größere Dinge vom Himmel fallen können wie am Berg, ist die Schutzfunktion (richtig: Energieaufnahmevermögen) von Industrieschutzhelmen weit geringer als die von Steinschlaghelmen. Grund: Industrieschutzhelme müssen billig sein. Von nichts kommt nichts, von wenig nicht viel.

Ein Heeresbergführer, der von Berufs wegen einen qualitativ guten Helm besaß, den er aber am Wochenende in der Kaserne vergessen

Gut, nicht etwa schlecht.

Karwendel... (†).

hatte, benutzte ersatzweise einen »Bauhelm« nach dem Motto »es wird schon nix passieren«. Der Heeresbergführer stürzte im Karwendel und zog sich schwere Kopfverletzungen zu, die vier Tage später, in der Intensivstation eines Münchner Krankenhauses, zu seinem Tod führten. Da der Verletzte die Rettung aus der Wand und den Transport bis nach München, insgesamt vier Tage, überlebte, ist anzunehmen, daß er mit einem qualitativ guten Bergsteigerhelm erhebliche Überlebenschancen gehabt hätte.

Radfahrerhelme?

Der Sicherheitskreis hat schon vor Jahren Radfahrerschutzhelme untersucht[31] und dabei festgestellt, daß die Radlerhelme[32] bei wesentlich geringerem Gewicht viel besser sind als die Kletterhelme (richtig: die Radfahrerschutzhelme besitzen ein wesentlich besseres Energieaufnahmevermögen als die Bergsteigerschutzhelme). Leider haben die Radlerhelme eine Belüftung, die erst ab einer Geschwindigkeit von etwa 10 km/h anspricht. So schnell läßt sich's nur »fliegen«, nicht aber klettern. Etliche Radlerhelme haben oben auch Lüftungsschlitze, durch die es hereinregnen könnte und durch die Steine mehr oder weniger ungebremst den Kopf erreichen können. Bleibt zu hoffen, daß die Hersteller von Bergsteigerschutzhelmen bei den Radlerhelmherstellern die guten Dinge abschauen.

Schmerzhafte Erfahrung

Im Oberen Donautal (bei Sigmaringen) stürzte 1986 eine Schweizer Kletterin der absoluten Spitzenklasse in einer VIIIer-Route («Großer Wahnsinn« an den Hausener Zinnen), nachdem sie die Schwierigkeiten bereits hinter sich hatte. Im leichteren Gelände ist ihr unerwartet ein Griff ausgebrochen. Aufgrund dessen wurde es ein unkontrollierter Sturz. Da sie keinen Helm trug (Sportklettern!), zog sie sich

schwere Kopfverletzungen zu. Tagelang wußte man nicht, ob sie wird überleben können, insbesondere ohne irreversible Hirnschäden; außerdem zog sie sich auch eine schmerzhafte Überdehnung im Lendenwirbelbereich (Hüftgurt ohne Brustgurt) zu.

Ein ihr gut bekannter Freund, ebenfalls ein Spitzensportkletterer, der den Unfall hautnah miterlebte, ebenso wie die ungewissen Tage danach, hat den Unfall zum Anlaß genommen, um mit eindringlichen Worten in verschiedenen Alpinzeitschriften[33] auf die Notwendigkeit des Helmtragens – auch beim Sportklettern – hinzuweisen.

Zwei Jahre später war die Kletterin wieder soweit hergestellt, daß sie das Klettern wie zuvor betreiben konnte. Seitdem nimmt sie sich – nach eigenen Angaben – »die Freiheit und das Recht, trotz Sportkletterns einen Helm zu tragen«.

Auch beim Wettkampfklettern hat es inzwischen Kopfverletzungen ohne Helm gegeben, so in Lion 1990, in Arco und in St. Pölten 1992 und in Nürnberg 1993. Nun überlegt der Weltverband (UIAA) das Einführen der Helmtragepflicht bei Wettkämpfen. Die Fallgesetze haben sich nicht geändert.

Auch das ist schon passiert (im Frankenjura): Die Kopfhaut mußte genäht werden.

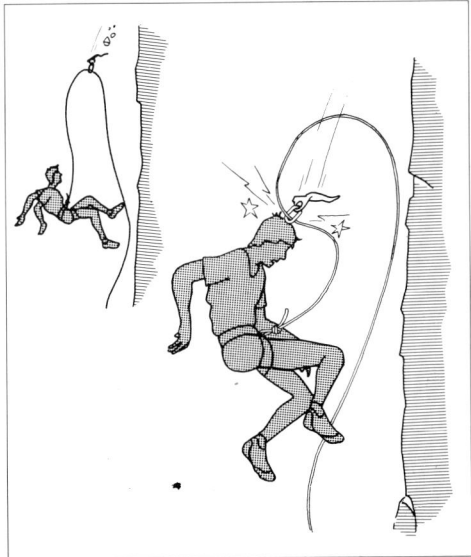

---

31) im Auftrag des Bayerischen Staatsministeriums für Arbeit und Sozialordnung, Forschungsbericht 1989.
32) Untersucht wurde ein gängiges Modell.
33) SAC-Mitteilungen, Heft 7/86, »Der Bergsteiger«, Heft 11/86.

Was sonst noch alles passieren kann

Die Gefahren beim Klettern sind vielgestaltig. In Form der Erdanziehung lauern sie förmlich auf die Kletterer. Die Unfallakten beim DAV füllen jährlich fünf bis sechs prallgefüllte Aktenordner. Dabei halten sich zwar die Kletterunfälle nominal immer in etwa die Waage mit den Wanderunfällen, da es aber weit mehr Wanderer gibt als Kletterer, ist das Risiko eines Kletterunfalls statistisch betrachtet etwa vier- bis fünfmal so hoch wie das eines Wanderunfalls, das Risiko eines tödlichen Unfalls sogar über sechsmal so hoch.

Durch die vermehrte Verbreitung des Sportkletterns haben die Unfälle in Klettergärten zugenommen. Die Dunkelziffer ist besonders hoch, da der Kranken- und Totenwagen schnell zur Stelle ist und die Bergwacht meist nicht eingreifen muß. Bleibt ein Einsatz der Bergwacht aus, kommt es nicht zu einem dem DAV zugänglichen Unfallbericht. Auch die Vielzahl der künstlichen Kletteranlagen, die

Problem: Erdanziehung.

Sicherungstechnisch alles falsch.

allerorts inzwischen wie Pilze nach dem Regen aus dem Boden schießen, hat zu einer Zunahme der Unfälle geführt. Wenn sich auch – der relativ geringen Kletterhöhe wegen – selten besonders ernste Unfälle ereignen.

Der zweite Haken ist der wichtigere

Zunächst einmal ist jeder Haken wichtig. Auch der erste Haken. Aber in der Tat, dem zweiten Haken kommt besondere Bedeutung zu, vor allem in Klettergärten und insbesondere an künstlichen Kletteranlagen. Ist der zweite Haken zu hoch über dem ersten plaziert, kann ein Sturz während des Versuchs, das Seil in den zweiten Haken einzuhängen, mit dem auf diese Weise langen »Schlappseil« bis zum Boden reichen. Der Sportkletterer spricht dann von einem »grounder«. Die europäische Sportkletterszene hat nahezu alle modernen Fachbegriffe aus dem Angelsächsischen übernommen. Das war früher anders. Als es nur das alpine Klettern und eben dieses auch in den Klettergärten gab, da haben die Angelsachsen deutsche Begriffe übernommen. So heißt das Abseilen im Englischen heute noch »abseiling« und der Fangstoß »the fangstoss«; auch die Franzosen haben letzteren Begriff übernommen: »le fangstoss«.

Zurück zum »grounder«. So passiert im Paarschbruch bei Löbejün (Sachsen-Anhalt). Eine Kletterin im Vorstieg wollte den zweiten Haken einhängen. Sie hatte sich von ihrem aufmerksam sichernden Seilpartner »Seil geben lassen«. Bevor sie die Zwischensicherung hatte einhängen können, stürzte sie. Der Sturz endete am Einstieg bei leicht gestrafftem Seil (zu rekonstruieren am festgezogenen Anseilknoten). Die Gestürzte (ohne Helm) zog sich tödliche Kopfverletzungen zu (lt. Aussage des Unfallerhebenden »hätte ein Helm mit großer Wahrscheinlichkeit eine derart schwere Kopfverletzung verhindert«).

Unfälle dieser Art haben sich inzwischen zu Hunderten ereignet, wenn auch zum Glück nicht alle mit tödlichem Ausgang. Die Häufung dieser Art von Unfällen ist der Grund, warum sich an künstlichen Kletteranlagen der zweite Haken relativ nah über dem ersten befindet. Inzwischen arbeitet man auf europäischer Ebene (CEN) an einer Norm für künstliche Kletteranlagen, die diesen (und andere) Hakenabstände festlegen soll, unter anderem auch die Höhe, wo sich der erste Haken befinden muß. Dies gilt natürlich nicht für Klettergärten. Dort hat man sich bisher gescheut, die Haken zu eng zu setzen, insbesondere auch den zweiten zu nah über dem ersten. Klettergärten sind halt keine künstlichen Kletteranlagen. Die Akzeptanz, genormte Hakenabstände in Klettergärten einzuführen, dürfte auch recht gering sein. Deshalb bleibt nur die Empfehlung, in Klettergärten den ersten Haken relativ hoch anzubringen. So kann auch der zweite Haken

Beim Seileinhängen in den zweiten Haken nützt das Seil unter Umständen nichts...

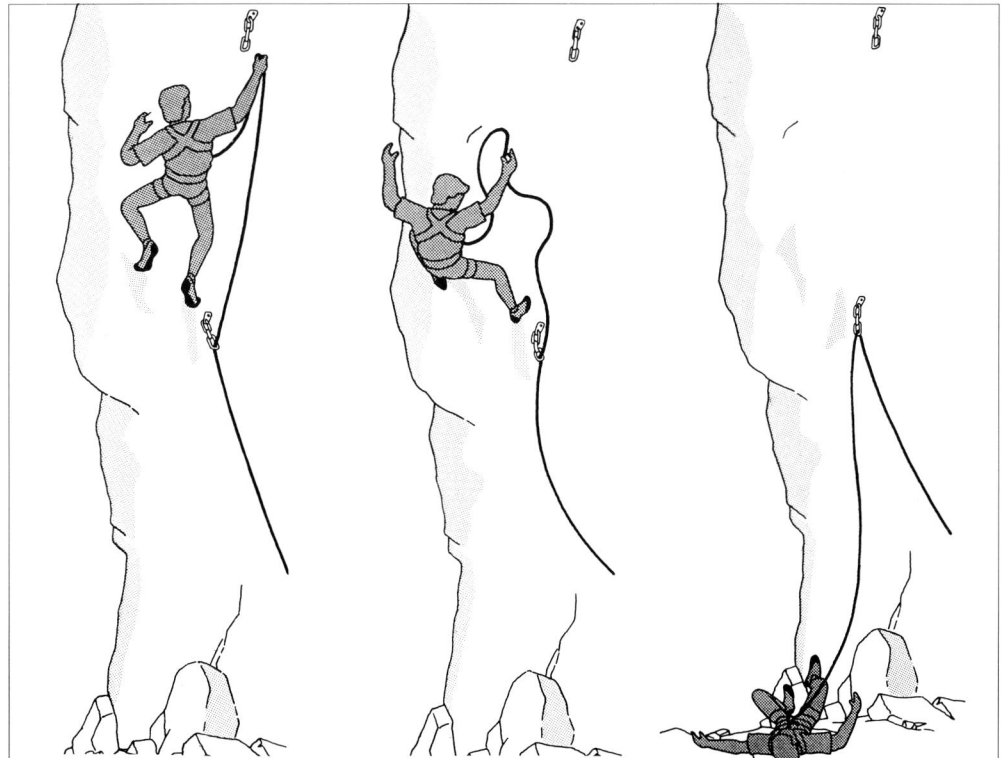

Das Risiko ist erkennbar.

Zwischensicherungen wie Klemmkeilen, Klemmgeräten, Zacken-, Köpfel- oder Sanduhrschlingen. Doch auch damit hat es Unfälle gegeben.

■ Das sicherste sind Sanduhrschlingen, wenn die Sanduhr stabil genug ist und die Schlingen einen ausreichend dicken Querschnitt aufweist, so daß sie an scharfen Sanduhrkanten nicht abgeschert werden kann.

■ Zacken- und Köpfelschlingen können sich abheben; deshalb besser eine etwas längere Schlinge doppelt als Zugschlinge verwenden.

■ Klemmkeile sind als universelle Zwischensicherung besonders beliebt. Ein sicheres Plazieren ist nur mit Erfahrung und auch dann nicht immer möglich. Oft wird ein plazierter Klemmkeil als sicher beurteilt, beim Weitergehen durch Seilbewegungen gelockert, oder er fällt gleich ganz heraus. Oder er wird bei Sturzbelastung herausgerissen.

Jährlich sind in den Unfallakten Berichte über herausgerissene Klemmkeile zu finden, die

Die Sturzhöhe ist immer größer als man vom Standpunkt oberhalb der letzten Zwischensicherung annimmt. Hier ist die Sturzhöhe im richtigen Verhältnis dargestellt.

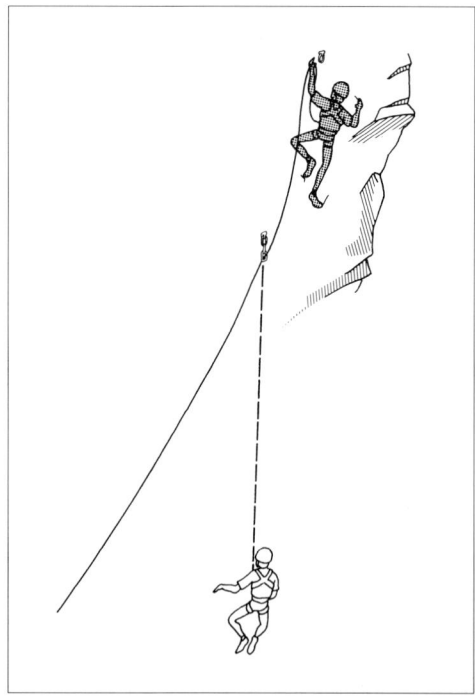

etwas höher plaziert werden, ohne daß man Gefahr läuft, bei Sturz am Einstieg zu landen. Ich kenne VIer-Routen in Klettergärten, wo sich der erste Haken in zehn Meter Höhe befindet. Die Sturzsituation kurz vor dem Einhängen des ersten Hakens ist für jedermann leicht zu überschauen. Dagegen ist die mögliche Sturzhöhe beim Einhängen des zweiten Hakens aufgrund des Schlappseiles und der Seildehnung nur schwierig kalkulierbar. Sie beträgt nämlich mindestens das Drei- bis Vierfache des Abstandes zwischen dem ersten und dem zweiten Haken. Nicht etwa nur das Zweifache, wie man gewöhnlich annehmen möchte.

Auch eine zu lange Expreßschlinge im ersten Haken kann der Grund für einen »grounder« sein. Deshalb möglichst kurze verwenden, am besten gar keine, sondern nur einen oder zwei Karabiner, letztere als sogenanntes Karabinerpärchen (wie früher, als es noch keine Expreßschlingen gab).

Eine weitere Möglichkeit bei zu großem Hakenabstand ist die Anbringung von mobilen

kaum bekannt werden. Einige seien stellvertretend für viele aufgeführt (KK = Klemmkeil): Roßkopf (Rofan), 2 KK herausgerissen; Kampenwand (Bayerische Voralpen), 1 KK herausgerissen; Hohenstein (Weserbergland), 3 KK herausgerissen; Schiara (Dolomiten), 1 KK herausgerissen; Rotofenturm (Berchtesgadener Alpen), 2 KK herausgerissen; Leuchsturm (Wilder Kaiser), 1 KK herausgerissen; Mulaz-Westwand (Dolomiten), 1 KK herausgerissen; bis auf einen der Gestürzten, der sich eine Querschnittslähmung zuzog, fanden alle den Tod.

Klemmgeräte sind ein verlockendes Spielzeug, insbesondere solche vom Typ Friend. Doch die Zahl derer, die bei Sturzbelastung versagten, ist groß. Einige Unfälle seien pauschal genannt: Zettenkaiser-Ostwand (Wilder Kaiser), Friend herausgerissen, Gehirnerschütterung, Schlüsselbeinbruch; Blicklefels, Friend herausgerissen, Trümmerbruch des Ellbogens und Fleischbankfels (beide Oberes Donautal) drei(!) Friends herausgerissen, mehrere komplizierte Beinbrüche; Südverschneidung Rote Flüh (Tannheimer Berge), zwei Friends herausgerissen, tödliche Verletzungen; NO-Wand der Kerschbaumer Törlspitze (Lienzer Dolomiten), ebenfalls zwei Friends herausgerissen, tödliche Verletzungen und in der Lammertalverschneidung (Tennengebirge) hielten drei(!) Friends am Standplatz der Sturzbelastung nicht stand, zwei tote Heeresbergführer.

Die Hoffnung

Jeder sichere Haken, jede vertrauenswürdige Zwischensicherung ist wichtig, insbesondere dann, wenn man sich in der Nähe der Sturzgrenze bewegt. Ist man davon weit entfernt, sind Haken und andere Zwischensicherungen deshalb noch nicht unwichtig. Ein unerwarteter Sturz – und schon kann jede Zwischensicherung lebensrettend sein.

Im sächsischen Sandstein, wo die Hakenabstände (sächsisch: Ringabstände) für alle Nichtsachsen riesengroß, nahezu unendlich weit sind, muß man die allermeisten Zwischensicherungen in Form von Knoten-, Platten- oder Sanduhrschlingen selbst anbringen. Mit jeder gelegten Schlinge gilt das sächsische

Mit jeder Zwischensicherung hängt die Hoffnung höher...

Motto: »Die Hoffnung hängt ein paar Meter höher.« Da die sächsischen Kletterer schon immer sehr schwierig und nahe der Sturzgrenze kletterten, blieben häufige, auch größere Stürze nicht aus. Häufige und größere Stürze erziehen zu korrekter Sicherung nach dem Prinzip der natürlichen Auslese. Das erzieht zum konsequenten Anbringen von Zwischensicherungen. Ich habe mich anfangs immer wieder gewundert, warum die Sachsen – ich klettere häufig mit ihnen – immer wieder zwischendurch Sicherungsschlingen anbringen, wo man nach meiner Meinung überhaupt keine brauchte. Dies ist immer für den Fall der Fälle gedacht, nach dem Motto: »Dann hängt die Hoffnung ...« (siehe oben).

Von den vielen extremen sächsischen Kletterern, die noch vor dem Bau der Mauer in den Westen kamen, also lange, intensiv und

...und auch mit jeder Schlinge...

schwierig kletterten, ist nur ein einziger tödlich abgestürzt: Karlheinz Gonda durch Wächtenbruch am Eiger (nach Durchsteigung der Nordwand). Kein einziger durch unzureichende Sicherung oder gar fehlende Zwischensicherung.

Zu lange Zwischensicherungen

Die Expreßschlingen, die eine recht brauchbare Erfindung sind, haben es mit sich gebracht, daß die Sturzhöhen heute immer etwas größer ausfallen als früher, als man am Zwischenhaken nur einen, allerhöchstens zwei Karabiner verwendete. Die daraus resultierende Sturzstreckenverlängerung ist immer mindestens doppelt so groß wie die »Verlängerung« des Hakens durch die Schlinge. Eine Expreßschlinge von 25 Zentimetern hat also eine Sturzstreckenverlängerung von mindestens einem halben Meter zur Folge. Und das kann entscheidend sein. Insbesondere im Klettergarten und an künstlichen Kletteranlagen, wenn man gerade beim Einhängen des zweiten

Hakens stürzt und sich im ersten eine zu lange Expreßschlinge befindet.

Ein Unfall von vielen: An der künstlichen Kletteranlage in München-Thalkirchen herrschte Hochbetrieb. Plötzlich ein aufgeregter Schrei, und ein Kletterer lag zum Erstaunen der Umstehenden am Boden. Das Seil führte leicht durchhängend zum ersten Haken mit einer 50 Zentimeter langen(!) Expreßschlinge. Der Krankenwagen wurde gerufen und der Verletzte mit Verdacht auf Wirbelsäulenverletzung ins Krankenhaus gebracht. Vor Abtransport konnte ich den Verletzten noch fragen, warum er eine derart lange Expreßschlinge verwendet habe. Antwort: Das mache ich immer so.

Weitere Unfälle dieser Art wurden bekannt aus dem Altmühltal, aus dem Frankenjura, aus dem Oberen Donautal, aus dem Harz, aus Nideggen in der Eifel, praktisch dürften sich wohl in jedem Klettergarten derartige Unfälle ereignet haben. Sie sind ein Zeichen dafür, daß die Sicherungstechnik nicht immer überblickt

Vielfach zu beobachten, aber falsch: Zu lange Expreßschlinge im ersten Haken.

Die Sturzstreckenverlängerung ist mindestens doppelt so lang wie die Schlingendifferenz.

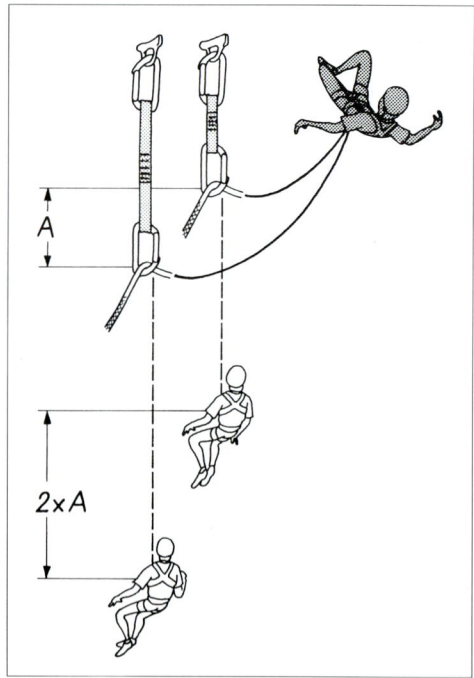

wird. Da kann das bewußte Springen, wie es beim extremeren Sportklettern üblich ist, durchaus Abhilfe schaffen. Wer bewußt springt, wird vorher zumindest durch einen kritischen Blick nach unten noch einmal versuchen, sich über den möglichen Sturz- bzw. Sprungablauf Klarheit zu verschaffen. Und da müßte jedem beim Abschätzen der Sturzhöhe aus Gründen des Selbsterhaltungstriebes eine zu lange Expreßschlinge auffallen. Wenn nicht, dann ist der Betreffende das nächste Mal sicher klüger. Falls er es noch sein kann.

Man verwendet zweckmäßig nur die kürzesten Expreßschlingen, die es gibt. Solche von etwa acht Zentimeter Länge. Auf diese Weise können einem die wenigsten Fehler unterlaufen. Muß ein besonders abseits des Routenverlaufs befindlicher Haken »verlängert« werden, verwendet man eine für solche Fälle mitgeführte, entsprechend lange Schlinge.

Das Seil zwischen den Zähnen?

An schwierigen Stellen pflegt man im Vorstieg das Seil zwischen die Zähne zu nehmen, um mit einer Hand am Seil nachgreifen und es in die nächste Zwischensicherung einhängen zu können. So auch ein Kletterer in einer VIIer-Route im Pfälzer Sandstein. Just in diesem Augenblick stürzte er. Was passierte? Der Fangstoß traf die Schneidezähne, riß ihm vier der oberen heraus und spaltete ihm den Oberkiefer. Hätte der Gestürzte schon seine dritten Zähne gehabt, es wäre wohl etwas weniger schmerzhaft gewesen und das Instandsetzen wohl auch etwas billiger geworden.

Weitere Unfälle ereigneten sich an der Steinwand (Rhön) und im Blautal (bei Blaubeu-

ren). Nur die Sturzhöhe und, daraus resultierend, die Unfallfolgen waren etwas geringer. Die beiden Gestürzten verloren nur die oberen zwei Schneidezähne.

In Schrecksekunden ist der Mensch nur zu Reflexreaktionen fähig, nicht zu willentlich gesteuerten. Offensichtlich gehört das Öffnen der Zähne bei Sturz nicht zu den Reflexreaktionen.

Schlingen am Stand?

Die Seilschlinge über einem Felsköpfel oder -zacken war wohl die erste Selbstsicherung, die verwendet worden ist. Mit dieser Art von Selbstsicherung wurden viele Stürze gehalten. Doch einige auch nicht. Dies gilt auch heutzutage noch. Denn Köpfel- und Zackenschlingen können sich bei Zug nach oben abheben. Man müßte sie nach unten absichern. Doch wer macht dies auch wirklich immer? Vor allem in Modetouren, wenn die nächste Seilschaft schon drängelt.

■ Am Kanzelturm (Elbsandstein) kam es zum tödlichen Absturz einer Seilschaft aus der damaligen CSSR. Der sichernde Seilzweite hatte Stand an einer Köpfelschlinge. Der Seilerste über ihm hatte eine Knotenschlinge gelegt. Wenig oberhalb stürzte er. Den Sichernden lupfte es nach oben, die Köpfelschlinge hob sich ab.

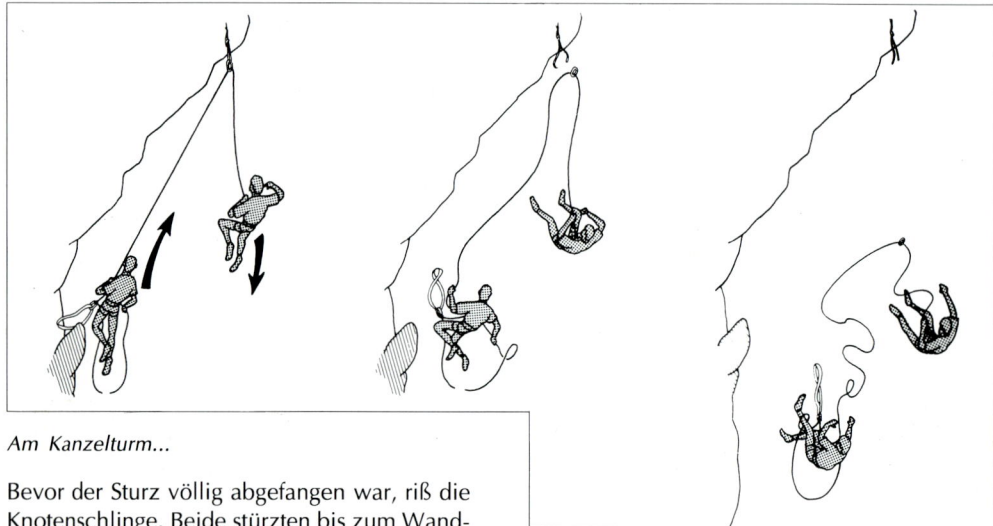

Am Kanzelturm...

Bevor der Sturz völlig abgefangen war, riß die Knotenschlinge. Beide stürzten bis zum Wandfuß und konnten nur noch tot geborgen werden.

■ Auch am Zweiten Sellaturm (Dolomiten) sicherte eine Seilschaft an einem Felsköpfl. Durch Steinschlag wurde der Seilerste aus der Wand gerissen, der sichernde Seilzweite machte eine wohl reflexbedingte Bewegung mit den Armen nach oben, um sich offenbar vor dem Steinschlag zu schützen – und hob dabei die Schlinge ab. Die Seilschaft stürzte in die Tiefe und konnte nur noch tot geborgen werden.

Unterm Kanzelturm: Zur Erinnerung.

Schwabenstreiche?

Von den Schwaben sagt man, sie seien geizig und gönnten den anderen nicht die Butter auf dem Brot. Das ist althergebracht und sicher maßlos übertrieben. Doch etwas Wahres

könnte daran sein. Findet man den Ring an einem Haken hochgeklappt, so daß man den Karabiner nur schwierig einhängen kann, dann war die vorherige Seilschaft »sicher« aus dem Schwabenland. Offensichtlich soll es die nachfolgende Seilschaft möglichst schwer haben.

Doch nicht nur die Schwaben sind sparsam. Das, was man im Fels vorfindet, vermittelt meist den Eindruck, daß nur das zurückgelassen wird, was man eh nicht mehr brauchen kann. So wurden schon spiralgeflochtene Reepschnüre, die nachweislich seit 25 (!) Jahren nicht mehr hergestellt werden, an Abseilstellen gefunden, nicht anders in Neutouren. Nicht selten trifft man in Neutouren, wenn auf Normalhaken, dann auf alte, rostige.

Wer kann das wohl gewesen sein?

Einzige Gefahr bei Bühlerhaken...

Sie dürften aus anderen Routen, wo sie möglicherweise schon Jahrzehnte gesteckt haben, herausgeschlagen worden sein. Nicht anders mit Bohrhaken. Das billigste, was ein Baumarkt anbietet, wird mit Vorliebe in den Fels gedroschen nach dem Motto: »Es darf halt nix koste«. Dabei wird übersehen, daß dieser Schrott den Nachfolgern offeriert wird nach dem Motto: »Sieh zu, wie Du damit zurechtkommst.«

Gefahr mit Bühlerhaken

Bühlerhaken sind hinsichtlich Festigkeit absolut sicher. Der Sicherheitskreis hat Bruchkräfte in der Größenordnung von 50 kN (ca. 5000 kp) ermittelt. Die Form des Hakens aber kann eine Gefahr sein, dann, wenn sich der Karabiner durch Seilbewegungen über den waagrechten Schenkel legt und dann durch Sturz belastet wird.

Solche Fälle gab es an der Kastelwand (Altmühltal), an der Dülferverschneidung (Blaubeuren), an der Geierswand des Walberla (Frankenjura), am Vogelfels (Fichtelgebirge) und an den Felswänden von Hainstadt (Odenwald), um nur einige zu nennen.

Ebenfalls in Hainstadt hing sich ein Karabiner allein durch Seilbewegungen aus. Der Kletterer im Vorstieg bekam zittrige Beine, konnte aber noch ohne Sturz zurückklettern.

Wie kann der Gefahr vorgebeugt werden? Schraubkarabiner sind nur ein unvollständiger Behelf. Bei größerer Sturzbelastung kann der Schnapper brechen. Besser sind zwei Expreßschlingen parallel eingehängt mit spiegelbildlich angeordneten Karabinern. Im ungünstigsten Fall können auch sie brechen. Am

sichersten ist eine im Bühlerhaken befestigte Reepschnur- oder Bandschlinge mit Karabiner. Schlingenlänge möglichst kurz, um einen »grounder« zu vermeiden.

Besonders gefährlich ist folgende Situation, die schon beobachtet wurde, die aber noch nicht zu einem Unfall führte: Ein Kletterer schafft den Vorstieg nicht bis zum Umlenkpunkt und wird über einen Bühlerhaken abgelassen. Beim Ablassen hängt er alle Zwischensicherungen aus (»weil sie nicht mehr benötigt werden«). Ein zweiter Kletterer probiert die Route und steigt über den Bühlerhaken hinaus. Sollte sich bei Sturz der Karabiner der nunmehr einzigen Zwischensicherung aushängen, wird es ein absoluter »grounder«.

Zug von unten ist nie gut

Wer im Nachstieg nicht recht weiterkommt, weil ihm die Finger aufzugehen drohen, ruft »Zug«. Je nachdem, wie laut und intensiv dieser Ruf ertönt, umso mehr oder weniger dringend ist der Seilzug. Die Sachsen verwenden einen etwas eleganteren Ausdruck. Sie rufen »Spritze«. Seilzug von oben ist meist hilfreich, Seilzug von unten dagegen nie.

Im Wilden Kaiser, am Fleischbankpfeiler...

Harry Rost ist Sachse, und als Sachse liebt er die Rißkletterei. Als Harry gerade sechzig geworden war, hatte er die Pumprisse am Fleischbankpfeiler im Wilden Kaiser bereits viermal durchstiegen. Nun muß man wissen, daß die Pumprisse immerhin Schwierigkeitsgrad VII sind. Man muß auch wissen, daß die Pumprisse erst Ende der siebziger Jahre erstbegangen wurden, der Harry also schon Ende Fünfzig war, als er sie das erste Mal durchstieg. Und man muß wissen, daß die Sachsen allesamt Meister im Rißklettern sind. Nach meinem Dafürhalten gibt es wohl keinen Riß, den ein Sachse nicht hinaufkäme. Die schwierigen Risse im Elbsandstein und in Meteora (Griechenland) sind ein beredtes Zeichen. Als der Harry die Pumprisse das letzte Mal durchstieg, hatte er einen jungen, nicht einmal halb so alten Spezl am anderen Seilende. Der tat sich in den Rißpassagen etwas schwer. Im Nachstieg wollte er einen Klemmkeil herausfingern. Doch seine Arme waren zu kurz. Nicht einmal das Seil konnte er aushängen. Langsam ging ihm die Kraft aus. Er mußte schnell irgend etwas tun, wollte er nicht

aus dem überhängenden Riß hinauspendeln. Deshalb suchte er – das Seil noch immer im Klemmkeil – die Flucht nach oben. Wie er dann den Klemmkeil hätte aushängen sollen, war ihm zunächst einmal egal. Er wollte nur nicht »fliegen«. Bei seinen Anstrengungen, der Schwerkraft zu trotzen, schabte er so fürchterlich in dem Riß herum, daß ihm die Schnur seines Fotoapparates riß. Geistesgegenwärtig konnte er die Schnur mit einer Hand erhaschen und zwischen die Zähne klemmen. Denn die Hand brauchte er dringend zum Festhalten. Dies alles brachte den Spezl etwas außer Atem. Er mußte keuchen, tief durchschnaufen. Mit der Schnur zwischen den Zähnen ging das nicht mehr recht. So wurde es ein deutlich hörbares Zischen. Der Harry oben am Standplatz vernahm dies und schloß haarscharf daraus, daß es seinem Spezl schlecht geht und der wohl kräftigen Seilzug brauchen könnte. Gedacht, getan – der Klemmkeil hielt dem Seilzug stand, doch der Spezl nicht.

Sicherung am Körper?

Man ist heute im Rahmen des Sport- und Wettkampfkletterns wieder zurück zur Körpersicherung gekommen, die ja schon einmal üblich war. Nämlich bis vor rund 20 Jahren. Man hat sie damals, Mitte der siebziger Jahre, sterben lassen, weil sich damit eine Reihe von

Unfällen ereignete. Der Fangstoß (auch bei Stürzen im Nachstieg) hat den Sichernden aus dem Stand gerissen, da er nicht richtig selbstgesichert war. Dabei ließ der Sichernde reflexbedingt das Seil aus, um sich vor dem Aufprall am Fels zu schützen, und der Stürzende fiel die restliche Seillänge aus. Zu diesem Zeitpunkt hatte man auch erkannt, daß der Körper des Sichernden praktisch keine Fallenergie aufnehmen kann, es sei denn, es werden ihm bei Fangstoßeinwirkung die Rippen und andere Knochen gebrochen. Durch Knochenverformung kann natürlich Fallenergie aufgenommen werden, die den Standhaken weniger belastet. Doch kann dies nicht der Sinn einer Kameradensicherung sein. Nur fünf Unfälle von vielen seien aufgeführt:

■ Wolfsschlucht (bei Rosenheim): Der Seilerste sicherte am Körper seinen Seilzweiten nach. Dieser stürzte; dabei wurde der Sichernde aus dem Stand gerissen. Reflexbedingt ließ er das Seil aus, der Seilzweite stürzte bis zum Einstieg und zog sich eine Querschnittslähmung zu.

es zwischen den beiden zuvor schon häufig Diskussionen über Sicherung am Körper oder am Fixpunkt gegeben hatte. Der Sichernde, den Sturz nicht hatte halten können, hatte immer die Meinung vertreten, »daß er jeden Sturz mit der Körpersicherung halten kann.«

■ 1983, Tofanapfeiler (Dolomiten): Ein Vorsteiger stürzte, weil zwei Zwischenhaken ausbrachen, »direkt in den Stand«. Der Sichernde wurde in die Selbstsicherung gerissen und dabei »auf den Kopf gestellt«. So konnte er den Sturz nicht halten. Der Sturz endete erst 35 Meter tiefer, auf einem Band. Der Gestürzte erlitt tödliche Verletzungen.

■ 1985, Naunspitze (Wilder Kaiser), Nordwand: Ein Seilerster sicherte am Stand seinen Seilpartner mit der HMS am Körper nach. Kurz bevor dieser den Stand erreicht hatte, etwa ein bis zwei Meter unterhalb, brach ihm ein kopfgroßer Griff aus. Er rutschte nur ins Seil. Der Sichernde konnte den Sturz nicht halten. Er wurde in die Selbstsicherung gerissen und ließ reflexbedingt das Seil aus. Der Sturz des Seilzweiten wurde erst nach 30 Metern von

Gefahr bei der Körpersicherung.

■ 1981, Geiselstein (Allgäu): Ein Seilerster sicherte an einer stabilen Sanduhr seinen Seilpartner mit der HMS am Körper nach. Als dieser schon auf Höhe des Standplatzes war, jedoch noch drei Meter links davon, rutschte er weg und pendelte nur ins Seil. Der Sichernde wurde aus dem Stand gerissen; dabei ließ er die Kameradensicherung aus. Der Seilzweite stürzte »bis das Seil aus war«: ein 40-Meter-Sturz. Der Gestürzte brach sich beide Beine. Darf nicht vergessen werden zu erwähnen, daß einem größeren Latschenbusch gebremst. Ohne diesen günstigen Umstand wäre es ein Sturz über die volle Seillänge geworden.

■ 1988, Oberes Donautal, »Opakante«: Ein Seilzweiter stieg nach und stürzte; der mit HMS am Körper sichernde Seilerste konnte den »Seilrutscher« nicht halten. Der Sturz des Seilzweiten erfolgte nur deshalb nicht über die volle Seillänge, sondern nur über etwa 15 Meter, weil sich die losen Seilschlingen am Standplatz an einem Köpfl verfingen. Der Gestürzte erlitt einen Beinbruch. Bei Eintreffen der Bergwacht, die ihre Bereitschaftshütte unterhalb der Felsen hat, hing der »Sichernde« mit verbrannten Händen stöhnend in seiner Selbstsicherung.

Auch mit der Stichtsicherung

Die Stichtbremse kann nur am Körper gehandhabt werden. Zwei Unfälle ereigneten sich damit. Beide im Klettergarten. Ein Unfall im Vorstieg ohne Zwischensicherung an der Rabenkante im Donautal, der andere im Nachstieg an der Aichaer Wand (südlicher Frankenjura). Die Gestürzten fielen mehr oder weniger ungebremst bis zum Einstieg. An der Aichaer Wand betrug die Sturzhöhe nur etwa acht Meter, an der Rabenkante etwa 30 Meter. Beide Gestürzten erlitten tödliche Verletzungen. In den Unfall an der Aichaer Wand schaltete sich der Staatsanwalt ein. Es kam zu Ermittlungen und zur Anklage. Für den Staatsanwalt war klar, daß der Sichernde einen Fehler gemacht haben muß. Der Verteidiger dagegen war von der Unschuld seines Mandanten überzeugt, wußte aber nicht, wie der

Stichtplatte: Überholt.

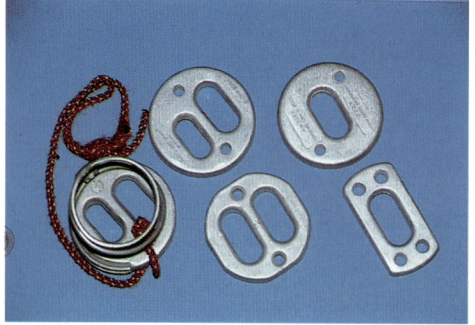

An der Aichaer Wand...

Beweis anzutreten sei. Hilfesuchend wandte er sich an den Sicherheitskreis. Auch wir standen vor einem Rätsel. Wer läßt schon seinen Spezl bei Sturz einfach »durchrauschen«? Niemand. Also mußte irgend etwas versagt haben. Aber was?

Die Unfallstelle wurde von uns fotografiert, ausgemessen und in München am DAV-Kletterturm im Maßstab 1:1 nachgebaut. Wir setzten mehrere Probanden der gleichen Sicherungssituation wie beim Unfall aus. Die Probanden konnten nicht sehen, wann der Sturz erfolgte. Sie waren nicht auf den Sturz vorbereitet, also nicht wie auf einem Sturzstand, wo das Sturzhalten geübt wird und es rechtzeitig heißt: Achtung! Jetzt kommt der Sturz. Wir versuchten, Praxisbedingungen zu schaffen. Während einer Kletterei kann niemand ständig auf einen Sturz gefaßt sein und in höchster Konzentration wie auf einem Sturzstand sichern. Wir ließen die Probanden teilweise bis 20 Minuten warten, und wir versuchten sie abzulenken.

Was stellte sich beim unerwarteten Sturz heraus? Alle Probanden wurden in die Selbstsi-

...und an der Rabenkante.

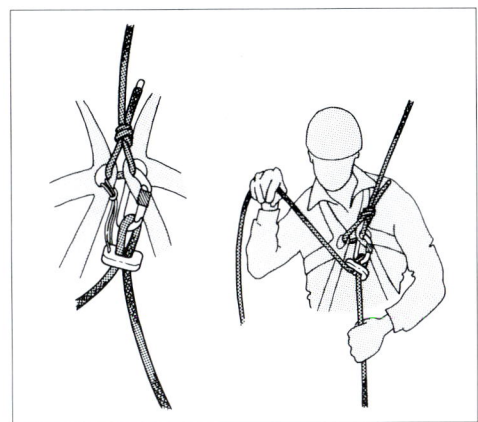

Zug nach unten – Hand nach oben = Kein Reflex.

Bei uns wurde die Doppelseiltechnik Anfang der achtziger Jahre von der Zwillingsseiltechnik abgelöst, so daß auch von der Handhabung keine Notwendigkeit besteht, die Stichtsicherung verwenden zu müssen.

Am Fixpunkt oder doch am Körper?

Nach der Sicherung am Körper folgte Mitte der siebziger Jahre die Sicherung am Fixpunkt (zu dieser Zeit tauchte die HMS auf, die sich am Fixpunkt handhaben läßt). Der HMS-Karabiner wird in den Standhaken bzw. bei mehreren Haken ins Kräftedreieck eingehängt. So trifft der Sturzzug nicht mehr den Sichernden. Und so kann der Sichernde das Seil reflexbedingt nicht mehr auslassen. So weit, so gut.

Dann tauchte das Sportklettern mit seinen vielen Stürzen in gut abgesicherten Routen auf. Da ist die Sicherung am Fixpunkt wieder nachteilig, insbesondere die mittels Kräftedreieck. Durch das Umschlagen nach oben entsteht Sturzstreckenverlängerung, besonders gefährlich im Bereich der ersten Haken wegen der Gefahr eines »grounders«. Auch die vielen Stürze in den Hüftgurt werden mit der HMS am Fixpunkt relativ hart abgefangen und machen sich so mit der Zeit im Bereich der Lendenwirbel unangenehm bemerkbar. Ein bekannter deutscher Spitzensportkletterer führt seine Wirbelsäulenbeschwerden auf die vielen Stürze zurück, die er während mehr als zwei Jahrzehnten absolviert hat.

cherung gerissen. Keiner konnte den Sturz halten. Das hängt auch damit zusammen, daß das Hochreißen der Sicherungshand, wie bei der Stichtsicherung notwendig, keine angeborene Reflexreaktion ist und der Mensch deshalb im unerwarteten Augenblick der Sturzzugbelastung dazu nicht in der Lage ist.

Nach dieser Erkenntnis wurde das Verfahren gegen den Angeklagten eingestellt. Und die Stichtsicherung in Verbindung mit der Handhabung am Körper (Körpersicherung) war für den deutschen Sprachbereich gestorben. In den angelsächsischen Ländern wird sie heute noch vielfach angewandt. Dort klettert man noch mit der Doppelseiltechnik, wozu sich die Stichtbremse hinsichtlich Seilbedienung bestens eignet. Nur nicht für alle Sturzsituationen. Solange Sturzzug nach oben auftritt (Sturz in eine Zwischensicherung) funktioniert die Stichtsicherung einwandfrei, da nur der Reflex des Handschließens notwendig ist und nicht das Hochreißen der Bremshand. Kritisch wird es bei Sturzzug nach unten (Faktor-2-Sturz und Sturz im Nachstieg; auf diese Weise haben sich die beiden tödlichen Unfälle ereignet).

Körpersicherung: HMS am Hüftgurt.

Weil die harten Stürze mit der Zeit zu Beschwerden führen müssen, machte sich wieder die Körpersicherung breit, mittels Achter oder HMS am Hüftgurt. Der Körper des Sichernden wirkt auf die Sicherungskette dynamisch, auch wenn er nur wenige Zentimeter angelupft wird. Allein das Emporreißen des Hüftgurtes am Körper des Sichernden reduziert den Fangstoß. So wurden inzwischen viele Tausende von Stürzen problemlos gehalten, aber immer wieder vereinzelt Stürze auch nicht. Der Sichernde wurde gelegentlich gegen den Fels gerissen und dabei mehr oder weniger lädiert. So hat ein bekannter österreichischer Extremkletterer, seit er einen Sturz am Körper gehalten hat, eine auffallende Zahnlücke.

Was tun? Beides – man muß nur zwischen den Anwendungsbereichen zu differenzieren wissen. Im alpinen Gelände, bei Gefahr von Sturzzug nach unten – dies gilt auch für den Sturz eines Nachsteigers – empfiehlt sich nach wie vor nur die Sicherung am Fixpunkt. Und das mit HMS.

Im Sportkletterbereich dagegen, wo die Routen gut abgesichert sind, wo vielfach vom Boden aus gesichert wird, wo also nur Sturzugrichtung nach oben und in der Regel nur kleinere Stürze auftreten können, hat die Körpersicherung gegenüber der Sicherung am Fixpunkt beachtliche Vorteile. Bei Sturzzugrichtung nach oben tritt auch kein reflexbe-

dingtes Auslassen des Seiles auf. Auch dann nicht, wenn der Sichernde bei Sturzzug nach oben gegen ein Dach gerissen wird (erst dann, sollte er dabei besinnungslos werden, läßt er aus). Das reflexbedingte Seilauslassen tritt nur (siehe oben) bei Sturzzug nach unten und in seitlicher Richtung auf. Die Natur hat dem Menschen den Reflex nur für diese Fälle mitgegeben. In der Natur kommt nämlich kein Nach-oben-Reißen vor. Die Natur konnte nicht ahnen, daß die Menschheit einmal technische Gerätschaften wie Seile, Karabiner usw. erfinden wird, mit denen ein »Sturz« nach oben möglich ist.

Körpersicherung: Nur in bestimmten Sturzsituationen ratsam.

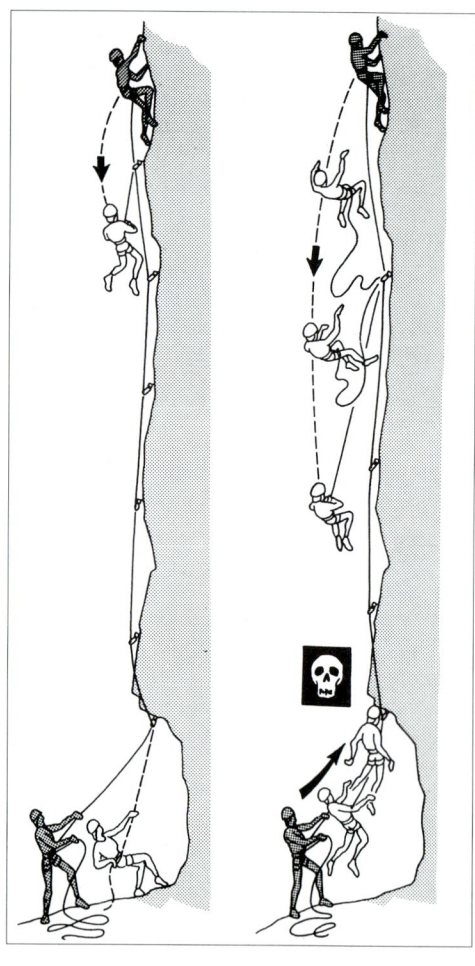

Die Fallenergie wird außer vom Seil vor allem auch durch die Seilreibung in den Zwischensicherungen aufgenommen. Sind genügend Zwischensicherungen vorhanden, führt dies sozusagen dazu, »daß beim Sichernden nicht mehr so viel ankommt«, als daß es ihn unbedingt aus dem Stand lupfen muß. Bei größeren Stürzen und wenigen Zwischensicherungen wird es kritisch. Auch dann, wenn der Sichernde wesentlich weniger wiegt als der Stürzende. Das alles von Fall zu Fall zu unterscheiden, ist schwierig.

So sicherte am »Dschungelbuch«, einem Klettergarten an der Martinswand (bei Innsbruck), ein minderjähriges, schmächtiges Büberl vom Boden aus einen ausgewachsenen, stämmigen Lackel im Vorstieg. Und dies mit Körpersicherung. Es kam, was kommen mußte. Kurz vor dem Ausstieg stürzte der Vorsteiger, und das Büberl wurde, wie vom Katapult geschossen, in die Höhe, Richtung Wand gerissen. Beide trafen sich. Der herabstürzende Vorsteiger »donnerte« dem aufwärtsgerissenen Büberl auf den Kopf. Dieser ließ vor Schreck das Seil aus, und beide plumpsten bis zum Einstieg herab. Zunächst sah es recht gefährlich aus. Das Büberl rührte sich nicht. Nach einiger Zeit kam es wieder zu sich. Beide packten dann ihr Seil und zogen kleinlaut von dannen.

Achtersicherung...

Achtersicherung?

Die Bremskraft der Achtersicherung ist bei Sturzzugrichtung nach oben und bei kleineren Stürzen ausreichend. Wer unter diesen günstigen Bedingungen gute Erfahrungen gemacht hat, wird leicht verleitet, die Achtersicherung auch im Vorstieg ohne Zwischensicherung und beim Nachsichern zu verwenden. In diesen Belastungssituationen hat der Abseilachter aber eine viel zu niedrige Bremskraft. Unfälle haben sich zuhauf ereignet. Zwei seien geschildert.

■ Predigtstuhl (Wilder Kaiser): Sturz einer Vorsteigerin in den Stand. Der mit Achter am Körper Sichernde konnte den Sturz nicht halten, und die Vorsteigerin fiel zusätzlich die volle Seillänge aus (50-Meter-Seil). Sie konnte wie durch ein Wunder überleben, er zog sich Verbrennungen an beiden Händen zu und war unfähig, ihr zu helfen. Zufällig war auf der Gaudeamushütte ein Lehrgang der Alpingendarmen, die in kürzester Zeit die Rettung der beiden durchführten.

Seil »durchgerauscht«...

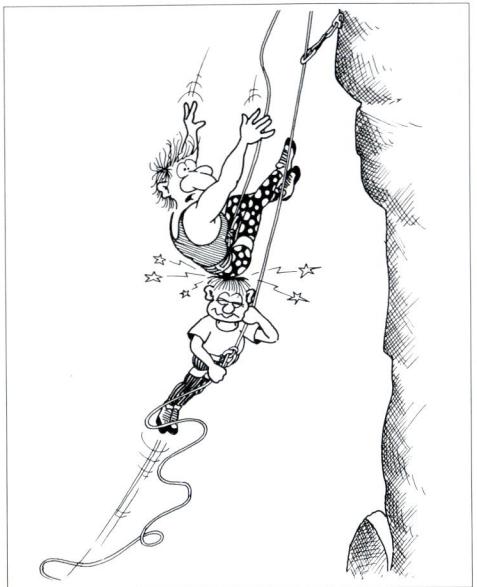

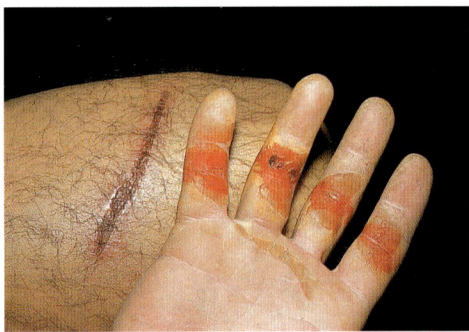

Klettergarten Konstein (Altmühltal): Ein Nachsteiger rutschte ins Seil, der mit Achter am Körper Sichernde konnte den Sturz nicht halten, der so erst am Einstieg endete. Der Sichernde zog sich verbrannte Hände zu, der Gestürzte eine Trümmerfraktur am rechten Fuß und eine Schädelverletzung (ohne Helm).

Die Körpersicherung, insbesondere die mit Abseilachter, ist nur für bestimmte Sturzsituationen brauchbar. Nicht für alle. Man muß differenzieren können.

In Fallinie?

Stürzt der Seilerste wenig oberhalb des Standplatzes, besteht Gefahr, daß er auf seinen sichernden Seilpartner fällt. Dieser läßt dann in der Regel reflexbedingt das Seil aus, was meist eine beachtliche Sturzstreckenverlängerung zur Folge hat, nicht selten über die volle Seillänge. Deshalb ist anzuraten, daß der Sichernde mit einer etwas längeren Selbstsicherung aus der Fallinie geht. Die Kameradensicherung (HMS) kann unabhängig davon im Standhaken angebracht sein. Das Schlappseil ist dann nur etwas größer. Drei Unfälle:

Wenn der Seilerste stürzt...

Im Steinerweg an der Dachstein-Südwand stürzte 1987 ein voransteigender Vater auf seinen am Stand sichernden Sohn. Dieser ließ das Seil aus. Der Vater stürzte die volle Seillänge aus und zog sich tödliche Verletzungen zu. Nach dem Sturz befand sich die HMS noch im Karabiner, so daß eine falsche Kameradensicherung ausgeschlossen werden konnte.

Im Verdon (Südfrankreich) stürzte 1989 ein Vorsteiger auf seinen am Stand sichernden Seilpartner, der in der Folge das Seil ausließ. Der Sturz endete erst 35 Meter tiefer, am Einstieg. Tödliche Verletzungen waren die Folge.

Neben der Gefahr des reflexbedingten Seilauslassens kann auch der Sichernde verletzt werden. Am Hintermeier-Wandl im Oberreintal stürzte ein Vorsteiger auf seinen sichernden Seilpartner, der sich dadurch eine Querschnittslähmung zuzog.

Alles ist möglich

Abseits des Unfallgeschehens macht man sich kaum eine Vorstellung von dem, was sich tagaus, tagein an Unfällen ereignet. Es ist eigentlich alles möglich. Auch das, was man für unmöglich hält.

Bei Torbole nahe Arco (Trentino) stürzte 1986 ein Kletterer beim Anlegen der Kletterschuhe vom Einstieg, wenige Meter oberhalb des Gardasees. Da er noch nicht angeseilt war, fiel er bis ins Wasser, von wo er sofort von einem herbeigeeilten Surfer an Land gezogen wurde. Trotz sofort eingeleiteter Wiederbelebungsversuche konnte nur noch der Tod festgestellt werden.

Im gleichen Jahr wurde an den Sonnenplatten im Sarcatal (Trentino) ein Kletterer bei einem 60-Meter-Sturz durch den zurückfedernden Fangstoß mit dem Kopf derart unter eine Dachkante gerissen, daß er sich einen Genickbruch zuzog.

An den Kanzelfelsen im Bregenzer Wald war 1985 eine Gruppe junger Kletterer beim Üben. Ein neunzehnjähriges Mädchen sicherte ihren Seilpartner beim Abstieg mit der HMS. Als er unerwartet stürzte, griff sie »erschrocken« in den falschen Seilstrang. Da sie keine Selbstsicherung hatte, wurde sie mitgerissen. Offensichtlich hatte sie die Hände nicht am Seil

An den Kanzelfelsen.

gehabt und reflexartig in den falschen Seil-strang, nämlich in den vor der HMS, gegriffen, also in den Seilstrang, der zum Stürzenden hinführte. Für das Mädchen endete der Sturz tödlich, ihr Seilpartner zog sich schwere Verletzungen zu.

■ Im Elbsandstein war 1984 eine junge Frau – blutige Anfängerin – am Wartturm das erste Mal am Fels. Im Nachstieg versteht sich. Sie war angeseilt mit Reepschnurring, Sackstich und Schraubkarabiner. Am ersten Haken rief sie nach oben, was sie denn nun machen solle. Antwort: den Karabiner aushängen. Sie hing – ihren Anseilkarabiner aus und stürzte bis zum Einstieg. Mit einem schweren Schädelhirntrau-ma konnte sie überleben.

Überholen?

Die schnellere Seilschaft und, wie diese meist glaubt, die bessere nimmt sich häufig das Recht heraus, in die Seillänge einer anderen Seil-schaft hineinzuklettern und diese zu überho-len. Dies ist immer mit Gefahren verbunden, sowohl für die überholende Seilschaft, erst recht aber für die, die überholt wird. An sich sollten die guten Manieren gebieten, andere

nicht in Gefahr zu bringen. Die schnellere Seilschaft kann fragen, und das Überholmanö-ver bis zum nächsten Standplatz abwarten. Ist die Standplatzsicherung einwandfrei, kann so am wenigsten passieren.

■ In der »Via Katia« am Colodri (Trentino) wurde der letzte einer Seilschaft vom ersten der nächsten überholt. Wenig oberhalb stürzte der Überholende – und blieb, weil sein Seil das der anderen Seilschaft kreuzte, am Anseilpunkt des anderen hängen. Als beide wieder Stand hatten und die Seile entwirrten, bekam der Seilzweite einen leichten Schreck: Sein Seil war durch den Sägeeffekt des anderen Seiles beim Sturzabfangen zur Hälfte durchgescheuert.

■ Am Dent du Géant (Montblanc-Gruppe) stürzte im Sommer 1976 eine ganze Seilschaft, die eine etwas langsamere überholt hatte, und blieb an der Selbstsicherung der nachfolgen-den hängen. Einer der Gestürzten rechts, der andere links. Die Selbstsicherung war bis auf wenige Litzen durchgescheuert.

Einer meiner Freunde wußte sich in der Fleischbank-SO-Wand zu helfen. Als ihn der erste einer schnelleren Seilschaft überholte, knüpfte er kurzerhand einen Sackstich in

Am Bauernpredigtstuhl...

dessen Seil und hängte diesen in einen der Zwischenhaken. Schon ging nichts mehr – und er konnte den Schnelleren wieder überholen.

Starke Nerven sind gefragt

Peter Geyer, heute Präsident des Deutschen Bergführerverbandes, wollte in seiner Sturm- und Drangzeit solo die Alte Westwandroute (Schwierigkeitsgrad VI-/A0) am Bauernpredigt- stuhl im Wilden Kaiser begehen. Für den ausgesetzten Quergang hatte er ein 15 Meter langes Seil bei sich. Um es nicht tragen zu müssen, band er es an seinen Anseilgurt und zog es hinter sich her. In der zweiten Seillänge rutschte er beim Aufrichten auf einem abschüssigen Tritt unvermittelt mit dem Fuß weg, weil sich das herabhängende Seil verhängt hatte. Geyer stürzte über 40 Meter bis zum Einstieg hinab. – Was stieß ihm zu? Nichts. Da es noch zeitiges Frühjahr war, noch tiefer Schnee am Einstieg lag und der Einstieg abschüssig ist, hat er sich nicht den geringsten Kratzer geholt. Eine Seilschaft in der benachbarten Lucke/Strobl-Führe hatte den Absturz mitbe- kommen und rief hinab, ob ihm was passiert sei. Geyer antwortete »Nein – ihr könnt ruhig weitergehen«. Doch die Seilschaft drehte um. Sie hatte ein zu schwaches Nervenkostüm.

Lose Blöcke

Jährlich ereignen sich Unfälle durch ausbre- chende Blöcke. Abgequetschte Finger sind noch eine der harmlosesten Verletzungen. Klettergärten gelten wegen des häufigen Klet- terbetriebs in der Regel als »abgeräumt«. Das muß aber nicht immer so sein. Vor allem im Frühjahr nach dem Frost und dem stärkeren Feuchtigkeitseinfluß der Wintermonate können sich Felsblöcke gelockert haben. Das gilt insbesondere für das Hochgebirge.

■ In der Arzgrube bei Mittenwald (Karwendel) löste sich 1987 durch Ausbruch eines Steines ein riesiger Block, der einem Kletterer den Oberschenkel zertrümmerte. Das Bein mußte amputiert werden.

■ In Konstein (Altmühltal) stürzte 1987 ein Kletterer beim Überklettern eines völlig sicher aussehenden Blockes mit diesem herab. Noch bevor der Sturz durch eine Zwischensicherung hätte abgefangen werden können, wurde der Kletterer am Boden vom etwa zwei Tonnen schweren Block getroffen und regelrecht zwischen Schulter und Becken durchtrennt.

■ Am Cristobal Colon in den Anden wurde 1980 ein Mitglied des Sicherheitskreises von

Unter der Marmolada-Südwand gefunden.

einem herabstürzenden Abseilblock so schwer verletzt, daß er nicht mehr transportfähig war und an Ort und Stelle seinen Verletzungen erlag.

Dreierseilschaft?

Nicht selten tun sich drei Kletterer zu einer Seilschaft zusammen. Um Zeit zu sparen, klettern zwei Partner gleichzeitig nach. Dies kann im weniger schwierigen Gelände an einem Seil mit einer sogenannten »Weiche« geschehen. Der Seilzweite hat dann etwas Bewegungsfreiheit. In schwierigerem Gelände verwendet man zwei Seile, aus Gewichtsgründen zwei Halbseile (nicht Zwillingsseile!) je ein Partner an einem Seil. Bis

vor kurzem hat es keine wirklich brauchbare Sicherung gegeben, um zwei Partner gleichzeitig an getrennten Seilen nachsichern zu können. Der sichernde Seilerste mußte sich mit zwei HMS abschinden, die sich ständig gegenseitig abklemmen. Sichert man mit Abseilachter, ist die Bremskraft zu gering. Das hat zu manchen Unfällen geführt, bei denen der Gestürzte nicht selten die ganze Seillänge ausgefallen ist. Das Sichern von zwei getrennten Seilen kann gar nicht so aufmerksam erfolgen, daß sich ein Unfall bei Sturz eines der beiden Seilpartner vermeiden ließe. So auch am »Franzosenpfeiler« des Crozzon (Brenta). Der Sichernde konnte den »Rutscher« nicht halten. Der Sturz endete erst auf einem Band; Folge Beinbruch. Seit kurzem gibt es eine Sicherungsplatte, die mit diesem Risiko aufräumt. Es ist eine weiterentwickelte Stichtplatte. Beide Seile lassen sich spielend leicht einholen und blockieren bei Belastung automatisch.

Der Sichernde kann zwischendurch, wenn er die Seile nicht einholen muß, die Hände in die Hosentaschen stecken. Diese Sicherungsplatte kommt aus Frankreich und konnte sich eigenartigerweise im deutschsprachigen Raum bisher noch nicht durchsetzen.

Dreierseilschaft: An einem Seil mit Weiche (links), an zwei Seilen mit Sicherungsplatte (rechts).

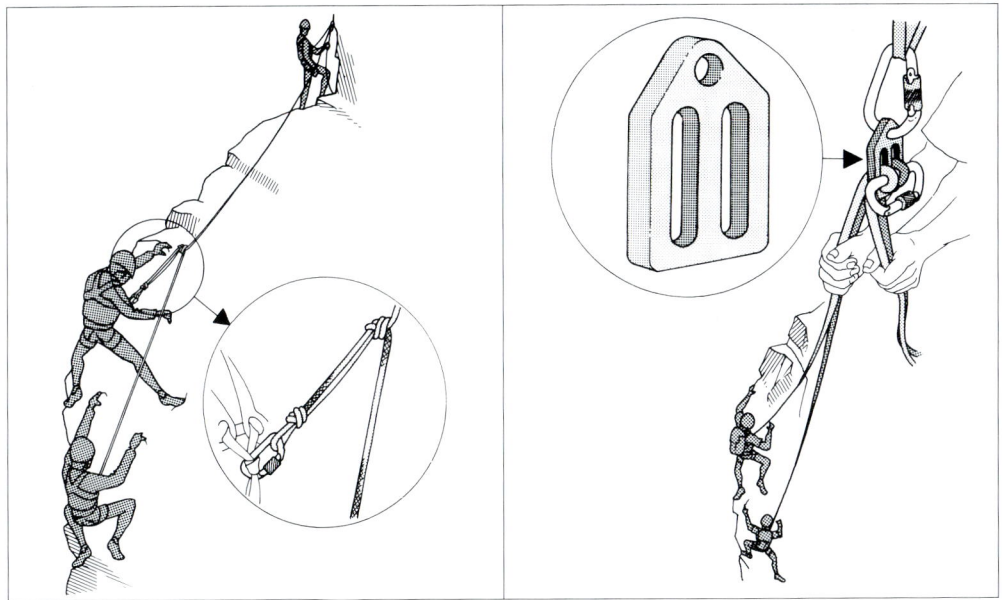

Die Macht der Gewohnheit

Im Ith wollte ein Kletterer, da er sich »gut drauf« fühlte, seinen seit langem ersehnten »ersten Sechser« packen. Um ganz sicher zu gehen, probierte er am Vortag schon mal den leicht überhängenden, etwas rundgriffigen Einstieg. In drei Meter Höhe fand er eine ideale Plazierungsmöglichkeit für einen Klemmkeil. Über den gesichert, kam er auch wieder sicher zurück. Die Stelle boulderte er richtiggehend aus. Gut ausgeruht sollte es anderntags dann ganz zur Sache gehen. Gespannt auf die VIer-Schlüsselstelle weiter oben, waren die ersten Züge am nächsten Morgen »reine Routine«. Dabei hatte er aber doch nicht ganz auf die Schwerpunktlage geachtet, jedenfalls rutschte ihm eine Hand weg. Mit der anderen konnte er sich mit äußerster Anstrengung gerade noch halten. Aber nicht lang. Das war ihm klar. Deshalb ließ er im Vertrauen auf den sicher plazierten Klemmkeil ganz aus. Das Dumme war nur, daß er, in voller Konzentration auf die Schlüsselstelle, diesmal schlichtweg vergessen hatte, den Klemmkeil zu legen. Es wurde ein Sturz, der nur um Haaresbreite an einem Genickbruch vorbeiging. Diverse Bandrupturen und mehrmonatige Gehunfähigkeit waren die Folge.

Kommunikation

Das Klettern in Klettergärten verführt vielfach zu einer gewissen Nachlässigkeit. Der ernste Hintergrund des Hochgebirges fehlt. Banale Unfälle bleiben nicht aus. Allein im Frankenjura haben sich während der letzten vier Jahre nur durch nachlässige Kommunikation drei ernste Unfälle ereignet.

■ Ein klassischer Fall: Ein Seilerster hatte den Ausstieg an der Oberlandwand (südlicher Frankenjura) erreicht und teilte dies seinem sichernden Seilpartner am Einstieg durch den Zuruf mit »Kannst auslassen«. Dieser ließ das Seil weisungsgemäß aus. Er war noch nicht angeseilt. Der obere verlor beim Hantieren am Standplatz das Gleichgewicht und stürzte bis zum Einstieg. Dabei zog er sich tödliche Verletzungen zu.

■ Am Rötelfels im Frankenjura hatte 1989 ein Seilerster eine VIIer-Route geschafft und

Lärm im Klettergarten.

rief seinem Seilpartner am Einstieg zu »ich hab's«. Dieser rief nach oben »ich nehm Dich raus«. Da er keine Antwort erhielt, nahm er an, daß sich sein Partner selbstgesichert hätte. Doch dies war ein Trugschluß. Der Partner stürzte wenig später bis zum Einstieg herab und erlitt tödliche Kopfverletzungen (ohne Helm).

■ Am Südgrat des Dohlenfels (südlicher Frankenjura) befand sich ein Nachsteiger am Standplatz nach der ersten Seillänge. Der Seilerste, eine Seillänge weiter oben, hatte das Kommando »Stand« gegeben und zog das Seil ein. Plötzlich wurde es ihm aus den Händen gerissen, bis es an seiner Selbstsicherung hing. Was war passiert? Der Seilzweite hatte seine Selbstsicherung zu früh gelöst, verlor aus irgendeinem Grund das Gleichgewicht, stürzte das ganze Seil aus und blieb knapp über dem Wandfuß mit schweren Kopfverletzungen (ohne Helm) hängen. Warum der Gestürzte seine Selbstsicherung zu früh aufgegeben hatte, ließ sich nicht klären und wird sich wohl auch nicht mehr klären lassen. Nach mehrmonatigem Koma konnte er auch ein Jahr nach dem Unfall weder sprechen noch sich sonstwie verständlich machen. Möglicherweise hatte sich das lose Seil beim Einziehen am Fels verfangen, und er wollte es lösen, was sich ohne Aufgabe der Selbstsicherung nicht hätte bewerkstelligen lassen.

Wenn eine Fehlkommunikation noch einmal harmlos endet, kann darüber geschmunzelt werden. Das Kleine Törl im Wilden Kaiser ist eine schmale Scharte im Kamm der Törlspitzen. Sowohl auf der einen Seite, am Kreuztörlturm, sowie auf der anderen, am Daumen, gibt es beliebte Klettereien. Auch bei Nebel und nicht ganz sicherem Wetter wird hier gern geklettert, da die Routen mit zwei Seillängen recht kurz sind. Bei solch einem unsicheren Wetter waren zwei Seilschaften in verschiedenen Routen unterwegs, ohne sich sehen zu können. Es kam, was kommen mußte. Der Seilzweite am Kreuztörlturm gab das Kommando »Seil nach« und der am Daumen war kurz vor dem »Fliegen« und rief deshalb »Zug«. Die Kommandos wurden aber vom jeweils falschen Partner als für sich bestimmt interpretiert. Die Folge war, daß der, der lockeres Seil haben wollte, durch kräftigen Zug aus dem Stand gerissen wurde, und der, der Zug gebraucht hätte, Schlappseil erhielt, bis ihm die Finger aufgingen.

Seilkommandos lassen sich reduzieren

Seilkommandos können zu unangenehmem Lärm werden, was in stark frequentierten Klettergärten nicht sonderlich gefragt ist. Von den fünf nach Lehrmeinung notwendigen Kommandos »Stand«, »Seil ein«, »Seil aus«, »Nachkommen« und »Ich komme« kann man sich drei sparen und so zu weniger Lärm

beitragen. Bei etwas logischem Nachdenken kommt man schnell darauf, daß nur zwei Seilkommandos notwendig sind, nämlich nur »Stand« und »Nachkommen«. Und auch diese beiden kann man sich unter bestimmten Voraussetzungen sparen, wie wir noch sehen werden. Doch bleiben wir zunächst einmal bei den zwei Seilkommandos »Stand« und »Nachkommen«. Der Ablauf gestaltet sich wie folgt.

■ Das Kommando »Stand« muß gegeben werden, jedoch erst dann, wenn sich der Kletternde am Standplatz selbstgesichert hat. »Stand« heißt damit für den Seilzweiten, daß er die Kameradensicherung aufgeben kann. Das Kommando »Stand« soll nicht etwa schon vorher, wenn zwar der Standplatz erreicht, aber noch keine Möglichkeit einer Selbstsicherung geschaffen worden ist, gegeben werden.

■ Es folgt nach Lehrmeinung das Kommando »Seil ein« durch den Seilzweiten. Dieses Kommando ist überflüssig, denn der Seilerste wird das lose Seil ja in jedem Fall einziehen. Was sollte er auch anderes tun? Er will ja, daß der Seilzweite nachkommt. Und das ist nur möglich, wenn er das lose Seil eingezogen hat.

Die Seilkommandos nach Lehrmeinung.

Mit zwei Kommandos kann man auskommen.

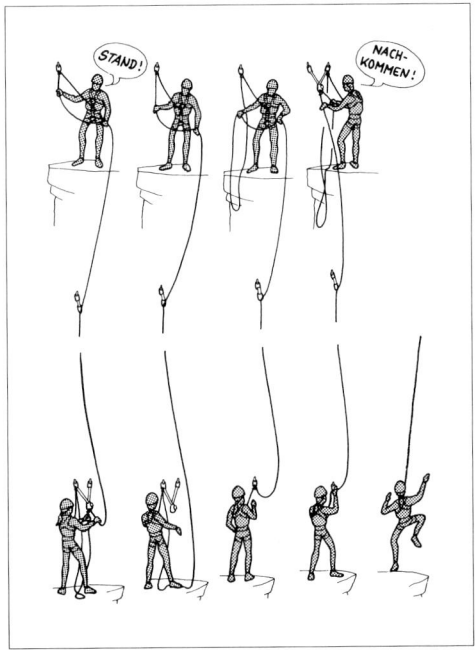

■ Nach Lehrmeinung folgt das Kommando »Seil aus«. Auch das ist im Grunde genommen überflüssig. Denn der Seilerste merkt von selbst, wenn das Seil »aus« ist, weil es sich nicht mehr einziehen läßt. Allerdings muß der Seilzweite darauf achten, daß sich das lose Seil beim Einziehen nicht irgendwo verhängt.

■ Hat der Seilerste das Seil in die Kameradensicherung genommen, erfolgt das Kommando »Nachkommen«. Dieses Kommando ist wieder notwendig, damit der Seilzweite weiß, »jetzt kann es losgehen«.

■ Auch das Kommando »ich komme« ist im Grunde genommen unnötig, denn was sollte der gesicherte Seilzweite anderes tun, als nachkommen, nachdem er das Kommando dazu erhalten hat? Auch dann, wenn er zuvor noch Klemmkeile oder andere Sicherungsmittel entfernen muß, ist das Kommando nicht notwendig. Bei aufmerksamer Sicherung merkt der Seilerste, wann er das Seil einziehen kann.

Besteht Sichtverbindung zwischen beiden Standplätzen, kann auch auf das Kommando »Stand« verzichtet werden. Der Seilerste »setzt« sich in die Selbstsicherung und zeigt dem Seilzweiten beide »leeren« Hände. Auf diese Weise signalisiert er dem Seilzweiten, daß er keine Hand mehr zum Festhalten braucht und folglich selbstgesichert ist.

Ich gehe mit meinen Seilpartnern noch weiter. Wir verzichten auf alle Seilkommandos. Dazu ist allerdings Zwillingsseil notwendig. Das längere Seil – eins von beiden ist immer länger – ist das »Signalseil«. Wenn der Seilerste dieses Seil allein einzieht (ohne das zweite), bringt er damit seine Selbstsicherung

Optische Kommunikation: Signal für Stand.

an. Der sichernde Seilzweite kann wenige Sekunden später die Kameradensicherung aufgeben. Wenige Sekunden deshalb, weil wirklich nur Sekunden zur Anbringung der Selbstsicherung notwendig sind, wenn der Karabiner bereits im Haken hängt. Um Mißverständnissen vorzubeugen, gibt es für den Seilzweiten dafür noch eine Kontrolle, nämlich die, wenn der Seilerste beide Seile einzuziehen beginnt.

Hat der Seilerste beide Seile straff eingezogen, kann er sie nicht in die HMS einhängen. Er muß sie dazu etwas locker lassen. Das zweite Einziehen nach Anbringung der HMS, um den Nachkommenden »stramm zu nehmen«, ist das Zeichen dafür, daß er nachkommen kann. Alles andere geht dann wie oben geschildert.

Viele, die meine Kameraden und mich so klettern und sichern sehen, wundern sich, wie wir über viele Seillängen ohne jedes Wort kommunizieren können. Zugegeben, wenn man dies das erste Mal macht, ist man arg verunsichert. Doch das legt sich bald. Mit etwas Erfahrung ist es ein Kinderspiel. Ich klettere

Optische Kommunikation: Verständigung ist so ohne jedes Seilkommando möglich.

inzwischen mehr als zehn Jahre so, und es gab nicht eine einzige Situation, wo meine Seilpartner oder ich ob der fehlenden Seilkommandos unsicher gewesen wären. Wem der Erfolg zweifelhaft scheint, kann es ja zunächst auf sicherem Erdboden probieren. Beide Seilpartner sollten sich dabei nicht sehen können. Am einfachsten ist dies, wenn zwischen beiden eine Hausecke ist und sich der eine sozusagen auf der einen Seite einer Felskante befindet und der andere auf der anderen. Ein dritter sollte beide beobachten, um Fehler feststellen zu können. Hat man dies einige Male geprobt, wird man auch im Fels kaum mehr unsicher sein. Der große Vorteil: das Geschrei fällt weg. Und wenn man sich aufgrund der Entfernung von Stand zu Stand oder bei Sturm sowieso nicht verständigen kann, ist dies die ideale Möglichkeit, untereinander zu kommunizieren.

Karabinerersatz?

Seile, Reepschnur und Band sind aus Polyamid. Und Polyamid ist wärmeempfindlich. Kommt bei Sturzbelastung Polyamid auf Polyamid zu liegen, tritt Druck auf und damit Schmelzverbrennung. Durch Dehnung kommt es zum Sägeeffekt. Ist die Belastung groß genug, kommt es zum Bruch.

Im Blautal, wo es einige Höhlen gibt, werden gern Höhlenfeste veranstaltet. Diese sollen, wie man zu berichten weiß, nicht selten etwas ausschweifend sein. Es gibt dafür sogar Regeln: Zum Verzehr zugelassen sind nur gegrilltes Fleisch und Alkoholika.

Ob es an einem solchen Höhlenfest gelegen hat, ist nicht geklärt. Geklärt ist nur, daß ein Sportkletterer nach einem Höhlenfest noch einen argen Brummschädel hatte, als er anderntags am Katzenfels in eine nicht gerade leichte Route einstieg. Er fädelte in beachtlicher Höhe eine Reepschnur durch eine Sanduhr, knüpfte sie zur Schlinge und hing sein Seil mit einem Karabiner ein. Dabei übersah er, daß er das Seil mit in die Reepschnurschlinge einknüpfte. Etwa drei Meter höher stürzte er – und die Schlinge riß. Sie mußte reißen. Der Sportkletterer hatte Glück. Er zog sich »nur« zwei Halswirbelbrüche zu.

An der Bernadeinwand (Wetterstein) stürzte ein Kletterer im Vorstieg und zog sich aufgrund

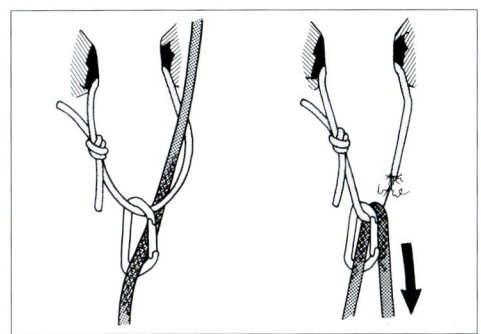

Im Blautal...

eines Bandschlingenbruches tödliche Verletzungen zu. Der Sturz und die Belastung der Schlinge konnten nicht beobachtet werden. Die gerissene Schlinge wurde von der Polizei sichergestellt. Zunächst vermutete man einen Herstellerfehler. Die mikroskopische Untersuchung durch den Sicherheitskreis aber führte zu dem Schluß, daß der Kletterer die etwa einen Meter lange Bandschlinge um das Seil gelegt haben mußte. Faserteile des Seiles waren in die Fasern der Schlinge eingebrannt.

Der Kiene-Swing

In den siebziger Jahren gab es im deutschen Sprachraum ein alles überragendes Klettertalent. Es war Helmut Kiene, der mit der Erstbegehung der Pumprisse am Fleischbankpfeiler im Wilden Kaiser dem VII. Grad weltweit zum Durchbruch verhalf. Helmut Kiene war es auch, der den Kiene-Swing kreierte, nicht ahnend, daß sich für diese Verrücktheit einmal so viele Nachahmer finden werden. Und nicht ahnend, daß man einmal seinen Namen damit in Verbindung bringen wird. Helmut Kiene machte als erster einen Riesen-Seilpendler an einer Brücke, einen Kiene-Swing, wie man heute sagt.

Wenn in Chamonix schlechtes Wetter war, zog es Helmut Kiene in die Calanques, wo angeblich immer schönes Wetter herrscht. Auf dem Weg dorthin hatte er immer wieder die Kühnheit der Brücken von Annecy bewundert. In einem Abstand von etwa 50 Meter führen zwei Brücken, eine alte und eine neue, über die 150 Meter tiefe Schlucht der Cailles. Hier, so hatte sich Kiene schon mehrfach gedacht,

Helmut Kiene (bei einem Kletterwettkampf 1976 im Kaukasus).

müßte man einmal einen Riesen-Seilpendler riskieren können. Sofern das Seil hält. Um sicher zu gehen, holte er sich den Rat eines Kommilitonen ein, der in Mathematik und Physik nicht allzu schlechte Noten hatte. Und der machte ihm glaubhaft, daß ein Bergsteigerseil solcher Belastung gewachsen sein müßte. Helmut Kiene befestigte also ein Seil am Geländer der einen Brücke, zog das andere Ende hinüber zur anderen Brücke, seilte sich an und sprang. Wie erwartet, kam es zu einem riesigen Seilpendler. Und das Seil hielt.

Vor dem Absprung spürte der Helmut ein mulmiges Gefühl in der Magengegend. Später, beim Sprung, erlebte er erstmals bewußt für einige Sekunden das Gefühl der Schwerelosigkeit und das der »körperlichen« Angst. Diese Gefühle sind dem Menschen ungewohnt, weil er dergleichen im Alltag nicht erlebt. Wenig später, als der Sturz dann in einen Pendler überging, empfand Helmut Kiene das Hochgefühl, die gefährliche Situation überwunden und den Pendelsturz überlebt zu haben.

Das Notsystem

Dank der Forschung wissen wir heute, daß der Organismus bei Mensch und Tier in lebensgefährlichen Situationen Hormone, unter anderem das Nebennierenprodukt Adrenalin, ins Blut ausschüttet, wodurch eine sofortige allgemeine Bereitstellungsreaktion für Höchstbeanspruchungen erreicht wird. In kürzester Zeit werden enorme Kraftreserven mobilisiert. Die Natur hat dieses »Notsystem« vorgesehen, um der Kreatur in lebensgefährlichen Situationen mehr Kraft fürs Überleben zu geben. Sei es nun für den Kampf oder für die Flucht. Deshalb auch die Bezeichnung »Fight and Flight Syndrom«. In Gefahrensituationen kann das Adrenalin innerhalb kürzester Zeit bis zum Dreihundertfachen des normalen Wertes ansteigen. Diese Größenordnung verdeutlicht das Ausmaß des körpereigenen Notsystems.

Der menschliche Organismus reagiert nach Ludwig Geiger[34] auf den Adrenalinstoß unter anderem wie folgt:

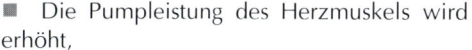

■ Die Pumpleistung des Herzmuskels wird erhöht,

■ der Blutdruck steigt steil an,

■ die Hautblutgefäße verengen sich, damit eine Blutumverteilung in die Skelettmuskulatur erfolgen kann und

■ die Bronchien werden zur besseren Sauerstoffversorgung erweitert, und der Blutzucker steigt an.

Dadurch können die für die Muskelarbeit notwendigen Energien schneller angeliefert werden. Diese Energien werden in Form von Zucker und Fettsäuren aus körpereigenen Depots entnommen. Dies ist der Grund, warum Mensch und Tier in lebensbedrohlichen Situationen Kräfte entwickeln können, die weit über das normale Maß hinausgehen. Nicht anders in einer gefährlichen Situation am Berg. Die Gefahr muß nur relativ plötzlich auftreten und erkennbar sein.

Im Rahmen der Erforschung dieses physiologischen Phänomens haben die Wissenschaftler noch eine weitere Entdeckung gemacht. Sie konnten nachweisen, daß der menschliche

Organismus unter Streß auch Opiate, genauer endogene Morphine (abgekürzt: Endorphine), produziert. Die schmerzunterdrückende Wirkung dieser körpereigenen Opiate, die im Zwischenhirn gebildet und über die Hirnanhangdrüse ausgeschieden werden, ist von der Natur eine ebenso sinnvolle Einrichtung wie die des Adrenalinstoßes. Verletzungen während einer Kletterei beispielsweise spürt der Kletterer, wenn es ums Überleben geht, erst wesentlich später. Auch bei einer etwas ernsteren Rauferei, bei der die beiden Kontrahenten unter Streß stehen, kann man diese Erfahrung machen. Erst dann, wenn der Adrenalin- und Endorphinstoß nachläßt, spürt man die Schmerzen. Der Endorphinstoß vermittelt neben der Schmerzfreiheit auch Glücks- und Beruhigungsgefühle.

Ludwig Geiger, selbst extremer Bergsteiger und Sportkletterer, hat die Erhöhung des Endorphinspiegels bei Sportkletterern vermutet und auch nachgewiesen. Die typischen Endorphinwirkungen – nämlich Schmerzbefreiung, Euphorie und vegetative Beruhigung – führen, insbesondere über die beiden letzteren, zu einer gewissen Abhängigkeit. Diese Abhängigkeit kann beispielsweise bei durch Schlechtwetter oder wodurch auch immer bedingter Kletterabstinenz zu Entzugssymptomen, wie

34) Dr. Ludwig Geiger (Bad Feilnbach) ist Sportmediziner und Arzt der deutschen Ski-Nationalmannschaft und als solcher auch beim DSV tätig; außerdem ist er Mitglied des DAV-Sicherheitskreises.

Gereiztheit, vegetativen Beschwerden usw. führen. Ein Vergleich mit dem Entzug nach exogen zugeführten Opiaten ist hier durchaus statthaft.

Neben dem Klettern können auch andere artverwandte physiologische »Bedrohungen« zu einer Endorphinausschüttung führen. Eine solche artverwandte »Bedrohung« kann die Angst vor und in der Anfangsphase des Kiene-Swings sein, solange man sozusagen noch fällt, also den ersten Nulldurchgang (tiefster Pendelpunkt) noch nicht hinter sich hat. Der riesige Seilpendler kann also dem Menschen ein ausgesprochenes Hochgefühl vermitteln. Der Swinger kann in einen Rauschzustand geraten. Ähnlich wie bei Einnahme der exogenen Drogen Morphin oder Pervitin. Und das mag es wohl sein, was so manchen Kletterer immer wieder zum Kiene-Swing bewegt. Betrachtet man sich die glücklichen Gesichter der Kletterer, die erstmals im Leben einen großen Swing überstanden haben, kommt einem das alles recht plausibel vor.

Ich selbst habe noch keinen Swing absolviert. Es reizte mich bisher nicht. Vielleicht deshalb, weil ich solch ein Hochgefühl beim Klettern gelegentlich schon erlebt habe. Immer dann, wenn ich eine sehr schwierige Stelle nach mehreren vergeblichen Versuchen, die mir den Eindruck vermittelten, »das werde ich nie schaffen, hier kann ich nur zu Tode stürzen«, dann doch noch, also unerwartet, geschafft habe. Noch jedesmal stellte sich bei mir ein besonderes Hochgefühl ein, das dann auch immer bewirkte, daß ich nachfolgende, noch schwierigere Stellen mit einer für mich völlig unerwarteten Leichtigkeit schaffte. Ich geriet in eine Euphorie, förmlich in einen Rauschzustand. War ich vor der ersten gefährlichen Stelle noch irgendwie zögernd und zaudernd, spürte ich nach dem Adrenalin- und Endorphinstoß einen Auftrieb, daß ich Bäume hätte ausreißen können.

Höheneuphorie

Die Wissenschaftler haben in letzter Zeit auch die Höhenbergsteiger unter die Lupe genommen. Höheneuphorie und das so häufig zitierte »Ausflippen« der Sportkletterer liegen

Über 7000 Meter: Höheneuphorie...

in ihrer Ursache möglicherweise recht nahe beieinander. Die Höheneuphorie habe ich selbst im Himalaya, an der Annapurna IV, erlebt. Im Rahmen einer Expedition galt es, die 5000 Meter hohe Südflanke erstmals zu durchsteigen. Die Südflanke ist sehr lawinös und im unteren Teil außerdem sehr steil. Deshalb hatte sich bis 1976 keine Expedition daran gewagt. Auch den meisten meiner Expeditionskameraden schien die Flanke dann an Ort und Stelle zu gefährlich. Sie gaben in Lager II (5020 m) auf.

Heinz Baumann und ich durchstiegen die Flanke dann im Alpinstil. Oberhalb von 7000 Meter gerieten wir in eine Gipfeleuphorie, die – ich erinnere mich noch sehr genau – uns alle Gefahren, Frau und Kinder vergessen ließ. Wir sahen nur noch den Gipfel und vor allem, wir empfanden alles positiv, auch einen Ruhetag in dieser Höhe, obwohl wir hätten wissen müssen, daß der Mensch in dieser Höhe auch bei Ruhe schon abbaut. Wir fielen gemeinsam in eine Spalte. Doch auch das störte uns nicht im geringsten. Wir wurden förmlich von einer riesigen Woge von Optimismus und Hochgefühl getragen. Jetzt, viele

Jahre später, weiß ich, daß unsere Gipfel-euphorie nichts anderes als ein ganz natürli-cher Rauschzustand war, der sich in großen Höhen physiologisch bedingt einstellt.

Doch zurück zum Brückenspringen. Es sind noch einige Hinweise notwendig, will man dabei weder mit dem Gesetz in Konflikt geraten, noch anderweitig Schiffbruch erleiden.

Eigentlich verboten

Helmut Kiene hat den großen Swing Anfang der siebziger Jahre vorgemacht, und viele andere Kletterer machten ihn inzwischen nach. Bald an jeder größeren Brücke wurde schon »geswingt«, so an der Autobahnbrücke im Mangfalltal, an der Wertachbrücke bei Nessel-wang und wo auch immer. Dabei ist das Swingen gar nicht erlaubt, auch wenn kein Schild ausdrücklich darauf hinweist, daß es verboten ist. Bekommt die Polizei davon Wind, ist sie meist zur Stelle, nimmt die Personalien auf und sorgt dafür, daß nicht weiter »ge-swingt« wird. In der Regel droht eine Anzeige. Denn Brücken sind zum Darübergehen und Darüberfahren vorgesehen, nicht zum Hinun-terspringen. Dies hat ein süddeutscher Regie-rungspräsident inzwischen in einem Rechtsgut-achten feststellen lassen. Nicht, daß die Polizei etwas gegen tollkühne Swinger oder Springer hätte – so darf zumindest unterstellt werden – es ist der Straßenverkehr, der dadurch gestört werden kann. So wird jedenfalls argumentiert. Man befürchtet – und das sicher nicht zu Unrecht – daß vorbeifahrende Kraftfahrer abgelenkt werden, und so die Sicherheit des Straßenverkehrs beeinträchtigt werden kann. Auch in Annecy ist das Brückenspringen inzwischen verboten.

Brücken werden aber gelegentlich auch ganz offiziell zum Springen verwendet. Spezialein-satzkommandos von Polizei und Grenzschutz müssen das Springen in die Tiefe üben. Und dazu bieten sich Brücken an. So auch die Maustobelbrücke der Autobahn A8 auf der Schwäbischen Alb – als diese noch im Bau war. Seit ihrer Fertigstellung darf auch hier nicht mehr gesprungen werden.

Das Swingen ist nicht ganz ungefährlich. Man kann leicht Fehler machen, wie die folgenden Begebenheiten verdeutlichen.

Besser zuerst einen Rucksack

Zwei junge Sportkletterer wollten an einer Brücke in den südlichen Dolomiten den großen Swing probieren. Noch hatte keiner der beiden einen Swing absolviert. Deshalb fehlte ihnen die Routine. Immer dann, wenn einer angeseilt sich für den Absprung fertig gemacht hatte und springen wollte, fiel ihm das Herz in die Hose. Die beiden wechselten sich ab. Mal faßte der eine Mut, stieg über das Brückenge-länder, bekam weiche Knie und gab wieder auf. Mal der andere mit dem gleichen Negativerfolg. Bis sie auf die Idee verfielen, doch erst einmal einen Rucksack »swingen« zu lassen. So könnten sie zuerst einmal sehen, was passiert. Und sie gewannen Zeit. Der eigene Absprung war erst einmal hinausge-schoben. Gesagt, getan. Zuerst wollten sie ihren Rucksack mit Karabinern, Klemmkeilen, weiteren Seilen und anderer Ausrüstung füllen. Doch kamen ihnen wieder Bedenken. Was ist, wenn das Seil reißt? Die ganze schöne Ausrüstung würde buchstäblich den Bach hinunterschwimmen. Also beschlossen sie, den Rucksack mit Steinen zu füllen. Am Flußbett gab es genügend. Doch als sie den gut

Wieder ein Endorphinstoß...

und gern 60 Kilogramm schweren Rucksack die steile Uferböschung hinaufschleppten, kamen ihnen wieder Bedenken. Wenn einer von ihnen doch springen würde, brauchten sie sich nicht so zu plagen. Doch sie besannen sich noch eines Besseren und ließen zuerst den steingefüllten Rucksack »swingen«. Und das war gut so. Denn der Rucksack zerschellte am Brückenpfeiler. Sie hatten eine falsche Absprungstelle gewählt.

Seile können auch reißen

Da nicht allen Brücken gegenüber eine Absprungstelle ist, wie sich dies bei den Brücken von Annecy anbietet, sind Kletterer auf die Idee gekommen, die Brückenbreite als Pendelstrecke auszunutzen. Man führt das Seil von einer Seite unterhalb der Brücke hindurch zur anderen (dies läßt sich nur an bestimmten Brücken bewerkstelligen). Auf einer Seite wird das Seil am Geländer fixiert, von der anderen wird abgesprungen. Das ist dann kein reiner Seilpendler mehr, sondern schon ein Pendelsturz, also ein freier Sturz, der in einen

Pendelsturz übergeht. Man hat aus dem Pendelsturz auch schon einen richtigen freien Sturz werden lassen. Das Seil hängt dann vom Brückengeländer in einer großen Schlaufe die halbe Seillänge hinab, so daß es ein Faktor-1-Sturz wird. Dabei wird meist übersehen, daß der Fangstoß gegenüber einem reinen Pendelsturz enorm zunimmt, wenn das Seil, »damit ja nichts passieren kann«, am Brückengeländer mit einem Knoten fixiert ist.

Bei einem Kiene-Swing tritt eine Seilbelastung in der Größenordnung des dreifachen Körpergewichtes auf, das sind bei einem Körpergewicht von 80 kg etwa 2,5 kN (ca. 250 kp). Und das ist schon eine ganze Menge, denn die Belastung kann ohne weiteres eine Sekunde lang einwirken. Man wird beim Nulldurchgang richtig in den Hüftgurt gedrückt, während auch beim kleinsten Sturz im Vorstieg die Fangstoßkraft zwar höher, aber die zeitliche Einwirkung kürzer ist, was sich auf den Körper in der Regel »weniger intensiv« auswirkt. So jedenfalls hat man den Eindruck beim Springen. Bei einem Swing mit Seilführung unter der

Fangstoß etwa 4–5 kN (ca. 400–500 kp)

Fangstoß etwa 7,5 kN (ca. 750 kp)

Brücke hindurch wird der Fangstoß schon höher; je nachdem wie weit das Seil durchhängt, tritt eine Kraft in der Größenordnung des fünf- bis sechsfachen Körpergewichts auf, das sind bei gleichem Körpergewicht etwa 4–5 kN (ca. 400–500 kp). Bei einem Sturz vom Brückengeländer mit Sturzfaktor 1 ist der Fangstoß noch höher. Er liegt dann in der Größenordnung des neunfachen Körpergewichts, das sind, wieder vom gleichen Körpergewicht ausgehend, etwa 7,5 kN (ca. 750 kp).

Da der Fangstoß bei statischer Sicherung vom Körpergewicht abhängt und die meisten Sportkletterer leichtgewichtig sind, ist der Fangstoß in der Regel etwas niedriger. Auch mit dynamischer Sicherung kann der Fangstoß reduziert werden – wenn auf ausreichend Seilreserve (Bremsreserve) geachtet wird.

Auch dem höchsten hier genannten Belastungswert ist ein Seil unter normalen Bedingungen leicht gewachsen. Es würde nicht einmal reißen, wenn die Belastung doppelt so hoch wäre. Doch gilt dies nur unter »normalen Bedingungen«. Darunter versteht man vergleichsweise die Bedingungen auf der Seil-

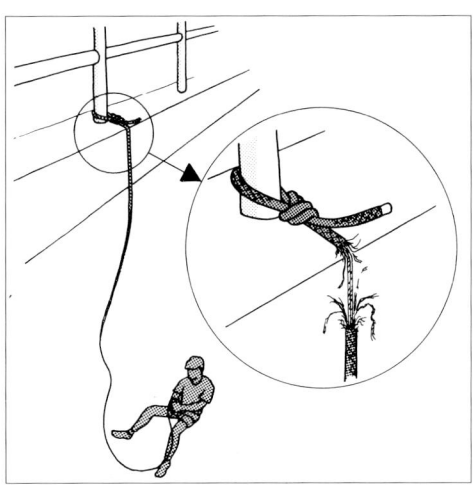

Fels- und Betonkanten sind gefährlich.

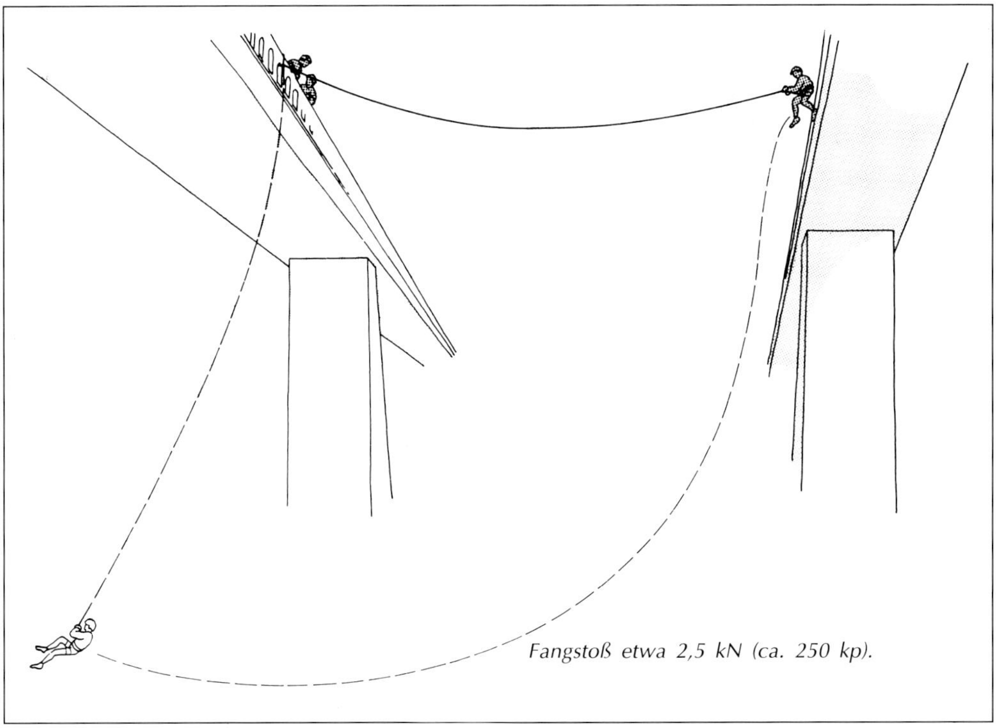

prüfanlage, wo das Seil, mit einem 80 Kilogramm schweren Fallgewicht aus Stahl belastet, in einem Karabiner umgelenkt wird. Es läuft nicht wie beim Brückenspringen möglicherweise über eine scharfe Betonkante. Von Seilen ist ja bekannt, daß sie nur noch dann reißen können, wenn sie bei Sturz über

Fangstoß etwa 2,5 kN (ca. 250 kp).

Für Seile immer gefährlich: Scharfe Kanten, ob Fels oder Beton bleibt gleich.

eine scharfe Felskante belastet werden. Dabei braucht die Felskante nur so scharf zu sein wie eine Betonkante. Oder – in unserem Fall – umgekehrt: Ist die Betonkante an der Brücke, über die das Seil beim Brückenspringen belastet wird, so scharf wie eine Felskante, muß das Seil – je höher der Fangstoß, umso eher – reißen. Dazu reicht eine Kantenschärfe von 90 Grad, also eine Kante in Form einer nicht gerundeten Tischplattenkante. Sie muß nur scharf sein, so scharf, wie Betonkanten üblicherweise sind.

An der Wertachbrücke bei Nesselwang wollten junge Sportkletterer einen Sturz mit Faktor 1 absolvieren. Der erste sprang kühnen Mutes ins Seil – und alles ging gut. Der zweite brauchte daraufhin schon weniger Mut, um abzuspringen. Der dritte sprang ganz lässig weg – und das Seil riß. Doch es kam nicht zur Katastrophe, da sie zum Glück ein zweites Seil mitbenutzten. Die Gestürzten wunderten sich nur über die enorm hohe Fangstoßkraft. Die hatte ihnen das »Kreuz mächtig verrissen«. Kein Wunder: Werden zwei Seile von gleicher oder annähernd gleicher Länge belastet, nimmt der Fangstoß Größenordnungen an, die das körperverträgliche Maß leicht überschreiten können. Man muß eines der beiden Seile länger wählen, so daß der Sturz allein vom kürzeren abgefangen werden kann. Erst, wenn dieses reißen sollte, soll das zweite Seil belastet werden. Und man sollte einen Faktor-1-Sturz unbedingt dynamisch sichern (mit genügend Seilreserve, siehe oben; Seilende sicherheitshalber fixieren), andernfalls wird das körperverträgliche Maß bei Fangstoßeinwirkung überschritten. Auf jeden Fall wunderten sich die jungen Sportkletterer auch über den Seilriß.

Sie beschwerten sich beim Hersteller, der das Seil an den Sicherheitskreis sandte. Und wir konnten den Grund des Seilrisses leicht feststellen: scharfe Kante – kein Grund für eine Beanstandung. Bei Scharfkantenbelastung reißt noch jedes Seil, auch das neueste und beste. Die Kante muß – wie gesagt – nur so scharf sein wie eine Betonkante.

Nicht allein die Sturzbelastung kann zur Seilschädigung an der Betonkante führen, auch das ständige Belasten beim Aufstieg mittels Seilklemmen nach einem Sturz führt mit jedem Beinhub zur Seilschädigung an einer Betonkante. Bei jedem Beinhub tritt eine Seilkraft – nichts anderes als ein Fangstoß – von etwa dem eineinhalbfachen Körpergewicht auf. Durch einen Seilriß dieser Art an einer Felskante – genauer: es war eine Acht-Millimeter-Reepschnur – ist John Harlin 1966 in der Eiger-Nordwand tödlich abgestürzt.

Problem Karabiner

Damit das Seil bei Belastung nicht über eine scharfe Betonkante zu liegen kommt, werden zur Befestigung am Brückengeländer gern Bandschlingen ihrer höheren Kantenfestigkeit

Die Größenverhältnisse bei einem echten Kiene-Swing

wegen benutzt. Die Verbindung mit dem Seil wird mit einem Karabiner bewerkstelligt. Da die Gefahr besteht, daß sich der Schnapper an irgend etwas aufdrücken kann, werden sicherheitshalber gern Schraubkarabiner verwendet oder andere Karabiner mit Verschlußsicherung, die einem ungewollten Öffnen des Schnappers vorbeugen.

So war es auch an der Brücke über die Bourne in Frankreich, wo ein junger Sportkletterer einen Faktor-1-Sturz absolvieren wollte. Man schraubte den Karabiner auch zu. Bei Sturzbelastung kam es unerwartet zum Karabinerbruch. Der junge Sportkletterer stürzte über 100 Meter, bis in die Bourne, die gerade kein Hochwasser führte. Er mußte mit schweren Kopf- und Thoraxverletzungen ins Krankenhaus gebracht werden. Man konnte den Unfall rekonstruieren, denn der Teil des Karabiners mit dem Schnapper wurde in der Bandschlinge gefunden. Was war passiert? Der Schraubverschluß war nicht richtig geschlossen. Der Karabiner ist mit offenem Schnapper belastet worden. Und das halten die heutigen Leichtkarabiner nicht aus. Die Polizei, die den Unfall aufgenommen hat, bescherte dem jungen Sportkletterer auch noch ein Strafmandat.

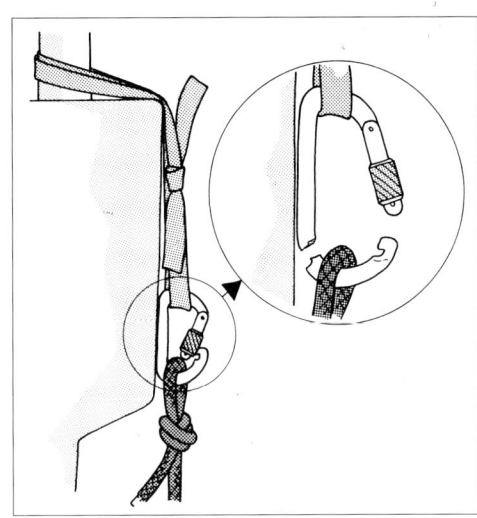

An der Brücke über die Bourne...

Vor dem Absprung ist die Kontrolle aller Befestigungs- bzw. Sicherungspunkte anzuraten. Auch die des Anseilknotens. Am besten durch den Springer selbst. Er hat das meiste Interesse, daß nichts passiert. Folglich wird er alles am gewissenhaftesten überprüfen. Freunde und andere, die nur zuschauen, werden bei der Kontrolle immer weniger motiviert sein.

Einige Hinweise

Wer sich nicht unwiderstehlich zu dem Adrenalin- und Endorphinstoß hingezogen fühlt, läßt das Brückenspringen besser sein. Er erspart sich die unruhige Nacht vor dem ersten Sprung und danach den möglicherweise auftretenden Ärger mit der Polizei. Wer trotzdem den »Swing« nicht lassen kann, sollte auf folgendes achten:

■ Nur einen »Swing« absolvieren, also einen Seilpendler – nicht etwa einen Faktor-1-Sturz. Die Belastung kann das körperverträgliche Maß überschreiten. Ein Faktor-1-Sturz entspricht einem Sturz über die volle ausgegebene Seillänge mit einer Zwischensicherung in halber Seillängenhöhe. Fehler wirken sich bei dieser Belastung noch stärker aus.

■ Um bei der großen Sturzhöhe und der daraus resultierenden hohen und langen Fangstoßeinwirkung der Gefahr des Oberkörperkippens nach hinten vorzubeugen, ist ein Brustgurt anzuraten. Bester Sitzgurt ist der Hüftgurt.

■ Dynamisch sichern mit ausreichender Seilreserve. Handschuhe sind empfehlenswert; andernfalls werden die Handflächen schnell in Mitleidenschaft gezogen (Seildurchlauf!).

■ Es ist nie verkehrt, zunächst ein Fallgewicht »swingen« zu lassen. Es sollte wenigstens 50 Kilogramm wiegen. So kann man zuerst einmal sehen, was passiert.

Die Spaltengefahr wird oft unterschätzt

Möglicherweise ist es das harmlose Aussehen vieler flacher Gletscher, das manche Touristen zum sorglosen Betreten verleitet. Eine breite, ausgetretene Spur ist natürlich verführerisch. Sie bietet aber keine Sicherheit vor unverhofftem Spaltensturz. 100 Eisgeher können eine Spur förmlich zur Autobahn ausgetreten haben – und der nächste stürzt in eine verdeckte Spalte. Wer würde auf folgendem Bild unter der ausgetrampelten Spur eine Spalte vermuten?

Unter der ausgetrampelten Spur verborgen: eine Gletscherspalte...(†).

Sorglose Gletschergeher sind an ihrer Anseilmethode und an der Seilführung zu erkennen. Die, die sich auf Gletschern richtig verhalten, haben es entweder in einem Eiskurs gelernt oder sind schon einmal in eine Gletscherspalte gestürzt. Erfahrung macht klüger – wenn die Möglichkeit dazu noch besteht.

Das »Wildeste«, was uns je begegnet ist, war eine Vierer»seil«schaft auf dem Feegletscher im Wallis. Die vier Gletschertouristen gingen in einem Abstand von eineinhalb Metern, verbunden nicht etwa mit einem dünnen Seil oder einer Reepschnur – nein – mit einer Paketschnur(!). Wir haben uns davon überzeugt. Es war in der Tat eine Paketschnur. Jeder der vier hatte in einem Abstand von eineinhalb Metern die Paketschnur zweimal um die Hand

Nicht etwa Reepschnur, nein eine Paketschnur...

gewickelt. Das war alles. Wenn ich davon irgendwo gehört hätte, ich hätte es nie geglaubt. Wir aber haben es mit eigenen Augen gesehen. Zu viert.

Jährlich stürzt auch eine ganze Reihe von Gletschergehern unangeseilt in eine Spalte. Meist endet ein solcher Spaltensturz tödlich. Unter den AV-Mitgliedern nimmt die Anzahl glücklicherweise ab. Waren es früher, Anfang der achtziger Jahre, noch jährlich bis zu fünf und mehr unangeseilte Spaltenstürze, so sind es jetzt meist nur noch ein oder zwei. Tendenz also abnehmend. Es kann Jahre mit Ausnahmen geben. Sie sind selten. Wenn, dann in Sommern mit lang anhaltenden Schönwetter-

Nur ein Teil der Spalten ist sichtbar: Bondascagletscher (Bergell).

perioden. Dann sind mehr Bergsteiger unterwegs. Folglich können sich mehr Unfälle ereignen. Kurios sind all jene Spaltenstürze, bei denen sich die Betroffenen »an sicherer Stelle« ausseilten und nur wenige Meter aus der Spur traten, um die Hosen »umzudrehen«. Meist wurde der Sturz gar nicht beobachtet, weil die anderen schamhaft weggeschaut haben. Gelegentlich ereignen sich auch Spaltenstürze mit dem Seil im Rucksack. Die Partner haben dann keine Möglichkeit zu helfen, außer Hilfe zu holen. So geschehen 1988 auf dem oberen Mer de Glace und 1990 im Vallée Blanche (Montblanc-Gruppe).

In beiden Fällen befand sich das Seil mit in der Spalte. Der eine konnte nur noch tot geborgen werden, der andere mit Verletzungen und starker Unterkühlung. Meinte einer der Bergrettungsmänner: »... das muß man eben vorher einteilen – wer in die Spalte fällt und wer das Seil im Rucksack hat«.

Ebenso tragisch endete 1991 eine Begebenheit beim Abstieg vom Großen Löffler (Zillertaler Alpen). »...Plötzlich kam über den Gletscher Steinschlag, mein Mann löste sich vom Seil und rannte davon ...« Dabei stürzte er in eine Spalte und konnte nur noch tot geborgen werden.

Bergführern sagt man ein Gespür für Spalten nach. Doch auch sie können sich täuschen. Ein französischer Bergführer stieg 1982 mit seinen fünf Gästen abseits der Normalroute auf den Großvenediger. Unangeseilt stürzte er 25 Meter tief in eine Spalte. Auch er konnte nur noch tot geborgen werden.

Ein Unglück kommt selten allein

Beim Skifahren ist ein Seil mehr als nur lästig. Keine Frage. Deshalb verzichten die meisten Skitourengeher im Spaltenbereich auf den Strick. Die Spaltenstürze bleiben Jahr für Jahr nicht aus. An die folgenden Zufälle zu glauben, ist fast eine Zumutung. Und trotzdem haben sie sich ereignet. Sie sind durch den Chef der Zermatter Bergrettung verbürgt.

Ein Bergführer wollte mit seinem Gast vom Schwarztor (zwischen Breithorn und Pollux) zum Gornergletscher abfahren. Nachdem der Bergführer seinen Gast darauf hingewiesen hatte, daß dieser ihm unbedingt in der Spur zu

Ohne Seil angenehmer, aber auch gefährlicher...

folgen habe, verzichteten sie auf ein Seil. Schließlich kannte der Bergführer das Gletschergelände wie seine Hosentasche, so daß nach menschlichem Ermessen »nichts schiefgehen konnte«. Nun war aber der unberührte Firn wohl doch zu verführerisch, der Gast jedenfalls verließ die Spur – und fiel prompt in eine zugeschneite Spalte. Der Bergführer rief per Funk die Bergrettung. Bald kam der Hubschrauber angeschwebt. Der Bergführer versuchte den Piloten einzuweisen, trat drei Schritte zurück – und stürzte in eine verdeckte Spalte. Daraufhin stieg ein Flugretter angeseilt »an sicherer Stelle« aus dem knapp über dem Gletscher schwebenden Hubschrauber aus, ging drei Schritte – und stürzte ebenfalls in eine verdeckte Spalte. Alle konnten ohne allzu große Blessuren geborgen werden. So viel Glück muß bei so viel Pech erst einmal zusammenkommen.

Wie vom Katapult geschossen

Auch ganze Seilschaften hat man schon tot in Gletscherspalten gefunden. Der/die übrigen Seilpartner wurden mitgerissen. Besondere Gefahr besteht beim Abstieg, wenn der Gletscher abschüssig ist. Nachfolgend einige Unfälle:

■ Günter Hauser, ehemals Hauptgeschäftsführer des DAV, wurde mit seinem Seilpartner

Die Bremswirkung des Seilschaftsdritten ist meist am wirkungsvollsten.

Hans Tiede 1981 in einer Gletscherspalte am Osorno (Anden) tot aufgefunden. Wie sich rekonstruieren ließ, hatten beide den Spaltensturz überlebt. Doch sie konnten sich nicht befreien.

■ Beim Abstieg über den stark zerklüfteten Bondasca-Gletscher (Bergell) stürzte 1989 der Seilerste einer Zweierseilschaft in eine Spalte. Sein Seilpartner wurde – wie eine zweite Seilschaft berichtete – wie vom Katapult geschossen, hinterhergerissen. Beide fanden den Tod.

■ In einer Spalte des Charpoua-Gletschers (Montblanc-Gruppe) fand man zwei Bergsteiger tot. Beide waren mit dem Seil verbunden.

■ Im Bereich der Hollandiahütte (Berner Oberland) fand man 1977 einen Bergführer und vier Touristen in einer Gletscherspalte. Alle tot.

Ohne Seil auf dem Gletscher?

Insbesondere Ehepaare...

Nach Jahrzehnten ausgeapert...

Verschollen

Jährlich ereignen sich auch unbeobachtete Spaltenstürze. Die Betreffenden verschwinden sozusagen von der Bildfläche. Sie gelten dann als vermißt. Erst, wenn sie Jahre oder gar Jahrzehnte später vom Eis freigegeben werden, kann solches Schicksal geklärt werden. Meist sind es Einzelgänger und bei Zweierseilschaften häufig Ehepaare. Die schwächere Ehefrau kann den meist schwereren Mann nicht halten.

■ Ein deutsches Ehepaar gilt seit 1991 auf dem Morteratschgletscher (Bernina) als vermißt.

■ Ein Münchner Extrembergsteiger, der 1962 versuchte, allein von der Marco-e-Rosa-Hütte abzusteigen, gilt seitdem auf dem gleichen Gletscher als verschollen.

■ Ein deutscher Bergsteiger, der im Sommer 1985 allein Touren in den Ötztalern unternehmen wollte, gilt seitdem als vermißt.

■ Ein deutsches Ehepaar ist seit 1981 zwischen Tracuithütte und Bishorn (Wallis) verschollen.

■ Zwischen Tête-Rousse- und Goûter-Hütte sind drei Innsbrucker seit 1982 verschollen.

■ Allein auf dem Hallstätter Gletscher gelten noch vier Bergsteiger als verschollen, zwei aus Bad Ischl seit 1979, eine Wiener Studentin seit 1975 und ein Linzer Bergsteiger seit 1938.

■ Eine italienische Zweierseilschaft galt seit 1957 unterhalb der Monte-Rosa-Ostwand als verschollen. Erst 21 Jahre später, 1978, wurde einer der beiden vom Eis freigegeben. Vom anderen fehlt noch heute jede Spur.

■ Ein Frankfurter Ehepaar, das im August 1965 die Wildspitze in den Ötztaler Alpen besteigen wollte und beim Abstieg in Schlechtwetter mit tagelangen Schneefällen geriet, wurde erst 1990, 25 Jahre später, vom Gletscher wieder freigegeben.

■ In der Moräne im Bereich der Pfandlscharte (Großglockner) wurden 1953 die Gebeine des im Jahre 1905, also 48 Jahre zuvor, in eine Spalte gestürzten Bergführers gefunden.

■ Seit 1910 waren zwei Deutsche im Bereich des Claridenpasses (Glarner Alpen) vermißt. Man fand Reste ihrer Gebeine und Ausrüstung erst 1975, also 65 Jahre später.

■ Seit 1959 wurde ein Bergsteiger aus Bruck (a.d.Mur) auf dem Hallstätter Gletscher am Dachstein vermißt. Fünf Tage lang hatte man nach ihm gesucht, dann gab man ergebnislos auf. Erst 17 Jahre später, 1976, wurde der Abgängige gefunden. Zwecks Identifizierung wurde die Gattin nach Hallstatt gebeten. Anhand der aufgefundenen Habseligkeiten

Und insbesondere im Abstieg...

Die Tragfähigkeit einer Spaltenbrücke ist selten abschätzbar; deshalb: Immer nur einer auf der Brücke!

konnte sie den Toten als ihren Ehemann identifizieren. So konnte dieses Schicksal sehr zur Erleichterung der Ehefrau geklärt werden. Denn beim Verschwinden ihres Mannes wurde das Gerücht aufgebracht, er hätte sich mit einer ansehnlichen Barschaft aus dem Staub gemacht.

So abwegig sind Vermutungen dieser Art bei abgängigen Bergsteigern gelegentlich nicht. In der Schweiz soll sich ein solcher Fall zugetragen haben. So wird erzählt, daß man Habseligkeiten eines abgängigen Bergsteigers in einer Gletscherspalte gefunden hatte und daraus den Tod des Abgängigen geschlossen habe. Die Versicherung hätte daraufhin die vertragliche Summe an die Ehefrau ausgezahlt. Jahre später sei der Abgängige dann angeblich von einem Bekannten zufällig in der Südsee getroffen worden. Seitdem würden die Schweizer Versicherungen – so wurde behauptet – ohne Toten keine Versicherungssummen mehr auszahlen.

Über zwei Jahrzehnte

Daß das Anseilen nur um den Brustkorb bei Sturz und freiem Hängen innerhalb kürzester Zeit lebensgefährlich ist, da es zum Tod durch orthostatischen Schock führt, darauf wurde bereits im Kapitel über das Anseilen ausführ-

lich eingegangen. Diese Art des Anseilens birgt aber noch eine weitere Gefahr. Beim Aufstieg auf den Piz Palü stürzte eine Frau in eine Gletscherspalte. Der Sturz konnte von ihrem Seilpartner gehalten werden. Mit Hilfe einer zweiten Seilschaft konnte die Eingebrochene bis zum Spaltenrand hochgezogen werden. Da sich das Seil in den Spaltenrand eingeschnitten hatte und die Retter glaubten, sie so nicht aus der Spalte befreien zu können, versuchte einer, ihr ein Seil vom anderen Spaltenrand zuzuwerfen, um sie vom überwächteten Spaltenrand wegziehen zu können (Anmerkung: Dies ist so nicht möglich). Die Eingebrochene versuchte, das ihr zugeworfene Seil mit den Händen zu erhaschen – und rutschte aus dem Brustgurt.

Auch heute noch...

... immer wieder falsch!

Richtig angeseilt mit Brust- und Sitzgurt.

Sie stürzte 40 Meter tief bis zum Spaltengrund und konnte nur noch tot geborgen werden.

Dieser Unfall ereignete sich im Sommer 1973, drei Jahre nachdem der erste Sitzgurt auf den deutschen Markt gebracht wurde. Neue Ausrüstung – genauso wie eine geänderte Lehrmeinung – brauchen ihre Zeit, um sich durchzusetzen. Drei Jahre sind dafür sicher zu wenig. Als man den Bulinknoten sterben ließ, dauerte dies beispielsweise zwei Jahrzehnte. Unverständlicherweise sieht man aber heute noch Gletschergeher, die nur mit einem

Brustgurt oder gar nur mit einer Reepschnur angeseilt sind. Über zwei Jahrzehnte nach Einführung der Sitzgurtes.

Knoten im Seil

Wer noch keinen Spaltensturz hat halten müssen, macht sich kaum eine Vorstellung von der Größe der plötzlich auftretenden Seilkraft, die den Seilnächsten trifft (Fangstoß). Sie ist so groß, daß er in der Regel niedergerissen und so lange in Richtung des Spaltenrandes gezogen wird, bis die Fallenergie durch Reibung

Angeseilt nur um den Brustkorb wird das Hängen innerhalb von Sekunden (!) unerträglich.

Mit Brust- und Sitzgurt ist auch längeres Hängen möglich.

Mehr Sicherheit auf Gletschern mit Knoten im Seil.

■ zwischen Seil und Spaltenrand und

■ zwischen dem Niedergerissenen und der Gletscheroberfläche

aufgenommen worden ist. Erst dann ist der Sturz abgefangen. Ist der Gletscher abschüssig, reicht die Reibung oft nicht aus, um die Fallenergie aufnehmen zu können. Dann folgen der/die Seilpartner dem ersten in die Spalte. Besonders gefährdet ist die Zweierseilschaft. Die Dreier- und die Viererseilschaft sind besser dran. Sie bieten mehr Gegengewicht. Nicht selten ziehen sich die Niedergerissenen Verletzungen zu. Neben Hautabschürfungen sind es häufig Oberarmluxationen, Arm- und Handgelenkbrüche sowie -stauchungen.

Die Seilkraft, die den Seilnächsten trifft, liegt in der Größenordnung von zwei Dritteln des Körpergewichts des in die Spalte Stürzenden, also im Bereich von etwa 400–600 N (ca. 40–60 kp). Dieser Kraft kann kein Mensch aufrecht widerstehen, schon gar nicht während des Gehens. Er wird niedergerissen. So ungünstig ist das aber gar nicht. In niedergerissener Lage läßt sich der in der Spalte Hängende leichter halten. Ausgedehnte Versuche haben gezeigt, daß ein Niedergerissener, der sich aufzurichten versucht, sofort weiter in Richtung Spaltenrand gezogen wird. Man bleibt am besten so lange liegen, bis der Seildritte einen Fixpunkt geschaffen hat (T-Verankerung, Eisschraube, Eishaken). Ist man allein (Zweierseilschaft),

dann muß man dies selbst in niedergerissener Lage oder kauernder Stellung bewerkstelligen.

Um der Gefahr vorzubeugen, bei einem Spaltensturz mit in die Spalte gerissen zu werden, knüpft man heute Knoten ins Seil, die

Deutlich zu erkennen: Die Knoten im Seil.

die Sturzbelastung auf den/die übrigen Seilpartner durch Bremsen des Seiles am Spaltenrand erheblich mildern. Dies kann so weit
gehen, daß der in der Spalte Hängende einzig
und allein an einem Knoten hängt, der sich mit
dem Seil in den Spaltenrand eingefressen hat.
Allerdings muß der Seilabstand stimmen, und
die Knoten müssen richtig angeordnet sein.
Das Seil muß sich zunächst am Spaltenrand
einschneiden können, bevor ein Knoten zur
Wirkung kommen darf. Günstigste Anordnung
wie in der Zeichnung gezeigt.

Bei der Spaltenbergung sind die Knoten nicht
hinderlich, da für die »Lose Rolle« nicht das
Seilstück mit den Knoten Verwendung findet.
Will der Eingebrochene selbst mittels Prusik-
technik am Seil aufsteigen, müssen die Prusikknoten im Bereich der Seilknoten so weit
geöffnet werden, daß sie sich über die
Seilknoten schieben lassen.

Mindestens einen Unfall haben die Knoten
schon verhindert. Im Sommer 1985 stieg ein
Ehepaar vom Bishorn (Wallis) ab. Die Ehefrau
stürzte in ein Spalte und konnte mit Mühe und

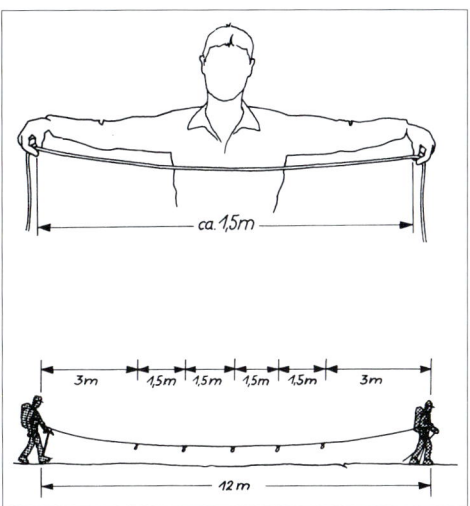

Not von ihrem Mann gehalten werden. Er
fürchtete, unter der Zuglast keinen Fixpunkt
schaffen zu können und mit der Zeit in die
Spalte gerissen zu werden. Mit ganzer Kraft
stemmte er sich gegen den permanenten
Seilzug. Dabei wurde ihm schnell klar, daß er

Zwei Knoten sind durchgerutscht...

...am dritten Knoten hängt der Gestürzte.

der enormen Zugbelastung nicht lange wird widerstehen können. Als ihm dann die Kraft ausging und er schon glaubte, in die Spalte hinterhergerissen zu werden, merkte er, daß er das Seil gar nicht mehr hielt. Das Gewicht seiner Frau in der Spalte hing allein an einem Knoten am Spaltenrand. Er atmete auf und konnte eine Verankerung schaffen und mit etwas Mühe seine Frau bergen. Später stellte sich heraus, daß es der zweite Knoten war, der gehalten hatte. Ein Beweis mehr dafür, daß sich das Seil zunächst in den Spaltenrand ein-

Die Einbruchstelle und die nach der Bergung noch etwas benommene Gerettete.

schneiden muß, bevor ein Knoten bremsen oder gar die ganze Last aufnehmen kann. Muß noch erwähnt werden, daß das Ehepaar bis dahin nur von den Knoten im Seil gehört und sie das erste Mal angewendet hatte.[35]

Die Knoten im Seil sind eigentlich eine recht alte Methode. Ein Schweizer Bergführer zeigte sie mir schon 1962 auf dem Feegletscher. Sie waren damals nicht weiter bekannt. Auf wen sie zurückgehen, ließ sich nicht mehr klären. Erst Anfang der achtziger Jahre, als wir im Sicherheitskreis entsprechende Spaltensturz-versuche durchgeführt und darüber publiziert haben,[36] fanden »die Knoten im Seil« größere Verbreitung.

Ein Verkehrter am Seil

In den sechziger Jahren habe sich, so berichtet man, ein legendärer Spaltensturz im Montblanc-Gebiet ereignet. Ein französischer Bergführer sei mit einer Touristin das Vallée Blanche und das anschließende Mer de Glace mit Ski abgefahren. Das Seil im Rucksack, weil der Bergführer die Spaltenzonen so gut kannte, daß er mit verbundenen Augen hätte hindurch-finden können. Die Touristin hielt die Spur nicht ein – und stürzte prompt in eine Gletscherspalte. Der voranfahrende Bergführer merkte es erst etwas später, als seine Touristin »nicht mehr da war«. Hastig eilte er die Spur zurück und bemerkte ein Loch in der sonst so geschlossenen Schneedecke. Er kroch auf dem Bauch bis in die Nähe des Spaltenrandes. Nicht so weit, daß er hätte hineinsehen können, denn es bestand Gefahr, daß der Spaltenrand überwächtet war. Er nahm Rufver-bindung auf. Die Touristin antwortete. Sie konnte also nicht allzu tief gestürzt sein und sich so nicht allzu sehr verletzt haben. Dem Bergführer dürfte ein Stein vom Herzen gefallen sein. Er rief ihr zu, daß er den Strick gleich hinunterlassen und sie herausziehen werde. Gesagt, getan. Schnell war das Seil hinabgelassen, und bald tauchte ein Kopf am

35) DAV-Mitteilungen, Heft 4/86, Seite 248-250.
36) »Sicherheit in Firn und Eis« – Tätigkeitsbericht des DAV-Sicherheitskreises 1980-83, Deutscher Alpenverein, München, 1984.

Ein harmloser Gletscher; dennoch besser mit Seil: Sicher ist sicher.

Spaltenrand auf. Da hätte den Bergführer beinahe der Schlag getroffen. Es war nicht etwa der Kopf seiner Touristin – nein, ein Kerl hing am Seil. Was war passiert? Eine Stunde zuvor war ein Einzelgänger auf Ski in das gleiche Loch in der Schneedecke gestürzt. Der bat die Touristin, ihm den Vortritt zu lassen, da er schon halb erfroren sei.

Übung

Mit dem Anseilen auf Gletschern ist es nicht getan. Man muß auch einen Eingebrochenen aus der Spalte bergen können. Mit Handkraft am einfachen Seilstrang ist nichts auszurichten. So könnte man nicht einmal ein halbes Körpergewicht heraufziehen. Das Seil schneidet sich am Spaltenrand ein und erhöht die notwendige Zugkraft beträchtlich. Nur mit Hilfe eines Flaschenzuges, am besten mit der sogenannten »Losen Rolle«, ist eine Bergung möglich. Wer dies nie gemacht hat, steht im Ernstfall vor schier unüberwindlichen Schwierigkeiten. Kommt hinzu, daß der, der den Spaltensturz halten muß, in der Regel niedergerissen wird und so – wenn er dergleichen nicht schon mehrfach erlebt oder geübt hat –

unter Streß gerät. Das erschwert eine Spaltenbergung enorm. Übung für den Ernstfall ist deshalb anzuraten. So ereignen sich jährlich Spaltenstürze, bei denen die, die den Sturz halten konnten, sich nicht zu helfen wissen und nur hoffen können, daß eine andere Seilschaft bald vorbeikommt und helfen kann oder die Bergrettung Nachricht erhält. Einige Fälle, die ersten drei allein aus einem einzigen Jahr (1990):

■ Beim Aufstieg zum Brandenburger Haus (Ötztaler Alpen) stürzte ein Bergsteiger auf dem Gepatschferner zehn Meter neben der ausgetretenen Spur in eine verdeckte Spalte. Der Sturz konnte zwar gehalten, der Eingebrochene aber nicht geborgen werden. Erst die herbeigerufene Bergrettung konnte den bereits Unterkühlten herausholen.

■ Beim Abstieg von der Kuchenspitze (Verwall) stürzte eine Frau fünf Meter tief in eine Spalte. Ihr Mann konnte den Sturz zwar halten, sie aber nicht bergen. Deshalb ließ er sie zehn Meter tief auf eine Schneebrücke ab und fixierte das Seil. Erst die alarmierte Bergrettung konnte die Frau später bergen.

■ Ein Bergsteiger sondierte mit dem Pickel eine

Spaltenbrücke auf dem Zettalunitzkees (Venedigergruppe), die in diesem Moment einbrach. Er stürzte etwa 23 Meter tief. Die Seilverbindung zu seinem dreizehnjährigen Sohn hatte er Minuten zuvor gelöst (ob der Sohn den Sturz hätte halten können, konnte nicht geklärt werden). Der Sohn konnte den Vater (erwartungsgemäß) nicht bergen. Fremde Bergsteiger führten die Bergung später durch. Aus der Spalte befreit, fiel der Geborgene in eine zwölf Tage andauernde Bewußtlosigkeit.

■ Während einer leichten Gletscherwanderung vom Defreggerhaus zum Hohen Zaun (Venedigergruppe) stürzte eine Frau in eine Spalte. Ihr Begleiter konnte zwar den Sturz halten, sie aber nicht bergen. Bevor Hilfe eintraf, war bei ihr – da angeseilt nur um den Brustkorb – der Tod durch orthostatischen Schock[37] eingetreten.

■ Auch in einem weiteren Fall konnte die Hilfe nichts mehr bewirken. Man fand einen Niedergerissenen im Vallée Blanche (Montblanc-Gruppe). Seine Seilpartnerin hing in der Spalte. Schnell wurde sie geborgen. Die Retter

37) zum orthostatischen Schock siehe Seite 82–85.

wunderten sich daraufhin, warum der Niedergerissene nicht aufstand. Er konnte nicht mehr aufstehen. Er war tot. Er hatte sich beim Halten des Spaltensturzes durch einige lose über der Schulter getragene Seilschlingen erdrosselt. Auch seine Seilpartnerin konnte nicht überleben. Da sie nur mit einer Reepschnur angeseilt war, war der orthostatische Schock[37] bereits so weit fortgeschritten, daß sie noch auf dem Abtransport starb.

Die Spaltenbergung wird heutzutage in jedem Eiskurs gelehrt und geübt. Dabei muß ein Seilpartner in die Spalte springen und von den anderen der Seilschaft wieder herausgeholt werden. Dann wird gewechselt. Jeder muß einmal das »Opfer« sein und jeder muß einmal ein »Opfer« herausholen.

Das In-die-Spalte-Springen ist nicht ganz ungefährlich. Es gilt, einige wichtige Dinge zu beachten, soll nicht die ganze Seilschaft in der Spalte landen (siehe Kasten rechts).

Kommunikationsschwierigkeiten

Bei einer Spaltenbergungsübung in der Nähe der Braunschweiger Hütte waren im Rahmen eines Eiskurses mehrere Seilschaften nebeneinander beschäftigt. Bald machten die Spaltenstürze allen mächtigen Spaß. Die Springenden gaben sich sichtlich Mühe, die anderen möglichst weit mitzureißen, und diese wieder versuchten genauso zu zeigen, was sie konnten, und bemühten sich, den Sturz möglichst schnell und sicher abzufangen. So

Rückmarsch nach getaner Arbeit. Unter kundiger Anleitung hat jeder einen Spaltensturz überstanden, und jeder mußte einen Seilpartner aus der Spalte herausholen.

Spaltensprung

Die Spalte muß sorgsam ausgewählt werden. Sie muß auf der Seite, von der gesprungen werden soll, senkrecht und möglichst geringfügig überwächtet sein, damit der Springende frei fallen kann. Aus psychologischen Gründen werden nicht gern grundlose Spalten gewählt. Auch ein Eisabbruch kann dienen.

Ideal eignet sich die Dreier- und die Viererseilschaft. Nur so ist genügend Gegengewicht außerhalb der Spalte vorhanden, um den Fangstoß abfangen zu können. Darüber hinaus sollte der Gletscher nicht abschüssig sein. So ist die Gefahr des Mitgerissenwerdens geringer. Sicherheitshalber sollte der Seilletzte noch mit Schlappseil an einer sicheren T-Verankerung fixiert sein. Schlappseil und Seildehnung müssen einkalkuliert werden: Das Schlappseil wird meist unterschätzt, und die Seildehnung beträgt allein mindestens 10 %. Dies ist wichtig, damit der Sprung nicht auf dem Spaltengrund endet.

Der Springende muß beim Absprung versuchen, sich etwas zu drehen, damit er bei Fangstoßeinwirkung nicht mit dem Rücken gegen die Spaltenwand schlägt, sondern den Stoß mit den Füßen und Händen etwas abfangen kann. Zweckmäßig legt der Springende die Steigeisen ab. So ist die Verletzungsgefahr geringer (ein Spaltensturz ist auch in der Praxis ohne Steigeisen möglich).

Bei dem »Gewurle« kein Wunder.

wurde die Übung zur reinsten Gaudi. Bis auf eine Seilschaft. Und das kam so. Um auf die Sturzbelastung halbwegs vorbereitet zu sein, wurde auf Kommando gesprungen. Irgendwann sprang dann auf Kommando der Falsche in die Spalte und seine beiden Seilpartner, die sich nahe dem Spaltenrand befanden und nicht darauf gefaßt sowie auch nicht zusätzlich abgesichert waren, stürzten hinterher. Alle drei kamen mit relativ harmlosen Verletzungen davon. Der Ausbilder hatte zum Glück eine harmlose Spalte gewählt. Dies ist immer anzuraten, zum einen, um die Psyche der Kursteilnehmer nicht allzu sehr zu strapazieren, und zum anderen, um Unfällen wie dem geschilderten vorzubeugen. Der Sprung auf Kommando ist nicht ganz realistisch, da ein Spaltensturz meist unerwartet erfolgt. So sollten eigentlich die, die den Sturz halten müssen, die Augen so lange verbunden bekommen, bis sie den Sturz abgefangen haben. Danach könnte man ihnen die Augenbinde abnehmen.

Seilring und Schraubkarabiner

Der Seilring, mit dem Brust- und Sitzgurt verbunden werden, ist nicht ständig belastet. Das ist gefährlich, denn alternierend belastete Knoten können sich lösen. So hat es eine ganze Reihe von Spalten- und anderen Stürzen gegeben, bei denen sich der Knoten des Seilringes (Reepschnurschlinge) gelöst hat.

Auch Bulinknoten, die sich bei Ringbelastung aufziehen können, haben dazu beigetragen. Einige Unfälle:

■ Ein deutsches Ehepaar wählte 1983 einen Aufstieg auf den Olperer abseits der Sommerskipiste. Die Ehefrau stürzte in eine Spalte und konnte nur noch tot geborgen werden. Der Bulinknoten des Seilringes hatte sich gelöst.

■ Beim Abstieg von der Dreiherrnspitze (Venedigergruppe) löste sich der Bulinknoten des Seilringes, »als sich meine Frau kurzzeitig auf die Seilsicherung verlassen mußte«. Sie stürzte über ein Firnfeld, dann etwa 70 Meter über Fels und konnte nur noch tot geborgen werden.

■ Am Rimpfischhorn (Wallis) löste sich bei Belastung der Sackstich des Seilringes einer Holländerin. Sie stürzte 300 Meter ab und fand den Tod.

■ Bei Überschreitung des Jägigrates (Wallis) sicherte ein Bergführer seinen Gast hinab. Gerade in dem Augenblick, als sich der Gast an einer ausgesetzten Stelle befand, sah der Bergführer, wie sich der Achterknoten mit dem Schraubkarabiner vom Anseilgurt seines Gastes löste. Der Sackstich des Seilringes hatte sich gelöst. Glücklicherweise verlor der Gast nicht die Nerven, so daß es nicht zu einem Unfall kam.

■ Bei einer Rettungsübung am Luegschrofen (bei Tux) wurde ein »Retter hinaufgezogen, bewegte sich danach am lockeren Seil zu einer neuen Abseilstelle, von wo er neuerlich abgelassen werden sollte«. Dabei löste sich der Knoten des Seilringes und der »Retter« stürzte 25 Meter hinab. Er zog sich schwere Verletzungen zu. Welcher Knoten verwendet wurde, war dem Unfallbericht nicht zu entnehmen.

Auch zwei Unfälle im Fels wurden bekannt; in beiden Fällen erlitten die Gestürzten Kopfverletzungen trotz Helm (ohne Helm hätten sie kaum Überlebenschancen gehabt).

■ In Konstein (südlicher Frankenjura) löste sich 1987 der Sackstich des Seilringes »nach mehrmaliger Belastung, ohne daß zuvor etwas Falsches zu erkennen gewesen sei«. Der Gestürzte zog sich einen Oberschenkelbruch und ein Schädel-Hirn-Trauma zu.

■ Bei einer Kletterausbildung 1987 im Bereich des Wiesberghauses (Dachstein) löste sich beim Ablassen, nachdem dies zuvor schon

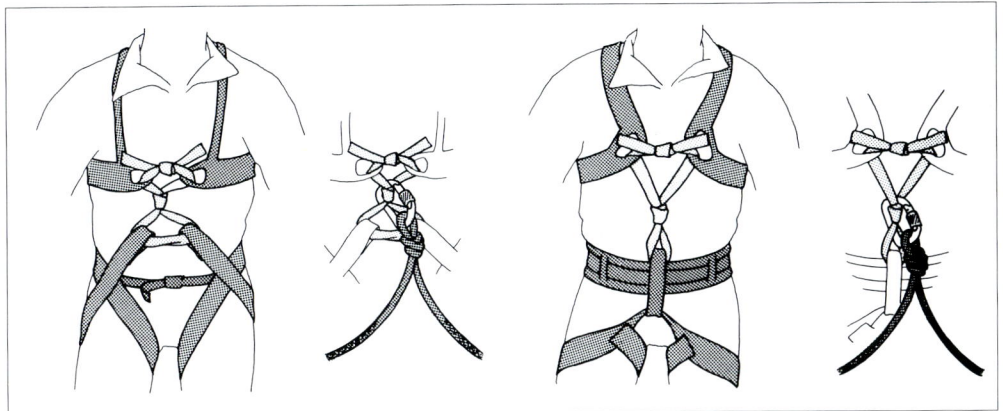

Zwei Knoten = Redundanz; Redundanz = Sicherheit.

mehrfach erfolgt war, der Sackstich des Seilringes eines Kursteilnehmers. Ein Oberschenkelbruch und Kopfverletzungen waren die Folgen.

Die verwendeten Seilringe hatten Materialdurchmesser von sieben bis neun Millimeter und ausreichende Flexibilität. Bei allen Unfällen – so geht aus den Berichten weiter hervor – seien die Enden ausreichend lang gewesen.

Bleibt wie in vielen anderen Fällen, wo es um Versagen der Technik geht, nur Redundanz, das heißt zwei Knoten. Sollte einer aufgehen, ist ein zweiter vorhanden. Ein Knoten oberhalb der Sitzgurtschlaufe/n und ein Knoten nach

Zwei Karabiner = Redundanz.

Durchfädeln durch die Brustgurtschlaufen. Einhängen des Seiles mit Karabiner in die untere Schlinge, also so, daß sich der obere Knoten lösen könnte, ohne daß es deshalb zum Versagen der Anseilmethode kommen muß.

Ein Schraubkarabiner ist unpraktisch insofern, weil man ihn zuschrauben muß. Man glaubt gar nicht, wie oft dies vergessen wird. Man mache die Probe aufs Exempel. Während eines einwöchigen Eiskurses vergißt mindestens jeden Tag ein Teilnehmer einmal, seinen Karabiner zuzuschrauben. Da sind Karabiner mit automatischer Verschlußsicherung besser. Doch auch sie sind keine Garantie. Noch ist zwar kein Karabiner dieser Art bei einem Spaltensturz aufgegangen, doch wurde ein solcher Unfall vom Toprope-Klettern bekannt.[38]

Deshalb empfiehlt sich die Verwendung von zwei Karabinern, parallel eingehängt. Zwei Karabiner beim Anseilen auf dem Gletscher sind vom Gewicht und vom zusätzlichen Handgriff durchaus zumutbar. Daß sich beide selbsttätig öffnen, dürfte wohl ausgeschlossen werden können.

Wozu ist ein Messer da?

Der Rettungshubschrauber wurde von Innsbruck ins Stubai gerufen. Ein Gletschertourist sei in eine Spalte gestürzt, weil ein Seil gerissen sei. Dringende Hilfe sei notwendig. An Bord war ein Mann der Bergrettung, der später

38) siehe Seite 97.

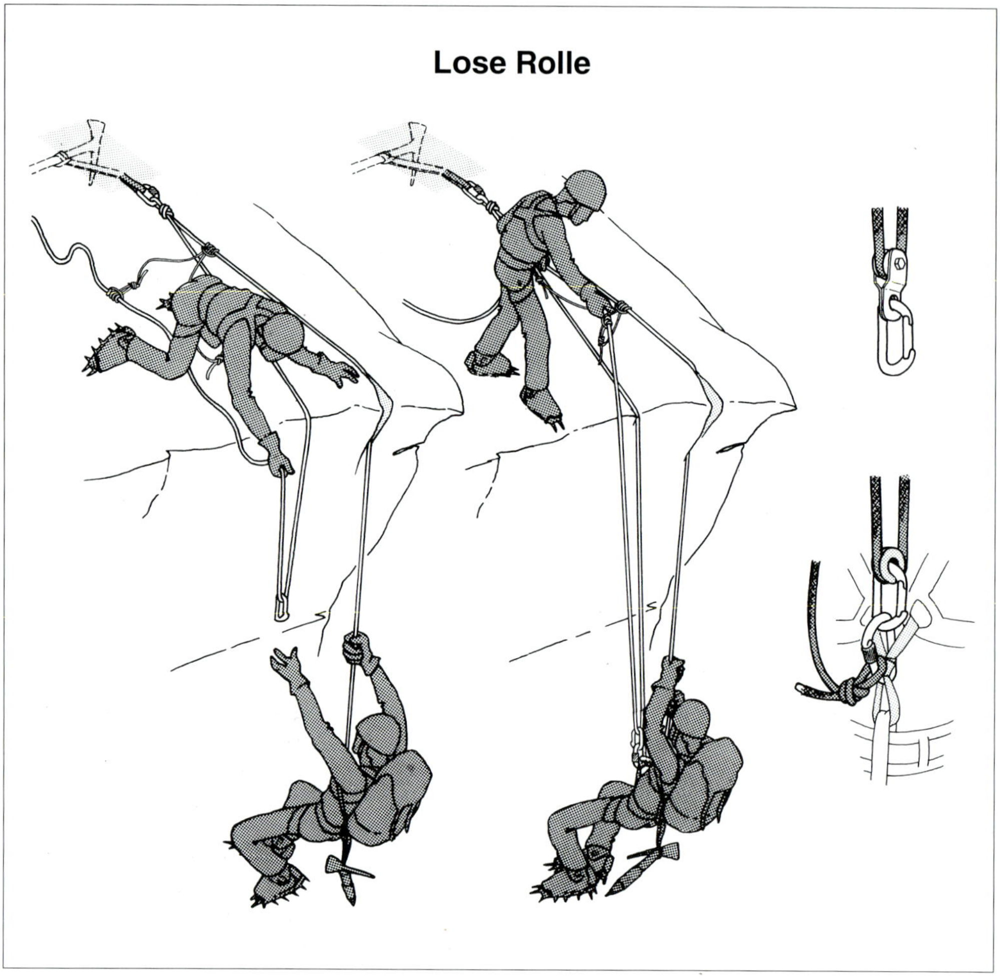

Lose Rolle

Nach einem provozierten Spaltensturz zurück ans Tageslicht: Je tiefer die Spalte, desto sehnlicher der Wunsch, daß die Seilpartner bei der Bergung keine Fehler machen.

Die einfachste Form der Spaltenbergung: Mannschaftszug (ab vier Mann).

berichtete, daß es eigentlich eine ganz normale Spaltenbergung gewesen sei. Den Verletzten habe man schnell in die Klinik nach Innsbruck geflogen. Die Verletzungen seien auch weniger ernst gewesen als vermutet. Der Gerettete konnte schon bald wieder die Klinik verlassen. Nur das »gerissene« Seil habe recht eigenartig ausgesehen. Gar nicht so, wie ein normaler Seilriß aussieht. Dem Mann von der Bergrettung kamen Zweifel. Schließlich kann ein Seil bei einem Spaltensturz gar nicht reißen! Er fragte nach. Was stellte sich heraus?

Das Seil war auch nicht gerissen. Der Seilpartner hatte es abgeschnitten. Zu seiner Ehrenrettung – niemand möge voreilig den Stab über ihn brechen – sei die ganze Geschichte wiedergegeben: Es war noch in jener Zeit – 1977 – als es zwar schon längst Sitzgurte gab, aber viele sich noch allein mit einer Reepschnur um den Brustkorb anseilten (so sieht man auch heute noch ab und zu Gletschertouristen zwischen den Spalten hindurchjonglieren). Einer der beiden war in eine Spalte gestürzt. Der andere konnte ihn halten. Doch der in die Spalte Gestürzte hing so unglücklich mit dem Rücken zur Spaltenwand, daß ihm das Seil mit dem Karabiner auf die

Atemwege und die Halsschlagader drückten und diese langsam abquetschten. Er merkte schnell, daß er so nicht lange überleben konnte. So schrie er aus Leibeskräften: »I erstick – schneid mi ab!«

Was blieb dem Seilpartner anderes übrig? Er schnitt das Seil ab. Der in der Spalte Hängende stürzte nicht allzu weit und holte sich nur relativ leichte Verletzungen.

Warnschild, u.a. auf dem Dachsteingletscher.

Gefahren durch Mitreißen am Seil

Das Seil allein bietet noch keine Sicherheit. Wird ein Seilende belastet, überträgt das Seil diese Belastung nur vom einen Ende auf das andere. Wie beim Abschleppen eines Autos. Sonst bewirkt das Seil nichts. Erst seine sicherungstechnisch richtige Anwendung bewahrt eine Seilschaft vor dem Absturz.

Das war an sich schon immer bekannt. Mindestens seit Seile zur Sicherung beim Bergsteigen und Klettern verwendet werden. Und trotzdem hat man die Hintergründe der Mitreißgefahr im Eis bis Anfang der achtziger Jahre nicht erkannt. Im Fels war dies eigenartigerweise anders. Da sprach man schon lange vorher davon, daß der Sichernde eine Selbstsicherung braucht. Im Eis, auf dem Gletscher, waren es wohl die Selbstverständlichkeit des gleichzeitigen Auf- und Abstiegs am Seil und die geringere Steilheit gegenüber dem Fels, die einen entsprechenden Denkprozeß so lange verhinderten. Auch die Mitreißunfälle, die Jahr für Jahr allein im deutschen Sprachraum etwa 30 bis 40 Tote forderten, veranlaßten niemanden, die Mitreißgefahr einmal genauer unter die Lupe zu nehmen. In Unfallberichten hieß es meist lapidar »trotz Seilsicherung« oder »auch die Seilsicherung konnte nicht verhindern, daß ...«. Man schrieb solche Unfälle kurzerhand dem Schicksal zu.

Anfang der siebziger Jahre führte ich drei Kameraden am Seil über den Biancograt. Während des Aufstiegs fiel es mir wie Schuppen von den Augen: Wenn hier einer stolpert, sind wir alle vier unten auf dem Gletscher und damit tot. Es stürzte keiner. Wir hatten wieder einmal Glück. Obwohl mir das Bewußtsein der Mitreißgefahr unter die Haut ging, sollte es noch über ein Jahrzehnt dauern, bis wir im Sicherheitskreis die Mitreißgefahr gründlich untersuchen konnten. Dazu war dreierlei notwendig:

Zunächst ein Anstoß, den wir durch einen Unfall bekamen. Am Tödi war im Rahmen einer Sektionstour ein deutscher, seilfrei aufsteigender Eisgeher tödlich abgestürzt. Der Hochtourenführer, der die Gruppe »geführt« hatte, war von einem Schweizer Gericht wegen Fahrlässigkeit verurteilt worden. Er hätte – so der Gutachter und demzufolge auch das Gericht – ein Seil benützen müssen; mit einem Seil hätte der tödliche Absturz verhindert werden können. Wir fuhren zum Tödi und sahen uns die Unfallstelle genauer an. Wir maßen die Steilheit: 42 Grad. Bei dieser Steilheit – das wurde mir wieder klar – kann man beim gleichzeitigen Gehen am Seil keinen Sturz halten, es sei denn, der Firn ist ganz besonders weich und tief. Dann aber wäre auch der seilfrei aufsteigende Eisgeher nicht abgestürzt, sondern im weichen Firn liegenge-

Das Seil überträgt nur die Belastung von einem Seilende auf das andere ... sonst nichts.

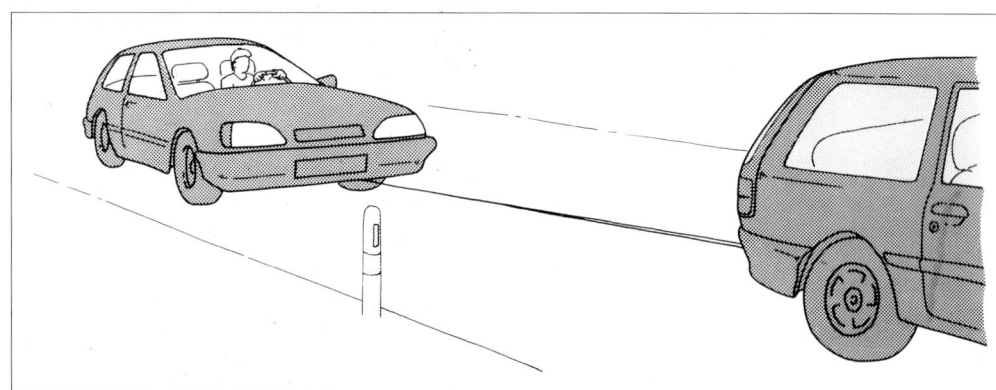

Die Belastung wird nur übertragen ... wie beim Abschleppen eines Autos.

blieben. Also mußte es ein Firn gewesen sein, bei dem ein Sturz am Seil nicht zu halten gewesen wäre. (Der zunächst in erster Instanz verurteilte Hochtourenführer wurde später, nach einem Gutachten des Sicherheitskreises, in zweiter Instanz freigesprochen.)

Als nächstes benötigten wir für die Untersuchung der Mitreißgefahr genügend Zeit. Mittels ehrenamtlicher Tätigkeit in Feierabend- und Nachtschicht, wie damals im Sicherheitskreis noch üblich, war dergleichen komplexe Forschungsarbeit neben dem vielen anderen, was an Arbeit anfiel, nicht zu leisten. Etwa zu diesem Zeitpunkt erkannte man in den Führungsgremien des Alpenvereins die Notwendigkeit der Intensivierung der Sicherheitsarbeit. Hier waren es vor allem der Vorstand, damals die Herren Reinhard Sander und Hans Zollner, die dies erkannten und sich dafür einsetzten.

Darüber hinaus benötigten wir einige Seilschaften, die sich »todesmutig« in die Tiefe stürzten, was heute bei solchen Mitreißversuchen und -demonstrationen gang und gäbe ist, damals aber tunlichst unterlassen wurde, weil niemand recht wußte, wie solch ein Sturz enden würde. Es gab nur Unfallberichte, in denen von schrecklich zugerichteten Abgestürzten zu lesen war. Da wurden überlebende und tote Eisgeher gefunden, die keine Nase mehr im Gesicht hatten, deren Bekleidung und Haut an Armen, Kopf und Oberkörper fehlten,

deren Oberarme und Beine ausgekugelt und völlig unnatürlich verdreht waren. Schilderungen und Fotos versprachen nichts Gutes.

Trotzdem wagten wir die Versuche. Noch im nachhinein wundere ich mich über den Mut, den ich damals hatte. Dankenswerterweise bot sich die Heeresbergführerausbildung der Bundeswehr unter der Leitung von Oberstleutnant Anzenberger an. Eine solche Mannschaft ist für personalaufwendige Untersuchungen, wie wir sie vorhatten, ideal geeignet. Schon allein deshalb, weil die Ausbildung Sturzübungen an Firnhängen vorsieht, und man nicht jedem einzelnen langwierig beibringen muß, daß bei dem bevorstehenden Sturz aller Wahrscheinlichkeit nach nicht allzu viel passieren wird und er nun doch »endlich abstürzen« solle. Erstens sind alle Heeresbergführeranwärter jüngere, draufgängerische Leute und zweitens setzen sie den Befehl zum Sich-Fallenlassen – wie beim Militär nun mal üblich – kurzerhand in die Tat um. Das macht alles viel einfacher und spart Zeit.

Wenig Standfestigkeit

Wir fuhren nach Chamonix und wählten im Bereich des Col des Grands Montets eine Hangneigung von 38 Grad, also eine Steilheit, bei der jede Seilschaft noch gleichzeitig am Seil auf- und absteigt. Der Hang wies relativ harten Firn auf, Steigeisen waren jedoch noch nicht notwendig. Schon die ersten Versuche zeigten, was ich erwartet hatte: Verliert einer der Seilschaft das Gleichgewicht und kommt zu Fall, gibt es für die ganze Seilschaft kein Halten mehr; sie stürzt bis in flacheres Gelände. Die Heeresbergführeranwärter absolvierten viele Stürze für uns.

Manchmal hatte ich den Eindruck, es bedarf nur eines winzigen Zupfens, um den Nächsten der Seilschaft mitzureißen. Wir schalteten deshalb einen Kraftmesser zwischen den Stolpernden und den Seilschaftsnächsten. Und wir staunten. Manchmal war nur eine Kraft von ganzen 50 N (ca. 5 kp) nötig, um den anderen mitzureißen. Das ist bei einigem Nachdenken auch durchaus verständlich. Macht man einen Schritt, steht man ja für Bruchteile von Sekunden nur auf einem Bein. Trifft einen

gerade in diesem Augenblick der Sturzzug, ist die Standfestigkeit praktisch null; man hat dem Sturzzug dann nur noch die Trägheit der eigenen Masse entgegenzusetzen. Und die muß bei geringster Standfestigkeit nur zum Kippen gebracht werden. Dabei wird ein weniger gewichtiger Eisgeher noch leichter mitgerissen als ein riesiges Trumm Mannsbild.

Keine Angst mehr

Wir wurden bald kühner und wählten steilere und vor allem längere Fallstrecken. Während des »Absturzes« tauchte dann bei dem einen oder anderen Abstürzenden der Reflex auf, den Sturz durch Bremsreaktionen, zum Beispiel mit der Liegestütztechnik, abbremsen zu wollen. Dies ist den einzelnen zwischendurch auch immer wieder einmal gelungen. Doch nicht

---

Mitreißkräfte

Bei einem Körpergewicht von 70 bis 80 Kilogramm liegen die ermittelten Mitreißkräfte, die von der jeweiligen Standfestigkeit abhängig sind (siehe Zeichnung), in folgenden Größenordnungen:

Stand, seitliche Zugbelastung:	0,3 kN	(ca. 30 kp)
Stand, frontale Zugbelastung:	0,4 kN	(ca. 40 kp)
Gehen, seitliche Zugbelastung:	0,05–0,2 kN	(ca. 5–20 kp)
Gehen, frontale Zugbelastung:	0,05–0,5 kN	(ca. 5–50 kp)

Beim Gehen schwankt die Standfestigkeit (b/h) innerhalb eines Schrittes zwischen dem Maximalwert und dem annähernden Nullwert. Hat der Eisgeher mit dem zweiten Bein gerade Tritt gefaßt, ist seine Standfestigkeit am größten. Sie nimmt im Laufe des nächsten Schrittes ab und erreicht annähernd den Wert Null, wenn der Eisgeher für Bruchteile von Sekunden auf einem Bein steht und sich sein Körperschwerpunkt über den Zehen befindet. Im weiteren Verlauf des Schrittes nimmt die Standfestigkeit wieder zu bis zum Maximalwert, wenn der Eisgeher mit dem anderen Bein wieder Tritt gefaßt hat. Dies wiederholt sich mit jedem Schritt.

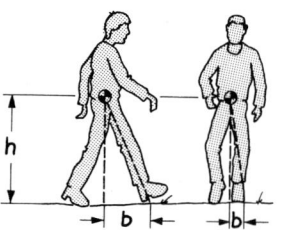
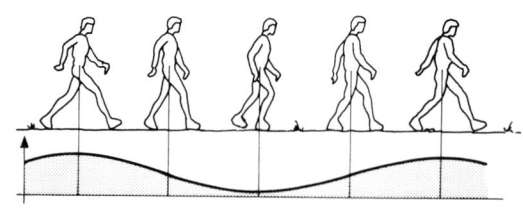

Immer wieder das gleiche: Wie beim Abschleppen eines Autos.

allen Seilpartnern gleichzeitig. Und so haben die noch weiter Stürzenden den, der seinen Sturz zwischendurch hatte abbremsen können, wieder mitgerissen. Auch aus Unfallberichten Überlebender hatten wir dergleichen Schilderungen entnommen. Ein synchrones Abbremsen in steileren Flanken konnten wir nicht beobachten. Es dürfte nur zufallsbedingt möglich sein.

Wir haben alle Sturzversuche ohne Steigeisen und ohne Pickel durchgeführt. Beides wäre zu gefährlich gewesen. Das Verhaken eines

Steigeisens bei Sturz hat in der Regel einen lädierten Knöchel oder gezerrte oder gar gerissene Bänder zur Folge. Und ein Eispickel wird bei Sturz zur reinsten Selbstmordwaffe. So hat man schon abgestürzte Eisgeher gefunden, die sich die Schaufel oder die Haue in den Kopf gerammt hatten; ein Eisgeher hatte sich die Haue durch den Mund in den Backen und da wieder hinausgestoßen, ein anderer den Pickelschaft durch den Oberschenkel.

Um aber auch Erfahrungswerte zu bekommen, ob ein Sturz mit dem Pickel vielleicht doch verhindert werden kann, mußten unsere Probanden mit dem Pickel (ohne Handschlaufe und Schlinge) aufsteigen und sich nach Sturzbeginn sofort davon trennen. Dies ging auch immer gut. Und wir absolvierten während zwei Jahren sicher einige -zig Mitreißversuche. Etwas ganz anderes aber sollte beinahe doch noch zu einem Unfall führen.

Wie zum Paket verschnürt

Es gab auch eine ganze Reihe von Unfallberichten, die davon sprachen, daß die Abgestürzten völlig vom Seil eingewickelt, sozusagen verschnürt, vorgefunden wurden. Auch wir sollten diese Erfahrung machen. Wir waren zu viert am Rettenbachferner und unternahmen Mitreißversuche, um mittels einer Motordrive-Kamera Bildmaterial für die erste Veröffentlichung nach Hause zu bringen. Wir hatten uns einen 300 Meter hohen, 37 Grad steilen Firnhang ausgesucht, der für solche Versuche – wir hatten inzwischen Erfahrung gesammelt – bestens geeignet schien. Ist einer der Seilschaft gestolpert, gab es für die anderen kein Halten mehr. Erst weit unten, am sanft auslaufenden Hang. Das Mitreißen funktionierte vorbildlich. Ich war hellauf begeistert von dem, was ich im Sucher sah und auf dem Film festhalten konnte. Helmut Mägdefrau blieb als Seilletzter, von den anderen unbeobachtet, mit einem Fuß am anderen hängen – der klassische Stolperer – und Sekunden später stürzte die ganze Seilschaft den Firnhang hinunter. Dies machte bald allen so viel Spaß, daß es zur reinsten Gaudi wurde.

Um auch Frontalaufnahmen eines Seilschaftsturzes zu erhalten, stieg ich auf den Hang gegenüber und nahm die Seilschaft mit

Ein Seilschaftssturz frontal gesehen; während des Sturzes konnte ein Seilpartner seinen Sturz unter Kontrolle und zum Stillstand bringen. Sekunden später wurde er von seinen beiden noch im Abwärtskugeln begriffenen Seilpartnern wieder mitgerissen.

meinem 200er Teleobjektiv ins Visier. Auf Kommando stieg die Seilschaft auf, Helmut stolperte wenig später, und schon fielen wieder alle am Seil, wie auf einer Perlenschnur aufgereiht, herab. Es entstanden Traumbilder.

Unten, am Hangauslauf, kam die Seilschaft zum Stillstand. Helmut und Stefan erhoben sich – und der dritte, Robert, blieb reglos liegen. Mir fiel das Herz in die Hose. Auch nach geraumer Zeit lag der Robert immer noch da wie tot. Ich sah mich bereits im Gefängnis. Den Strafprozeß und, diesem folgend, den Zivilprozeß hatte ich bereits vor Augen. Wie ich mit wankenden Knien begann, von meinem Fotografierplatz abzusteigen, da bewegte sich der »tote« Robert endlich doch noch. Was war passiert? Beim 200-Meter-Sturz hatte sich das Seil zweimal um seinen Hals gewickelt – zum Glück ohne Zugbelastung. Und das wollte er den anderen in der Originallage zeigen. Deshalb hatte er sich nicht bewegt.

Zahllose Unfälle

Wir durchforsteten die Unfallakten. Es tauchte eine Fülle von Mitreißunfällen auf. Anhand der gebündelten Unfallschilderungen bot sich uns ein Bild des Schreckens und des Grauens. Einige Unfallbeispiele:

■ Auf dem Normalweg an der Tour Ronde (Montblanc-Gruppe) waren mehrere Seilschaften, insgesamt 13 Personen, unterwegs. Eine Seilschaft kam ins Rutschen, konnte keinen Halt mehr finden und riß alle darunter befindlichen mit in die Tiefe. Folge: acht Tote, fünf Schwerverletzte.

■ Beim Aufstieg auf das Aletschhorn (Berner Alpen) verlor der Vorangehende einer Sechserseilschaft das Gleichgewicht und riß alle fünf Seilpartner mit. Keiner konnte den Sturz über 250 Meter überleben.

■ Am Fründenhorn (Berner Alpen) stürzte eine Fünferseilschaft durch Gleichgewichtsverlust eines Seilpartners in den Tod.

■ Beim Abstieg vom Zuckerhütl (Stubaier Alpen) verlor eine Seilpartnerin einer Fünferseilschaft durch Stolpern das Gleichgewicht und riß alle anderen mit. Der Seilschaftsführer wurde als erster vom Sturzzug getroffen, konnte seinen Sturz nach kurzer Zeit noch einmal zum Stillstand bringen. Er wurde dann aber von den anderen inzwischen Mitgerissenen wieder mitgerissen. Er wurde, wie vom Katapult geschossen, hinter den anderen hergeschleudert. Seine Fallgeschwindigkeit nahm so zu, daß er alle anderen überholte. Ein Teil der Seilschaft stürzte unterhalb des Bergschrundes in eine Gletscherspalte. Drei fanden den Tod.

Abgestürzte, tote Dreier- und Viererseilschaften fand man unter anderem an der Aiguille Verte, an der Aiguille des Courtes und am Mont Maudit (alle Montblanc-Gruppe), am Dom (Wallis), an der Jungfrau, an der Westflanke des Eigers, am Bietschhorn, am Balmhorn, am Aletschhorn, am Mönch und am Blümlisalphorn (alle Berner Alpen), am Similaun (Ötztaler Alpen), am Zuckerhütl (Stubaier Alpen), am Glocknerleitl (Großglockner) und an der Marmolada (Dolomiten), um nur einige

Ein Bild des Schreckens und des Grauens.

Glocknerleitl: Gleichzeitiger Aufstieg am Seil, Seilschaftsstürze sind vorprogrammiert.

besonders gefahrenträchtige Normalauf- und -abstiege zu nennen.

Allein auf dem Normalweg zum Jungfraugipfel (Berner Alpen) sind laut Angaben in den SAC-Mitteilungen in den Jahren 1966–82 im Bereich des Rottalsattels elf Seilschaften durch Mitreißen abgestürzt. Von den 26 abgestürzten Personen konnte nur eine(!) überleben.

Innerhalb von nur sechs Jahren (1977–82) wurden dem Sicherheitskreis 74 Seilschaftsstürze mit 238 Beteiligten bekannt; davon fanden 104 den Tod, das ist knapp die Hälfte. Die Mehrzahl der Unfälle war beim Abstieg zu verzeichnen. Diese Zahlen erheben keinen Anspruch auf Vollständigkeit.

Auffallend viele Unfälle sind zu verzeichnen am Glocknerleitl (Großglockner), am Rottalsattel der Jungfrau, am Blümlisalphorn, am Aletschhorn, am Fründenhorn (alle Berner Alpen) und an der Weißmies (Walliser Alpen). Das sind alles Aufstiege, die nur relativ kurze, steile Passagen aufweisen, wo die Seilschaften wohl wegen der Kürze des Steilaufschwungs auf die Fixpunktsicherung verzichten.

Alles ist möglich

Im Sommer 1988 wurde eine Dreierseilschaft beim Aufstieg auf die Weißmies (Wallis) von einer anderen überholt. Von der schnelleren kam wenig später einer zu Fall und riß seine Seilpartner mit. Die abstürzende Seilschaft riß dann die unterhalb folgende mit in die Tiefe. Beide Seilschaften stürzten über einen Steilabbruch. Zwei Eisgeher fanden den Tod, die anderen konnten schwer verletzt überleben.

Im Sommer 1985 stieg eine Dreierseilschaft

am Dom (Wallis) über den Festigrat auf. Sie wußte von der Mitreißgefahr[39] und sicherte im Absturzgelände an Eisschrauben. Über dieser Seilschaft befand sich eine weitere Seilschaft. Der Seilzweite dieser Seilschaft verlor das Gleichgewicht, stürzte und riß seine drei Seilpartner mit. Die Seilschaft darunter berichtete später: »Wie vom Katapult geschossen wurde einer nach dem anderen mitgerissen.« Die untere Seilschaft hatte die Geistesgegenwart, richtig zu reagieren, als die obere auf sie zustürzte und sie mitzureißen drohte. Sie schlenzte ihr Seil im richtigen Augenblick hoch – und die abstürzende Seilschaft fiel darunter hindurch. So blieb das Unfallausmaß auf vier Tote beschränkt.

In den sechziger Jahren durchstieg eine Zweierseilschaft eine Eisrinne, den Pinnacle Gully am Mount Washington (USA). Es war sehr kalt, das Eis entsprechend hart. Die Frontalzacken griffen nur schlecht. Zur Sicherung verwendeten sie Eishaken (Eisschrauben gab es damals noch nicht). Da man die Eishaken bis auf den letzten Zentimeter auspickeln muß und dies recht zeitaufwendig ist, ließen sie den letzten Eishaken kurzerhand

Zuckerhütl: Gleichzeitiger Aufstieg mehrerer Seilschaften am Seil, Seilschaftstürze sind vorprogrammiert.

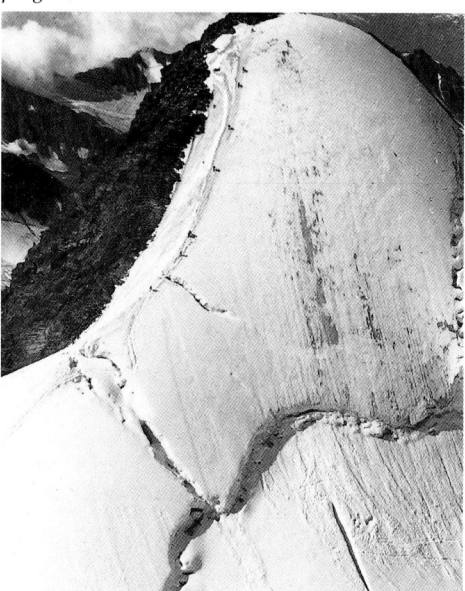

stecken. Danach wurde es weniger steil, und sie stiegen gleichzeitig am Seil auf. Weiter oben kam einer der beiden ins Stolpern und riß den anderen mit. Die Katastrophe schien perfekt. Der Pinnacle Gully ist immerhin über 300 Meter hoch. Zufällig verfing sich das Seil – am Eishaken, den sie hatten stecken lassen. Beide Eisgeher konnten überleben.

Tragisch und komisch zugleich mutet ein Unfall am Hörnligrat des Matterhorns im Wallis an. Wenn dieser Unfall nicht verbürgt wäre, man würde ihn glatt in den Bereich der Märchen verweisen. Eine Zweierseilschaft befand sich im Abstieg. Es herrschten schlechteste Verhältnisse. Alles war vereist. Die Seilschaft war froh, die Solvayhütte erreicht zu haben. Noch am Seil, trat der Seilerste in die Tür. Da rutschte sein Seilpartner, der sich noch draußen im Steilgelände befand, weg und riß den schon in der offenen Tür Stehenden mit in die Tiefe. Beide konnten nur noch tot geborgen werden. – Meinte später einer von der Bergrettung, »man soll halt die Tür immer rechtzeitig zumachen«. – Ich habe lange überlegt, ob ich diese Äußerung hier wiedergeben soll. Schließlich ist nicht jedes gesprochene Wort für die Öffentlichkeit bestimmt. Ich habe mich dann doch dazu entschlossen. Es soll zeigen, daß die Leute von der Bergrettung knallhart sein müssen. Andernfalls könnten sie ihre Arbeit nicht durchführen. Denn das, was sie an menschlichen Resten manchmal bergen müssen, ließe wohl die meisten Menschen physisch und psychisch zusammenklappen.

Wie lange dauert es?

Im Frühjahr 1984 veröffentlichte der Sicherheitskreis die Ergebnisse der Mitreißuntersuchungen (siehe Fußnote). Im August des gleichen Jahres ereignete sich ein Mitreißunfall an der Wildspitze. Der Bergführer wurde als Schuldiger am Unfall, der schwere Verletzungen eines Touristen zur Folge hatte, verurteilt. Es tauchte die Frage auf, welchen Zeitraum man ansetzen muß, bis sich neue sicherheits- und sicherungstechnische Erkenntnisse in der Praxis durchsetzen. Diese Frage war nicht zu

_____

39) *»Sicherheit in Firn und Eis«, Tätigkeitsbericht des Sicherheitskreises 1980–83, Seite 59–117.*

beantworten. Man wird von einem Berufs-
bergführer eher erwarten können, daß er sich
weiterbildet und demzufolge neue sicherungstechnische Erkenntnisse eher in die Tat
umsetzt als ein Gelegenheitsbergsteiger, gar
aus dem alpenfernen Flachland. Schließlich
ist jeder Berufstätige verpflichtet, sich weiter-
zubilden. Erst recht jemand, dem Menschenleben anvertraut werden. Man klettert auch
heute nicht mehr mit Hanfseilen. Welcher
Zeitraum aber anzusetzen ist, bis eine neue
Lehrmeinung als Gemeingut bezeichnet werden kann, blieb offen. Zieht man neun Jahre
nach dem Unfall (bis dahin liegen die
Unfallzahlen vor) das statistische Zahlenmaterial des DAV zu Rate, könnten gemäß
folgender Tabelle etwa sieben Jahre für das
»Greifen« der neuen Erkenntnis, »daß ein Seil
allein noch keine Sicherheit bietet«, angesetzt
werden. Dies allerdings nur mit einem gewissen Vorbehalt. Erst, wenn die seit 1991
auftretende, auffallend abnehmende Tendenz
über weitere Jahre anhält, könnte man von
einem wirklichen Greifen sprechen. Derzeit
stünde eine solche Aussage noch etwas im
Ruch der Spekulation. Die niedrigen Unfallzahlen der drei letzten Jahre (1991 bis '93)
können schließlich auch zufallsbedingt sein.
Dagegen spricht allerdings für 1992 der
»Jahrhundertsommer« dieses Jahres. Bei schönem Wetter ereignen sich nach den Regeln der
Unfallkunde mehr Unfälle als bei schlechtem.
Wenn es bei den sieben Jahren bliebe, dann

... ein langwieriger Lernprozeß.

wäre dies – gemessen an anderen mit
Änderung der Lehrmeinung verbundenen
Erkenntnissen – ein relativ kurzer Zeitraum.
Bis die Änderung der Lehrmeinung greift,
wurden schon weit größere Zeiträume beobachtet, so zum Beispiel, als die Verwendung
von Sitzgurt, insbesondere auf Gletschern,
empfohlen wurde. Gleiches trat bei Änderung des Anseilknotens auf. Noch heute,
über 20 Jahre nach Änderung der Lehrmeinung, sieht man gelegentlich Eisgeher auf
Gletschern ohne Sitzgurt und angeseilt noch
mit dem Bulinknoten. Daß die neue Lehrmeinung zumindest langsam zu greifen beginnt,
zeigt sich in Einzelfällen. So wurde von drei
Seilschaften der Sektion Oberland bei einer
Führungstour über den Biancograt (Bernina)
konsequent von Standplatz zu Standplatz
gesichert. Dafür mußten die Seilschaften
biwakieren. Wenn man sich darauf einstellt,
dürfte so etwas gar nicht einmal besonders
schwerfallen. In jedem Fall ist es sicherer als
der gleichzeitige Aufstieg.

Beteiligte an Mitreißunfällen		
Jahr	insges.	davon tödlich
1983	36	14
1984[40]	27	12
1985	28	11
1986	24	10
1987	44(!)	18(!)
1988	24	12
1989	22	13
1990	17	13
1991	10	4(!)
1992	14	2(!)
1993	8(!)	2

40) erste Publikation über die Mitreißgefahr im April

Die Macht der Gewohnheit?

Es wird noch weitere Zeit dauern, bis die Mitreißgefahr ausreichend bekannt ist. Viele, die das erste Mal davon hören, schütteln ungläubig den Kopf, wollen es nicht glauben. Vor allem dann nicht, wenn sie schon Jahre oder gar Jahrzehnte im Eis gleichzeitig am Seil auf- und abgestiegen sind und keine schlechten Erfahrungen machen mußten. Nur – irgendwann geschieht alles zum ersten Mal.

Im Frühsommer 1992 war die Jungmannschaftsgruppe einer DAV-Sektion über den Südgrat auf den Mönch gestiegen. Während der Gipfelrast gesellten sich zwei Schweizer hinzu. Man kam ins Gespräch und diskutierte Sinn und Unsinn des gleichzeitigen Gehens am Seil. Die Schweizer schüttelten ungläubig den Kopf. Wenig später stiegen beide Gruppen ab, die Schweizer voran und gleichzeitig am Seil. Laut Unfallbericht »... glitt einer der beiden Schweizer aus und riß seinen Seilpartner mit in die Tiefe. Beide stürzten, eine deutliche Blutspur hinterlassend, über die Südwand und unten in den Bergschrund«. Sie konnten nur noch tot geborgen werden.

Was kann man dagegen tun?

Der Mitreißgefahr kann man 100prozentig nur durch Seilsicherung an einem Fixpunkt begegnen. Und dann nur unter der Voraussetzung, daß der Fixpunkt 100prozentig hält. Bei den heutigen Eisschrauben, die Ausreißkräfte von über 10 kN (ca. 1000 kp, Normwert), teilweise sogar über 20 kN (ca. 2000 kp) aufweisen, darf dies vorausgesetzt werden. Auch eine T-Verankerung weist in der Regel ausreichend hohe Ausreißkräfte als Standplatzsicherung auf.

Man seilt die Teilnehmer (maximal drei Mann) in kurzem Abstand (gut zwei Meter) am Seilende mittels Weiche an, damit sie etwas Bewegungsfreiheit haben. Der Fixpunkt würde auch den Sturz von mehr Personen halten, Mammutseilschaften sind aber aus verschiedenen anderen Gründen im Eis nicht empfehlenswert. Der Seilschaftsführer geht das Seil aus, schafft einen Fixpunkt und sichert die Seilschaft nach. Im Abstieg entsprechend umgekehrt. Um den Zeitverlust erträglich zu gestalten, empfiehlt sich die Verwendung von mindestens 50 Meter langen Seilen.

Nachsichern von zwei Mann im Absturzgelände.

Zeitverlust?

Gegen die Fixpunktsicherung wird häufig vorgebracht, daß sie zu viel Zeit kostet: »Da erreicht man ja den Gipfel nie«. Diese Argumentation ist oberflächlich. Es sei die Frage gestattet, wieviel Zeit eine Rettung kostet. Und wenn sich der Absturz einer Seilschaft im Aufstieg ereignet, erreicht man den Gipfel sowieso nicht. Das Zeitproblem beim Sichern am Fixpunkt wird vielfach überbewertet; auf jeden Fall in bezug auf all jene Routen, auf denen sich die oben angeführten Unfälle ereigneten. Bei diesen Anstiegen sind es immer relativ kurze Steilpassagen – über 50 oder 100 Höhenmeter oder auch etwas mehr – die zwar bei Sicherung am Fixpunkt etwas Zeit kosten, doch keineswegs so viel, daß dies für den Sicherheitsgewinn nicht in Kauf genommen werden sollte. Wenn man etwas eher aufsteht, kann man den Zeitverlust leicht wettmachen.

Gleichzeitiges Gehen?

Es gibt natürlich Anstiege mit langen Steilpassagen, bei denen man trotz allem dazu neigt, gleichzeitig am Seil aufzusteigen. So zum Beispiel am Biancograt (Bernina), beim Aufstieg auf den Montblanc über den Mont Maudit sowie im Whympercouloir an der Aiguille Verte (alle Montblanc-Gruppe), an der Haslerrippe am Aletschhorn (Berner Oberland) oder auf dem Gletscherweg an der Watzespitze (Ötztaler Alpen), um nur einige zu nennen. Will man den Zeitverlust durch Fixpunktsichern nicht in Kauf nehmen, gibt es nur zwei Möglichkeiten, die Mitreißgefahr zu minimieren:

- Ganz auf das Seil verzichten oder
- äußerst kurzes Seil (Abstand max. 2 Meter) verwenden und höchstens zwei Mann – besser nur einen – ans Seil nehmen.

Seilverzicht?

Auf das Seil ganz zu verzichten, ist nur unter Seilpartnern mit gleichem Können anzuraten. Auf diese Weise kann das Unfallausmaß minimiert werden. Der Absturz bleibt auf eine Person beschränkt. Und der Stürzende kann, sollte er seinen Sturz durch Bremsaktionen wie Liegestütztechnik und Pickelrettungsgriff zum Stillstand bringen, von den anderen Seilpartnern nicht wieder mitgerissen werden.

Besteht dagegen eine Garantenstellung[41], muß das Seil zur »Sicherung« verwendet werden. Ohne »sicherndes, rettendes« Seil zum Seilschaftsführer fühlt sich der Geführte unsicher und wird schon deshalb eher stolpern oder das Gleichgewicht sonstwie verlieren. Je nach Firnbeschaffenheit und Steilheit nimmt man einen, allerhöchstens zwei Geführte ans Seil. Abstand äußerst kurz, etwa eineinhalb bis höchstens zwei Meter. Der Seilschaftsführer hat eine oder zwei kurze Seilschlaufen in der Hand, um bei Sturzbelastung mit dem Seil in der Hand den Sturz abfangen zu können (der Seilruck soll nicht direkt den Körper treffen).

Daß dies nicht immer vor einem Seilschaftssturz bewahrt, zeigen die vielen Unfälle, inbesondere der von Franz Rasp und Max Stauber 1988 in der winterlichen Watzmann-Ostwand. Man fand beide tot, an einem Felsköpfl hängend, das Seil für das »Gehen am kurzen Seil« vorschriftsmäßig aufgenommen. Einer muß den anderen – aus welchen Gründen auch immer – mitgerissen haben. Franz Rasp kannte die Watzmann-Ostwand wie seine Hosentasche. Er hatte sie knapp 300 mal(!) durchstiegen. Rasp war als sehr umsichtiger Bergführer bekannt, der keine unnötigen Risiken einging. Wenn einer die Führungstechnik, auch die am kurzen Seil, beherrschte – dann Franz Rasp.

Etwas Glück sollte beim gleichzeitigen Gehen am Seil nicht fehlen. Viele hatten kein Glück. Und auch die, die bisher Glück hatten, haben es nicht ewig gepachtet.

Bremstechniken

Mit der Liegestütztechnik und dem Pickelrettungsgriff kann man – erfolgen sie in der anfänglichen Sturzphase – fast jedes Gleichgewichtverlieren, jeden Sturz abfangen. Wichtig ist, daß man reflexartig-instinktiv weiß, was man zu tun hat. Dies ist nur durch Übung zu erreichen.

---

41) Garantenstellung siehe Fußnote Seite 122.

Liegestütztechnik und Pickelrettungsgriff

Liegestütztechnik

■ Arme und Beine spreizen, um die Körperlage zu stabilisieren und ein Rotieren und Überschlagen zu verhindern.

■ Bei Rückenlage den Körper in Bauchlage wenden.

■ Liegestützstellung anstreben, das heißt Füße und Hände (Handschuhe) möglichst tief in den Firn drücken.

■ Bei Verwendung von Steigeisen die Beine abwinkeln, also Füße weg vom Hang (sonst Gefahr des Verhackens und Überschlagens).

Pickelrettungsgriff

■ Zunächst wie bei der Liegestütztechnik: Arme und Beine spreizen, um die Körperlage zu stabilisieren.

■ Weiter wie bei der Liegestütztechnik: Bei Rückenlage den Körper in Bauchlage wenden.

■ Sodann den Eispickel mit der Haue möglichst tief in den Firn drücken.

■ Wie bei der Liegestütztechnik: Bei Verwendung von Steigeisen die Beine abwinkeln (Füße weg vom Hang).

Es ist wichtig, daß der Eispickel schon vor dem Sturz richtig in der Hand gehalten wird: Haue rückwärts zeigend. Nur so kann die Haue sofort zum Bremsen verwendet werden (ein Umgreifen während des Sturzes ist nicht anzuraten, da die Gefahr zu groß ist, den Eispickel dabei zu verlieren). Nur auf reinem Blankeis, wo die Haue nicht greifen kann, muß mit der Schaufel gebremst werden. Dann also den Pickelkopf, die Schaufel rückwärts zeigend, in der Hand.

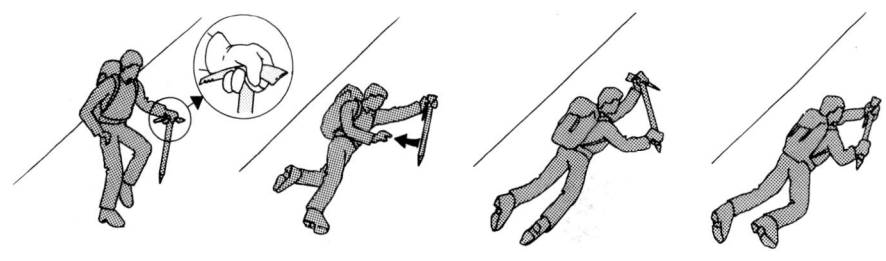

...und so sieht es in der Praxis aus.

Meist falsch

Beobachtet man Gletschergeher, wird man feststellen, daß die allermeisten den Eispickel bei Firn verkehrt in der Hand halten: Haue in Gehrichtung zeigend (im Sturzfall Bremsen mit der Schaufel, was keine ausreichende Bremswirkung garantiert). Möglicherweise ist es die Schaufel, die besser in der Hand liegt und so viele zur falschen Handhabung verleitet.

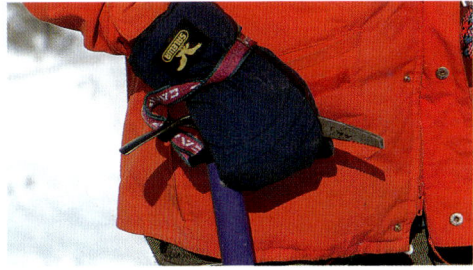

...im Firn falsch.

Wozu ist der Schrauber da?

Im Rahmen der Sturzgeschwindigkeitsmessungen (siehe S. 265) waren etliche Stürze notwendig, um eine ausreichende Anzahl an Meßwerten zu erhalten. Schließlich sollte der zu errechnende Mittelwert statistisch abgesichert sein. So mußte jeder Heeresbergführer-Anwärter, angeseilt mit Brust- und Sitzgurt, Seilring und Schraubkarabiner, wenigstens einmal »abstürzen«. Das Abwärtskugeln machte bald allen viel Spaß, bis auf einen. Und das kam so.

Dieser eine schoß wie alle anderen den Steilhang hinunter. Als sich das Sicherungsseil

spannte und der Sturz abgefangen werden sollte, tat es einen Schnalzer – und das Seilende mit der Sackstichschlinge schlenzte wie eine riesige Peitschenschnur durch die Luft. Der Stürzende schoß seilfrei wie ein Torpedo weiter über den Gletscherhang hinab in Richtung Spaltengelände. Bevor er merkte, was mit ihm geschah, hatte er bereits weitere 40 Meter Fallstrecke hinter sich und war an der ersten Gletscherspalte vorbeigeschossen. Erst dann reagierte er, drehte sich in Bauchlage und kam nach langem Bremsweg, kurz vor der nächsten riesigen Spalte, zum Stillstand.

Was war passiert? Der Schraubverschluß war nicht zugeschraubt gewesen. Durch ungünstige Seilbelastung mußte sich der Karabinerschnapper bei Fangstoßeinwirkung aufgedrückt haben. Ein ungewöhnlicher Zufall wollte es, daß einer der Anwärter diesen Sturz auf einem Foto festhielt, und zwar gerade jenen Augenblick, in dem das Seil durch die Luft schlenzte.

Keine Frage, daß sich der beinahe völlig »Abgestürzte« beim Ausbilder einen kräftigen Anschiß abholen mußte, der mit der unter deutlicher Betonung vorgetragenen Bemerkung endete: »Der Schrauber ist zum Schrauben da.«

Auch die Heeresbergführer-Anwärter sind nur Menschen. Und der Mensch ist nun einmal nicht fehlerfrei. Menschliches Versagen ist im täglichen Leben immer wieder zu beobachten. Warum sollte es dann am Berg anders sein? Man mache die Probe aufs Exempel: Von zehn Teilnehmern eines Eiskurses vergißt mindestens jeden Tag einer einmal, den Schraubver-

Wozu ist der Schrauber da?

schluß seines Anseilkarabiners zuzuschrauben. Deshalb besser einen Karabiner mit automatischer Verschlußsicherung verwenden. Noch besser – man hängt noch einen zweiten Karabiner hinzu. Dann besteht Redundanz. Praktisch 100prozentige Sicherheit (siehe auch Seite 226).

Ratlos

Wer im Absturzgelände zu Fall kommt und die Bremstechniken nicht beherrscht, steht sozusagen ratlos vor seinem eigenen Absturz. Möglicherweise auch wegen der hohen Fallgeschwindigkeit, die der Anfänger nicht erwartet. Er ist meist nicht fähig, irgendeinen Bremsvorgang einzuleiten. Es gibt eine Vielzahl von Unfallschilderungen, in denen die Überlebenden von keinerlei Reaktion des Abgestürzten berichten. Zwei Beispiele:

■ Zwei extreme Eisgeher stiegen seilfrei zum Combin de Corbassière (Wallis) auf. Bei einer Steilheit von 30–35 Grad verlor einer der beiden das Gleichgewicht und stürzte »ohne jede Reaktion am anderen vorbei in die Tiefe.« Er konnte nur noch tot geborgen werden.

■ Meine Frau und unsere beiden damals halbwüchsigen Kinder querten im Allgäu auf einer Trittspur einen breiten, steilen Firnhang mit Abbruch unterhalb. Der Junge kam zu Fall und rutschte mit zunehmender Geschwindigkeit ohne jede Reaktion auf den Abbruch zu, beinahe so, als würde ihn der eigene Absturz gar nichts angehen. Und das, obwohl wir ihm die Liegestütztechnik beigebracht hatten. Erst als meine Frau vor Entsetzen laut schrie »Liegestütz«, da kam er sozusagen zu sich, drehte sich in Bauchlage und konnte so den Sturz noch vor dem Abbruch zum Stillstand bringen.

Man muß die Bremstechniken anfänglich häufig, später weniger, aber doch immer wieder, üben. Die Bremsreaktionen müssen in Fleisch und Blut übergehen. Sie müssen zum Reflex werden. Reflexe sind nicht nur angeboren. Reflexe lassen sich auch schulen. Der Tritt auf das Bremspedal ist ein geschulter Reflex. Doch dieses Schulen von Reflexen bedarf sehr häufiger, intensiver Schulung. Nicht umsonst dauert der Fahrschulunterricht so lang. Und man darf nicht aus der Übung kommen.

Hohe Kosten

Daß das Gebirge kein rechtsfreier Raum ist, dürfte hinlänglich bekannt sein. Wenn heute Bergunfälle häufiger vor Gericht enden als noch vor ein oder zwei Jahrzehnten, dann hat dies zunächst einmal mit der veränderten Einstellung Risiken und Unfällen gegenüber zu tun. Man ist heute im Alltag beinahe gegen alles versichert. Schadensabwicklungen gehören beinahe zum täglichen Brot.

Bei Sektionstouren treffen nicht selten Teilnehmer zusammen, die sich zuvor noch nie gesehen haben. Kommt es zu einem Unfall, ist die Hemmschwelle, sich vor Gericht wiederzusehen, sehr niedrig; in der Regel ist dies natürlich auch noch von der Schwere des Unfalls abhängig. Bringen die Unfallfolgen eine Familie gar an den Rand des wirtschaftlichen Ruins und besteht andererseits die Möglichkeit von Versicherungsleistungen, ist der Gang zu Gericht durchaus naheliegend.

Ein Fall: Sektionstour auf einen häufig bestiegenen Eisgipfel in der Schweiz. Ein angehender Hochtourenführer wurde von der DAV-Sektion mit der Führungstour beauftragt. Es meldeten sich ein Ehepaar und ein weiterer Teilnehmer. Der Normalaufstieg war durch Ausaperung steinschlaggefährdet. Der angehende Hochtourenführer wählte den Aufstieg mitten über den Gletscher. Dabei mußte ein aperes Steilstück von etwa 150 Höhenmeter mit einer Steilheit von durchschnittlich 37 Grad bewältigt werden. Der angehende Hochtourenführer, der die Seilschaft führte, hatte Eisschrauben bei sich. Er seilte seine drei Touristen in kurzen Abständen am Seilende an und stieg voran. Möglicherweise wollte er seine Touristen an einem Fixpunkt nachsichern. Er tat es letztlich nicht. Die ganze Seilschaft stieg gleichzeitig am langen Seil auf. Einer der Geführten verlor das Gleichgewicht und riß alle anderen bis in den flacheren Gletscherteil mit. Aufgrund des aperen Eises kam es zu schweren Verletzungen: Der angehende Hochtourenführer überlebte den Sturz nicht, ein Teilnehmer zog sich eine irreversible Hirnverletzung zu, die dazu führte, daß er – früher wissenschaftlicher Mitarbeiter an einer Universität – heute nur noch zu

Keine Chance

Nicht einmal das schnelle Reagieren mit dem Eispickel konnte diesen Seilschaftssturz verhindern. Durch den Fangstoß wurde es auch für den Seilschaftsletzten sofort ein unkontrollierbarer Sturz.

Die hier abgebildeten Mitreißversuche wurden auf einem Firnhang unternommen, der eine Steilheit von ganzen 26 Grad aufwies (gemessen). Also eine Steilheit, die bei erstem Hinsehen harmlos wirkt. Es hatte über Nacht leichten Frost gegeben, so daß der Firn beinhart war und so den Seilschaftssturz begünstigte. In weichem Firn wäre es nicht zum Absturz gekommen, da die Fallenergie des Stolpernden durch die Verformungsarbeit des weichen Firns aufgenommen worden wäre. So spricht der Fachmann. Der Laie würde sagen, »der wäre in einer Badewanne liegengeblieben«.

Natürlich wurden auch schon Stolperer von Seilpartnern gehalten und so ein Seilschaftssturz verhindert. Gehaltene Seilschaftsstürze werden in der Regel nicht bekannt. Es gibt keine Statistik darüber. Solches Halten hängt aber von reinen Zufälligkeiten ab, die zuvor nicht zu überschauen sind.

Die Beherrschung der Bremstechniken ist vielfach in Vergessenheit geraten. In Eiskursen sollten deshalb zu allererst die Bremstechniken geübt werden. Und damit das Geübte ausreichend vertieft wird, empfiehlt sich, auf den der Grundausbildung folgenden Eistouren die Bremstechniken an einem kurzen Hang immer wieder ein-, zwei-, dreimal zu üben. Dort, wo ein Firnhang nach wenigen Metern sanft ausläuft – wo also nichts weiter passieren kann – läßt man sich am besten unvermittelt fallen und versucht, eine der Bremstechniken anzuwenden.

einfachen Handreichungen fähig ist; die Ehefrau des einen Teilnehmers zog sich eine Querschnittslähmung neben einer irreversiblen Hirnverletzung zu. Sie dürfte aller Wahrscheinlichkeit für den Rest des Lebens ein Pflegefall bleiben. Nur die Verletzungen des Ehemanns waren – gemessen an den Verletzungen der anderen – relativ gering. Im Rechtsstreit vor einem deutschen Gericht wurden geltend gemacht: Schmerzensgeld- und Schadenersatzforderungen in Höhe von über zwei Millionen(!) Mark. So groß eine Schadenshöhe bei einem solchen oder ähnlichen Unfall auch immer sein mag – Summen dieser Größenordnung sind immer besonders beeindruckend – das Leid, das die Überlebenden und Hinterbliebenen trifft, geht daraus nicht hervor. Es kann bestenfalls erahnt werden.

Alles ist möglich

Gelegentlich ereignen sich Dinge, die man kaum für möglich hält. Nicht anders auch am Berg. Geht alles noch einmal glimpflich aus, wird darüber geschmunzelt. Ist das Ende tragisch, wird die Statistik um einen exotischen Unfall erweitert. Die Palette ist breit.

Die »vergewaltigte« Kletterin

Es war im Spätherbst im Klettergarten einer jener schönen Gegenden Deutschlands, wo der Wein wächst und wo man dem Rebensaft recht zugetan ist. Da es schon am frühen Nachmittag am Fels recht kalt wurde, beschlossen zwei befreundete Seilschaften – eine Kletterin und drei Kletterer – sich die unterkühlten Finger in der nahegelegenen Hütte durch Einnahme von Glühwein aufzuwärmen. Und wie das in solchen Fällen dann so ist – der spätnachmittägliche Glühwein entpuppte sich als süffiges Getränk, dem man auch noch am späten Abend zusprach. Es ging bald hoch her. Auch andere dem Glühwein zugetane Kletterer waren auf der Hütte, so daß bald allseits feucht-fröhliche Stimmung herrschte. Später wurde die Ziehharmonika strapaziert. Bei dem Lärm und dem fortgeschrittenen Alkoholkonsum fiel dann auch niemandem weiter auf, daß sich die vier nachts auf den Heimweg machten.

Am anderen Morgen fand der Milchmann, der seine tägliche Strecke wie seine Hosentasche kannte und dem alle Veränderungen sofort auffielen, im Straßengraben eine junge, halb entkleidete Frau. Um Himmels willen – eine Vergewaltigung. Ein Verbrechen! Die Polizei mußte her. Die brachte die junge, unterkühlte Frau mit Blaulicht in die nächste Klinik und begann mit ihren Recherchen, die den Vorfall ans Tageslicht brachten. Was war passiert? Nichts weiter. Die Kletterin hatte mit ihren drei Kameraden versucht, zu Fuß nach Hause zu kommen. Da ihr Alkoholspiegel Ausmaße angenommen hatte, der auch für Hüttenfeiern wohl etwas ungewöhnlich gewesen sein dürfte, bemerkten die drei Kletterer beim Nachhausetorkeln nicht, daß sie ihre Kameradin unterwegs verloren. Sie muß in den Straßengraben gefallen sein. Der war trocken und mit Gras und Laub gefüllt, was ihr das Gefühl vermittelte, sie sei schon daheim im Bett. So begann sie sich auszuziehen. Offensichtlich muß sie dann bei ihrem Vorhaben vom Schlaf übermannt worden sein.

Fälle dieser Art sind zwar selten, ereignen sich doch aber immer wieder einmal. So hat ein Bergwanderer in der Pfalz auf diese Weise beide Füße verloren. Der Alkohol spiegelt dem Betroffenen ein Wärmegefühl vor, und müde ist er nach dem Alkoholkonsum sowieso. Beim Stolpern bleibt er dann leicht liegen.

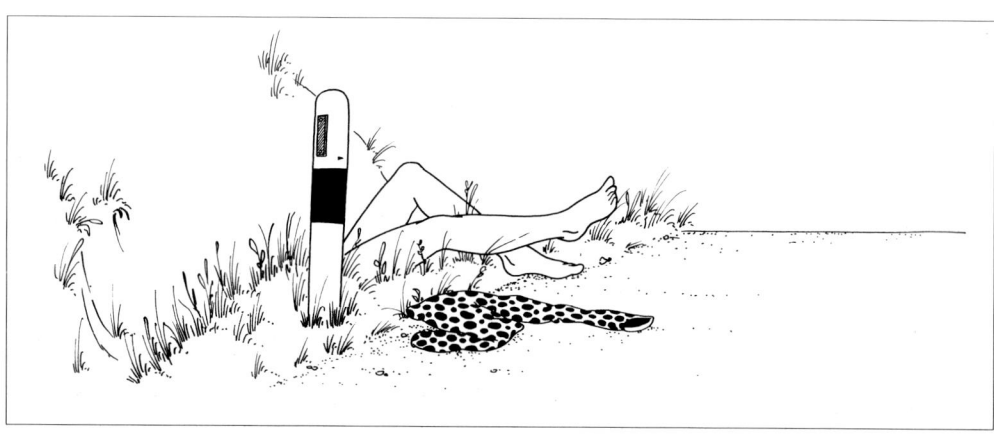

Unterkühlungsgefahr

Bei längerer Kälteeinwirkung kühlen die Füße zuerst aus, da sie am weitesten vom Herz entfernt sind und deshalb zuerst schlecht mit Blut versorgt werden. Der Körper reagiert auf Unterkühlung durch Reduzierung des Blutkreislaufes in den Extremitäten. Die Natur hat dieses Notsystem der Kreatur mitgegeben, damit bei abnehmenden Energiereserven nur noch die lebenswichtigen Organe im Rumpf versorgt werden, um so das Leben möglichst lange zu erhalten. Dabei opfert die Natur die Extremitäten.

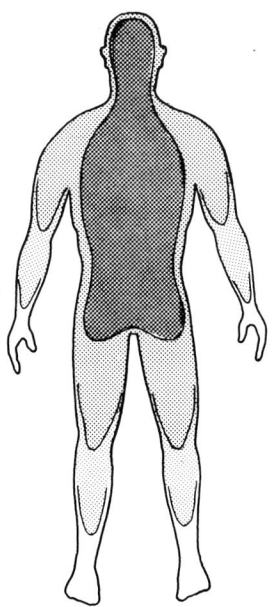

Bei Unterkühlung: Absinken der Körpertemperatur in den Extremitäten.

Von all dem merkt der Alkoholisierte in seinem Rausch, der bald in Schlaf übergeht, nichts. Er friert nicht und hat auch sonst keinerlei unangenehme Gefühle. Bei länger anhaltender Kälteeinwirkung muß es zur Unterkühlung und zu Erfrierungen im Bereich der Extremitäten kommen. Zuerst sind in der Regel die Füße dran, danach die Finger und später die Beine und Arme. Um solchen Fällen vorzubeugen, gibt es eine altbekannte Empfehlung: Alkoholisierte in kühler Umgebung nicht allein lassen! Nur – was tun, wenn auf einer Hütte alle einen kräftigen Rausch haben und auch der Hüttenwirt und der Hüttenwart nicht mehr Herr ihrer Sinne sind? Dergleichen soll sich schon zugetragen haben. Hinter vorgehaltener Hand wurden in diesem Zusammenhang einige bekannte AV-Hütten genannt. Zugegeben – nur beim Abklettern. Und da sei angeblich alles erlaubt.

Boofen kann gefährlich sein

Durch die Wiedervereinigung rückte auch das Elbsandsteingebirge mehr in das Bewußtsein westlicher Kletterer. Die jahrzehntelange Trennung brachte es mit sich, daß den Wessis vieles aus dem Elbsandstein fremd ist. So auch der Ausdruck »boofen«. Darunter versteht man das Nächtigen in einer »Boofe«. Eine »Boofe« ist eine Höhle im Sandstein, wo man vor Regen geschützt ist. Die sächsischen Kletterer »boofen« gern in ihren »Boofen«. Da die »Boofen« oft nicht allzu leicht erreichbar sind, das Gelände vor den »Boofen« also zum

Absturzgelände zählt, kann es schon mal zum nächtlichen Absturz beim Wasserlassen kommen. Unfälle dieser Art haben sich nicht gerade selten ereignet. Kommt oft noch der Genuß alkoholischer Getränke hinzu, was den nächtlichen Geist beim Wasserlassen nicht klarer macht. An der Siebenschläferboofe ereignete sich 1984 ein solcher Unfall. Ein Kletterer »mußte« nachts »dringend« – und stürzte 70 Meter ab. Er zog sich »nur« eine Wirbelsäulenverletzung und eine Schädelfraktur zu. Normalerweise überlebt man einen solchen Sturz nicht. Man brachte den Abgestürzten ins Krankenhaus, wo man ihn wieder

Die Siebenschläferboofe im Elbsandstein....

...Sturzhöhe mindestens 70 Meter.

zusammenflickte. Sechs Jahre später »boofte« derselbe Kletterer in derselben »Boofe«. Wieder war der Alkoholspiegel im Blut wohl etwas zu hoch. Wieder »mußte er dringend« – und wieder stürzte er ab. Dieses Mal hatte er weniger Glück. Der Sturz endete tödlich.

In Oberbayern

Es ist schon einige Jahre her. Als es in den Wintern noch viel Schnee gab, hatte es in ganz Oberbayern mächtig geschneit. Der Straßenverkehr kam fast völlig zum Erliegen. Die Dächer drohten unter der zentnerschweren Schneelast einzubrechen. Überall sah man Hausbesitzer die Dächer von der Schneelast befreien. So auch im Chiemgau. Um dabei nicht vom Dach zu fallen, sicherte sich ein Schneeschaufler mit einem Seil. Schließlich war er Bergsteiger und wußte, wie man sich gegen Absturz sichern kann. Auf einen Anseilgurt verzichtete er, da es ihm nur darum ging,

bei einem Ausrutscher nicht vom Dach zu fallen. So band er sich das Seil kurzerhand um den Bauch, warf das andere Ende über den Dachfirst und ließ es von seinem Sohn an der Stoßstange seines Autos befestigen, das vor dem Haus stand. So weit, so gut.

Er dachte nur nicht daran, daß jemand mit dem Auto wegfahren könnte. Und genau das passierte. Seine Frau setzte sich nichts ahnend ans Lenkrad und wollte zum Einkaufen fahren. Sie merkte nur einen leichten »Zupferer«, als es ihren Mann vom Dach wischte. Es ging alles blitzschnell und lautlos. Ihr Mann landete relativ sanft in einem drei Meter hohen Schneehaufen und kam mit ein paar Schrammen und dem Schrecken davon.

Dann waren's nur noch neun

Als sich die Hakenkletterei noch allgemeiner Beliebtheit erfreute, benutzte man den Selbstzug, um die Arme etwas zu entlasten. Noch

Selbstzug: möglichst nur, wenn der Haken hält.

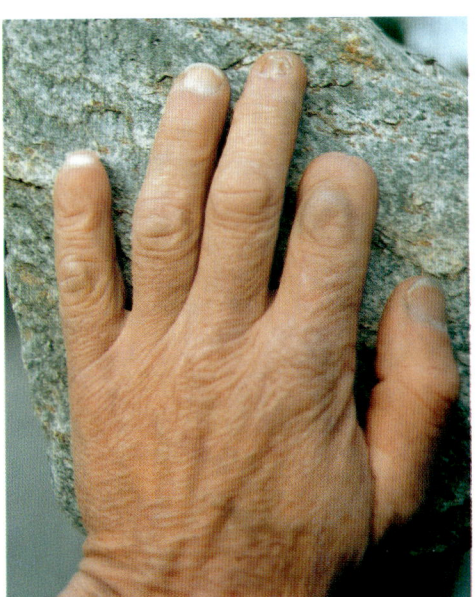

Dann waren's nur noch neun...

mehr Entlastung ist möglich, wenn man das Seil dabei einmal um die Hand wickelt.

In der Direkten Leuchsturm-Südwand im Wilden Kaiser stecken nicht nur verläßliche Haken, sondern auch solche, die landläufig als »Gurken« bezeichnet werden. Ein bayerischer Kletterer gab sich an einem solchen Haken mit dem um die Hand gewickelten Seil Selbstzug. Der Haken hielt der Belastung nicht stand, und der Kletterer fand sich plötzlich sechs Meter tiefer wieder – mit einem Finger weniger an der Hand. Was war passiert? Die Seilschlinge hatte sich bei Fangstoßeinwirkung wie eine große Schere schlagartig zugezogen und ihm den Zeigefinger gekappt. Daraufhin traten sie den Rückzug an und seilten ab. Als sie den Einstieg erreichten, fiel dem Amputierten auf, daß sich zwei Dohlen um etwas Freßbares balgten. Bei näherem Hinsehen erkannte er seinen abgerissenen Zeigefinger.

Leider war damals, in den sechziger Jahren, die Chirurgie noch nicht so weit, daß Aussicht bestanden hätte, ihm den Finger wieder annähen zu können. Heute ist dies anders. Als sich Mitte der achtziger Jahre ein österreichischer Bergführer an der Martinswand beim Halten eines Sturzes einen Finger abriß, stand dies schon unter einem besseren Stern. Der Finger blieb in einer Rinne unterhalb des Standplatzes liegen. Sie wickelten ihn in eine Plastiktüte, steckten ihn in die Hosentasche, seilten ab und fuhren in die nahegelegene Innsbrucker Klinik. Dort konnten ihm die Ärzte den Finger wieder annähen und so weitgehend funktionstüchtig erhalten. Der Finger ist jetzt nur etwas kürzer.

Grund von ungewollter Fingeramputation beim Klettern ist auch das Tragen von Ringen. Ringe sind am Fels immer hinderlich. Rutscht man mit einer Hand von einem scharfkantigen Griff ab, kann die Ringkante hängenbleiben. Da der Ring in der Regel eine größere Festigkeit besitzt als der Finger, gibt letzterer nach. Dabei wird das dritte Fingerglied aus dem Gelenk des Mittelhandknochens herausgerissen.

Nach Aussage Betroffener soll dies recht schmerzhaft sein. Es empfiehlt sich deshalb,

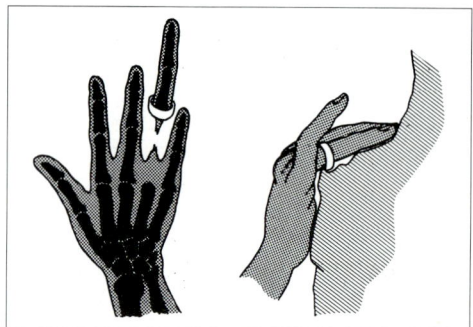

Der Col de Peuterey, eine Eistour für sich; in Bildmitte die Aiguille Blanche de Peuterey, rechts davon der Col de Peuterey (3934 m).

beim Klettern Ringe abzulegen. Und wenn's der Ehering ist.

Glück muß der Mensch haben

Im Sommer 1992 ereignete sich auf dem Schustersteig am Hohen Göll in den Berchtesgadener Alpen ein Unfall, bei dem der Verunfallte sein Überleben nur zwei glücklichen Umständen zu verdanken hatte.

Der Schustersteig ist kein ebener Wanderweg, sondern ein gesicherter Klettersteig mit ausgesetzten Passagen. Am Ende der Gölleiten gab es etwas Stau. Eine dreizehnköpfige Wandergruppe aus Prien wollte hinunter, andere wollten hinauf. Der letzte der Gruppe wollte dem Stau ausweichen und kletterte etwas abseits an gut griffigem Fels ab. Dabei löste sich ein mannshoher Felsblock, wodurch der Abkletternde das Gleichgewicht verlor und hinabstürzte. Der Gestürzte fiel sozusagen direkt vor die Füße eines Arztehepaares, das sich unterhalb auf dem Steig im Aufstieg befand und das sofort Erste Hilfe leisten konnte. Zufällig befand sich in unmittelbarer Nähe auch noch ein Amateurfunker, der sein Funkgerät erproben wollte. Dieser konnte sofort Verbindung mit einem Amateurkollegen aufnehmen, der seinerseits die Bergwacht und die wiederum den Hubschrauber verständigte. So konnte der Verletzte binnen kürzester Zeit im Krankenhaus behandelt werden. Dies war auch nötig. Er hatte sich Brustwirbelfrakturen, Rippenbrüche und eine Schädelfraktur einschließlich einer Skalpierung mit starkem Blutverlust zugezogen. Ohne die schnelle Rettung hätte es noch wesentlich schlimmer ausgehen können. So viel Glück muß man erst einmal haben.

Halluzinationen?

Der bekannte Filmemacher Lothar Brandler, der den authentischen Bergfilm schon in den sechziger Jahren populär machte, wollte Anfang der siebziger Jahre Aufnahmen am Freneypfeiler zu seinem Film »Der Blitz« machen, für jenen Film also, der die Freneytragödie von 1961[42)] zum Inhalt hat. Brandler ließ sich mit seinem Filmteam per Hubschrauber auf den Col de Peuterey fliegen. Der Col de Peuterey ist eine breite, teilweise flache, eisbedeckte Grateinsenkung zwischen Aiguille Blanche de Peuterey und dem Montblanc am längsten Grat der Alpen, dem gleichnamigen Peutereygrat. Höhe des Cols: knapp 4000 Meter. Der kürzeste Anstieg auf den Col ist eine Eistour für sich.

Da der Hubschrauber recht groß war und sowieso bezahlt werden mußte, nahm das Filmteam neben ausreichender Verpflegung, Zelten und was sonst neben der Filmausrüstung gebraucht wurde, auch manches für Bergfilmarbeiten in dieser Höhe recht Ungewöhnliche mit. So auch einen Fußball.

Als dann das Wetter für Filmaufnahmen nicht taugte, es schneite und Nebelfetzen über den Col de Peuterey zogen, mußte das Filmteam einen ganzen Tag lang pausieren und sich irgendwie die Zeit vertreiben. Just an diesem Tag kämpften sich zwei italienische Bergsteiger den dritten Tag, nach zwei unangenehmen Biwaks am Rande der Erschöpfung, über den

---

42) siehe Seite 22–28.

Peutereygrat. Als sie am NW-Gipfel der Aiguille Blanche angekommen waren und durch die Nebelfetzen die Abseilflanke hinab zum Col de Peuterey schauten, da zweifelten sie an ihren Sinnen. Sie hatten für das, was sie 180 Meter tiefer zwischen den Nebelfetzen glaubten wahrzunehmen, nur noch eine Erklärung: Halluzinationen. Spielten doch da unten irgendwelche Leute so etwas ähnliches wie Fußball. In Eis und Schnee. In einer Höhe, wo anderswo ein knapper Viertausender zur stolzen Gipfelrast einlädt. Es zog gleich wieder zu, so daß sie von unten nur gelegentliche Zurufe hörten in einer Sprache, die sie nicht verstanden. So zweifelten sie an sich selbst und an dem, was sie glaubten wahrgenommen zu haben.

Als sie dann etwa eine Stunde später über die Randkluft seilten, kam ihnen das Filmteam, förmlich aus den Wolken, mit heißem Tee entgegen – und einer mit einem Fußball unterm Arm. Erst da zweifelten die beiden Italiener nicht mehr an ihrem Verstand.

Schuh- und Steigeisenersatz

Im Januar und Februar 1989 herrschte Schneemangel in den gesamten Bayerischen Alpen. Dafür hatte es vielfach um die Null-Grad-Grenze geregnet. Viele Hänge waren ungewöhnlich vereist. Es gab zahlreiche Tote, sogar in wenig steilem Gelände.

Am hinteren Kraxenbach im Bereich des Sonntagshorns in den Chiemgauer Alpen fand die Bergwacht einen abgestürzten Bergsteiger, der bereits mehrere Tage abgängig gewesen war. Bei ihm fand man seine »Steigeisen« (siehe Foto). Es ließ sich nicht mehr rekonstruieren, ob dem Abgestürzten sein mangelndes Steh- und Gehvermögen im eisigen Hang zum Verhängnis geworden ist oder ob seine »Steigeisen« daran schuld gewesen sind. Sicher ist nur, daß kein Bergsteiger, der jemals richtige Steigeisen zu Gesicht bekommen hat, sich solchem »Gelump« anvertrauen würde. Schließlich kann man sich in jedem besseren Sportgeschäft über Steigeisen informieren und solche erstehen. Und dies zu einem Preis, der ein Bruchteil dessen beträgt, was eine Rettung – im vorliegenden Fall eine Totenbergung – kostet.

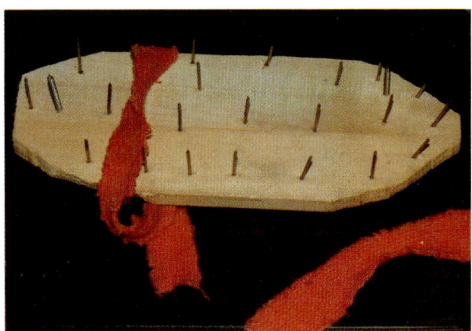

...fand man seine »Steigeisen«.

Da war das damals, kurz nach dem Krieg, ganz anders. Sportgeschäfte gab es nicht und Steigeisen schon gar nicht. Hermann Froidl und Arnold Hasenkopf, heute gestandene Bergführer, damals gerade 14 Jahre alt, bastelten sich ähnliche »Steigeisen« und versuchten sich damit an gefrorenen Wasserfällen im heimatlichen Bayerischen Wald. Zum Glück gab es damals keine harten Stahlnägel, so daß sich ihre »Steigeisenzacken« schon nach wenigen Schritten verbogen hatten und die beiden ihr Vorhaben frustriert aufgeben mußten.

Der Mount Snowdon in Wales (Großbritannien) ist gemessen an alpinen Maßstäben nichts weiter als ein Mugel. Ganze 1085 Meter hoch und nirgends wirklich steil oder gar senkrecht. Doch dieser Mugel hat es im Winter ganz schön in sich, besonders im Februar. Nach Westen, zur Irischen See exponiert, toben zu dieser Jahreszeit extreme Winterstürme mit Geschwindigkeiten bis zu 100 km/h und mehr. Alle Flanken sind vereist. Im Sommer wird der Mount Snowdon von vielen Wanderern bestiegen. Den meisten fehlt die alpine Erfahrung, um zu wissen, daß da ein großer Unterschied besteht zwischen einer Besteigung im Sommer und im Winter. So ereignen sich an diesem Mugel im Winter jährlich zahlreiche tödliche Unfälle.

Im Winter 1987/88 stürzte der schottische Whisky-Millionär Guinness am Mount Snowdon zu Tode. Laut Aussage der Polizei, die den Toten erst Tage später finden konnte, trug der Verunfallte »völlig unzureichendes Schuhwerk«. War die schottische Sparsamkeit der Grund dafür?

Auf Spitzbergen

Ein bekannter Wiener Bergsteiger machte mit seiner Frau, seinen zwei halbwüchsigen Kindern und einem Freund auf dem südlichsten Zipfel Spitzbergens Urlaub. Sie unternahmen Gletscherwanderungen, bestiegen einige Gipfel und paddelten an Ruhetagen im Gummiboot zwischen den Eisbergen im Fjord herum. Es war ein rundum schöner, exotischer Urlaub – bis eines Nachts. Eigentlich war es gar nicht Nacht. Jedenfalls war es nicht dunkel. Nördlich des Polarkreises geht die Sonne im Sommer bekanntlich nicht unter. Es war taghell. Alle lagen in den Zelten und versuchten zu schlafen, nachdem die Kinder noch lange in die »Nacht« hinein vor den Zelten herumgetollt hatten. Da merkte der Freund, der allein im Zelt war, daß jemand an seinem Zelt rüttelt. Aus dem Halbschlaf erwacht, war er darüber nicht sonderlich erfreut, dachte, es wären die beiden Kinder und schalt sie aus dem Zelt hinaus. Das Rütteln am Zelt aber kam wieder, das zweite Mal noch unsanfter. Da schälte sich der Freund aus dem Schlafsack, kroch aus dem Zelt und wollte die Kinder zurechtweisen. Als er sich vor dem Zelt umdrehte, um nach den Kindern zu sehen, stand ein ausgewachsener Eisbär vor ihm. Bevor er noch reagieren konnte, hatte ihm der Eisbär schon ein, zwei Prankenhiebe versetzt. Der Freund stürzte

blutüberströmt zu Boden und blieb reglos liegen. Durch den Tumult war auch der Vater der Kinder munter geworden und wollte wissen, was draußen vor sich ging. Als er vor das Zelt trat und die Gefahr erkannte, hatte ihn der Eisbär auch schon im Auge. Was tun? Der Vater reagierte richtig. Er erinnerte sich der Indianergeschichten aus seiner Jugendlektüre. Die Indianer vertrieben die Grizzlybären mit Feuer. Gedacht, getan. Er zündete, so schnell er konnte, den Gaskartuschenkocher an und warf ihn in Richtung des Eisbären. Das half. Der Eisbär wich zurück. Ein zweiter Wurf, und der Eisbär wich weiter. Doch auf dem Rückzug schnappte sich der Eisbär den reglosen Freund. Trotz weiterer Attacken mit dem Kocher ließ der Eisbär nicht von seinem Opfer und schleppte es mit auf eine Eisscholle im Fjord. Sollte das Opfer die Prankenhiebe überlebt haben, so war sein Tod, da keine geeignete Schußwaffe zur Verfügung stand, nicht zu verhindern gewesen. Im Reiseprospekt über Spitzbergen hatten sie zuvor gelesen, daß es zum Bedauern der Wildbiologen im Süden schon seit Jahrzehnten keine Eisbären mehr gibt. Vielleicht hat man den Prospekt inzwischen geändert.

Einer zu wenig

Ein süddeutsches Sporthaus hatte eine Wochenend-Skitour zum Kleinen Galtenberg ausgeschrieben. Es meldeten sich elf Teilnehmer. Samstagmorgen am Treffpunkt sah der Bergführer die Teilnehmer zum ersten Mal und machte sich mit ihnen bekannt. Da es sich um eine beliebte Skitour handelte, war die Gruppe nicht allein. Während des Aufstiegs schloß ein Einzelgänger, vom Bergführer vorne unbemerkt, auf. Später geriet die Gruppe in ein abgehendes Schneebrett. Einige der Teilnehmer wurden verschüttet. Die anderen suchten sofort fieberhaft. Bald waren alle gefunden und aus den Schneemassen befreit. Der Bergführer zählte sicherheitshalber zweimal durch: eins, zwei, drei, vier, fünf ... zwölf. Sich selbst vergaß der Bergführer nicht. Also alle da. Doch war trotzdem noch ein Teilnehmer verschüttet. Durch den Einzelgänger nämlich, der zur Gruppe aufgeschlossen hatte, waren es nicht mehr nur elf, sondern zwölf, die hinter dem Bergführer hergingen. Offensichtlich war es wohl die Streßsituation des Lawinenabgangs, die weder den, der aufgeschlossen hatte, noch die, die dies am Ende der Gruppe mitbekommen hatten, daran denken ließ, daß sie ja inzwischen einer mehr waren. Bis sie dies erkannt und den nun letzten Teilnehmer gefunden und ausgegraben hatten, kam jede Hilfe für ihn zu spät.

Ertrinken am Berg?

Es war im Frühsommer beim Abstieg von einem Allgäuer Gipfel. Es lag noch viel Schnee, und der war weich und feucht. Man sank tief ein. Das Spuren war eine Schinderei. Eine Gruppe von drei Bergsteigern kam in einen kleinen, noch tief verschneiten Tobel. An der tiefsten Stelle brach plötzlich einer der drei ein. Nicht weit, doch er stand sogleich bis über die Hüfte im Wasser. Es war eiskalt. So begann er sofort mit Befreiungsversuchen. Doch er mußte schnell feststellen, daß einer seiner beiden Schuhe am Grund des Tobels im Blockwerk verkeilt war.

Nun war dringende Hilfe notwendig, denn das eiskalte Wasser ließ eine baldige Unterkühlung erwarten. Seine Kameraden gaben sich alle Mühe, sie versuchten alles nur irgend mögliche, doch sie konnten ihn nicht befreien. Weder seinen Schuh aus dem Blockwerk lösen, noch den Schuh unter Wasser öffnen. Während sie noch mit ihren Skistöcken versuchten, die Blöcke unter Wasser zu bewegen, um so den Schuh zu befreien, merkten sie, daß das Wasser auffallend anstieg. Was war passiert? Der feuchte Schnee, der durch den Einbruch nach unten gesackt war, versperrte – wie sich später herausstellen sollte – den Abfluß. So sehr sich seine Kameraden auch bemühten, sie konnten den Eingebrochenen nicht befreien. Noch bevor die Gefahr der Unterkühlung zur ernsten Gefahr geworden wäre, ertrank der Eingebrochene im ansteigenden Wasser vor den Augen seiner hilflosen Kameraden.

Versuch eines Resümees

Die Gefahren am Berg und in der Wildnis lassen sich nicht restlos ausschalten. Wir können sie nur zu reduzieren versuchen. Es wird immer ein Restrisiko bleiben, das in einer gewissen Größenordnung wohl auch den Reiz der Berge und der Wildnis ausmacht. Es wäre aber falsch, alle Risiken, die man – aus welchen Gründen auch immer – nicht vermeiden will, dem Restrisiko zuzuschreiben. Je größer das Restrisiko quantitativ ist, umso mehr sinken die Überlebenschancen auf Dauer. Bleibt nur die Empfehlung, doch zu versuchen, möglichst viele Gefahren auszuschalten. Die übrigen, die man auch beim besten Willen nicht ausschalten kann, weil sie nicht erkennbar oder so abwegig sind, daß man sie deshalb nicht in Betracht zieht, sind als Restrisiko quantitativ noch genug.
Ein bekannter Extremkletterer sagte einmal treffend: Das Leben ist viel zu schön, um es am Berg oder wo auch immer bewußt zu riskieren.

Bergrettung – nicht immer leicht

Wenn der Leser einmal auf den Begriff »Bergwacht« stößt und ein anderes Mal auf den Begriff »Bergrettung«, dann deshalb, weil die Bergrettung in Deutschland Bergwacht und die Bergwacht in Österreich Bergrettung heißt. Keine Frage, die Arbeit der Bergwacht – dieser Begriff sei hier für beide Institutionen verwendet – ist in hohem Maß verantwortungsvoll. Das wird von allen auch anerkannt. Daß die Arbeit auch vielfach in Schinderei ausartet, wird dabei leicht übersehen. In Schinderei dann, wenn Eile geboten ist, Hubschrauber aus Wettergründen nicht eingesetzt werden können und die Bergwachtmänner bei Regen, Nebel oder Schneetreiben im Schweinsgalopp aufsteigen müssen. Und das mit schwerem Gepäck auf dem Rücken. Vielleicht noch mit der Aussicht auf ein naßkaltes Biwak. Von der Gefahr ganz zu schweigen, daß ihnen unter

diesem Zeitdruck und Streß auch einmal ein Fehler unterlaufen kann, möglicherweise mit Folgen für die eigene Gesundheit oder gar das Leben. Wer dies in Zweifel zieht, hat noch nie in einem Wettersturz um sein Leben fürchten müssen. Der kann sich nur schlecht vorstellen, was die Bergwacht Jahr für Jahr im stillen leistet. Und das für einen Hungerlohn, wenn der Arbeitgeber die Lohnzahlung für die Abwesenheit einstellt.

Ein bekannter Einsatzleiter in der Schweiz hat, nachdem ein Rettungshelikopter bei widrigen Wetterverhältnissen abgestürzt war und der Unfall drei Menschenleben forderte, klipp und klar zu verstehen gegeben, daß er bei unsicherem Wetter keinen Helikopter mehr starten läßt. Dann, so meinte er, »müssen eben die zu Rettenden etwas länger auf Hilfe warten – die Bergwachtmänner können ohne Hubschrauber halt noch nicht fliegen.«

Schwierige Entscheidung

Was soll der Einsatzleiter tun, wenn eine Unfallmeldung um drei Ecken herum eingeht und nur vage Angaben enthält? Soll er seine Kameraden ausrücken lassen oder nicht? Einerseits kann ein Menschenleben auf dem Spiel stehen, andererseits müssen die Retter Leben und Gesundheit riskieren. Beides gilt es gegeneinander abzuwägen. Und das bei vielfach äußerst dürftigen Angaben zum Unfall. So bei Hilferufen aus der Predigtstuhl-Westwand, der Schüsselkar-Südwand, der Laliderer-Nordwand und wo auch immer.

»Um Gottes Willen, ein Unfall ist passiert! Die brauchen dringend Hilfe!«

»Wo?« – »In der Watzmann-Ostwand.«

»Ja, aber wo? Die Ostwand ist groß.« – »Keine Ahnung.«

»Wer ist verletzt? Wie viele sind es? Wie ernst?« – Keine Angaben.

Der Einsatzleiter aber soll schnell entscheiden, denn Minuten können lebensrettend sein. Es kann sich aber alles genausogut auch als Fehlalarm herausstellen. Der Einsatzleiter steht vielfach vor der schier unlösbaren Aufgabe, eine schnelle, richtige Entscheidung ohne verläßliche Entscheidungshilfen treffen zu müssen. Erst viel später wird sich herausstellen, ob die Entscheidung richtig war oder falsch. Entscheiden muß der Einsatzleiter vorher. Kluge Worte hinterher sind dann so überflüssig wie ein Kropf.

Etwas Zahlenmaterial soll die immense Arbeit von Bergwacht und Bergrettung dokumentieren. Allein in einem einzigen Jahr wurden folgende Einsätze durchgeführt.

	Bergwacht (Deutschland)	Bergrettung (Österreich)
Einsätze	4216	7628
Blinder Alarm	156	128
Geborgene	3991	7238
davon Tote	92	199

Die Einsatzzahlen der Deutschen Bergwacht sind, gemessen am geringen Alpenanteil, relativ hoch. Die Gründe sind nicht genau bekannt. Die Vielzahl der Klettergärten in Deutschland, wo die Bergwacht auch einsatzbereit ist, und die große Zahl der Kletterer dürften hier mitspielen.

Noch eine Zahl: Die Bayerische Bergwacht leistete allein im Jahr 1992 sage und schreibe 1,2 Millionen (!) Einsatzstunden.

Unermüdliche Rettungsversuche

Der Eichhorngrat an der Dreitorspitze im Wetterstein ist lang. Viel länger als er von unten aussieht. Schwierigkeitsgrad V, vielfach auch leichter, aber nicht immer ganz fest. Nur wenige Haken sind vorhanden. Zwei junge Kletterinnen stiegen am Vormittag ein und gerieten am Abend, noch weit unterm Gipfel, in ein schweres Gewitter. Als sich die Wolken etwas gelichtet hatten, stieg der Rettungshubschrauber, der im Rahmen der Heeresbergführerausbildung für einige Wochen ständig im Oberreintal stationiert ist, mit einem Retter an der Winde auf, um die beiden Frauen herauszuholen. In Minutenschnelle hätten sie in der warmen Oberreintalhütte im Trockenen sein können. Doch die beiden Frauen wollten sich nicht retten lassen. Sie winkten ab. So mußte der Hubschrauber unverrichteter Dinge

Länger als er aussieht: Der Eichhorngrat an der Partenkirchner Dreitorspitze.

abdrehen. Die beiden Frauen mußten ein naßkaltes, grausliches Biwak beziehen und während der Nacht noch ein zweites Gewitter über sich ergehen lassen. Hut ab vor der Härte und dem Durchhaltevermögen der beiden Frauen. Am nächsten Morgen waren sich die Retter einig: Die beiden müssen schleunigst herausgeholt werden, soll Schlimmeres verhindert werden. Wieder stieg der Hubschrauber mit dem Retter an der Winde auf. Doch wieder wollten sich die beiden Frauen nicht retten lassen. Wieder mußte der Hubschrauber unverrichteter Dinge abdrehen.

Die beiden Frauen setzten ihren Aufstieg fort. Sie kletterten weiter. Lag es am nassen Fels oder an den durch die Biwaknacht geschwächten Kräften? Wie dem auch gewesen sein mag – eine der beiden stürzte ins Seil und verletzte sich ernstlich. Nun mußten die beiden Frauen das Alpine Notsignal geben. Wieder stiegen die beiden Piloten und der Windenretter in den Hubschrauber, wenn auch dieses Mal etwas widerwillig. Dafür hatten sie dann Erfolg. Die Frauen ließen sich retten.

Am Großglockner

Im Herbst 1971 kam es am Großglockner zur Verkettung einer Reihe tragischer Umstände. Ein Hilfsskilehrer aus Kals (am Großglockner) war mit drei Gästen, einem Ehepaar und einer Amerikanerin, die in seiner Pension Urlaub machten, über den Stüdlgrat aufgestiegen. Ursprünglich wollte der Kalser »Führer« den Normalweg über das Glocknerleitl nehmen, doch im letzten Augenblick querte er mit seinen Gästen noch hinüber zum Einstieg des Stüdlgrates, »weil's Wetter so schön ist«, wie er einem absteigenden Bergführer kurz nach 14 Uhr noch zurief.

Im Abstieg geriet die Seilschaft in einen Wettersturz und in die Dunkelheit. Der Kalser ließ seine Gäste mit seinen entbehrlichen Kleidungsstücken (Anorak) und einer Rettungsdecke an den letzten Felsen zurück und wollte zur »Adlersruhe« (Schutzhütte) absteigen, um eine Lampe und Hilfe zu holen (später fand man in seinem Rucksack eine Taschenlampe). In der Dunkelheit muß der Kalser am Glocknerleitl zu weit nach links (Norden) geraten und dann im Steileis abgestürzt sein. Man fand ihn erst vier Tage später, tot, im Bereich des Einstiegs zur Pallavicini-Rinne.

Die drei Gäste verbrachten trotz guter Ausrüstung eine grauenvolle Nacht, da sie ein Biwak noch nie erlebt hatten und vergeblich auf die Rückkehr ihres Kalser »Führers« warteten. Während der Nacht starb der Ehemann an Unterkühlung und Erschöpfung.

Als der Kalser »Führer« auch am anderen Morgen nicht zurückgekehrt war, machte sich die Amerikanerin allein auf, um die »Adlersruhe« zu erreichen. Dabei stürzte sie nach Süden ins Ködnitzkees ab und konnte erst Tage später, nur noch tot, gefunden werden.

Die Hilferufe der an Ort und Stelle zurückgebliebenen Ehefrau des mittlerweile Erfrorenen wurden um die Mittagszeit auf der »Adlersruhe« gehört. Bergführer und anderweitige Bergsteiger, die hätten Hilfe bringen können, befanden sich nicht auf der Hütte. So konnte die Überlebende erst gegen Abend – mit bedenklichen Erfrierungen zwar, doch immerhin mit noch ausreichender Körpertemperatur – gerettet werden.

Großglockner mit dem »Leitl« (Normalweg).

Dann, am nächsten Tag, suchte man nach den beiden Vermißten, der Amerikanerin und dem Kalser, der zu diesem Zeitpunkt noch nicht gefunden war. Man vermutete beide auf der Südseite. Die Amerikanerin konnte bald auf dem Ködnitzkees gefunden werden. Der Kalser wurde im Steileis zwischen Kleinglockner und der »Adlersruhe«, vermutet. Vier Bergrettungsleute suchten von oben herab, während eine zweite Gruppe den Hang »viel weiter unten durchkämmte«. Dabei »brach der ganze Hang, auf dem Neuschnee lag, in Höhe der oberen Gruppe zusammen«, riß alle vier mit sich »und überschüttete auch die unten suchenden Männer«. Die Gefährlichkeit dieser Lawine »bestand nicht in der Schneemenge, sondern in den mitgeführten Eis- und Gesteinsbrocken«. Zwei der Mitgerissenen wurden tödlich getroffen, zwei schwer verletzt (offener Oberschenkelbruch, Rippenserienfraktur, Wirbelbrüche, Kopfverletzungen). Alle waren kaum verschüttet.

Der Abgang der Lawine war von der »Adlersruhe« beobachtet worden. Im Nu konnte per Funk weitere Hilfe angefordert

Hubschrauber können nur bei gutem Wetter eingesetzt werden...

werden. Mit mehreren Hubschrauberflügen wurden die Verletzten und später auch die beiden Toten geborgen.

Der Kalser »Führer« konnte erst einen Tag später gefunden werden, als ein Teil seines roten Pullovers aus dem Schnee ragte. Am Tag zuvor, als schon der Einstiegsbereich der Pallavicini-Rinne vom Hubschrauber aus abgesucht worden war, war der Tote noch völlig von Schnee bedeckt gewesen.

Der verschwundene Tote

Ein bekannter Bergfilmer fuhr vor nicht allzu langer Zeit einmal mit der Montblanc-Gondelbahn über das Vallée Blanche. Eine solche Gondelfahrt ist immer aufregend. Da schwebt man an der Südwand der Aiguille du Midi vorbei, wo die Kletterer wie Fliegen an der Wand kleben. Dann gondelt man an der Tacul-Ostwand mit ihren Eiscouloirs vorbei, wo die Seilschaften, wie an einer unsichtbaren Perlenschnur aufgereiht, hinaufsteigen. Und man schaukelt in luftiger Höhe über das Vallée Blanche mit seinen zahlreichen, wie riesige Briefkastenschlitze aussehenden Gletscher-

spalten, zwischen denen sich Seilschaften mit viel zu vielen Touristen an einem Seil wie riesige Bandwürmer hindurchwinden.

Die Gondelkabinen sind recht eng. Der Blick nach unten ist eingeschränkt. Unser Filmemacher öffnete das Fenster, lehnte sich mächtig hinaus und filmte wie ein Akrobat mit dem Oberkörper in der freien Luft. Da kam ein Windstoß, und sein schöner Trenkerhut war weg. Er sah ihn hinabsegeln und über den Gletscher kugeln, bis er seinen Blicken entschwand. Schade um den schönen Hut.

Am darauffolgenden Wochenende saß unser Filmemacher in Chamonix in einer gemütlichen Kneipe. Am Nebentisch feierte eine Gruppe französischer Alpinisten die erfolgreiche Beendigung ihres Eiskurses. Da unser Filmemacher gut französisch sprach, bekam er den einen und anderen Satz mit. Später diskutierte die Gruppe über einen wahrscheinlich Toten in einer Gletscherspalte. Man habe ihn aber nicht finden können. Obwohl die beiden Bergführer, auch ausgebildete Bergrettungsmänner, sich in die Spalte abgeseilt und nahezu die ganze Spalte »umgedreht« hatten.

Linkes Bild: Neuester Stand der Rettungstechnik (Zermatt): Ein »statisches«, 150 Meter langes Bergetau für Bergungen aus Steilwänden; der kleine Punkt am unteren Bildrand ist der Retter am Tauende.

Von dem Verunglückten war keine Spur zu finden gewesen. Nur seinen Hut, den hatte man am Spaltenrand gefunden.

Unser Filmemacher fragte nach dem Hut. Man brachte ihn. In der Tat – es war sein Hut. Klar, daß der glückliche Ausgang dieses »Spaltensturzes« gemeinsam gefeiert und gebührend mit Rotwein begossen werden mußte.

Gefährliche Seilsicherung

Ein junger Sportkletterer hatte mit seiner Seilpartnerin in den Dolomiten eine Erstbegehung unternommen. Beim seilgesicherten Abstieg brach ihm ein Griff aus, er stürzte ins Seil. Nicht weiter schlimm, er kugelte sich nur den linken Oberarm aus. Da Sicht- und Rufverbindung ins Kar bestand, wo weitere Bergsteiger und Wanderer waren, konnte schnell Rettung herbeigerufen werden. Bald schwebte der Hubschrauber mit einem Flugretter am Seil heran.

Bei Taubergungen muß alles recht schnell gehen. Der Pilot will mit seinen Rotorblättern nicht allzu lange im unmittelbaren Gefahren-

bereich am Fels sein. Eine akustische Verständigung ist wegen des Triebwerklärms nicht möglich. So war es auch in diesem Fall. Der Flugretter schwebte heran, klinkte je einen Rettungskarabiner in den Anseilgurt des Verletzten und in den seiner Kletterpartnerin, kappte deren aus einer Bandschlinge bestehende Selbstsicherung kurzerhand mit einem scharfen Messer und gab dem Piloten das Zeichen zum Abheben. Die beiden zu Rettenden protestierten entsetzt, denn nur sie wußten, daß das lose Seil, mit dem sie noch verbunden waren, noch an einem sicheren Haken eingehängt war. Doch der Flugretter verstand offensichtlich nicht. Auch laute Proteste und Schreie der beiden halfen nichts. Sie gingen im Triebwerkslärm unter.

Der Hubschrauber hob ab, und die zu Rettenden wurden gemeinsam mit dem Retter hochgelupft. Nach etwa 20 Metern, als der Hubschrauber schon Fahrt hatte, spannte sich das Seil, das noch im Haken hing, bis zum Zerreißen. Durch die Seilspannkraft verlangsamte sich die Steiggeschwindigkeit des Hubschraubers urplötzlich, und »er wurde brutal nach unten gerissen«, wie die zu Rettenden später berichteten. Ein gutes Seil kann dabei eine Spannkraft von weit über 30 kN (über

3000 kp), also über drei Tonnen (da im Doppelstrang belastet), erzeugen. Das hält kein Hubschrauber der für Rettungsflüge im Hochgebirge üblichen Klasse aus. Der Hubschrauber gerät außer Kontrolle und zerschellt am Fels, was wegen des Treibstoffes in der Regel mit einer Explosion einhergeht.

Um Unfällen dieser Art vorzubeugen, besitzt jeder Hubschrauber ein Notsystem, mit dem der Pilot durch einen Handgriff das Rettungsseil oder jede andere Außenlast kappen kann. Und koste es das Leben des Flugretters und das der zu Rettenden. In solchen Notsituationen muß das Unfallausmaß minimiert werden, wie dies in der Pilotensprache heißt. Allerdings nur, sofern der Pilot schnell genug reagiert, nämlich bevor die Rotorblätter seitlichen Fels- oder die Zelle unsanften Bodenkontakt bekommen.

Der Pilot reagierte zum Glück nicht schnell genug. Er betätigte den Nothebel nicht. Statt dessen gab er Gas, das Triebwerk heulte auf, der Hubschrauber zog ein zweites Mal an und wurde ein zweites Mal und dieses Mal noch »brutaler« durch die Seilspannkraft nach unten gerissen. Die komplette Katastrophe, das Zerschellen und Explodieren des Hubschraubers mit dem Flugretter und den beiden zu Rettenden unten dran, schien unausweichlich. Da löste sich in letzter Sekunde der Haken aus dem Fels. Flugretter und zu Rettende schossen mächtig hinter dem Hubschrauber her und wurden vom nachschlenzenden Seil wie von

einem überdimensionalen Peitschenhieb getroffen. Doch das war – gemessen an den vorangegangenen Gefahren – noch das harmloseste. Wahrscheinlich hatte der Pilot die Gefahr in den wenigen Sekunden nicht erkannt. Hätte er das Rettungsseil gekappt, wären der Flugretter und die beiden zu Rettenden durch die Seilspannkraft nach unten gerissen worden. Zur normalen Erdbeschleunigung wäre also die seilspannkraftbedingte Beschleunigung noch hinzugekommen. Den Aufprall am Fels hätten die drei nach menschlichem Ermessen kaum überleben können.

Auch ein herumliegendes Seil kann zum Absturz eines Hubschraubers führen, wenn es bei Annäherung hochgewirbelt wird und in den Rotor gerät. Dergleichen ist bereits passiert. Deshalb das Seil, soweit möglich, aufnehmen und irgendwo befestigen.

Eingeklemmt

Auch im sächsischen Elbsandstein gibt es wieder die Bergwacht. Zu DDR-Zeiten hieß sie Bergrettungsdienst. Und dieser Bergrettungsdienst mußte 1986 an den Ostertürmen eine sonderbare Rettung durchführen. Ein Kletterer, so hieß es, sei beim Abstieg im Kamin so festgeklemmt, daß er nicht mehr heraus könne. Die Kamine im Elbsandstein sind oft so fürchterlich tief und eng, daß man darin glatt Angst bekommen kann. Platzangst wäre das wenigste gewesen. Der Kletterer hatte sich in der Tat so im Kamin verklemmt, daß er sich aus

eigener Kraft nicht mehr befreien konnte. Auch die Kameraden konnten ihm weder mit Seilzug noch mit guten Worten helfen. Er klemmte mit dem Brustkorb zwischen den engen Kaminwänden, während er mit den Beinen keinen Halt finden konnte. Seine Lage wurde bald lebensgefährlich insofern, als seine Situation der glich, die beim freien Hängen im Seil, angeseilt allein um den Brustkorb, auftritt. Das Blut versackt in die unteren Extremitäten und wird nicht mehr ausreichend zum Herz zurückgepumpt. Dies führt innerhalb relativ kurzer Zeit zum Tode durch orthostatischen Schock (siehe Seite 82–85). Deshalb war Eile geboten.

Mit Zug von oben konnten die Leute vom Bergrettungsdienst nichts ausrichten. Sie mußten unter dem verklemmten Holzspreizen im Kamin verankern und den Raum unter seinen Füßen so ausfüttern, daß seine Füße wieder Halt finden konnten. Nur so war sein Blutkreislauf an Ort und Stelle zu stabilisieren. Erst nach Verabreichung einer Adrenalinspritze und nach Einsatz von Hebelwerkzeugen konnte der Verklemmte dann – nach zwölfstündiger (!) intensiver Arbeit – befreit werden.

So selten kommt dergleichen im Elbsandstein gar nicht vor. Ähnliches hat sich 1979 am

Mönch ereignet und im gleichen Jahr am Kleinen Wehlturm sowie 1984 beim Abstieg vom Falkenstein im NO-Kamin.

Hilferufe?

Vom Schachen im Wetterstein kamen Wanderer ins Oberreintal und berichteten, sie hätten Rufe gehört, etwas wie »Hallo«. Es habe aber so geklungen, als brauchte jemand Hilfe. Der Rettungshubschrauber wurde alarmiert. Man fand einen älteren Wanderer weit abseits des Weges. Er hatte einen direkten Abstieg gewählt, war in Absturzgelände geraten und konnte weder vor noch zurück. Schnell wurde er geborgen und auf die Oberreintalhütte geflogen. Dort stellte sich heraus, daß der Gerettete der Kassier eines Bayerischen Bergwachtabschnittes war. Er genierte sich dies zuzugeben und meinte: »Wenn dös meine Kameraden erfahren, dann kann i mi nimmer mehr in unserer Bereitschaft blicken lassen.« Deshalb hatte er Hallo gerufen und nicht etwa Hilfe.

Rettung im Kaiser

Vor welch schwierigen Situationen die Bergrettungsmänner und -ärzte oft stehen, zeigt folgender Unfall im Wilden Kaiser. Ein Kletterer war im Vorstieg so unglücklich gestürzt, daß sich sein Fuß in einem Riß verklemmte. Da sich der Gestürzte dabei einen Knöchelbruch zuzog und der Fuß schnell anschwoll, konnte er ihn nicht wieder herausbekommen. Der Fuß steckte wie einzementiert im Riß. Erst der Bergrettungsarzt konnte mit Hilfe einer Lumbalanästhesie und einer stabilen Brechstange den Fuß befreien.

Bildgeschichte eines Bergrettungseinsatzes

Unfallhergang: Beim Abstieg von der Großen Zinne (Dolomiten) ließ ein Bergführer seine beiden Gäste mit der HMS an einem Ringhaken ab. Als er den zweiten ablassen wollte, löste sich der HMS-Karabiner (ohne Verschlußsicherung) aus dem Haken (wie ist ungeklärt), so daß der Gast 45 Meter bis in eine Randkluft stürzte. Der Helm zerbarst. Der Gestürzte zog sich tödliche Verletzungen zu. Die Untersuchung des Helms erbrachte, daß es sich um einen mindestens zehn Jahre alten Helm handelte, der schon im Neuzustand nicht die Normwerte erfüllte. Der unangeseilte und nicht selbstgesicherte Bergführer wurde mitgerissen, blieb zufällig auf einem Band 20 Meter tiefer liegen und zog sich schwere Verletzungen zu, unter anderen Kopfverletzungen (da ohne Helm; er hatte seinen Helm dem Abgestürzten gegeben). Beinahe wäre auch noch der bereits zuvor abgelassene Gast mitgerissen worden, der sich 25 Meter tiefer auf einem Band befand. Das Seil zu ihm war bereits leicht gespannt(!). Auf dem Unfallfoto deutlich zu erkennen: der HMS-Karabiner mit der noch eingehängten HMS.

Es bleibt ein schwacher Trost

Der Mensch besitzt wie jede Kreatur einen Überlebensdrang. Andernfalls wäre die Menschheit wohl schon ausgestorben. Dieser Überlebensdrang dürfte es mit sich bringen, daß der Mensch den Tod als etwas Schreckliches fürchtet, den Tod durch Absturz als etwas Entsetzliches. Doch das ganze Gegenteil ist der Fall. Der Tod durch Absturz ist weder schmerzhaft noch sonstwie unangenehm.

Albert Heim, Professor für Geologie in Zürich, hat schon Ende vergangenen Jahrhunderts(!) über den Tod durch Absturz berichtet. Heim schildert in seinem Beitrag[43] Unfälle von Abgestürzten, die nach menschlichem Ermessen eigentlich hätten tot sein müssen, die aber durch glückliche Umstände überlebt haben. Auch einen eigenen Absturz beschreibt er. Heim schildert die Empfindungen während des Absturzes peinlich genau.

Die Abstürzenden erleben nicht etwa Todesangst oder andere schreckliche Empfindungen, auch keine Verzweiflung oder Pein. Der Abstürzende erkennt zwar sehr bald, daß dieser Sturz wohl mit dem Tod enden wird, doch er empfindet dies im Rahmen eines äußerst angenehmen Gefühls und einer ungeheuren Gelassenheit. Der Abstürzende ergibt sich leicht beflügelt seinem Schicksal. Er versucht keineswegs verzweifelt, das unaufhaltsame Ende abzuwehren. Der Zeitraum, in dem sich der Absturz abspielt, erscheint um ein Hundertfaches verlängert. Dabei erlebt der

Prof. Albert Heim: »Subjektiv ein schöner Tod...«

Abstürzende den berühmten Lebensfilm vor Augen. Er sieht in einer globalen, alles überschauenden Vision große Teile seines Lebens und sich selbst mitten drin. Offensichtlich wird das Gehirn enorm aktiviert und Erinnerungen werden wach. Auch Erinnerungen an traurige Erlebnisse, die aber keineswegs als traurig empfunden werden. Nur erhabene und versöhnende Gedanken bemächtigen sich des Abstürzenden. Er sieht seine Angehörigen und gute Freunde, auch solche, die längst verstorben sind. Auch die eigene Beerdigung hat mancher schon gesehen, aber ohne, daß ihn dies sonderlich berührt hätte. Dabei sieht er das alles nicht wirklich, sondern empfindet es vor seinem geistigen Auge. Gelegentlich haben Abstürzende auch ganz banale Gedanken wie etwa den, daß sie dieses oder jenes beim Sturz nicht verlieren mögen. Das Bewußtsein erlischt schmerzlos, kurz nach dem Moment des Aufschlagens, der höchstens noch gehört, niemals aber schmerzend mehr empfunden wird. Jedenfalls ist der Tod durch Absturz, so schließt Heim seinen Beitrag, »subjektiv ein schöner Tod«.

Auch Hermann Buhl berichtet in seinem Buch »Achttausend drüber und drunter« von einem Sturz im Wilden Kaiser, im Schmuck-Kamin an der Fleischbank-Ostwand. Buhl ist 60 Meter gestürzt. Auch Buhl hatte während seines Sturzes keinerlei Todesangst. Er spürte jeden Aufschlag am Fels, er empfand aber »nicht den geringsten Schmerz«. Ihm schien »alle Logik, alle Vernunft ausgeschaltet«. Er dachte keinen Moment daran, daß ihm selbst »etwas Ernstliches zustoßen könnte, eine stärkere Verletzung etwa, oder gar, beim Aufschlag im Kar, ein letztes Ende«. Dagegen dachte Buhl an seine neue Kletterhose. »Wenn nur sie nicht leidet«. Auch sein Taschenmesser fiel ihm ein. `»Hoffentlich verliere ich es nicht«. Buhl überschlug sich und stürzte mit dem Kopf voran. Dann folgte ein Seilruck, und es richtete

---

43) *»Notizen über den Tod durch Absturz«, Jahrbuch des Schweizer Alpenclub, 1891, Seite 327–337.*

Fleischbank-Ostwand, Schmuck-Kamin: Hier stürzte Hermann Buhl 60 Meter!

ihn wieder auf. »Aber weiter ging die Fahrt. Noch immer kein Erschrecken. Nur – ja, da ist eben das Seil gerissen«. Buhl hat den Sturz überlebt. Er »stand plötzlich auf einer kleinen Kanzel inmitten der Wand, im Grunde des Kamins«. Das Seil spannte »sich straff nach oben«. Nun ist bekannt, daß Buhl den Umgang mit dem Fels besser beherrschte als den mit der Feder. Sein Buch wurde von Kurt Maix geschrieben. Wir können aber sicher davon ausgehen, daß Buhl den Sturz so erlebt haben dürfte, wie es beschrieben ist. Auch das mit der Hose und dem Taschenmesser. Es dürfte recht unwahrscheinlich sein, daß sich Maix diese Schilderungen im Rahmen der journalistischen Freiheit hat einfallen lassen.

Ich fragte mich, ob es denn nicht auch unter den Lebenden noch jemanden gibt, der einen solchen Absturz mit dem sicheren Tod vor Augen erlebt hat. Und solche Bergsteiger und Kletterer gibt es in der Tat.

An der Triolet

Wolfgang Schels überlebte im August 1974 einen 400-Meter-Sturz in der Nordwand der Aiguille de Triolet (Montblanc-Gruppe). Er war als Seilerster in der nach rechts ansteigenden Querung nahezu die volle Seillänge ausgegangen, als der Sturz erfolgte. Die Standplatzsicherung seines Seilpartners Andreas Florian war der Belastung nicht gewachsen. Beide stürzten bis auf den Argentièregletscher.

Schels berichtete später: »Ich stürzte auf dem Rücken über die Eiswand hinab und sah, wie sich die beiden Seile in eine Firnrippe einschnitten und so eine Schneefahne gegen den blauen Himmel emporwarfen. Obwohl ich während des Sturzes wie ein Gummiball aufschlug und mich drehte, verspürte ich keinerlei Angst. Bis zum Straffen der Seile hatte ich eine Sturzhöhe von etwa 70 Meter zur Verfügung. Ich rechnete – das kann ich versichern – mit der gütigen Hand des Partners bzw. des Himmels. Alles war wie ein Traum, den ich miterlebte. Ich empfand keinerlei Schmerz oder Pein, vor allem fehlte die Angst. Als ich dann den Ruck der Seile wie ein sanftes Zupfen am Hemd spürte, wurde mir klar, daß ich endgültig dem Abgrund zuraste. 'Jetzt ist es aus, so stirbt man also', dachte ich. Doch mir fehlte jegliches Angstgefühl.«

Schels verlor dann das Bewußtsein und konnte später geborgen werden. Sein Seilpartner Florian überlebte den Sturz nicht.

Triolet-Nordwand: Sturzhöhe 400 Meter!

An der Marmolada

Norbert Sandner hat 1972 mit Hartwig Erdenkäufer die SW-Wandroute an der Marmolada in den Dolomiten durchstiegen. Beim seilfreien Abstieg rutschte Sandner noch im Eis des Gipfelbereichs weg und stürzte 600 Meter über die Nordflanke hinab. Wie durch ein Wunder konnte er überleben. Wie ein zweites Wunder scheint es, daß er auch noch den Abtransport durch die Bergrettung überlebte.

Sein Partner mußte zunächst einmal über den Westgrat absteigen und dann unter der Nordflanke hineinqueren, um nach dem Abgestürzten zu suchen. Obwohl an dieser Stelle zehn Tage zuvor ein Vater mit seiner Tochter tödlich abgestürzt sind, war er davon überzeugt, daß man einen derartigen Sturz mit etwas Glück überleben kann. Hatte er doch fünf Jahre zuvor mit einem Kameraden einen ähnlichen, wenn auch nicht derart hohen Sturz an der Aiguille des Bionnassay überlebt (siehe nächste Seite). Bei Schneetreiben und einbrechender Dunkelheit fand er den abgestürzten Sandner – lebend, gut 100 Meter

unterhalb der Randkluft. Er versorgte ihn notdürftig, indem er bis auf die Hose und ein Unterhemd alles auszog, um den Abgestürzten möglichst warm lagern zu können. Dann machte sich Erdenkäufer auf den Abstieg zum Contrinhaus, das er noch vor Mitternacht erreichte. Der Wirt benachrichtigte sofort die Bergrettung, die zusagte, noch in der Nacht aufzubrechen. Nachdem die Bergrettung benachrichtigt war, eilte Erdenkäufer mit Decken, heißem Tee und einer Lampe wieder zum abgestürzten Sandner zurück. Gegen zwei Uhr nachts traf er bei ihm ein. Sandner war unterdessen 30 Meter abgerutscht.

Erdenkäufer flößte ihm Tee ein und massierte ihm die nicht gebrochenen Gliedmaßen. Noch bei Dunkelheit tauchten die ersten Retter auf. Beim Abtransport, den Sandner bei vollem Bewußtsein miterlebte, meinte einer der Retter, daß dem Verletzten ja schon das Gehirn herausschaut. Sandner dachte sich, »das kann ja wohl nicht sein – sonst könnte ich ja nicht mehr denken«. Es war auch nicht das Gehirn, es waren die aufgeschwollenen Wundränder

Marmolada-NW-Flanke: Sturzhöhe 600 Meter!

Bionnassay-NW-Wand: Sturzhöhe 200 Meter!

der Kopfhaut, die ihm, wie andere Körperhaut auch, teilweise fehlte. Sandner konnte erst rund 18 Stunden nach dem Sturz im Krankenhaus von Cortina behandelt werden. Sandners Sturz ist der zweithöchste, der je überlebt wurde.[44] Seine Genesung machte gute Fortschritte. Es kann als nahezu drittes Wunder bezeichnet werden, daß Norbert Sandner schon bald wieder den VII., VIII. und IX. Grad kletterte – und dies heute noch.

An der Bionnassay

Hartwig Erdenkäufer und Ernst Janele überlebten im August 1967 einen 200-Meter-Sturz

44) *Der höchste Sturz, den Menschen überlebten, ereignete sich im Sommer 1932 an der Aiguille Verte (Montblanc-Gruppe). Robert Greloz und François Valluet stürzten etwa 700 Höhenmeter durch das Couloir Couturier hinab bis auf den Argentièregletscher. Beide blieben zunächst besinnungslos liegen. Der Sturz wurde von Bergsteigern, die zur Argentière-Hütte unterwegs waren, beobachtet. Als sie bei den vermeintlich Toten eintrafen und einer der beiden zufällig einen Arm bewegte, wurden die »Retter« von Panik befallen und liefen davon.*

in der NW-Wand der Aiguille de Bionnassay in der Montblanc-Gruppe. Als Erdenkäufer gerade vom Stand nachsteigen wollte und versuchte, seinen Eishammer, der ihm zwischen den Beinen baumelte, aufzunehmen, nahm er einen Fuß zu Hilfe – verlor das Gleichgewicht und stürzte. Das Seil straffte sich sehr bald, und Erdenkäufer kam nach einigen Metern zum Stehen. Doch da kam schon das Seil wie eine lose Schlange von oben herabgefallen. Die Standplatzsicherung des Seilpartners hatte versagt. Erdenkäufer wurde vom vorbeistürzenden Seilpartner, wie von einem Katapult geschossen, hinterhergerissen.

Erdenkäufer: »Ich sah die Wand vorbeifliegen. Ganz ruhig stellte ich fest, daß ich nur noch sehr kurze Zeit leben würde. Eine wehmütige Stimmung überkam mich. Die Dru-Westwand hast Du vor einigen Tagen durchstiegen und auch den Taculpfeiler. Kannst den Freunden nichts mehr davon erzählen. Alles umsonst. Ich sah meine eigene Beerdigung, die mir Nahestehenden mit Tränen in den Augen. Rührung überkam mich. Plötzlich dachte ich an den Absturz von Toni

Schmid und Ernst Krebs in der NW-Wand des Wiesbachhorns (Glocknergruppe). Auch eine Eiswand, dachte ich.« Krebs hat den Sturz seinerzeit überlebt, Schmid nicht. Krebs, von Beruf Dachdecker, zog sich Jahrzehnte später bei einem Sturz vom Dach tödliche Verletzungen zu. Erdenkäufer und Janele konnten zunächst nicht fassen, daß auch sie diesen Sturz überlebt hatten. Sie hörten Rufe von anderen Seilschaften aus der Wand: »Seid ihr verletzt? Sollen wir kommen?« – »Nein« war die Antwort, »alles in Ordnung«. Natürlich war nicht alles in Ordnung. Die verletzungsbedingten Schmerzen stellten sich bei beiden erst wesentlich später ein.

Hartwig Erdenkäufer drehte 1974 einen Film mit dem Titel »Warum«. Inhalt: Norbert Sandners 600 Meter hoher Sturz an der Marmolada. Sandner spielt die Hauptrolle, er spielt sich selbst. Erdenkäufer verwendete für diesen Streifen auch Eindrücke von seinem eigenen Absturz. Wer nichts von der alles überschauenden Vision während eines Absturzes weiß, wird leicht geneigt sein, die Szenenfolge als ein heilloses Durcheinander anzusehen. Da wechseln Sturzszenen mit Beerdigungsszenen und mit persönlichen Absturzempfindungen völlig übergangslos ab. Es ist ein ständiges Hin und Her der Szenen. Es zeigen sich unsere bescheidenen technischen Möglichkeiten, die alles überschauende Vision, wie sie bei einem Absturz auftritt, darzustellen. Dies ist nicht einmal in einem Film halbwegs realistisch möglich.

Auch die Medien

Vor einigen Jahren bemächtigten sich auch die Medien des Absturzthemas. Einige berichteten über dieses Empfindungsphänomen bombastisch aufgemacht unter dem Titel »Mit Halleluja in den Tod«. Die Zeitungsartikel gingen am bisher bekannten Fachwissen[45] und den Erlebnisschilderungen vorbei. Sie waren schlicht überzeichnet. So wurde unter anderem berichtet, daß »viele Bergsteiger freiwillig in den Tod springen«. Sie würden eingebildeten Stimmen aus der Tiefe folgen und meinten, »fliegen zu können«. Manche Bergsteiger hätten sich zum Schluß »wahrscheinlich sogar noch vom Berg abgestoßen,

um zu den Stimmen aus dem Tal zu fliegen«. Am Ende eines dieser Zeitungsartikel wurde empfohlen: »Wer sich im Klettern üben will, muß unbedingt vorher zum Arzt.« Allerdings – so falsch kann diese Empfehlung nicht sein (der Autor nimmt sich nicht aus).

Geringe Wahrscheinlichkeit

Es wurden weitere Abstürze bekannt, die nach menschlichem Ermessen hätten tödlich enden müssen. So ein 90-Meter-Sturz im absolut freien Fall(!) in den Julischen Alpen, der durch einen schrägen Firnhang gedämpft wurde. Weiter der 300-Meter-Sturz einer Seilschaft 1970 am Zinalrothorn (Wallis), ein 500-Meter-Sturz 1977 am Ortler und gleich zwei Stürze in der Pallavicini-Rinne am Großglockner, ein 300-Meter-Sturz 1986 und ein 450-Meter-Sturz erst 1991. Die Wahrscheinlichkeit, einen derartigen Sturz am Berg zu überleben, ist, statistisch gesehen, relativ gering. Man sollte darauf nicht spekulieren. So bleibt für den Fall der Fälle nur ein schwacher Trost – nämlich der, daß der Tod durch Absturz für den Abstürzenden selbst nichts Schreckliches, sondern eher »etwas Schönes« ist. Und der Tod durch Absturz tut nicht weh.

Abstürzende schreien nicht

Im Film und Fernsehen wird es immer falsch gezeigt. Abstürzende schreien nicht. Dies ist bei einer Vielzahl von Abstürzen beobachtet worden. Wenn Schreie zu hören sind, dann von Unfallzeugen. Offensichtlich brauchen die Herren Regisseure Todesschreie der Abstürzenden, um die Dramatik besser hinüberzubringen. Wahrscheinlich ist auch noch kein Regisseur irgendwo einmal abgestürzt.

---

45) *Den Presseberichten lag offensichtlich die Veröffentlichung von Dr. F.H. Schwarzenbach, Chur, mit dem Thema »Auswirkungen von Erschöpfungszuständen bei Expeditionen und alpinistischen Dauerleistungen« zugrunde (Bericht der 3. Internationalen Bergrettungsärzte-Tagung, Innsbruck, November 1973, Werk-Verlag Edmund Banaschewski, München-Gräfelfing). In der Veröffentlichung werden die einzelnen Erschöpfungszustände analysiert und beschrieben, und das liest sich alles ganz anders als das, was die Presse daraus gemacht hat.*

Der Abstürzende steht zunächst einmal sozusagen ratlos vor seinem eigenen Absturz. Das Empfindungsspektrum während des Absturzes ist für ihn neu. Er weiß nicht, wie er darauf reagieren soll. Sollte der Abstürzende durch An- und Aufschlagen nicht sehr bald das Bewußtsein verlieren, sondern den Sturz bewußt erleben, tritt das bereits geschilderte Empfindungsspektrum ein, das keinen Anlaß für Schreie bietet – und schon gar nicht für Angstschreie. An Geräuschen ist bei Aufschlag auf Fels- und Eisabsätze nur ein dumpfer Ton zu hören, so, als würde ein gefüllter Sack aufschlagen. Bleibt zu klären, wie schnell sich der Sturz in den Tod vollzieht. Wie schnell stürzt ein Mensch über eine Steilwand aus Firn und Eis herab? Wir haben im Sicherheitskreis

solche Fallgeschwindigkeiten gemessen. Aus den an anderer Stelle bereits genannten vorteilhaften Gründen taten wir dies mit »abstürzenden« HBF[46]-Anwärtern (da diese im Rahmen der Ausbildung die HMS-Bedienung im praktischen Fallversuch erlernen müssen). Die Anwärter mußten sich einen 42 Grad steilen Firnhang hinabfallen lassen. Nach einer Fallhöhe von 35 Metern wurde der Sturz mit HMS durch einen Seilpartner gehalten. Es war ein etwas harter, aber noch gut griffiger Firnhang, der noch keine Steigeisen erforderlich machte. Erstaunliches kam für uns zutage (siehe Kasten).

---

46) HBF = Heeresbergführer (das deutsche und auch das österreichische Heer haben eigene Bergführer).

Wie schnell stürzt man?

Auf harten Firnhängen liegt die Fallgeschwindigkeit in der Größenordnung der des Freien Falls(!), genauer: Sie liegt nur wenig darunter, bei einem 42 Grad steilen, harten Firnhang bei 98 % (!). Ein signifikanter Unterschied zwischen reibungsintensiver und reibungsarmer Bekleidung konnte – so nahe der Geschwindigkeit des Freien Falls – nicht festgestellt werden.

Natürlich verringert sich die Fallgeschwindigkeit durch Überschlagen und zwischenzeitliches Anschlagen an Eis- und Felsbuckel. Beim Überschlagen wird Fallenergie in Rotationsenergie umgewandelt, um deren Betrag sich die Fallgeschwindigkeit reduziert. Beim Anschlagen wird ein Teil der Fallenergie in Verformungsarbeit wie Knochenbrüche, Luxationen und andere Verletzungen umgewandelt. Auch dies reduziert die Fallgeschwindigkeit. Auf weicherem Firn wird die Fallgeschwindigkeit etwas geringer sein, auf Eis etwas höher. Alles in allem

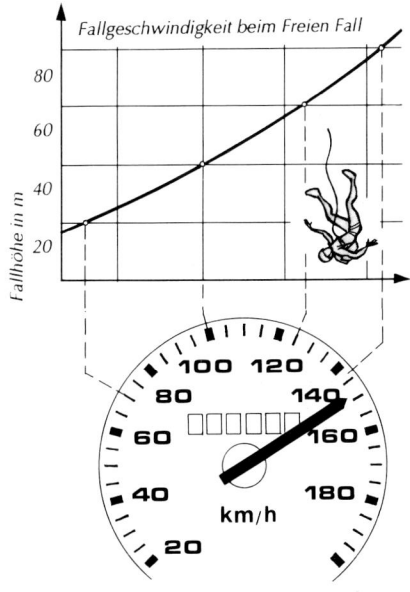

liegt sie nur wenig unter der des Freien Falls. Das Schaubild verdeutlicht die Fallgeschwindigkeiten und es gibt diese in km/h an. Dies zeigt auch eindrucksvoll, wie gefährlich der Mensch im Straßenverkehr lebt.

Was ist wahr daran? – Dank

Manche der geschilderten Begebenheiten und Unfälle mögen unwahrscheinlich klingen. Dem Leser könnten Zweifel gekommen sein, ob sich das alles wirklich so zugetragen hat.

Es ist alles so wiedergegeben, wie es uns im Sicherheitskreis berichtet wurde. Auch die unwahrscheinlich klingende Story mit dem Knochen, der im Frankenjura vom Himmel gefallen ist. Der Rechtsanwalt, der die Schmerzensgeldforderung des Getroffenen geltend machte, hat sie mir mitgeteilt. Auch der Mitreißunfall auf der Solvayhütte am Matterhorn hat sich so zugetragen. Er wurde mir vom Leiter der Zermatter Bergrettung berichtet.

Bei einigen Unfällen und Begebenheiten wurden Daten nicht genannt oder umschrieben. So Daten wie Zeitpunkt und Örtlichkeit (Berg, Route, Klettergarten). Die Umschreibung erfolgte aus Gründen der Nächstenliebe. Es soll damit das Bekanntwerden über den üblichen Bekannten- und Freundeskreis hinaus verhindert werden. Dies gilt insbesondere für solche Unfälle, bei denen sich der Verunfallte durch Selbstverschulden erhebliche Verletzungen zugezogen hat. Zum Schaden soll nicht auch noch der Spott hinzukommen.

Auf die Angabe von personenbezogenen Daten mußte aus bekannten Gründen verzichtet werden. So wurde beim Unfall mit dem »Grünstich« der farbenbezogene Name des Verunfallten geändert, um keinen Hinweis auf den Verunfallten zu geben. Lediglich die Namen von Personen der alpinen Zeitgeschichte wurden genannt.

Abseits vom Unfallgeschehen macht man sich kaum eine Vorstellung von der Exotik der Unfälle. Alles ist möglich. Aber auch wirklich alles. Es ist nichts unmöglich. Fehler, die zwar völlig absurd, aber rein theoretisch denkbar sind, werden irgend jemandem auch irgendwann unterlaufen. Dies ist den Unfallkundlern von Unfällen aus dem täglichen Leben bekannt. Warum sollte es am Berg und in den Klettergärten anders sein? Und in den Klettergärten ist auch noch die Dunkelziffer besonders hoch, weil Kranken- und Totenwagen

schnell zur Stelle sind und so meist keine Bergrettung eingreifen muß, die einen Unfallbericht notwendig machen würde (der dem Sicherheitskreis zugänglich wäre). Nur wer jährlich – und das über viele Jahre – Unfallforschung betreiben und die Unfallstatistik erstellen muß, bekommt einen Einblick. Und er wird nachdenklich. Aus diesem Nachdenken ist dieses Buch entstanden.

Da die Unfälle hier in konzentrierter Form dargestellt sind (um die Forschungsergebnisse daran »aufzuhängen«), könnte der Eindruck entstehen, daß das Bergsteigen, Fels- und Eisklettern die gefährlichste Sache der Welt sei. Dies ist es nicht. Es gibt weit unfallträchtigere Sportarten. Die Unfallquote beim Bergsteigen, Fels- und Eisklettern ist auffallend niedrig. Sie liegt – bezogen auf die Anzahl der Bergsteiger, Fels- und Eiskletterer – im Null-Komma-Promille-Bereich[47]. Wer am Berg mit angemessener Vorsicht und Überlegung zu Werke geht, wird Freude am Bergsteigen finden und mindestens so hohe Überlebenschancen haben wie in jeder anderen Risikosportart auch. Diese Überlebenschancen noch zu erhöhen, dazu soll dieses Kompendium aus 25 Jahren Sicherheitsforschung des Deutschen Alpenvereins beitragen.

Dieses Buch konnte nur durch die Mithilfe vieler Freunde, Kletterer und Bergsteiger, insbesondere der Bergwacht und der Bergrettung, entstehen. Sie überließen dem Sicherheitskreis Unfallschilderungen oder gaben uns Hinweise auf Unfälle und Beinahe-Unfälle. Letztere werden normalerweise nicht dokumentiert und folglich auch nicht bekannt.

Allen sei nachträglich noch einmal Dank gesagt. Dank gebührt auch Georg Sojer, der bis auf wenige Ausnahmen alle Zeichnungen beisteuerte und der es wie kein zweiter versteht, das, worauf es ankommt, in nüchterner Einfachheit und in räumlicher Perspektive darzustellen. Einige Zeichnungen stammen

---

47) siehe die jährlich herausgegebene Bergunfallstatistik des Deutschen Alpenvereins.

noch von meinem langjährigen Freund Sepp Lassmann, der bis zu seinem Ableben für den Sicherheitskreis gezeichnet hat.

Mein Dank gilt insbesondere Dr. Helmut Mägdefrau (Lauf bei Nürnberg), meinem langjährigen engsten Mitarbeiter, mit dem ich viele Unfälle untersucht habe. Auch die Mehrzahl aller Material- und Methodenuntersuchungen während der achtziger Jahre haben wir gemeinsam durchgeführt. Nicht selten kam uns der zündende Gedankenblitz auch beim gemeinsamen Klettern. Sein Wissen – Fachgebiet Biologie – war für viele Untersuchungen sehr wertvoll. Für seine Dissertation[48] waren Fangstoßmessungen mit stürzenden Kletterern notwendig. So erhielten wir Aufschlüsse über die Belastung der Sicherungskette in der Praxis. Diese Erkenntnisse dürfen derzeit als weltweit führend gelten, denn die bis dahin in der Fachliteratur genannten Angaben beruhen auf Untersuchungen auf der Fallprüfanlage für Seile. Ein Fallgewicht aus Stahl, wie es auf der Fallprüfanlage verwendet wird, verhält sich aber gänzlich anders als ein fallender Mensch von gleichem Gewicht (Masse). Und eine Kameradensicherung verhält sich ganz anders als ein Knoten im Standhaken. Jetzt wissen wir, daß die Belastung der Sicherungspunkte bei kleinen Stürzen höher und bei größeren Stürzen geringer ist, als bisher angenommen wurde. Eine Untersuchung aus den Anfängen des Sicherheitskreises Ende der sechziger Jahre, weitere Erfahrungen im Laufe der Zeit und Überlegungen führten uns zwar gemeinsam schon früher zu der Vermutung, daß es sich anders verhalten müßte, als die Literatur dies angibt. Doch fehlte uns der Nachweis. Helmut Mägdefrau hat ihn erbracht. Ich bin ihm auch dankbar für die kritische Durchsicht des Manuskriptes ebenso wie Manfred Sturm und Karl Schrag (beide Mitglieder im Sicherheitskreis), Horst Höfler (Alpines Museum Praterinsel) sowie Ulrich Loschelder, dem Rechtsreferenten des DAV, der die Kapitel durchsah, welche die Rechtssituationen berühren.

Auch Dr. Karl Gabl (Innsbruck) habe ich zu danken, dem Leiter der Zentralen Wetterdienststelle Tirol. Er hat die Kapitel über Blitz und Wetterstürze durchgesehen und mir wertvolle Hinweise gegeben. Ferner gilt mein Dank Dr. Ludwig Geiger (Bad Feilnbach), der den Text über das Adrenalin und die Endorphine im Kapitel über das Brückenspringen einer kritischen Durchsicht unterzogen und bereichert hat. Weiter gilt mein besonderer Dank dem Verband Deutscher Berg- und Skiführer unter seinem Präsidenten Peter Geyer, der deutschen Heeresbergführerausbildung unter Oberstleutnant Josef Anzenberger, Rudolf Bachert und Günther Heerdegen sowie den Ausbildern der Bayerischen Polizeibergführer unter dem Ersten Polizeihauptkommissar Ludwig Gindhart, Oberamtsrat Wolfgang Spindler und dem Leiter der Polizeiinspektion von Bamberg, Karl Thon, die mir Unfallberichte überließen. Es war auch die kriminaltechnische Abteilung des Bayerischen Landeskriminalamtes, die den Ursachen des Seilrisses vom Botzongkamin durch infrarotspektrografische Untersuchung auf die Spur kam. Ferner gilt mein Dank den Herren Oberst Georg Pöllmann und Hauptmann Kurt Schober vom Österreichischen Bundesministerium für Inneres (Wien), die mir Auskünfte über Unfälle in Österreich zukommen ließen. Mein Dank gilt ebenso Bruno Jelk, dem Leiter der Zermatter Bergrettung, ferner Kurt Schwendener, dem ehemaligen Leiter der Bergrettung in Grindelwald und Johann Gratz, dem Leiter der Bergrettung Kals. Insbesondere gilt mein Dank Wiggerl Gramminger, Willi Beeker und Hubert Heil von der Bayerischen Bergwacht sowie Hans-Dieter Meissner von der Bergwacht Sachsen und Manfred Thieme vom Sächsischen Bergsteigerbund (SBB), die mich alle bei meinen Bemühungen um Unfallaufklärung unterstützt haben. Zu danken habe ich auch Hartwig Erdenkäufer, Norbert Sandner und Wolfgang Schels, die mir ihre Absturzeindrücke berichteten.

Da ich das Material zu diesem Buch über 30 Jahre lang gesammelt habe, ließen sich nicht mehr alle Bildautoren herausfinden. Sollte ein Leser »sein« Bild entdecken, möge er sich bitte an den Sicherheitskreis wenden – und uns verzeihen, daß wir es ohne Zustimmung abgedruckt haben.

---

48) Helmut Mägdefrau, »Die Belastung des menschlichen Körpers beim Sturz ins Seil und deren Folgen«, Ludwig-Maximilians-Universität München, Fakultät Biologie, Dezember 1989.

Publikationen des Sicherheitskreises

Bergunfallstatistik, seit 1979 jährlich herausgegeben, je etwa 30–40 Seiten, erschienen im jeweils darauffolgenden Frühjahr.

Tätigkeitsberichte des DAV-Sicherheitskreises, Arbeits- und Forschungsergebnisse in den Zeiträumen:

■ 1969–1970, Dynamische Sicherung (Sticht), Fallversuche mit Personen, Schwierigkeitsbewertung, Knotenfestigkeit von Bandschlingen, AV-Sicherheitshaken (Stand- und Abseilhaken), Prüfung von Pickelschäften, Karabinerzerreißversuche, 123 Seiten, München, 1971.

■ 1971–1973, Lebensdauer von Bergseilen, Verwechslungsgefahr von Einfach- und Halbseilen, Pickelschäfte aus Kunststoff und Metall, dito Belastungsversuche im Labor und im Firn, Zerreißversuche an Karabinern und Bandschlingen (Bandknoten), AV-Sicherheitshaken (Stand- und Abseilhaken), UIAA-Regeln und Vorschriften für Schwierigkeitsbewertung und Routenbeschreibung, dynamische Sicherung (Sticht), statisch wirkende Sicherungen, Festigkeit nasser und vereister Seile, 223 Seiten, München, 1974.

■ 1974–1979, Seilunterschiede, Seilbelastung über Felskanten, Seilbelastung durch Jümarklemmen, Zerreiß- und Belastungsversuche an Jümarklemmen, Karabinern, Felshaken, Klemmkeilen, Klemmgeräten (die ersten Friends), Reepschnur, Bandschlingen, dito in Hakenösen, Anseilgurten (einschließlich Hängeprüfung), Eispickeln und Steinschlaghelmen, ferner Fallversuche auf Firn- und Gletscherhängen, AV-Sicherheitshaken und Rechtsfragen, der VII. Schwierigkeitsgrad, 290 Seiten, München, 1979.

■ 1980–1983, Mitreißgefahr beim gleichzeitigen Gehen am Seil in Firn und Eis, Fallgeschwindigkeit und Sicherung auf Firn- und Gletscherhängen, Bremstechniken, Fangstoßkräfte bei Spaltenstürzen, Gefahren des Anseilens nur um den Brustkorb (ohne Sitzgurt), Festigkeit von Eissanduhren, ein Beinahe-Unfall mit Schraubkarabiner, Eistraining in Tongruben, Belastungsversuche mit Eisschrauben

und Eishaken im Gletscher- und im Laboreis, Untersuchung von Flaschenzügen, Gletscherbrillen, Skitourenbindungen und Friends, DIN-Normen für Bergsteigerausrüstung, 352 Seiten, München, 1984.

Beiträge in den DAV-Mitteilungen (jährlich sechs Hefte), ab Heft 1/1978 in jedem Heft mindestens ein Beitrag.

Alpenvereinsjahrbücher, jeweils ein Beitrag in den folgenden Jahrbüchern:

■ 1969, »Was halten unsere Karabiner?«, Zerreißversuche, Seite 214–224.

■ 1972, »Sicherheitskreis im DAV«, seine Gründung, Arbeitsweise, Ergebnisse, Probleme und die Zukunft, Seite 194–202.

■ 1973, »Mehr Sicherheit am Berg durch einwandfreie Standhaken«, Seite 194–200.

■ 1975, »Ein Vorschlag zur Verbesserung der Führerliteratur«, Seite 215–224.

■ 1977, »Schütze Deinen Kopf – Du hast nur einen«, Prüfung von Helmen, Qualitätsunterschiede, Seite 156–162.

■ 1981, »Normen für Bergsteigerausrüstung«, Seite 221–224

■ 1982/83, »Das Seil allein bedeutet noch nicht Sicherheit«, Mitreißgefahr auf Firn- und Gletscherhängen, Seite 215–224.

■ 1984, »Sicherung auf Klettersteigen«, Reepschnur, Seilstücke, Klettersteigbremsen, Anwendung und Festigkeit, Seite 206–214.

■ 1985, »Bergsteigen – Das freiwillig eingegangene Risiko?«, bewußte und unbewußte Risiken am Berg, Seite 245–251.

■ 1986, »Bohrhaken im Widerstreit der Meinungen«, Anbringung im Fels und Prüfung, Seite 229–243.

■ 1987, »Der Wilde Kaiser – nur ein Klettergarten?«, Heiteres und Ernstes, Seite 255–262.

■ 1988, »Unfälle durch Sportklettermethoden und andere Unfälle«, Gründe und wie man sie vermeiden kann, Seite 269–280.

■ 1989, »Traue keinem herkömmlichen Haken«, zur Situation von Normalhaken, die im Fels vorgefunden werden, Seite 259-271.

■ 1991, »Von einem, der auszog, etwas bewegen zu wollen«, über die Normung von Ausrüstung, u.a. über die Europäische Normung, Seite 289-302.

■ 1993, »Sanierung von Kletterrouten in den Alpen«, zur Situation von Normal- und von Bohrhaken im Fels, Seite 287-302.

Forschungsberichte »Mehr Sicherheit im Bergsport«, im Auftrag des Bayerischen Staatsministeriums für Arbeit und Sozialordnung, München, erarbeitet, und vom Ministerium herausgegeben; Prüfung von Ausrüstung, Vorstellung von Normvorschlägen, im einzelnen wie folgt:

■ Teil 1 und 2, »Eisgeräte und Verankerungsmittel im Eis«, 67 Seiten, München, 1988.

■ Teil 3, »Steigeisen«, Vorschläge zur Prüfung, 63 Seiten, München, 1989.

■ Teil 5 und 6, »Wetterschutzkleidung, Wetterschutzsäcke, Rucksäcke, Gletscherbrillen, Stirnleuchten« sowie »Bergsteigerschutzhelme«, 94 Seiten, München, 1990.

■ Teil 7 und 8, »Kletterzubehör«, Cliffhänger, Fiffi-Haken, Trittleitern, Abseilgeräte sowie »Karabinerhaken«, Quer- und Kantenbelastung, 50 Seiten, München, 1990.

■ Teil 10, »Sicherungsmittel im Fels«, Festigkeit von im Fels befindlichen Sicherungsmitteln (Normalhaken und Bohrhaken in Kletterrouten sowie Drahtseile, Verankerungen usw. auf Klettersteigen), bei Drucklegung noch in Arbeit, Erscheinungstermin Anfang 1995.

Mitglieder und Mitarbeiter

Die Mitglieder werden vorgeschlagen (GM = Gründungsmitglied)

Derzeitige Mitglieder

Anzenberger, Josef (Garmisch)
Eichinger, Josef (Holzkirchen)
Ettl, Hans (Bergwacht, Grainau)
Geiger, Dr. Ludwig (Bad Feilnbach)
Hasse, Dieter (München), GM
Mägdefrau, Dr. Helmut (Lauf bei Nürnberg)
Niedernhuber, Thomas (München)
Schrag, Karl (München)
Schubert, Pit (München), GM
Sturm, Manfred (München), GM
Thieme, Manfred (Dresden)

Derzeitige Mitarbeiter

Kieweg, Werner (Moosburg)
König, Stefan (Benediktbeuern)
Michaelis, Ursula (Sekretärin Sicherheitskreis)
Richter, Christian (München)
Sojer, Georg (Ruhpolding)
Zeis, Wolfgang (Altenerding)
Zellner, Robert (München)

Frühere Mitglieder und Mitarbeiter

Bachert, Rudolf
Bram, Günter, GM
Gramminger, Ludwig, GM
Härter, Günter

Harder, Gustav
Heigermoser, Franz (seit 1981 am unteren Nil verschollen; er wollte den gesamten Nil, von der Quelle bis zur Mündung, mit einem Kajak befahren und ist bis Luxor gekommen; dort verlieren sich seine Spuren)
Huber, Hermann, GM
Karasek, Herbert
Landes, Elmar
Landes, Herwig
Lassmann, Sepp (†)
Kerner, Uwe, GM
Melzer, Dr. Bernd, GM (†, 1970 durch Eislawine am Malubiting, Karakorum, beim Versuch der Erstbesteigung)
Nürnberger, Eduard (†, 1979 durch einen losen Block beim Abseilen am Cristobal Colon in Südamerika)
Pohlke, Udo (†)
Pracht, Prof. Dr. Egon (†, 1986 durch Lawine an der Tschambreu-Spitze in der Silvretta)
Sauer, Bernd
Schneider, Dr. Michael, GM
Schröttle, Willi
Siegert, Alfred
Steuer, Rüdiger
Welsch, Prof. Dr. Walter

Stichwortregister

Bildnachweis

(die Zahlen stellen die Seitenangaben dar)

Antz, Wolfgang: 207 (2x), 209, 212 (unten).
Baumann, Heinz: 35 (oben links).
Bayerische Bergwacht (Rotes Kreuz): 8, 249, 256 (rechts), 258.
Bayerische Polizei: 90, 124.
Biok, Martin: 35 (mitte oben links).
Brecher, Franz: 236.
DAV-Archiv: 25, 27.
Deutsches Fernerkundungs-Datenzentrum: 13 (rechts).
Eberhardt, Uli: 197 (unten).
Gabl, Karl: 36, 39.
Gery, Gerard: 28 (unten).
Goedeke, Richard: 85 (links), 248.
Gramminger, Ludwig: 82 (rechts).
Gratz, Johann: 235 (oben), 254.
Höfler, Horst: 45 (oben).
Hupfauer, Sigi: 17.
Irrgeher, Alois: 82 (links).
Jelk, Bruno: 30.
Karl, Reinhard: 179 (rechts), 206.
Köhler, Anette: 172.
Kohl, Dieter: 31.
Läng, F.: 98 (oben).
Lassmann, Sepp: 4. Umschlagseite.
Leitner, Günter: 16.
Mägdefrau, Helmut: 155 (links oben), 177 (links), 217 (rechts), 229 (unten), 237, 255 (2x).
Mahner, Ernst: 35 (oben rechts), 262.
Mazeaud, Pierre (Archiv): 23, 24 (unten), 28 (oben).
Memminger, Hans: 250.
Mitterreiter, Klaus: 241 (rechts).
Penz, Hans: 235 (unten).
Renner, Walter: 222 (2x).
Richter, Christian: 83.
Röhle, Heinz: 118.
Schmocker, Hans: 19.

Schrag, Karl: 6 (unten), 20 (unten), 103, 177 (rechts), 205.
Schubert, Pit (Archiv): 6 (oben), 7 (mitte), 11, 21 (4x), 24 (oben), 29 (3x), 35 (5x), 41 (unten), 42 (3x), 50 (oben), 47, 52, 54 (links), 58, 70 (oben), 84, 94 (unten), 98 (unten), 108, 143, 153 (oben rechts), 156 (oben und unten rechts), 158 (4x), 164, 166, 167, 171, 190, 192, 195, 200, 208, 214 (unten rechts), 218 (oben), 219 (oben links, mitte links und oben rechts), 223, 238 (3x), 246 (links), 252, 253, 256 (links), 261 (links).
Stutte, Lothar: 186.
Thieme, Manfred: 160 (2x), 161 (3x), 246 (rechts).
Treibel, Walter: 259 (6x).
TÜV Product Service GmbH: 94 (oben).
Vatter, Franz: 201 (rechts).
Vogt, Jürgen: 247 (rechts).
Winkler, Jürgen: 2, 6 (mitte), 14, 22, 40, 41 (oben), 44, 50 (unten), 85, 89, 117, 153 (rechts unten), 215, 216, 261 (rechts), 263.
Wutz, Peter: 155 (oben rechts).
Zak, Heinz: 64, 87 (rechts), 184 (links).
Zeis, Wolfgang: 179.
Zembsch, Heinz: 12.
Unbekannt: 20 (links), 163, 214 (links).
Alle anderen Fotos (199 x): Archiv Sicherheitskreis

Zeichnungen

Alle Georg Sojer (143x), ausgenommen 68, 90, 165 und 265 (Sepp Laßmann); eine davon (265) mit freundlicher Genehmigung des BLV-Verlages, München, dem Alpin-Lehrplan, Band 6 entnommen.